조직행동

임효창 김정식 강대석

북넷

머리말

조직행동이 왜 중요할까? 조직행동론을 왜 학습해야 할까? 답은 간단하다. 세상에는 수많은 조직이 있고, 조직에 사람이 존재하기 때문이다. 조직행동론은 조직과 조직 내 사람을 연구대상으로 한다. 어떤 사람들로 조직이 구성되어 있고, 그들이 어떻게 일하느냐에 따라 조직성과가 달라지는 한, 조직행동론의 가치는 아무리 강조해도 지나치지 않다.

이 책의 저술에 참여한 필자들이 끊임없이 고민했던 질문이 있다. 그것은 바로 '조직행동론을 제대로 가르치고 배우도록 하기 위해서 어떤 책이 필요할까?'이다. 이 책의 주요 독자인 대학생들이 배우고 학습하는데 적합한 내용을 담고자 노력하였다. 그 결과 이 책에는 조직행동론을 공부하는 사람들이 반드시 알아야 하는 기초이론과 함께 최근에 주목받는 새로운 개념과 관점도 포함되어 있다. 15개 장으로 구성한 것도 한 학기가 15주-16주로 구성된 대학 상황을 고려한 것이다. 각 장의 맨 뒤 논의문제 역시 대학생들이 각 장의 내용을 정리함과 동시에 수업시간에 토론할 수 있는 내용들로 구성되어 있다.

이 책의 구성 및 특징을 몇 가지로 정리하면 아래와 같다.

첫째, 이 책은 유사주제를 묶은 총 4개의 파트(part)로 구성된다. 파트별 내용은 조직행동의 기초 이해, 개인차원의 조직행동, 집단차원의 조직행동, 조직체 차원의 조직행동 등이다.

둘째, 각 장의 첫 부분에 관련 기사 및 사례를 제시함으로써 조직행동론의 각 주제가 현실에서 어떠한 모습으로 나타나는지 이해하도록 하였다.

셋째, 각 장의 앞 부분에 학습을 통해서 얻고자 하는 학습목표를 명시하고, 각 장의 마지막 부분에는 학습목표를 얼마나 달성하였는지를 체크할 수 있도록 논의문제를 포함시켰다.

넷째, 조직행동론을 연구하거나 학습할 때 도움이 될 수 있도록 참고문헌을 제시하였다.

다섯째, 대학교 교재용으로 사용될 가능성이 많다는 점에서 학생들이 학습하기 쉽도록 내용을 구조화 · 유형화 하였다.

이 책이 세상에 나올 수 있도록 헌신적으로 지원해 주신 북넷 류재식 사장님과 조승옥 이사님께 이 자리를 빌어 진심으로 감사의 마음을 전한다. 무엇보다 이 책이 조직과 조직 내 인간행동을 이해하고자 하는 모든 사람에게 도움이 되기를 소망한다. 특히 미래의 조직구성원이자 조직관리자인 대학생들이 다양한 조직 현상을 기술, 분석, 예측하는 데 도움이 되었으면 하는 바람이다.

2014년 2월

저자 일동

목 차

제 1 부 개 요

제1장 조직행동에 대한 기초 이해

제 2 부 개인차원

제2장 개인특성 – 신분(나이, 성별, 외모), 능력, 감정

제3장 성 격

제4장 학습과 태도: 개인의 변화

제5장 사회적 지각

제8장 커뮤니케이션

제9장 의사결정

제10장 권력과 정치

제11장 갈등과 협상

제12장 리더십

제 4 부 조직차원

제13장 조직구조

제14장 조직문화

제15장 조직변화

부 록

PART 01

개 요

제1장 조직행동에 대한 기초 이해

제1장 조직행동에 대한 기초 이해

01 조직행동의 기초 개념

02 조직행동론의 특징

03 조직행동에 영향을 주는 도전적 환경변화

04 조직행동론 연구방법 및 범위

05 조직관리자의 역할과 능력

06 이 책의 구성

학습목표

1. 조직 및 조직행동의 개념을 이해한다.
2. 조직행동론의 학문적 특징을 파악한다.
3. 조직행동의 인접학문이 무엇인지 학습한다.
4. 조직행동에 영향을 주는 도전적 환경변화를 이해한다.
5. 조직행동론의 구체적인 논의주제들을 파악한다.
6. 조직관리자의 바람직한 역할과 능력이 무엇인지 살펴본다.

01 조직행동의 기초 개념

1.1 조직이란?

우리는 태어나면서부터 죽을 때까지 다양한 조직을 접하며, 그 속에서 생활하고 있다. 우리 주위에는 수많은 조직이 존재한다. 학교, 병원, 기업, 정부, 교회, 군대 등 다양한 조직이 있으며, 우리는 그러한 조직들 속에서 조직행동을 경험하고 있다.

조직에 대한 개념 정의가 다양하지만, 대표적으로 바나드(Chester I. Barnard)의 조직개념이 널리 알려져 있다. 바나드에 의하면 조직이라고 불리기 위해서는 두 명 이상의 사람이 있어야 하고, 그들은 공동의 목표를 추구해야 하며, 그러한 목표를 달성하기 위하여 서로 협동할 의지를 가지고 상호작용하여야 한다.

모든 조직은 나름대로의 조직목표를 가지고 있다. 기업조직은 경제적으로 이윤을 창출하여 다양한 이해관계자에게 기여하는 목표를 가지고 있다. 학교조직은 가르치고 배우는 교육의 장이라는 조직목표를 가지고 있다. 군대조직은 국가의 안위를 책임져야 하며, 병원조직은 환자를 치료하여야 한다.

모든 조직은 목표를 가지고 있는데 이러한 목표를 달성하기 위해서는 구성원들의 협력이 무엇보다 중요하다. 서로가 자신의 개인적인 입장과 이해만을 고려한다면 협력에 의한 조직목표 달성은 어려울 것이다. 결국 조직이란 협력의지를 가진 사람들이 둘 이상 모여서 서로 상호작용하면서 공동의 목표를 달성하기 위해 노력하는 집합체를 말한다.

1.2 조직행동이란?

조직내에는 다양한 인간행동과 집단역학이 존재한다. 조직행동이란 모든 조직에서 일어나는 인간행동을 말하며, 이에 대해 연구하는 것이 조직행동론이다. 다시 말해서, 조직행동이란 조직 유효성을 제고하기 위하여 행동과학의 지식을 이용하여 조직내의 인간행동, 즉, 개인행동과 집단행동 그리고 조직체 행동을 설명, 분석, 예측하는 학문이라고 정의할 수 있다.

조직행동은 다시 그 분석수준에 따라 거시적 조직행동(macro organizational behavior)과 미시적 조직행동(micro organizational behavior)으로 나눈다. 거시적 조직행동이 조직의 유효성, 조직의 구조, 조직과정 등을 주로 연구하는 분야라고 한다면, 미시적 조직행동이란 조직내의 개인행동과 집단행동을 주로 연구한다. 이와 같은 분류는 분석관점의 차이라고 볼 수 있다. 본서에서는 거시적 · 미시적 관점을 종합한 통합적인 분석방법을 채택하여 내용을 전개하고자 한다. 다시 말해서 조직내의 개인행동, 집단행동, 그리고 조직구조와 조직과정에 대해 전반적으로 다루고자 한다.

02 조직행동론의 특징

2.1 조직행동론의 학문적 특징

조직행동론은 다른 학문과 자별화되는 몇가지 특징이 있는데, 종합학문이라는 점, 응용학문이라는 점, 그리고 인간존중의 학문이라는 점을 들 수 있다.

첫째, 조직행동론은 종합학문이다. 조직행동론은 다른 학문들에서 이루어진 연구결과를 활용하여 조직내 인간행동을 설명한다. 특히 인접학문이라고 할 수 있는 심리학, 사회학, 인류학, 정치학, 공학 등에서 다루고 있는 이론과 주장들은 조직행동론의 주요 내용에 포함되어 있다.

둘째, 조직행동론은 응용학문이다. 조직행동의 상위학문시스템이라고 할 수 있는 경영학이 기업의 목표달성에 기여하는 응용학문이기 때문에 조직행동론 역시 실천적인 응용학문일 수밖에 없다. 조직행동의 지식들은 조직목표를 달성하는데 활용된다. 조직행동론에서 다루는 하위 주제들 역시 조직의 효과적인 운영에 영향을 주는 것들로 구성된다.

셋째, 조직행동론은 인간존중의 학문이다. 경영학을 구성하는 하위학문들은 주로 기업의 효율적 운영과 이익 극대화에 기여하는 내용들로 구성되어 있다. 하지만 조직행동론은 조직의 경제적 측면 못지않게 조직 구성원의 개인적인 특성과 태도, 동기부여, 소통과 갈등, 조직문화 등 인간적 측면을 다루는 것이다. 즉, 조직행동론은 기업 내 인간에 초점을 맞추고 있으며, 인간의 직장에서의 삶의 질 향상을 중시하는 학문이다.

2.2 조직행동의 인접 학문

조직행동은 다양한 학문들에서 이루어놓은 연구결과를 활용하는 종합학문이다. 심리학, 사회학, 인류학 등 다양한 사회과학 분야의 학문에서 이루어진 다양한 연구가 조직행동의 내용을 구성한다.

(1) 심리학

심리학은 19세기 후반으로부터 다양한 인간행동을 설명하기 위한 학문으로 자리 잡았다. 심리학은 주로 조직행동론 분야 중 개인 행동에 대한 이해와 깊은 관련이 있다. 심리학은 수많은 특화된 분야로 분화되어 왔는데, 조직행동론에 가장 많은 영향을 준 분야는 조직심리학(organizational psychology)이다. 조직심리학은 동기부여를 비롯하여 조직행동론에서 다루고 있는 많은 주제들에 대한 연구를 포함한다. 1차 세계대전 기간 동안에 미군을 대상으로 심리학 연구를 활발하게 진행한 이후 이를 토대로 기업들이 사용하는 정교한 인력 선발방법이나 평가와 관련한 연구를 하였다. 심리학은 조직행동론 중 동기유발, 학습, 성격, 만족, 태도, 평가, 리더십 등에 영향을 주고 있다.

(2) 사회학

사회학은 연구대상이 사회로서 조직행동론의 집단이나 집단간 역학관계를 설명할 때 사회학의 이론과 지식이 활용된다. 사회학은 인간행동을 연구대상으로 삼지만, 개인적 차원보다 집단이나 동료들간의 관계에서 나타나는 다양한 현상을 연구한다. 즉, 심리학자들이 주로 개인행동의 연구에 관심을 가지고 있다면 사회학자들은 개인들간의 관계와 구조에 관심이 있다. 따라서 사회학은 조직행동론 분야 중 집단의 역할이나 규범, 권력과 갈등, 순응과 비적응 행동, 조직변화 등과 깊은 관련이 있다.

(3) 인류학

인류학 중에서 문화인류학은 조직행동론에 많은 영향을 주고 있다. 문화인류학은 문화의 기원에 대해 연구하고 시대와 장소에 따른 인간문화의 양식을 다루는 학문이다. 문화인류학은 인간의 행동에 대한 문화의 영향력을 중시하는데, 오늘날 글로벌 시대에서 국가간 문화 차이와 기업간 문화 차이에 대한 이해를 위해서는 문화인류학의 도움을 필요로 한다.

(4) 정치학

정치학은 인간과 집단의 정치적 행동을 연구하는 학문이다. 정치학 역시 다양한 연구분야가 있는데 인간행동과 관련하여 갈등의 원인과 해결, 권한의 배분과 대인관계 영향력, 그리고 권력의 활용과 정치적 행동에 대해 다룬다. 따라서 정치학은 조직행동론에서 집단차원의 조직행동에 포함되어 있는 갈등, 권력, 권한, 조직정치, 리더십 등의 분야에 영향을 준다.

(5) 공 학

공학은 에너지와 물질을 다루는 응용학문이다. 조직행동론 분야에서 공학은 과업연구 및 효율적인 업무설계와 관련하여 기여하였다. 테일러(Frederick Taylor)를 비롯하여 조직행동론 초기 연구자들은 공학 개념을 작업장에 적용하여 생산성을 높이기 위한 과업 표준 마련, 작업성과를 높이기 위해 효율적인 동작 및 시간 연구를 하였다. 공학은 기업의 생산성을 높이기 위한 인간행동 연구에 지속적으로 영향을 주고 있다.

03 조직행동에 영향을 주는 도전적 환경변화

3.1 인력 구성 및 가치관의 변화

조직행동론의 연구대상은 조직내 인간이며 그들의 행동이다. 만약 사람이 바뀌고 그들의 가치관이 바뀐다면 조직행동에 대한 논의가 달라져야 할 것이다. 시대의 흐름에 따라 인력 구성이 바뀌고 사람들의 생각도 달라지기 마련이다. 인력 구성의 변화를 요약하면 여성인력의 증가, 고령인력의 증가, 정신근로자와 고학력인력의 증가 등을 들 수 있다.

첫째, 여성인력의 사회진출이 확대되고 있다. 여성인력의 활용이 왜 기업에서 중요해 지고 있는가를 이해하기 위해서는 다음과 같은 여성인력 관련환경의 변화를 살펴볼 필요가 있다. 첫째, 인력구조 측면에서 직장인 중 여성인력의 비중이 점차 높아지고 있다. 기업내 여성인력의 증가는 여성인력의 고학력화에 따른 여성인력의 역량 향상과 남성과 여성의 성역할에 대한 사회적 가치관의 변화에 따른 것이다. 둘째, 법적 환경의 변화 측면에서 여성과 남성에 대한 차별적 관리를 제한하는 법적 규제가 확대되고 있다. 이러한 법적 규제에는 남녀차별 금지 및 구제에 관한 법률, 남녀고용평등법 등이 있다. 셋째, 지식사회화 측면에서 과거 하드웨어(hardware)를 강조하던 시대에서 상대적으로 소프트웨어(software)의 중요성이 커지고 있다. 3차 산업이 늘어나고 IT산업을 비롯하여 지식에 의해 기업경쟁력을 강화하는 기업이 늘어나면서 더 이상 남성 위주의 조직관리 정책만으로는 한계가 있을 수밖에 없다. 여성인력이 증가함에 따라 조직행동 차원에서 남녀차별이나 성희롱, 감성적인 관리 필요성, 여성리더십 등 다양한 논의주제가 등장하였다.

둘째, 고령인력이 늘고 있다. 현재 우리나라는 UN이 정한 기준에 의해 노년인구국(aged population)에 속해 있고, 고령화사회에서 고령사회로 빠르게 이행 중이다. 다양한 사회분야에서 고령화에 따른 기대와 우려가 있는 것이 사실이다. 조직행동 측면에서도 고령인력이 많아지면 그들에 대한 적절한 관리 필요성이 높아진다. 예를 들어 고령자가 늘어남에 따라 동기부여나 리더십, 조직혁신과 조직변화 등에서 새로운 고민과 논의가 필요할 것이다.

셋째, 정신근로자와 고학력인력의 증가현상이다. 3차 산업이 확대되고 사무직과 관리직이 늘어 나면서 정신근로자가 늘고 있다. 정신근로자에 대한 성과평가 및 동기부여의 어려움이 새로운 조직행동 문제로 등장하였으며, 특히 서비스직에 근무하는 인력이 느끼는 감정노동 문제는 과거 제조업 위주의 시대에는 크게 다루어지지 않은 주제이다. 오늘날 교육기회가 확대되어 교육수준이 향상됨에 따라 고학력인력이 증가하고 있다. 고학력인력은 조직에 대하여 상대적으로 높은 기대수준을 가지게 되며, 자신의 공헌(contribution)을 높게 인지한다. 이러한 공헌기대와 조직이 제공하는 유인(inducement)간의 균형이 이루어진다면 개인과 조직 모두 바람직하겠지만, 균형이 이루어지지 않는다면 문제가 발생하게 된다.

조직행동에 영향을 미치는 인적 요인에는 인력구성이라는 구조적 측면과 함께 조직구성원들의 가치관 변화가 무엇보다 중요하다. 조직에는 끊임없이 새로운 인력이 들어 온다. 그들은 새로운 가치관을 가지고 있다. 중간관리자 이상의 기성세대와 젊은 조직구성원들, 특히 신입사원들 간에는 가치관의 차이가 있다. 1990년대에는 이와 관련하여 신세대 가치관에 대한 연구가 활발하게 이루어 졌으며, 최근에도 세대간 갈등과 이를 극복하기 위한 통합방안에 대한 논의가 많이 있다. 일반적으로 젊은 세대들은 기성세대에 비해 일보다 여가를 선호하며, 탈권위주의적 사고가 많고, 연공보다 능력을 중시하며, 조직보다 개인을 중시하여 애사심보다 애직심을 더욱 가치있게 여기는 것으로 알려져 있다. 사람의 생각이 달라지면 조직행동이 달라지며, 그들에 대한 조직관리 역시 달라지는 것이 바람직하다.

3.2 글로벌 경쟁강화

대부분의 조직들이 글로벌화(globalization)에 따라서 더 많은 경쟁자들과 경쟁하며, 과거보다 더 많은 고객과 시장의 요구에 대응하고 있다. 실제로 많은 다국적 기업들이 글로벌 경영을 통해서 세계시장을 무대로 활동하고 있다. 글로벌화는 조직행동에 어떠한 영향을 미칠까. 우선 해외에서 기업활동을 함에 따라 현지인을 채용하여 관리해야 하는 문제가 있다. 가치관과 문화가 다른 외국인력을 어떻게 관리할 것인가 하는 것은 중요한 조직행동 문제이다. 이와 같은 인력 다양성 이슈는 글로벌화가 진행할수록 더욱 부각되고 있다. 해외에 인력을 파견하거나 해외에서 근무하다 귀임한 인력을 어떻게 관리할 것인가에 대해 과거에는 크게 고민하지 않아도 되었지만 글로벌 경영 환경 하에서는 중요한 조직행동 주제이다.

글로벌 경영을 하는 기업은 국가간 문화적 차이에 주목하여야 한다. 왜냐하면 국가간 문화 차이로 인해 조직 효과성이 달라질 수 있기 때문이다. 흔히 비교문화 연구라고 부르는 국가간 조직문화 차이 연구의 대표적 학자는 홉스테드(Heert Hofstede)이다. 그는 60여개의 다른 국가에서 근무하고 있는 16만여명의 IBM 관리자와 종업원들을 대상으로 연구하였다. 홉스테드는 업무관련 태도에 영향을 줄 수 있는 문화적 차이로 다섯 가지 차원을 제시하였다.

① 개인주의(individualism)와 집단주의(collectivism)

개인주의 문화에 속한 개인의 주된 관심사는 자기자신과 가족들이다. 개인주의 하에서 의사결정 기준은 자신의 이익이다. 집단주의 문화에 속한 개인은 자신이 속한 소속집단의 이익을 중시하며, 집단 의사결정을 존중한다. 개인주의적 관리자들은 개인의 업적을 강조하는 반면, 집단주의적 관리자들은 협력과 조화를 중시한다.

② 권력 거리(power distance)

권력 거리는 권력의 불균등한 분배에 대한 구성원의 수용 정도이다. 권력 거리가 짧은 나라의 사람들은 사회에서의 불평등이 최소화되어야 한다고 믿으며, 상하관계가 권위적이지 않다. 반면 권력 거리가 먼 나라의 사람들은 상하 간의 구분이 엄격하고, 지위가 높은 사람이 가진 권한과 권력을 상대적으로 더 많이 수용한다.

③ 불확실성 회피(uncertainty avoidance)

불확실성 회피는 모호성에 대한 관대함과 관련이 있다. 불확실성 회피가 높은 문화는 갈등을 줄이고자 하며, 안전성을 중시한다. 불확실성 회피가 낮은 문화는 위험을 기꺼이 무릅쓰고 도전하는 것을 선호한다.

④ 남성성(masculinity) 대 여성성(femininity)

남성성의 사회는 남성과 여성의 사회적 역할을 엄격하게 규정하며, 물질주의와 단호한 의견제시를 가치있게 생각한다. 여성성의 사회는 남성과 여성의 사회적 역할을 엄격히 구분하지 않으며, 관계와 타인에 대한 배려를 강조한다.

⑤ 시간 지향(time orientation)

시간지향은 사람들이 장기지향적(미래지향적)인가, 아니면 단기지향적(현재지향적)인가에 의해 문화를 구분하는 것이다. 장기지향성의 문화는 검소함과 끈기 등을 중시하며, 현재는 미래를 준비해야 하는 시간으로 본다. 단기지향성의 문화는 현재의 사회적 의무를 중시하며, 미래에 대한 관심과 준비보다 현재의 활동과 성과를 중시한다.

3.3 기술의 변화

기술(technology)은 효율적인 작업을 위한 모든 생산방법과 설비, 장비 등을 말한다. 자동화(automization) 및 컴퓨터의 진보가 이루어지면서 조직내 업무수행 방식이 바뀌었으며, 기계와 컴퓨터를 다룰 인력이 필요해 졌다. 과거 인간의 노동에 의해 이루어졌던 많은 업무들이 이제는 기계와 컴퓨터가 대신 그 역할을 맡아서 한다.

최근에는 정보혁명이라고 불리울 정도로 급격한 정보기술의 변화가 이루어지고 있다. 정보기술 혹은 정보통신기술의 변화는 사회전반에 지대한 영향을 주었다. 조직행동 역시 정보기술의 발전이라는 환경변화에 따라 기존에 생각하지 않았던 다양한 변화를 겪고 있다. 재택근무, 스마트워크(smart work), 사내 인트라넷과 소셜네트워크 서비스를 활용한 구성원 간 소통, 가상조직과 네트워크 조직의 등장 등은 모두 정보기술의 변화로부터 비롯된 것이다. 정보기술의 변화가 조직구성원들로 하여금 업무를 효율적이고 편리하게 하는데 도움을 주기도 하지만, 구성원들간 교류 측면에서 직접 대면기회나 대화에 의한 의사소통이 줄어듦에 따른 문제점도 야기할 수 있다. 조직관리자는 정보기술의 변화가 조직구성원들에게 어떠한 긍정적 혹은 부정적 영향을 주는지 지속적으로 살펴보아야 할 것이다.

04 조직행동론 연구방법 및 범위

4.1 조직행동론 연구방법

조직행동론은 인간행동을 다루는 학문이기 때문에 자연과학이나 공학과 달리 명확한 결론과 인과관계를 밝히기 어려운 특징이 있다. 왜냐하면 인간행동의 원인을 파악하고 그 결과를 예측하기 어렵기 때문이다. 하지만 조직행동론 역시 사회과학에 속하기 때문에 과학적 연구방법에 의해 연구결과를 도출한다. 과학적 지식은 일반적으로 실험과 조사, 관찰 등에 의해 입증 가능한 것이어야 한다. 물론 새로운 실험과 조사, 관찰에 의해 반증될 경우, 기존 지식은 새로운 지식으로 대체된다. 조직행동론의 다양한 이론들은 이러한 과정을 거쳐서 형성되었다.

과학적 연구의 구체적인 방법론으로는 설문조사에 의한 방법과 사례연구, 실험설계방법 등이 있다. 설문조사방법은 모집단을 대표할 수 있는 표본을 대상으로 설문조사를 통해서 실증적 자료를 확보하여 이를 분석함으로써 확률적 결과를 도출한다. 이 방법은 연구결과의 일반화가 가능하고 시간과 비용이 적게 투입된다는 장점이 있는 반면, 표본의 제약 및 응답 신뢰도 문제 등 한계를 안고 있다.

사례연구방법은 실제 사례를 선정하여 사례를 대상으로 다양한 정보를 습득, 분석하는 것이다. 연구자는 면접이나 자료분석, 설문조사 등을 통해서 사례현상의 원인과 시사점을 도출한다. 사례연구방법은 심층분석을 통해서 깊이 있는 분석과 통찰력을 얻을 수 있다는 장점이 있는 반면, 연구결과의 일반화 가능성이 낮고 연구자의 역량에 따라 연구결과가 달라질 수 있다는 한계를 가지고 있다.

실험설계방법은 외생변수를 엄격히 통제하고 살펴보고자 하는 변수 위주로 실험을 통하여 지식을 획득한다는 점에서 상대적으로 가장 과학적인 분석방법이라고 할 수 있다. 과거 행동과학자들은 통제된 상황에서 사람을 대상으로 다양한 실험연구를 통해서 많은 과학적 지식과 이론을 도출하였다. 실험설계방법은 견고한 실험상황에서 확보한 연구결과이기 때문에 이론의 타당성과 신뢰성이 높은 편이다. 하지만 현장실험이 아니라 실험실에서 이루어진 실험은 일반화 가능성에서 한계가 있고 무엇보다 사람을 대상으로 한 실험과정에서 윤리적 문제가 야기될 수 있다는 점에 유의하여야 한다.

4.2 조직행동론 연구범위

조직행동론은 무엇을 다루는가? 조직행동론의 연구범위를 구분하면 두 가지 혹은 세 가지로 구분된다. 먼저 조직행동론 연구범위를 크게 두 가지로 구분한다면 미시조직행동론과 거시조직행동론으로 나눌 수 있다. 다음으로 조직행동론 논위영역을 세 가지로 구분한다면 의 조직행동, 집단차원의 조직행동, 조직체 차원의 조직행동으로 나뉜다.

(1) 미시조직행동론과 거시조직행동론

미시적 조직행동(micro organizational behavior)은 조직내 개인행동을 주로 다룬다. 조직구성원 개인의 특성이나 행동, 혹은 소집단의 행동을 연구한다. 미시조직행동론이 개인 및 대인간 역학관계를 주로 다루는 반면, 거시조직행동론은 변화하는 조직환경에 적응하는 조직체를 연구범위로 하고 있다. 여기에서는 조직구조나 문화, 변화와 혁신 등 조직체를 하나의 연구대상으로 삼는다. 거시조직행동론이 조직 유효성, 조직구조, 조직과정 등 조직 자체의 성격과 행동을 연구하기 때문에 조직이론(organizational theory)이라고도 부른다. 개인이 모여서 집단행동과 조직체 행동이 이루어진다는 점에서 미시조직행동론과 거시조직행동론을 엄격히 구분하는 것은 쉽지 않다. 예를 들어 조직문화에 대해 연구할 때 특정조직문화를 구성하는 개개인의 특성을 다룰 수도 있다. 이 책에서는 인간행동에 대한 논의를 주로 하기 때문에 주로 미시조직행동론을 중심으로 다룬다. 다만 이 책의 마지막 부분에 거시조직행동론의 일부 내용을 포함하였다.

(2) 조직행동론의 세 가지 논의 영역

조직행동의 논의영역을 연구대상의 수준에 따라 세 가지로 구분할 수 있다. 세 가지 논의영역은 개인차원의 조직행동, 집단차원의 조직행동, 조직체 차원의 조직행동이다. 이들 세 가지 차원의 논의주제들은 모두 조직 유효성에 영향을 주는 것들이다. 예를 들어 동기부여, 리더십, 조직문화 등의 논의주제들은 모두 조직의 목표달성과 조직성과에 직접적인 영향을 주기 때문에 연구대상에 포함시킨다. 하지만 개인의 취미생활이나 친구관계 등을 조직행동 논의 주제로 선정하지 않는데 그 이유는 취미생활이나 친구관계가 조직 유효성에 직접적인 영향을 주지 않는다고 보기 때문이다.

개인차원의 조직행동은 조직 내 구성원들이 어떤 사람이냐와 관련된다. 개개인의 특징은 조직 유효성에 영향을 준다. 예를 들어서 조직구성원의 성격이 어떠한가, 직무와 조직에 대한 태도는 긍정적인가, 업무수행을 위한 동기부여가 되어 있는가 등은 모두 의미있는 개인차원의 조직행동 요인이다. 개인들이 서로 함께 일하면서 교류와 협력이 일어난다. 그 과정에서 집단 차원의 조직행동이 발생한다. 예를 들어서 상사와 부하관계, 동료간 관계, 조직과 개인간 관계 속에서 리더십, 커뮤니케이션, 갈등과 협력의 다양한 조직행동 이슈들이 발생한다. 이러한 집단 내 대인관계에서 발생하는 조직행동을 다루는 것이 집단 차원의 조직행동이다. 마지막으로 조직체 차원의 조직행동은 집단들이 모인 상위수준의 조직을 논의영역으로 삼고 있다. 예를 들면 조직구조나 조직문화, 조직변화 등을 들 수 있다. 이들 주제 역시 조직 유효성에 직접적인 영향을 줄 수 있다는 점에서 조직행동의 논의영역에 포함된다.

05 조직관리자의 역할과 능력

5.1 조직관리자의 역할

조직관리자는 어떤 역할을 하여야 하는가? 조직관리자는 기본적으로 조직의 목표를 달성하기 위하여 효율적이면서 효과적인 의사결정을 하는 사람이다. 조직의사결정 연구에 크게 기여한 사이몬(Herbert Simon)은 조직관리자는 주어진 환경과 상황하에서 최선의 선택을 하는 의사결정자 역할을 하여야 한다고 주장하였다. 그는 기업을 의사결정의 집합체이며, 관리는 의사결정이고, 관리자는 의사결정자(decision maker)라고 보았다.

민쯔버그(Henry Minzberg)는 관리자의 업무를 관찰하면서 자신이 믿어왔던 그 동안의 생각과 다르게 관리자들이 업무를 처리하는 것을 발견하였다. 그는 관리자가 조직에서 수행하는 역할을 크게 세 가지로 분류한 뒤 구체적인 10가지 관리자 역할을 제시하였다.

(1) 대인관계 역할

① 대표자 역할(figurehead role)

관리자는 회사를 대표하여 외부사람을 만나서 회사의 이해와 이익을 위하여 행동한다.

② 지도자 역할(leader role)

관리자는 조직의 목표를 달성하기 위하여 부하들을 이끌어 나가야 한다. 이를 위해 필요한 동기부여나 업무의 조정역할을 한다.

③ 연결자 역할(liaison role)

관리자는 내부 구성원 및 외부 사람들과 긴밀하게 교류하면서 조직목표에 필요한 정보와 협조를 이끌어 낸다.

(2) 정보관리 역할

① 정보탐색자 역할(monitor role)

관리자는 관리활동에 필요한 정보를 수집하기 위하여 외부 환경변화를 파악하고, 조직에 영향을 미치는 최신정보를 확보한다.

② 정보전달자 역할(disseminator role)

관리자는 탐색한 정보를 조직 구성원들에게 전달한다. 관리자는 파악한 정보 중 어떤 정보를 누구와 어떻게 공유할 것인지 결정한다.

③ 대변인 역할(spokesperson role)

관리자는 외부인에게 조직의 비전과 정책 등을 알려주는 공식적인 통로 역할을 하며, 내부 조직구성원에게도 조직의 나아가야 할 방향과 급변하는 환경에 어떻게 대처해야 하는지에 대해 알려준다.

(3) 의사결정 역할

① 기업가 역할(entrepreneurial role)

관리자는 조직이 나아가야 할 방향을 재설정하고 변화를 주도한다. 조직의 성장과 발전을 위해 필요한 전략적 의사결정을 하여야 한다.

② 분쟁해결자 역할(disturbance-handle role)

관리자는 노사관계나 불의의 사고 등 조직 내·외에서 발생하는 분쟁 및 위기상황에 개입하여 이를 원활히 해결해야 한다.

③ 자원배분자 역할(resource allocator role)

관리자는 주어진 자원을 조직 내 다양한 구성원들에게 나누어 주는 역할을 한다.

④ 협상자 역할(negotiator role)

관리자는 서로 다른 이해관계자들을 대상으로 조직의 목표달성에 기여하는 방향으로 조정하고 협상하는 역할을 한다.

5.2 조직관리자의 능력

모든 조직 관리자들은 어떤 형태의 조직에 속해 있느냐와 상관없이 핵심적인 조직관리 능력을 가지고 있어야 한다. 경영학자인 카츠(Katz)는 다른 연구자들과 함께 관리자가 갖추어야 하는 세 가지 관리기술을 제시하였다. 즉, 개념화 기술, 인간관계 기술, 운영기술이 그것이다. 개념화 기술(conceptual skills)이란 다양한 환경과 복잡한 상황을 분석하고 진단할 수 있는 능력을 말한다. 예를 들어 글로벌 경제환경의 변화를 읽고 지금은 조직을 확대할 때인가, 아니면 축소할 때인가를 판단하기 위해서는 경제환경에 대한 개념화 기술이 있어야 한다. 인간관계 기술(interpersonal skills)이란 다른 사람과의 인간적인 교류능력을 말하는 데, 다른 사람과 소통하고, 동기부여 하며, 위임하고, 영향력을 행사할 수 있는 능력을 의미한다. 조직은 사람들이 모여있는 곳이기 때문에 조직관리자는 사람에 대한 이해와 사람과의 교류능력이 뛰어나야 한다. 그리고 모든 관리자들은 운영기술(technical skills)이 필요하다. 이 능력은 관리자들이 업무수행에 필요한 지식이나 전문성을 의미한다. 이러한 세 가지 경영기술 중 어떤 기술이 상대적으로 더 중요한가. 이에 대한 답은 조직계층별로 상대적으로 더욱 중요한 경영기술이 다르다는 것이다. 하위계층의 조직관리자는 상대적으로 운영기술이 더 필요하고, 중간관리자에게는 인간관계 기술이, 그리고 최고경영층에게는 개념화 기술이 더욱 중요하다.

그림 1-1 조직계층별 상대적으로 중요한 관리기술

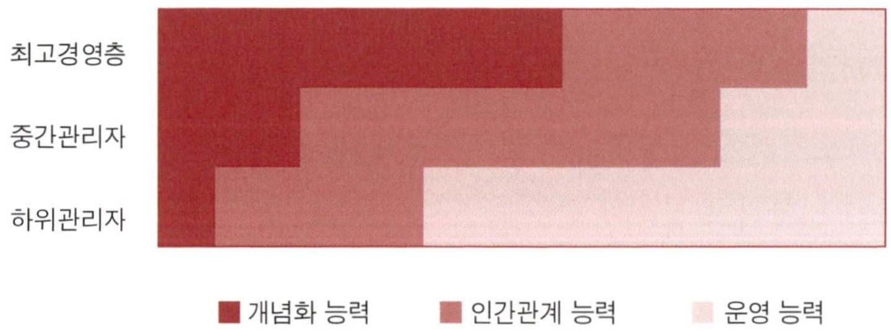

06 이 책의 구성

이 책은 크게 4개의 부분으로 구성되어 있다. 1부는 1개의 장으로 이루어져 있으며, 조직행동론에 대한 기초 이해를 위하여 작성되었다. 2부는 개인차원의 조직행동에 관한 것으로 여기에는 개인특성(2장), 성격(3장), 학습과 태도(4장), 사회적 지각(5장), 동기부여(6장)가 포함된다. 3부는 집단차원의 조직행동으로 팀과 집단(7장), 커뮤니케이션(8장), 의사결정(9장), 권력과 정치(10장), 갈등과 협상(11장), 리더십(12장)이 포함된다. 4부는 조직체 차원의 조직행동으로 조직구조(13장), 조직문화(14장), 조직변화(15장) 등이 포함된다.

그림 1-2 이 책의 구성

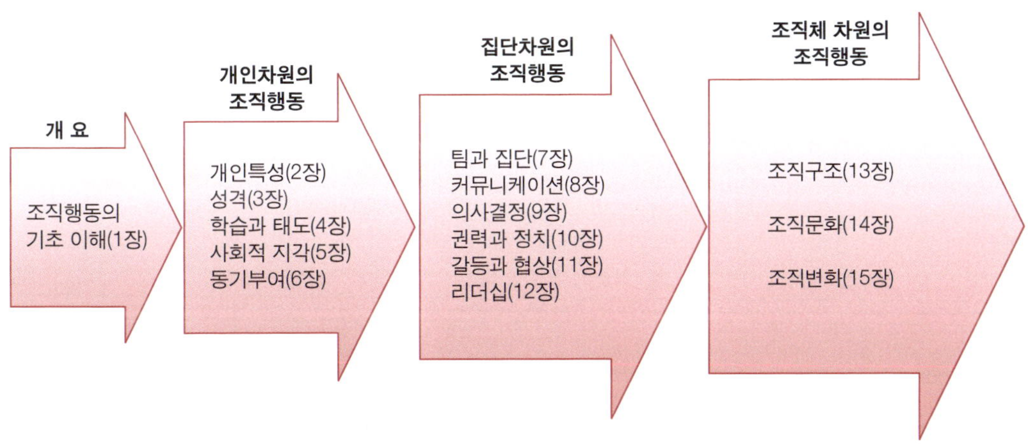

논의문제

1. 버스정류장에 모여 있는 사람들을 조직이라고 부를 수 있는가? 그 이유는?

2. 미시조직행동론과 거시조직행동론을 비교 설명하시오.

3. 심리학이 조직행동론에 어떠한 영향을 주었는지 논하시오.

4. 조직행동론을 종합학문이라고 부르는 이유를 설명하시오.

5. 여성인력의 사회활동이 증가함에 따라 조직행동 및 조직관리에 어떠한 변화가 있는지 토론하시오.

6. 관리자는 조직계층별로 상이한 경영기술이 요구된다. 관리자 계층별로 필요한 경영기술이 무엇인지 설명하시오.

PART 02

개인차원

제2장 개인특성 – 신분(나이, 성별, 외모), 능력, 감정

카미카제 특공대의 조직행동

미국의 행동과학자 솔로몬 애쉬(1951)는 사람의 행동이 혼자 있을 때와 집단에 있을 때 극단적으로 달라질 수 있다는 것을 실험을 통해서 보여 주었다. 애쉬는 실험에 참여한 사람에게 하나의 선이 그려져 있는 카드를 보여 준 후, 길이가 다른 선 세 개가 그려진 또 다른 카드를 제시했다(그림 1). 두 번째 보여 준 카드의 선 중 하나의 길이는 처음에 제시한 카드의 선과 같았다. 애쉬는 실험참여자에게 두 번째 보여 준 카드에서 처음 보여 준 카드와 같은 길이의 선을 선택하도록 했다. 총 7명의 사람들이 모여 있는 상황에서 실험이 진행되는데, 실제로는 실험참여자 한 명 이외 다른 여섯 명의 참여자는 실험도우미로서 고의적으로 오답을 선택하게끔 조작이 되어 있다. 이렇게 실험을 한 결과, 실험참가자들은 누가 보아도 명백한 정답을 알고 있음에도 불구하고 상당수의 참가자들은 오답을 선택하였다. 혼자 있는 상황에서 정답률은 99%인 반면, 집단상황에서 정답률은 겨우 63%인 것으로 확인됐다.

누가 보아도 명백한 답을 알고 있음에도 왜 이런 어리석은 행동을 하였을까? 이 실험은 참여자들이 속으로는 정답을 알고 있었지만 타인들의 시선, 분위기, 무언의 압력 등 여러 가지 요인들에 의해서 어리석은 오답을 선택하였다는 것을 보여주었다. 이렇게 개인의 행동이 집단에 있을 때는 아주 다르게 나타나는 현상은 실험실 상황에서 뿐 아니라 실제에서 흔히 나타난다.

실제 일어난 흥미로운 사례로 일본의 카미카제 특공대를 들 수 있다. 저자의 일본인 친구의 아버지는 태평양전쟁 중 카미카제 특공대에서 근무한 경력이 있다. 비록 징병에 의해서 일본공군의 조종사로 훈련을 받고 태평양전쟁에 투입되었지만 그는 태평양전쟁이 옳지 않다고 믿는 양심적 일본인이었다. 흔히 사람들은 카미카제 특공대가 맹목적 애국 심리에 빠진 군인들이 자발적으로 참여한 부

그림 1 집단 내 행동

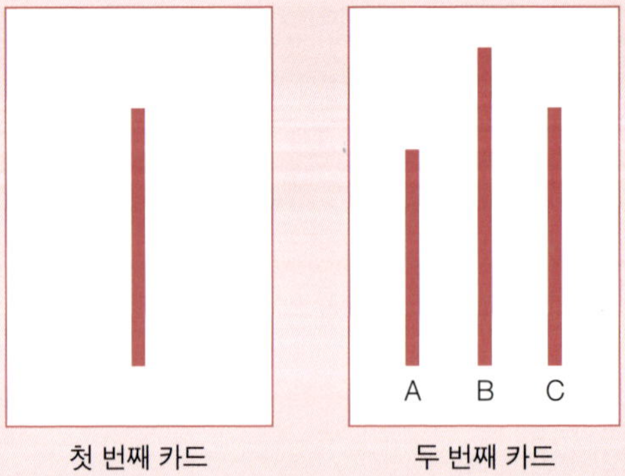

첫 번째 카드　　두 번째 카드

출전 : Asch, S. E. (1970). Studies of independence and conformity: A minority of one against a unanimous majority. Psychological Monographs, 70(9), 1~70.

대라고 생각하지만 실제는 그렇지 않았다. 어느 국가에나 흔히 존재하는 한 명의 무모한 제국주의자가 자살임무 작전에 자발적으로 지원을 하면, 다른 비행사들은 눈치, 체면, 남성성, 애국주의 등이 복합적으로 작용하는 긴장된 상황에서 독단적 행위를 하기가 어려워 자살임무 작전에 지원을 했던 것이다. 애쉬의 실험에서 나타났듯이 타인의 행동이 지속적으로 관찰이 되면 나머지 비행사들은 다른 비행사들의 선택을 따르지 않을 수 없었던 것이다. 그 결과 나타나는 집단행동은 맹목적이고, 우발적이고, 극단적이기 쉽다.

카미카제 특공대 사례는 인간의 행동이 조직 속에서 나타날 때는 개인적 특성만으로는 파악하기 어려운 역동적 상황요인에 크게 영향을 받는다는 것을 의미한다. 당연히 이러한 인간의 행동경향성은 정치적으로 사회적으로 많은 논란을 일으키는 사건을 일으키는 경우가 많아 심리학, 사회학, 정치학에서 많은 학자들의 관심을 끌었다. 조직행동의 관점에서 본다면, 조직에서 일어나는 문제를 이해하기 위해서는 조직의 구성원인 개인, 개인과 개인 간의 상호작용, 그리고 조직 그자체가 가지는 특성 등 다양한 관점을 종합해서 파악해야만 조직을 제대로 이해할 수 있다는 것을 의미한다.

◆ 조직효과성과 개인차

기업이든 공공조직이든 모든 조직의 목표는 조직의 가치를 높이는 데 있다. 조직의 가치는 조직효과성(organizational performance or effectiveness)이라고 표현되며 매출, 순이익과 같은 ① 객관적 성과와 만족, 행복감, 조직충성도, 조직잔류(이직과 반대), 조직에 대한 몰입 등 ② 심리 태도적 요인으로 나눌 수 있다. 이 같은 요인들을 종합하면 조직의 효과성을 높인다는 것은 어떻게 하면 조직의 구성원들이 일을 잘 할 수 있도록 하는가의 문제이다. 조직의 관리자는 조직의 효과성을 높이는데 가장 큰 목표를 두고 있다고 볼 수 있다.

조직의 효과성을 높이기 위해서는 기존의 조직구성원들을 교육과 훈련을 통해서 높이는 방법과 조직에서 필요한 좋은 사람을 선발하는 방식으로 나눌 수 있다. 즉, 전자는 조직 구성원들이 일을 잘 할 수 있도록 '만드는' 문제'이며 후자는 '누가 일을 잘 하는가'를 파악하고 일을 잘하는 사람을 '찾아내는' 문제라고 할 수 있다.

우수한 개인특성을 가진 사람들을 선발한다면 이들이 가진 개인적 특성이 조직에서 원하는 성과를 가져올 수 있다고 믿기 때문에 많은 조직들은 인사선발에 많은 돈과 인력을 투입한다. 많은 조직들에서 선발은 교육과 훈련보다 선행적으로 이루어지며, 교육과 훈련을 통해서 조직구성원들을 더 유능한 인재로 만들려 할 때에도 같은 조건이라면 더 좋은 인재를 선발하는 것이 유리하다. 따라서 본 장에서는 조직의 성과를 예측하는 요인들 중에서 교육, 환경, 환경과의 상호작용을 논의하기 이전에 작용하는 개인적 특성이 무엇이며 이러한 특성과 관련된 조직성과를 검토한다.

학습목표

1. 개인특성과 조직 내의 성과와의 관계성을 이해한다.
2. 자기충족적 예언 등 이론적 기제를 통해 개인특성의 차이가 왜 업무수행의 효과에 영향을 미치는지 설명할 수 있다.
3. 직무수행의 효과에 영향을 주는 주요한 인구-통계적 개인특성과 성격변수를 이해한다.
4. 직무수행의 관점에서 능력과 역량의 개념과 차이를 학습한다.
5. 인지지능과 감성지능의 보완적 역할을 이해한다.
6. 현대의 조직에서 감성지능이 가지는 중요성을 이해하고 감성지능이 특히 효과적으로 나타나는 조직행동의 유형을 이해한다.

01 인구통계 특성 : 나이, 성별, 외모

사람들은 모두 같지 않으며 개인마다 서로 구분이 되는 차이점을 가지고 있다. 이것을 개인차(individual difference)라고 한다. 조직행동 연구는 개인차가 우리들의 사고와 행동에 많은 영향을 주는 변인이며, 개인차가 성과와 관련이 있을 것으로 생각하여 성과와 관련이 있는 개인차의 대표적인 유형을 발견하고 이들이 개인 및 조직 내 성과를 가지는 관계를 연구하였다.

개인차는 편의상 두 가지 범주로 구분할 수 있다. 첫 번째 범주는 나이, 성별과 같이 개인이 태어나면서부터 부여받았기 때문에 바꿀 수 없는 인구통계적 특성이다. 두 번째 범주는 역량/능력(ability), 성격(personality)과 같이 변화가 가능하긴 하지만 쉽게 변하지 않으면서 여러 상황에 걸쳐 일관적으로 나타나는 특성으로 나눌 수 있다.

1.1 나이/연령

한국을 포함한 많은 국가에서 많은 기업들이 신입사원을 선발할 때 비공식적으로 나이제한을 두고 있다. 이 현상은 조직을 관리하는 관리자들이 나이가 젊을수록 일을 잘 할 것으로 여기기 때문이다. 반대로 나이에 따라 경험을 통해 판단력이나 리더십이 개발되어 더 일을 잘 할 수 있다고 보기도 한다. 일본을 예를 들면 나이가 많을수록 급여상승이 이루어지고 직급도 나이에 따라 올려주는 연공서열형 인사제도를 최근까지도 시행해 왔다. 현재 한국사회는 노동력이 고령화 추세로 가고 있고 미국과 같은 국가에서는 강제정년 제도를 금지하고 있어서 도덕적으로는 나이를 기준으로 차별을 해서는 안 된다. 그러나 동시에 나이가 많은 노동자들은 젊은 노동자들과 노동시장에서 경쟁할 수밖에 없는 현실이기 때문에 관리자들은 나이와 성과가 실제적 관계를 가지는지 의문을 가지지 않을 수 없다.

나이가 많아질수록 직무만족은 증가한다. 조직의 입장에서는 한 사람의 직원을 양성하는데 많은 비용이 들어간다. 직무만족이 높은 직원들은 이직의 가능성이 줄어들고 직무경험이 쌓이기 때문에 성과에 긍정적 영향을 준다고 볼 수 있다. 또한 나이가 든 직원들은 근속기간이 길기 때문에 높은 임금수준, 휴가, 연금혜택 등을 받기 때문에 직무만족이 높을 수 있다. 그러나 다른 한편으로는 직원들의 나이가 많아질수록 급여가 올라가 조직의 비용이 증가하고 창의성과 직무적응성이 떨어져 조직의 성과에 부정적인 영향을 줄 수도 있다.

최근 여러 연구를 종합적으로 분석한 메타연구를 보면 나이와 성과는 유의하지 않은 것으로 나타난다. 그 이유는 나이가 들어감에 따라 어떤 육체적 능력(예: 민첩성, 기억력, 체력 등)은 감퇴하지만 동시에 경험을 통해서 획득한 능력(예: 판단력)은 증가하기 때문에 정적 영향과 부적 영향이 서로를 상쇄할 수 있기 때문이다. 따라서 나이와 성과의 관계는 일반인들의 상식과는 달리 일률적으로 판단하기 어려우며 다른 요인들과의 관계 속에서만 파악할 수 있다.

1.2 성별

나이와 마찬가지로 기업이나 사회에서 성과의 차이를 나타내는 대표적인 개인차 변인으로 성별에 의한 차이가 있다. 오랫동안 학자들이나 현장의 전문가들은 여성보다 남성이 일을 잘 한다는 편견을 가져왔다. 2010년 한국의 국내 대기업의 대졸 공채비율을 보면 아직도 여자보다 월등히 남자를 선호한다는 결과가 있다(〈표 2-1〉 참고). 이 현상은 국내에만 국한된 것이 아니며 선진국에서조차 아직도 남성이 고위직급 전문경영인의 다수를 차지하고 있다.

반대의 관점도 있다. 최근에는 조직에 따라 부드러움, 세심함 등 여성들의 특성이 직무에 긍정적인 영향을 줄 수 있기 때문에 여성성을 높이 평가하기도 한다. 저명한 미국의 경

표 2-1 국내 10대 기업 대졸 공채 비율 (단위= %)

기 업	남 자	여 자
삼 성	비공개	
L G	80	20
S K	80	20
현대중공업	90.3	9.7
현대차	82.5	17.5
G S	82	18
한 화	82.9	17.1
롯 데	72.5	27.5
두 산	81.25	18.75
한 진	비공개	

2010년 기준, 현대차는 2011년 상반기 기준
출전 : 2011년 10월, 매일경제신문, 국내 10대 기업을 대상 대졸신입 공채합격자 남녀 비율 조사 결과

영학자 피터 드러커(Peter Drucker)는 21세기는 감성적 능력이 뛰어난 여성이 지도하는 세계가 될 것이라고 하였다. 예를 들어, 과거의 기업조직에서는 뛰어난 카리스마를 가진 저돌적인 리더십이 필요한 덕목으로 여겨졌으나, 최근에는 여성성이 많이 요구되는 배려적 리더십이 효과적인 조직의 사례들이 많이 보고된다. 또한 해외의 연구사례이긴 하지만 상황의 변화에 대한 적응이 많이 요구되는 해외주재원 임무에는 직무경험, 외국어 능력 등 모든 조건이 유사하다고 할 때 여성이 남성보다 우수한 성과를 보이는 것으로 알려져 있다.

따라서 나이와 마찬가지로 성별과 직무성과의 관계는 간단하게 결론을 내릴 수 없으며 직무의 유형을 고려해야 한다면 다른 변수들과의 관계 속에서 판단할 수밖에 없다.

1.3 외 모

외모 역시 중요한 개인차 요인으로 취급된다. 최근 한국에서는 취업을 준비하는 대학생들에게 성형수술이 유행이다. 쌍꺼풀 수술은 기본이며 턱을 깎아 부드러운 인상을 주기 위하여 성형수술을 하는 것은 여자 뿐 아니라 남자들에게도 취업 준비의 일종으로 점차 거부감 없이 받아들여지고 있다. 이것은 호감을 주는 외모를 가진 사람들이 면접에서 높은 점

수를 받으며, 고객들과 상대할 때 호감을 주는 등 일을 잘 할 것이라는 믿음에서 비롯된다고 볼 수 있다. 실제로 외모가 뛰어날수록 높은 임금을 받는 경향이 있다는 연구결과도 있다. 포춘지의 기사에 따르면 미국의 500대 기업의 CEO들은 평균보다 키가 큰 것으로 나타났다. 하지만 외모와 성과의 관계는 업종과 직무에 따라 큰 차이가 있어서 확실한 인과관계가 밝혀지지 않았다.

1.4 인구통계적 개인차의 효과에 대한 설명

많은 사람들이 성별, 나이, 외모와 같은 요인들이 성과와 관련이 있다고 믿기 때문에 실제로 많은 사회에서 이러한 요인들과 관련하여 차별이나 선호가 나타난다. 조직의 맥락에서 보면 신입사원의 선발과 같은 경우에 차별과 선호가 있을 수 있다. 그러나 실제의 연구들을 조사해 보면 일반적인 생각이나 사회에서 일어나는 현상과 달리, 나이, 성별, 외모 등의 인구통계적 개인차와 성과 간의 관계는 실제로 존재한다고 하더라도 그 관계의 정도가 미미하거나, 관계성이 일관되게 나타나지 않으며, 인과적 관계가 아닌 단순한 상관적 관계인 경우가 많다. 어떤 연구에 따르면 대표적인 인구통계적 변수를 종합하여 성과와의 관련성을 분석한 결과 상관계수가 낮게 나타났다. 그럼에도 불구하고 조직의 관리자는 조직의 성과를 높이는 것이 목표이기 때문에 실제 원인이 아니더라도 관련이 있어 보이는 요인들에 많은 관심이 있다. 그렇다면 이상의 인구통계적 차이와 성과와의 관계는 어떻게 설명이 가능한가?

▸ 자기충족적 예언

개인차와 성과의 관련성은 자기충족적 예언(self fulfilling prophecy)이라는 원리로 설명이 가능하다. 자기충족적 예언은 우리가 어떤 사람에 대해 특정한 기대를 가지고 있으면 그 기대에 일치하는 반응으로 대하게 되고, 그 사람으로 하여금 기대에 일치되는 방향으로 행동을 보이게 되는 결과를 낳는 현상을 말한다. 특히 이 과정에서 결과가 긍정적인 형태로 나타날 때 피그말리온 효과(Pygmalion effect)라고 부른다.

예를 들어, 사람들은 키가 큰 아이들이 리더십이 있다고 흔히 생각한다. 초등학교 1학년의 경우 발육의 정도가 키와 신체적인 성장과의 관련이 높으며 정신적 발달과도 관계가 높다. 키와 리더십이 관계가 있다고 믿는 선생님이 키가 큰 아이를 반장을 시켰다고 생각해보자. 이 아이는 본인의 능력과 상관없이 선생님이 시키는 심부름을 하게 될 것이다. 부모의 보호속에 유치원을 마치고 갓 초등학교에 입학한 이 연령대의 아이들은 선생님의 심부름을 수행하는 경험 자체가 대단한 도전이며, 선생님의 심부름을 하기 위하여 교무실에 갔다오기나 유치한 수준이지만 학급회의를 주재하기 등 많은 용기와 의사결정을 필요로 하는 행동을 하게 된다. 이러한 행동은 다른 아이들이 경험하지 못하는 높은 수준의 성취감과 경험을 제공한다. 그 결과 2학년이 되면 반장을 했던 아이들은 반장을 하지 않았던 다른 아이들에 비해 이미 경험을 통해 더 성숙한 행동(예: 여러 학생들 앞에서 발표)을 할 수 있다. 다행히 요즘의 초등학교는 반장을 돌아가면서 맡는 등의 방식을 택하기 때문에 이러한 편견의 결과가 특정 아이들에게 작용하는 것을 방지하고 있다. 하지만 아이들을 보는 어른들은 자신들의 기대가 특정행동을 할 기회를 더 많이 부여하고 그 결과 성숙한 행동을 하게 되었다는 과정은 간과하고 눈에 두드러지는 두 변인 즉, 키와 성숙된 행동 사이에서 관계성이 있다고 성급하게 결론을 내리게 된다.

리더십을 설명하는데도 자기충족적 예언은 설득력이 있다. 심리학자인 아들러(Adler)는 열등감 이론에서 열등감을 가진 사람들은 열등감을 극복하기 위해 노력을 많이 하기 때문에 열등감이 개인적 성취를 달성하는데 도움이 될 수 있다는 이론을 제안하였다. 유사한 논리로, 프랑스의 영웅인 나폴레옹이 키가 작고 프랑스인이 아니었다는(프랑스의 식민지였던 코르시카 왕국 출신) 이유로 차별을 받았고 자신이 가진 열등감을 극복하기 위해 2배 이상의 노력을 함으로써 훌륭한 사람으로 성장하였다고 설명하는 역사학자들이 있다. 이

그림 2-1 프랑스의 나폴레옹 황제와 그의 고향인 프랑스의 식민지 코르시카 공화국

현상은 '나폴레옹 콤플렉스'로 알려져 있다. 그러나 최근의 증거에 의하면 실제로 나폴레옹은 그 당시 프랑스인으로서 평균적인 키를 가졌으며(160cm 정도), 가족적 배경(코르시카의 귀족)에 관해서도 열등감보다는 우월감을 가졌을 가능성이 높다. 나폴레옹이 다녔던 청년군사학교는 주로 몰락한 귀족이나, 부자집 출신이지만 평민인 소년들이 주로 다녔다.

한국도 60–70년대에는 머리가 우수하지만 가난한 집안의 아이들은 국가에서 학비를 제공하는 사관학교에 많이 다녔다. 자기충족적 예언의 관점에서 보면 나폴레옹은 열등감에 사로잡혀 있었기 보다는 평민출신인 또래의 소년들에 비해 식민지지만 귀족출신으로서 우월적인 위치에 있었다고 볼 수 있다. 청년군사학교의 선생님과 동료들은 그에 대해 기대를 가졌으며 이 기대를 충족시키기 위해 나폴레옹은 상응하는 노력을 하였다. 노력의 결과 나타나는 행동에 대해 다시 선생님과 동료들은 나폴레옹의 우수한 능력에 원인을 돌리게 되었다.

자기확증적 예언의 개념을 통해보면 나이, 성별, 외모 등은 실제로 성과에 직접적인 영향을 주기보다는 다른 요인들을 통해서 성과와 관련이 있다고 보는 것이 타당하다. 따라서 조직 내 개인의 우수한 성과를 예측할 수 있는 요인을 찾으려는 경영학자들은 원인과 결과 관계가 모호한 인구통계적 개인차 요인보다 안정적으로 성과를 설명할 수 있는 요인들을 찾으려고 노력해 왔다. 대표적으로 알려져 있는 것이 능력/역량 및 성격이다.

02 능력/역량

나이, 성별, 외모 등의 인구통계적 특성을 통해 직무성과를 예측하기는 어렵기 때문에 경영학자들은 개인차 중에서 다른 요인에 주목해 왔으며 그 중 대표적인 것이 능력/역량이다. 조직과 기업에서 흔히 직원들의 직무수행을 논의할 때 자주 언급되는 개인차와 관련된 개념이 능력/역량(ability)이다. "김 대리는 장 대리에 비해 마케팅 업무에 대한 능력/역량이 뛰어나니 김 대리를 마케팅 부서에 배치합시다"라는 표현을 기업이나 공공조직에서 흔히 들을 수 있다.

2.1 개념적 정의

능력/역량은 특정 직원이 업무수행을 성공적으로 달성할 수 있는 가능성의 정도를 의미하며 동시에 그 사람이 다른 사람에 비해 우월하게 가지고 있는 개인적 특성의 차이를 의미한다. 유사개념인 기술과 혼동이 될 수 있는데, 기술(skill)은 특별한 어떤 직무를 종업원이 잘 수행할 수 있는가의 문제와 관련이 있고(예: 보고서 작성기술, 업무계획 발표 기술), 능력은 보다 다양한 기술들을 종합하여 표현할 수 있는 일반적이고 범위가 넓은 개념이다(예: 업무수행 능력, 부하직원 관리능력 등).

2.2 인지적 지능(cognitive intelligence)

능력 중에서 가장 광범위하게 알려진 것은 인지적 능력(cogntive ability)이다. 인지적 능력은 지적능력이라고도 한다. 인지적 능력은 과제를 달성하기 위해 사전지식과 경험을 적용할 수 있는 능력을 의미한다. 구체적으로 지능은 다양한 상황과 문제에 융통성을 갖고 반응하고(적응적 능력), 신속하게 새로운 정보를 처리하는 학습능력, 새로운 상황을 효과적으로 분석하고 이해하기 위해 선행지식을 활용하는 능력을 포함하는 종합적 능력을 의미한다.

① 인지적 능력의 측정: 지능지수

인지적 지능을 표현하고 측정하기 위해 개발된 것이 지능지수(intellectural quotient)이며 지능지수는 교육현장 및 기업조직 등에서 광범위하게 사용된다. 기업에서 신입사원을 선발하는데 사용하는 적성검사에도 인지적 지능을 평가하는 내용이 주로 포함되어 있다. 지능지수는 교육현장에서 처음 개발되었으나 1차와 2차 세계대전 당시 미국은 전쟁이 장기화됨에 따라 모병제에서 징병제를 도입하면서 전투임무를 수행하기 위한 적합한 사람을 판단하기 위해 지능지수를 사용하기 시작하였다. 그 이후 교육현장과 기업에서 학업성취와 직무성과를 예측하기 위해 지능지수를 광범위하게 도입하였다.

지능을 구성하는 대표적인 요인은 수리능력, 언어이해, 지각력, 연역적 추론, 귀납적 추론, 공간지각력, 기억 등이다. 이와 같은 인지적 능력을 일반지능 요인(G-Factor; general factor)이라 한다. 일반지능과 여러 성과변수와의 상관관계를 살펴보면 예를 들어 학업성취도와는 0.7-0.8, 업무성과와는 0.2-0.6의 상관관계를 보여준다. 일반지능 요인 외에도 창의성, 운동능력, 예술성 등 공통적이지 않지만 개인에 따라 특수하게 나타나는 뛰어난 능력을 특수지능 요인(S–Factor: specific factor)이라고 한다. 사실 두 요인을 모두 고려해야 한 개인의 지적능력을 객관적으로 판단할 수 있으나 지능지수의 측정에서 편의성 때문에 일반지능 요인을 중심으로하여 인지적 능력이 측정되는 경향이 있다.

② 인지적 지능과 성과

일반적으로 인지적 지능과 직무성과는 관련이 있다고 여겨진다. 그러나 인지적 능력과 성과 간의 관계는 항상 일정하게 나타나는 것이 아니며, 직무의 유형에 따라 달라진다. 예를 들어, 미국의 공군을 대상으로 한 연구에서 보면 일반지능은 성과와 관련이 있지만, 관련의 정도는 복잡한 인지적 기술을 요구하고 직무를 수행하는 사람들에게 더 높게 나타났다.

2.3 감성지능(emotional intelligence)

인지적 지능과 성과 간의 관계강도가 직무유형에 따라 다르게 나타난다는 것은 하나 이상의 유형의 지능이 존재하고 또한 특수한 형태의 지능이 존재한다는 것을 의미한다. 인지적 지능이 오랫동안 교육이나 경영학 분야에서 사람들의 성과를 설명하고 예측하는 대표적인 변수로 받아들여져 왔지만 최근 경영학자들은 다른 유형의 지능(감성지능, 사회지능 등)들도 성과와 관련이 있으며 오히려 최근의 경영환경에서는 더 중요한 것으로 간주하고 있다. 대표적으로 감성지능 또는 정서지능(emotional intelligence)과 사회지능(social intelligence)이 관심의 초점이며 조직행동에서 특히 중요한 유형의 지능이다.

▸ 감성지능의 구조

초기의 연구에 의하면 감성지능은 세 개의 요소로 이루어져 있다고 보았으나 최근의 연구에 의하면 감성지능은 4요인으로 이루어졌다.

- 자신의 감정을 지각/평가하고 표현하는 능력: 이 요인은 자신의 깊은 감정을 잘 이해하고 자연스럽게 감정을 표현하는 능력과 관련이 있다.
- 타인의 감정을 평가하고 인지하는 능력: 이 능력은 주변에 있는 사람들의 감정을 잘 지각하고 이해하는 능력이다. 이 능력이 뛰어난 사람들은 타인들의 감정에 민감하고 감정적인 반응을 잘 예측한다.
- 자신의 감정을 조절하는 능력: 심리적 좌절상태로부터 빨리 회복할 수 있는 능력이다.

이 능력이 뛰어난 사람은 지나치게 흥분하거나 화가 난 상태에서 벗어나 정상적인 수준으로 되돌아올 수 있어서 이성을 잃지 않는다.

- 직무를 수행하고 달성하기 위해 감정을 효과적으로 사용하는 능력: 이 능력은 생산적 활동이나 개인적 성취의 달성을 위해 자신의 감정을 사용할 줄 아는 능력이다. 자신을 지속적으로 격려하여 긍정적 방향으로 자신의 행동을 유도할 수 있다.

2.4 사회적 능력/역량

현대의 조직은 대부분의 직무가 대인관계 속에서 일어난다. 설사 물리적인 공간에서는 혼자 일을 하더라도 대부분의 직무는 전화, 이메일, 우편 등을 통해서 어떤 형태로든 다른 사람(거래처, 부하, 상사, 소비자 등)과 관계를 맺으면서 일을 하지 않을 수 없다. 따라서 현대의 기업과 조직에서는 타인과의 사회적 관계를 잘 유지하는 능력이 중요하며 이러한 능력을 가진 우수한 사람들이 높은 성과를 낼 수 있는 이유이다. 이렇게 상사, 부하, 동료 등 타인과 사회적 관계를 잘 맺고 유지하며, 생산적인 결과를 도출하도록 하는 개인능력을 사회적 능력(social ability)이라고 한다.

▶ 사회지능(social intelligence)

사회적 역량을 구체적으로 측정하고 개념화한 것이 사회지능이다. 정서지능과도 유사한 측면이 있지만 사회지능은 정서적 상호작용을 포함한 포괄적인 대인적 관계를 유지하는데 필요한 능력을 의미하는 구성개념이다. 특히 직급이 올라갈수록 특정업무에서 요구되는 지식이나 기술보다는 직원들 간의 관계를 조화롭게 유지하고 조정하며, 갈등을 줄이는 능력이 요구되기 때문에 사회지능의 중요성이 높다. 사회적 지능은 다른 사람을 이해하는 능력과 다른 사람과 사회적 환경에 맞게 자신의 행동을 조절하는 2개의 요인으로 이루어져 있다고 본다. 최근에는 지능지수와 유사하게 사회지능을 측정하는 사회지능지수(social intelligence quotient)가 도입되어 사용되고 있다.

사회적 지능은 타인들과 관계를 성공적으로 유지하면서 이를 개인이나 조직의 목표를 달성하는데 효과적으로 사용하는 능력이기 때문에 성과와 관련이 높다고 알려져 있다. 특히 효과적인 리더십의 필수적 요인이다. 서비스 조직을 대상으로 한 연구에서는 조직 내 직급이 높은 사람들일수록 사회적 표현성이 우수하며 사회적 통제력이 우수할수록 리더로서의 능력을 높이 평가받는다는 것을 발견하였다.

03 감정(emotion)

최근 '펀(fun)경영'이라는 개념이 경영학자들이나 기업가들 사이에 관심의 초점이다. 즐겁게 일을 하는 사람이 일도 열심히 하고 성과가 좋기 때문에 경영자는 조직을 경영하고 부하들을 관리하는데 즐겁게 일할 수 있도록 동기를 부여해 주고 직장환경을 만들도록 노력해야 한다는 의미이다. 즐거움(fun)이란 사람들이 경험하는 감정의 일종으로써 즐거움과 같은 감정적 요인은 직무의 성과와 깊은 관련이 있는 것으로 알려져 있다. 앞 장에서 정서적 지능을 일부 다루었지만, 일반적으로 사람들은 정서를 경험하고 조절하는 능력에서 개인차를 보이기 때문에 개인차와 성과의 관계를 이해하는데 핵심적인 개념이다. 또한 조직에서 직원들이 경험하거나 가지고 있는 감정이 조직성과에 미치는 영향이 크기 때문에 본 장에서 별도로 다룰 필요가 있다.

3.1 감정의 개념

감정의 개념을 정확히 이해하기 위해서는 유사한 개념인 정서, 감정, 무드를 각각 비교해 보는 것이 좋겠다. 정서(affect), 감성(emotion), 무드(mood) 등은 서로 유사하면서 다른 개념이다. 학자들마다 조금씩 다르게 구분하고 있지만 [그림 2-2]와 같이 정서는 모든 종류의 느낌을 표현하는 포괄적인 개념이며, 감정은 특정한 대상에 대한 구체적인 경험이다. 감정은 기분이나 정서와 달리 표정으로 분명히 나타나며 본질적으로 행동을 유발하는 특성이 강하다. 기분은 감정보다는 정도가 약하며 장기적으로 경험되는 정서경험이라고 할 수 있다.

3.2 정서/감정과 성과: 정적 관계 VS 부적 관계

펀(fun) 경영의 개념에서 보면 긍정적 정서가 성과를 높일 것이라고 생각하기 쉽다. 기분이 좋거나, 긍정적인 감정상태에 있다면 대인적 갈등이 줄어들 것이며, 그 결과 협동이 일어날 수 있고, 스트레스가 낮아져 일을 지속적으로 할 수 있는 에너지도 발생할 것이라고 쉽게 예측할 수 있다. 실제로 긍정적 정서는 여러 가지 상황에서 조직성과를 높이는 것으

그림 2-2 정서, 감정, 분위기의 개념적 비교

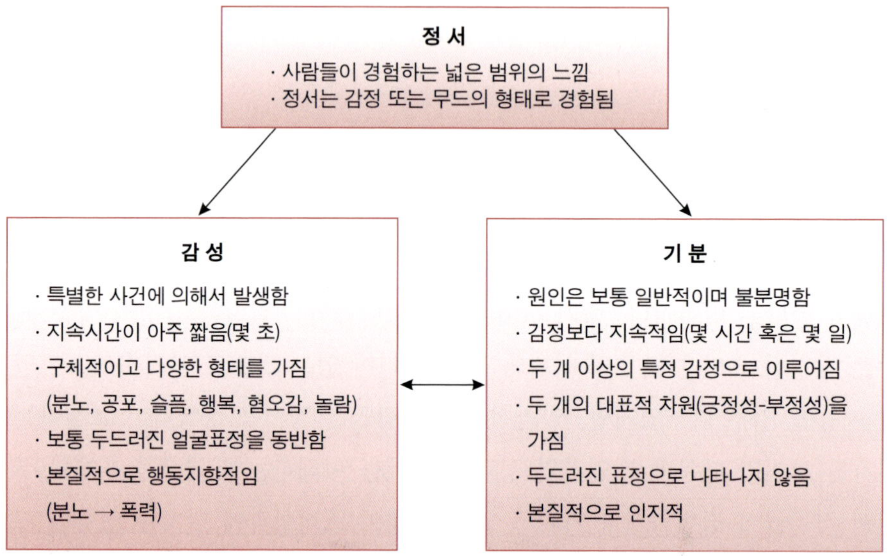

로 알려져 있다. 미국의 공군을 대상으로 한 연구에서 보면 높은 감성지능을 가진 사람이 보통사람보다 2.6배의 성과를 보였으며, 이직률이 낮고 훈련에서 우수한 성과를 보였다. 화장품 회사 로레알을 대상으로 한 연구에서는 감성지능이 높은 영업사원들의 매출성과가 더 높은 것을 발견하였다.

그러나 일반적인 예측과 다르게 부적 정서도 우수한 성과와 관계가 있을 수 있다. 부적 감정의 상태에 있는 사람들은 지각이 정확한 경향이 있다. 한 심리학 연구에 따르면 다수 우울증 증세를 보이는 사람들은 정보처리의 속도는 다소 느리지만 정확한 결정을 내리는 경향이 있다는 점을 발견했다. 이것은 정적인 정서를 경험할 때는 사람들이 다양한 지각채널을 사용하기 때문에 '바쁘지만' 부적인 정서 상황에서는 사람들이 지각적 채널을 제한적으로 사용하기 때문에 한 가지 일에 몰두할 수 있기 때문이다. 예를 들어 주식시장을 분석하는 전문가는 정확한 숫자를 파악하거나 객관적인 자료에 근거하여 판단하여야 하며 흥분하거나, 지나치게 낙관적인 정서와 태도로 일을 하게 되면 일을 그르칠 수 있다. 이러한 직종에서는 정적인 정서가 반드시 긍정적인 성과를 가져온다고 볼 수 없다. 다시 말하면 정서와 직무성과와의 관계는 직무의 유형에 따라 달라질 수 있으며 일률적으로 긍정적 감정이 일에 도움이 된다고 말할 수는 없다. 따라서 현대의 조직은 관리자는 정서와 성과와의 관련성에 대한 지식을 가져야 하지만 직무가 필요로 하는 기술뿐 아니라 정서적 상태가

그림 2-3 인지능력과 감성지능의 보완효과

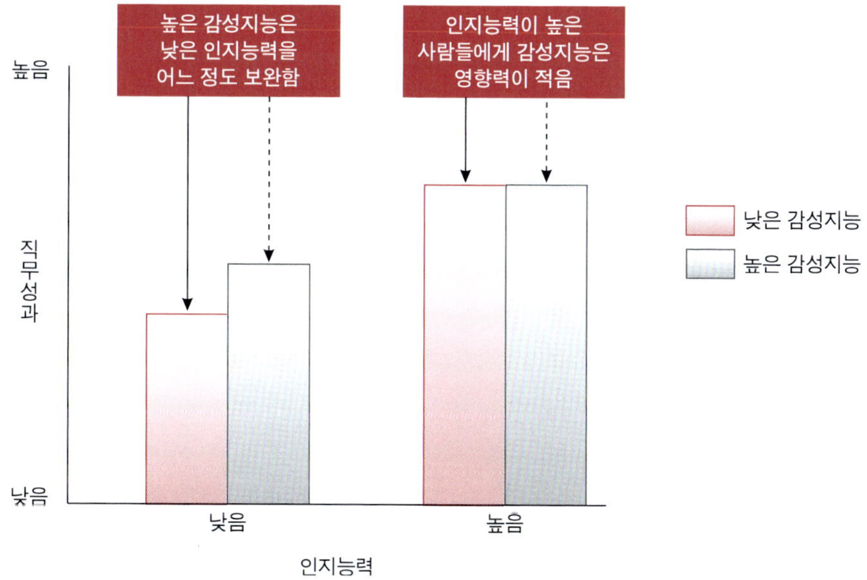

어떤 것인지를 알고 직원들을 관리할 필요가 있다.

① 인지적 능력과 감정

전체적으로 높은 지적능력을 가진 사람들이 낮은 지적능력을 가진 사람들보다 높은 성과를 발휘한다. 그러나 낮은 지적능력을 가진 사람들도 높은 감성지능을 가지고 있다면 다양한 분야에서 높은 성과를 내는 것으로 알려져 있다. 즉, 직무성과와 관련해서는 감성지능이 인지능력을 보완한다고 할 수 있다.

② 감정노동

감정과 관련하여 조직행동에서 특히 중요하게 취급하는 현상으로 감정노동이 있다. 감정노동은 직무를 수행하는 과정에서 조직에서 원하는 감정을 표현하는 것을 말한다. 예를 들어 항공사 승무원이나 백화점 직원들은 실제 느끼는 감정을 표현하지 못하고 고객에게 최대한의 친절한 서비스를 제공해야 하기 때문에 실제 느끼는 감정과 표현하는 감정과의 차이가 많이 나타난다. 개인이 느끼는 실제의 감정과 직무에서 요구하는 감정 사이의 차이가 클수록 감정부조화(emotional dissonance)가 발생한다. 감정부조화는 감정소진(emotional burnout) 상태를 유발하기 때문에 위험한 것으로 알려져 있다. 소진은 과다한 직무나 대인적 요구로 인해 나타나는 피로가 누적되어 심리적, 육체적으로 나타나는 고갈 및 탈진된 상태를 의미한다. 소진은 직무만족을 낮추고, 결근율과 이직률을 높이는 것으로 알려져 있다.

논의문제

1. 외모가 뛰어난 사람들이 수입이 더 높다는 조사결과가 있다. 특별한 개인특성을 가진 사람들이 성과가 좋다는 주장은 타당한가? 개인특성과 성과가 관련이 없다면 왜 이러한 현상이 나타나는지에 대한 타당한 이유는 무엇인가?

2. 자기충족적 예언은 어떤 과정을 거쳐서 우수한 개인특성이 높은 성과를 가져오게 하는가?

3. 감성지능은 어떤 경우에 높은 성과를 가져올 수 있는가? 감성지능이 높은 성과를 가져올 수 있는 상황적 조건은 무엇인가?

4. 개인특성에 대한 지식은 조직에서 직원들을 관리할 때 어떤 측면에서 도움이 될 수 있는가?

성 격 제3장

01 성격의 개념과 발달

02 성격의 차원

03 가 치

04 가치관과 국가문화

수줍음이 많은 사람은 정말 중요한 일과 마주쳤을때 전쟁 영웅처럼 담대해진다

리처드 브랜슨 버진그룹 회장은 괴짜 CEO(최고경영자)로 유명하다. 기상천외한 방식으로 온몸을 던져 회사를 마케팅 하기 때문이다. 버진 모바일 홍보를 위해 외설스러운 옷을 입고 뉴욕 타임스 스퀘어에 서기도 했다. 버진콜라를 론칭할 때는 가짜 탱크를 몰고 타임스스퀘어로 나갔다. 당시 코카콜라 광고 간판에 가짜 포격을 가했다.

브랜슨 회장의 괴짜 행동 때문에 사람들은 그를 매우 외향적인 사람이라고 판단하지만 실상은 딴판이다. 그의 진짜 성격은 내향적이다. 브랜슨 회장은 언론과 몇 차례 인터뷰하면서 "원래 나는 수줍음이 많고 남과 잘 어울리지 못하는 성격이다. 남의 웃음을 사는 옷차림을 할 때마다 속이 울렁거린다"고 토로했다.

이처럼 내향적인 사람도 때로는 외향적으로 행동할 필요가 있다. 외향적인 행동이 더 적합한 상황이 있기 때문이다. 내향성의 위대한 힘을 강조하는 수전 케인도 "내성적인 사람들도 마치 외향적인 사람(pretended-extrovert)처럼 행동할 필요가 있다"고 강조한다.

하지만 타고난 천성을 바꾸기란 매우 어렵다. 내향성과 외향성은 뇌 구조와 밀접하게 관련돼 있기 때문이다. 이는 여러 심리실험에서 분명히 드러난다. 그레이엄 머레이 케임브리지대학 교수는 건강한 남성 42명을 대상으로 뇌구조를 조사한 결과 사교적인 성격일수록 뇌에서 완와전두피질 농도가 증가했다. 칼 슈왈츠 하버드대 교수는 어릴 때 수줍음을 많이 탔던 사람들과 활동적이었던 사람들에게 낯선 사람 사진을 보여주면서 뇌의 MRI 사진을 찍었다. 그 결과 수줍음이 많았던 사람들은 뇌 편도체가 훨씬 활성화됐다. 실험결과에 대해 슈왈츠 교수는 "금속으로 조각상을 만들 수 있지만 유화를 그릴 수 없다는 것을 입증한 셈"이라고 말했다. 타고난 천성을 바꾸며 살 수 없다는 뜻이다.

그러나 천성과 다른 행동이 자발적으로 나타나는 예외적인 상황이 있다. 라이언 리틀 하버드대 심리학과 교수는 "천성이 내향적인 사람도 인생에서 높은 가치를 부여하는 핵심 프로젝트를 수행할 때는 자발적으로 외향적인 행동을 보인다"고 말한다. 브랜슨 회장에게는 버진그룹의 성공이 인생의 핵심 프로젝트기 때문에 외설적인 옷차림을 하고 세계에서 가장 번화한 타임스스퀘어에 설 수 있었다는 뜻이다.

마하트마 간디

리처드 브랜슨(버진에어 CEO)

극도로 내성적이고 겁이 많았던 마하트마 간디가 인도 독립을 위해 목숨을 바치는 용기를 냈던 까닭도 똑같이 해석할 수 있다. 인도 독립이 그에게 인생의 핵심 프로젝트였기 때문이었다. 원래 간디는 영국 유학을 거쳐 변호사가 됐지만 내성적 성격 때문에 제대로 변론을 할 수가 없었다. 법정에 나설 때면 간이 콩알만 해졌다고 자서전에 썼다. 증인에게 무엇을 물어야 할지 생각도 나지 않았다. 머리속은 빙글빙글 돌기만 했다. 그러나 간디는 남아프리카에서 차별받는 인도인들을 보고는 분연히 일어서는 용기를 냈다. 인도인 권리 회복에 높은 가치를 부여했기 때문이다. 진화론을 창시한 찰스 다윈은 "수줍어 하는 사람은 전쟁영웅처럼 담대해질 수 있지만 낯선 이들 앞에서는 사소한 일에도 자신감이 없어질 수 있다"고 말했다. 내향적인 사람들은 남들 앞에서는 수줍음을 타고 겁을 낼 수 있지만 막상 중요한 일에는 엄청난 용기를 낸다는 뜻이다.

내성적인 경영자들이 직원들과 소통하는 데 적극 나설 수 있는 까닭도 소통이 그들에게 매우 가치 있는 일이기 때문이다. 더글러스 코넌트 전 캠벨 CEO가 그 같은 사례다. 그는 남들 앞에서 강연할 때 큰 부담을 느낄 정도로 내향적이다. 긴장감을 줄이기 위해 현장을 잘 아는 사람과 미리 강연장을 찾아가 사전 답사를 할 정도다. 하지만 그는 캠벨 CEO로 일할 당시 매일 운동화를 신고 회사를 돌아다니며 직원들과 격의 없는 소통을 했다. 그는 직원들과 소통을 함으로써 나락에 빠져들던 회사를 회생시킨 캠벨의 전설로 통한다.

수전 케인은 "내성적인 사람들일수록 인생의 핵심 프로젝트를 선정하는 게 중요하다"며 "그들의 진짜 자아와 달리 외향적인 행동을 자연스럽게 할 수 있기 때문"이라고 말했다.

● 출처 : 매일경제 뉴스 / 김인수 기자, 2012.12.21

학습목표

1. 인간행동을 결정하는데 학습과 성격에 의한 상대적 영향력을 학습한다.
2. 성격의 발달과정을 이해함으로써 성격의 항상적 특성을 이해하고 조직을 관리하는 데 적용할 수 있는 유용성을 학습한다.
3. MBTI나 성격 5-요인 등 개인의 성격을 진단하는 도구의 이론적 원리와 이들이 어떻게 선발 및 배치 등의 조직관리 행위에 적용될 수 있는지를 학습한다.
4. 가치의 개념과 기능의 이해를 통해 윤리경영과 같은 조직의 경영방식에 미치는 영향을 학습한다.

01 성격의 개념과 발달

2장에서 주로 다룬 개인특성 요인들은 대개 타고난 것이므로 개인이 선택할 수 없고 노력을 통해서 바뀌기가 어렵다. 따라서 개인특성을 바탕으로 우수한 직원을 선발하여 조직의 성과를 향상시키는 목적에는 도움이 될 수 있으나 이미 채용한 직원들을 더 우수한 사람으로 만들려는 목적을 가진다면 개인특성과 성과와의 관련성에 대한 지식은 제한적으로만 도움이 될 것이다. 또한 많은 개인특성은 실제로 성과와 인과적 관련이 있다기보다 상관관계 정도의 관련을 가지며, 자기확증적 예언과 같은 작동기제에 의해 설명된다는 것이 최근의 연구에 의해서 밝혀졌기 때문에 성과를 예측하는 신뢰할 수 있는 요인이라고 보기는 어렵다. 따라서 경영학자들은 인구통계적 변수와 같은 개인특성보다 더 안정적으로 신뢰할 수 있는 성과를 예측할 수 있는 개인차 변수가 있는지 관심을 가졌다. 이 중에서 대표적으로 성과와 관련된 개인차 요인은 성격(personality)이다. 성격은 본래 심리학이나 임상의학에서 발달된 개념이지만 조직행동에서 성과를 설명하기 위해 자주 사용되는 개념이다. 이 장에서는 성격의 개념, 성격의 발달과정 및 조직행동에서 대표적으로 다루는 성격 요인들을 다룰 것이다.

1.1 성격의 개념

성격은 개인의 발달과정에서 형성되고 고정되어 상황에 관계없이 '비교적' 일정하게 나타나는 행동적 특성들의 집합을 의미한다. 성격(personality)의 어원적 유래는 라틴어인 뻬르조나(persona)이다. Persona는 고대 희랍연극에서 사용되는 가면을 의미하였다. 일본의 가부키나, 한국의 봉산탈춤, 중국의 경극 등은 모두 가면의 일종이다. 가면을 쓴 사람은 가면에 나타난 하나의 표정을 가지고 그 사람의 내적인 상태를 표현한다. 즉, 가면을 쓴 사람은 하나의 일관된, 고정된 행동을 보이는 전형적인 인물(선인, 악인, 용자, 비겁자 등)이라고 가정하는 것이다. 이와 마찬가지로 성격은 발달과정을 통해서 조금씩 형성되는 것이지만 일단 형성된 성격은 성인이 된 후에는 상황이 달라지더라도 그 사람의 행동을 바꾸지 않으며 비교적 일관되게 행동을 설명해 준다.

1.2 성격의 발달

성격의 형성 및 발달은 유전적 요인과 학습의 요인 두 가지로 설명된다. 어린시절에 다른 가족으로 입양되어 성장한 일란성 쌍생아를 대상으로 한 연구에 의하면 (쌍둥이는 유전적 특성이 가장 비슷하다고 볼 수 있다), 성장한 환경이 다르더라도 60퍼센트 정도의 행동특성과 패턴이 유사한 것으로 나타나 유전적 요인이 환경보다 더 중요한 것으로 나타났다. 하지만 성격의 형성은 결국 유전적 요인 및 성장하면서 경험을 통해 학습되는 요인이 결합하여 설명되는 것으로 학자들은 이해하고 있다.

1.3 성격발달이론

성격의 형성과정인 성격발달에 대해서는 여러 이론들이 존재하지만, 심리역동이론(psychodynamic theory)이 가장 잘 알려져 있다. 오스트리아의 의사출신인 프로이트(Freud)는 기존의 의학적 지식으로 정신질환(특히 신경증; neurosis)을 치료하는데 어려움을 겪었다. 프로이트는 나중에 최면기법과 대화기법을 사용하여 히스테리와 신경증에 걸린 환자를 치료하려는 시도를 하였다. 이 과정에서 프로이트는 환자들이 어떤 감정을 거부하는 "억압"의 현상을 보이며 억압은 종종 정신의 정상적인 기능에 해를 끼치고 육체적 기능까지도 저하시킬 수 있다는 것을 발견하였다. 억압의 분석을 통해 사람의 심리적 역동을 연구하는 과정에서 프로이트는 사람의 행동을 지배하는 것은 현재 지각이 가능한 의식이 아니라 무의식이라는 것을 발견하였다.

(1) 무의식과 성격의 발달

무의식의 세계는 욕망을 충족하려는 욕구인 원초적 자아(id), 욕망충족을 금지하는 초자아(super ego), 그리고 욕구와 초자아를 조절하는 자아(ego)로 이루어져 있다. 프로이트는 사람들이 어린시절에 무의식적으로 충동을 제어하는 과정에서 충동을 충족시키거나, 지연, 회피하는데 사용하는 대처방식인 방어기제(defence mechanism)를 어떻게 사용하는가

표 3-1 정신분석이론의 성격발달과정

단계	내용
1. 구강기(oral stage, 0~2세)	이 시기에 유아들은 생존에 필요한 최소한 활동인 먹고 마시는 행동을 통해 욕구를 충족하려는 활동에 집중한다. 욕구의 충족을 어떻게 조절하는가에 따라 이들이 성장하여 가지게 되는 성격의 형성에 영향을 준다. 원초적 자아(id)는 욕구를 최대한 충족시키려 하며, 초자아(super ego)는 욕구의 충족을 최대한 통제하려 하며, 자아(ego)는 현실적 상황에 맞추어 원초적 자아와 초자아 사이의 균형을 추구한다. 성격은 원초적 자아, 초자아 및 자아 사이의 역동적 관계에 의한 결과로 발달한다. 예를 들어 구강을 통한 욕구충족이 과다하게 이루어지면 먹고 마시고 흡연과 음주, 키스 등에 관심이 많으며 성장하여 낙천적이고 의존적이 된다고 주장하였다.
2. 항문기(anal stage, 2~4세)	이 시기에 유아들의 욕구충족은 배변활동에 집중된다. 배변활동을 통한 욕구충족을 느끼는데 배변훈련이 지나치게 엄하면 지나치게 깔끔하여 결벽증적인 성격이 발달될 수 있다.
3. 남근기(phallic stage, 4~6세)	욕구충족이 성기에 집중되는 시기이다. 욕구충족을 가능하게 해 주는 존재인 어머니를 애착의 대상으로 생각하기 때문에 어머니와 애착관계를 형성하는 아버지를 질투하며 미워하게 된다. 한편, 어머니를 독점하고자 하는 의도가 드러나면 아버지에게 보복을 받을 수 있다고 믿기 때문에 아버지를 미워하는 동시에 두려워하게 된다. 따라서 아버지에 대한 복종적 행동과 모방행동을 하게 되며 그 결과 아버지로 상징되는 사회의 요구와 통제가 내면화된다.
4. 잠복기(latency stage, 6~12세)	이 시기부터는 욕구의 만족이 친구관계, 취미활동, 스포츠 등 사회적 활동을 통해 이루어진다. 이 시기에는 모방행동의 대상이 아버지에서 벗어나 동료집단으로 확산되며 욕구를 무한히 충족시키고자 하는 노력이 동료집단에게 조건적으로 받아지기 때문에 금지와 충족을 조절하는 사회적 자아를 형성하게 된다.
5. 성욕기(genital stage, 12세 이후)	이 전 단계에서의 경험을 통해 아이들의 욕구충족의 대상은 어머니에서 벗어나 이성에게 집중이 된다. 또한 아버지 외에 다른 성인을 대상으로 동일시와 비교를 통해 자신이 진정 누구인가를 알게 되는 자아정체성이 형성된다.

에 따라서 성장 후에 다른 성격이 발달된다는 것을 발견하였다. 예를 들어 과도한 욕구의 충족은 집착적 성격으로 발달하며, 반대로 욕구의 충족을 지나치게 억제하는 경우 억제적 성격을 낳을 수 있다.

(2) 조직행동의 시사점

프로이트(Freud)의 이론을 포함해서 임상정신의학에서 주로 사용되는 성격발달이론은 조직행동을 이해하는데 두 가지 시사점을 제공한다.

첫째, 사람들의 행동은 성격에 의해서 안정적으로 예측가능하기 때문에 성격을 파악함으로써 특정 직무에서의 성과를 어느 정도는 예측할 수 있다.

둘째, 사람들의 행동은 의식보다 무의식에 의한 욕구충족의 동기로 발생하기 때문에 직무행동은 욕구충족의 결과로 해석할 수 있다. 예를 들어서, 조직행동의 맥락에서 보면 억제적 성격은 의사결정의 과정에서 더 신중한 장점이 있으나 도전적이고 창의적인 직무에는 적합하지 않다는 판단을 할 수 있다. 반대로 충동적 성격은 경솔한 행동을 할 수 있는 단점이 있는 반면에 위험을 수반하는 과감한 결정을 내려야 하는 창업자의 경우에 긍정적으로 작용할 수 있다. 구체적인 욕구충족의 대응방식과 그 결과 나타나는 성격의 발달은 〈표 3-1〉에 나타나 있다.

02 성격의 차원

2.1 성격차원의 개념

모든 상황에서 국가나 문화와 관련없이 나타나는 일관적인 성격이 있으며 그러한 성격요인이 사람들의 성과(교육, 업무에서의)와 관련이 있을까? 외향적인 사람은 영업업무를 잘하고 내향적인 사람은 회계업무를 잘하다는 식의 논리는 너무 단순한 것은 아닐까? 성격분석은 두 가지 목적에 부합해야 한다.

첫째, 모든 개인은 다르다고 하는 논리는 사회의 다양성을 인정한다는 점에서 올바른 태도는 될 수 있지만 조직구성원을 관리하는 데는 실질적인 도움이 되지 않는다. 관리자가

그림 3-1 성격의 구조

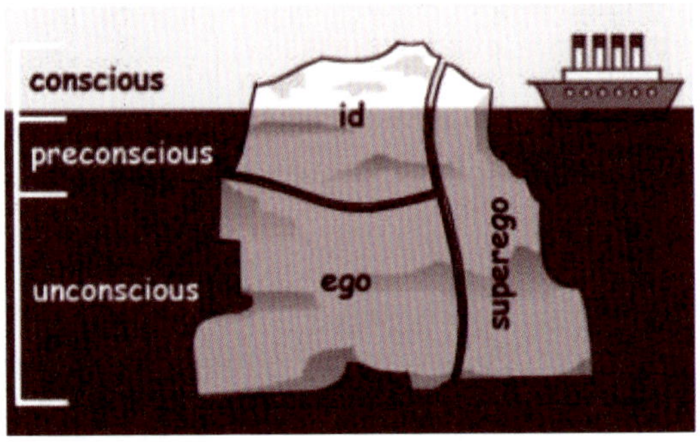

· conscious(의식), preconscious(전의식), unconscious(무의식)
· 빙상에서 드러나는 부분이 전체의 10퍼센트 밖에 불과하 듯 성격구조에서 의식으로 지각할 수 있는 부분은 무의식에 비하면 아주 작은 부분에 불과하다.

모든 개별 조직구성원이 다르다고 판단한다면 이들의 개인특성과 직무를 연결시킬 근거가 없어진다. 따라서 어느 정도 일반적인 설명력을 가진 개념으로서 성격을 설명할 수 있어야 한다.

둘째, 너무 단순하게 성격을 구분하는 것은 설명력이 떨어진다. 경제성장을 설명하는 데도 국제원유가, 정치의 안정, 국가의 문화 등 다양한 요인이 작용하듯이 성격요인을 가지고 성과를 예측하려면 너무 단순한 유형구분은 정보가치가 없다. 따라서 개념이 너무 단순하지 않게 복잡한 행동을 설명할 수 있으면서도 어느 정도 일관성 있게 행동을 설명할 수 있는 성격유형을 발견한다면 조직의 구성원들을 이해하고 관리하는데 큰 도움이 될 수 있다.

따라서 조직행동 학자들은 상황에 상관없이 일관적으로 나타나면서 너무 단순하게 규정 짓는 것을 보편적 차원에서의 성격요인을 발견하기 위해 노력해 왔다. 이들 중 대표적인 것이 MBTI(Myer Bricks Trait Inventory)와 성격의 5요인 이론(Big-5 성격요인)이다.

2.2 성격차원 1: MBTI(Myer Bricks Trait Inventory)

먼저 경영학에서 가장 많이 알려지고 응용되고 있는 대표적인 성격차원은 MBTI(Myer Bricks Trait Inventory)이다. MBTI는 독일의 정신분석하자 융(Jung)의 이론을 기초로 한다. 융은 원형(prototype)이라고 하여 인간성격의 근본을 구성하는 원초적 특질이 있으며 개인은 이 원형적 특성에서 개인차를 보이며 이러한 특성의 조합이 그 사람의 전체적인 성격을 규정짓는다고 주장한다.

구체적으로 MBTI는 네 가지 차원에서 성격을 구분한다. 각 차원은 하나의 성격요인의 양극단을 표시한다. 모든 개인들은 각 성격요인이 어느 하나의 경우에 해당되며 네 개의 차원의 조합을 통해 총 16개의 성격유형이 존재한다.

▶ MBTI의 성격요인

- **외향성**(Extroversion)–**내향성**(Introversion): 정신적 에너지를 사용하는 방향이 어디인가에 따른 구분. 외부세계에 대하여 에너지를 사용하는 경향은 외향성이며 관념적인 내부세계에 에너지가 집중되는 사람은 내향성이다.
- **감각**(Sensing)–**직관**(iNtuition): 사물을 파악하는 인식의 방식에 따른 구분이다. 오감을 통해 실제로 경험되는 사실이나 사건에 근거하여 인식하는 경향은 감각형이며 사실, 사건 이면의 의미나 관계에 대해서 잘 인식하는 사람은 직관형이다.
- **사고**(Thinking)–**감정**(Feeling): 판단의 방식에 따른 성격요인이다. 논리적 사고를 통해 판단을 내리는 경향을 가진 사람은 사고형이며, 감정을 근거로 판단을 내리는 경향을 가진 사람은 감정형이다.
- **판단**(Judging)–**인식**(Perceiving): 어떠한 생활양식으로 삶을 살기를 원하는가와 관련되는 경향성이다. 판단형은 자신감 있게 결정을 내리는 능력과 함께 미리 계획하고 조직된 방식으로 생활하는 것을 선호하는 사람들이다. 이들은 목표와 행동과정을 미리

그림 3-2 MBTI의 성격요인

설정해 두고 자신의 생활을 그에 맞추어 이끌어가며 조직과 추진력을 중요시 한다. 인식형은 생활의 흐름에 따라 적응하고 삶이 굴러가는 대로 자신을 수용하는 경향을 가진 사람들이다. 이들은 정보를 수집하며 삶을 개방된 상태로 열어 두는 것을 즐긴다.

성격은 네 가지 성격요인의 유형이 조합된 결과이다. 네 가지 성격요인마다 두 가지 유형이 존재하므로, 16가지의 성격유형이 존재한다. 각 성격유형은 각 경우를 나타내는 알파벳 한 글자씩을 따서 표시한다. [그림 3-2]는 MBTI의 유형을 보여준다. 예를 들어 ENTJ는 외향적이며, 직관에 강하고, 사고를 통해 논리적 근거를 내리며, 판단을 주도적으로 내리는 유형으로 지도자형에 가깝다. 성격차원을 통해 직원들이 일을 잘하는지, 일을 좋아하는지 등의 행동을 예언할 수 있을까? 특정 직종에 근무하는 사람들이 특정의 성격유형을 가지기 때문에 자신의 성격을 안다면 어떤 직종에서 근무해야 하는지 진로의 선택과 준비에 도움이 될 것이다. 또한 조직의 관리자는 직원들의 성격유형을 안다면 특정 직무에 배치하는 데 도움이 된다. 따라서 MBTI 검사는 우리나라의 대학에서도 진로적성검사의 도구로 많이 이용되고 있으며 기업에서도 신입사원의 선발 및 배치를 위한 검사도구로 사용하고 있다.

2.3 성격차원 2: 성격 5요인(Big 5)

MBTI가 오랫동안 성격의 구조 및 측정도구로서 사용되어 왔으나, 최근에는 성격의 5요인('big five')이 주목을 받고 있다. 성격 5요인(Big Five personality traits)은 심리학에서 경험적인 조사와 연구를 통하여 정립한 성격 특성의 다섯 가지 주요한 요인 혹은 차원을 말한다.

성격심리학자 캐텔(Cattel)과 아이젠크(Eisenk)는 성격특질을 나타내는 단어들의 목록을 도출하고 요인분석이라는 통계방법을 통해 이들을 범주화하였다. 아이젠크의 요인은 너무 단순하고, 캐텔의 요인은 복잡하고 차원의 수가 너무 많았는데 캐텔의 연구를 반복하여 분석한 결과 5개의 대표적인 요인을 도출하였다. 여러 학자들에 의해 성격요인을 도출하려는 노력이 있었으며 코스타(Costa)와 맥크래(McCrae)에 의해서 집대성된 모델이다. 나아가 이 이론을 토대로 한 성격검사 도구인 NEO-PI(NEO Personality Inventory)가 개발되었다. 신경성, 외향성, 친화성, 성실성, 경험에 대한 개방성의 다섯 가지 요소가 있으며, 성격연구의 모델일뿐 공식적인 이론은 아니다. 이러한 Big 5모델은 다양한 자료에서 신뢰성

그림 3-3 MBTI에 따른 성격유형

ISTJ 소금형 한번 시작한 일은 끝까지 해내는 성격	**ISFJ 권력형** 성실하고 온화하여 협조를 잘하는 사람	**ESTP 활동가형** 친구, 운동, 음식 등 다양함을 선호	**ESFP 사교형** 분위기를 고조시키는 우호적인 성격
INFJ 예언자형 사람에 관한 뛰어난 통찰력을 가진 사람	**INTJ 과학자형** 전체를 조합하여 비전을 제시하는 사람	**ENFP 스파크형** 열정적으로 새 관계를 만드는 사람	**ENTP 발명가형** 풍부한 상상력으로 새로운 것에 도전
ISTP 백과사전형 논리적이고 뛰어난 상황 적응력	**ISFP 성인군자형** 따뜻한 감성을 가지고 있는 겸손한 사람	**ESTJ 사업가형** 사무적, 실용적, 현실적인 스타일	**ESFJ 친선도모형** 친절, 현실감을 바탕으로 타인에게 봉사
INFP 잔다르크형 이상적인 세상을 만들어가는 사람들	**INTP 아이디어형** 비편적인 관점을 가진 뛰어난 전략가	**ENFJ 언변능숙형** 타인의 성장을 도모하고 협동하는 사람	**ENTJ 지도자형** 비전을 갖고 타인을 통솔력으로 인도

출처 : 한국심리검사연구소, MBTI 데이터뱅크

과 타당성이 입증되었다.

- 외향성(extroversion): 자극을 추구하고 다른 사람들과 지내는 것을 즐기는 경향성이다. 이 성향이 높으면 활동적이며 열정적이고, 사회성이 높고 대화를 즐긴다. 이 성향이 낮으면 내성적이고 조용하며, 다른 사람들에게 다가가기를 조심스러워하여 뒤로 물러나 있는 경향이 있다.
- 친화성(agreeableness): 타인을 정서적으로 존중하는 정도의 차원이다. 친화성이 높은 사람은 착하고 협조적이며, 신뢰할 수 있고, 타인을 도와주려 하는 반면, 낮으면 의심이 많고 다른 사람들에게 비협조적인 특성이 있다.
- 성실성 또는 양심성(conscientiousness): 분명한 자기원칙을 가지고 능력과 성취를 위해 노력하는 경향이다. 이 성향이 높으면 체계가 잡혀있고, 조심스럽고, 자기훈련이 잘 되어 있으며, 이 성향이 낮으면 무질서하고 충동적이며, 조심성이 부족하다.
- 신경증(neuroticism): 유쾌하지 않는 감정을 쉽게 경험하는 경향성이다. 이 성향이 높은 사람들은 신경이 과민하여 자주 불안을 느끼고 침울해 하며, 이 경향성이 낮은 사람들은 조용하며, 침착하고, 차분한 경향을 보인다.

- 개방성(openness to experience): 새로운 경험이나 생각을 즐기는 경향성이다. 이 경향성이 높으면 상상력이 풍부하며, 재치가 있고, 다방면에 관심을 가지는 반면, 낮으면 단순하며 관심의 폭이 좁다.

MBTI는 성격의 유형을 파악하기 위한 도구로서 오랫동안 사용되었지만 실제로 직무성과와의 관계는 일정치 않게 나타나거나 유의하지 않게 나타난다. 반면 성격 5요인은 여러 국가에서 조사해 본 결과 같은 요인이 일관적으로 나타나기 때문에 사회와 문화의 영향을 덜 받는 순수한 성격요인으로 여겨진다. 또한 조직구성원들의 성과와 뚜렷한 관련성을 보이는 것으로 나타났다. 특히 성실성과 외향성은 직무성과와 높은 관련성을 보였는데, 성실성이 높은 사람은 전문직, 영업직, 경영자 등을 망라한 모든 직업군에서 직무성과가 높은 것으로 나타났으며, 외향성은 특히 관리직과 영업직에서 관련성이 높게 나타났다.

2.4 조직행동에서 성격이론의 논리

조직행동에서 성격과 직원들의 수행수준과 관련성을 이해할 수 있는 흥미로운 현상이 혈액형이다. 1927년 다케지 후루카와가 '혈액형을 통한 기질연구'라는 논문에서 혈액형과 성격을 관련시키면서 일본의 선정적인 언론보도를 통해 큰 반향을 불러 일으켰다. 이후 1970년대 초 일본의 저널리스트 노미 마사히코가 쓴 '혈액형 인간학'이란 책이 인기를 얻으면서 혈액형이 특정 성격과 관련이 있다는 믿음이 일본사회에서 유행하기 시작했다. 노미는 작가생활을 하면서 만나본 사람들을 관찰한 결과에 따라 ABO식 혈액형과 성격의 연관성에 대해 저술했다. 이후 이 이론은 여성지 등을 중심으로 궁합문제, 직업문제, 대인관계, 학습법 등에 응용되었다.

많은 사람들이 혈액형과 성격간의 관련성을 믿으며 어느 정도 자신의 성격과 들어맞는다고 느낀다. 그러면서도 혈액형에 의한 성격을 해석하는 것이 과학적이지 않다고 느끼는 이유는 A, B, AB, O형이라는 4개의 유형으로 모든 성격을 설명하기 때문이다. 이에 비하면 사람들은 주역에 근거하여 사주가 더 잘 맞는다고 느낀다. 그 이유는 간단하다. 사주는 주역에 근거하고 있는데 특정한 년, 월, 시에 태어난 사람들을 역사적으로 관찰해 본 결과 발견한 일정한 패턴을 통해 성격을 설명한다. 주역은 혈액형에 비해 구분하는 데 훨씬 더 많은 범주를 사용한다. 혈액형은 단 4개의 조합이 가능할 뿐이지만 년, 월, 시의 조합은 대단히 많은 경우의 수와 조합을 필요로 한다. 따라서 오랜 관찰을 통해 각 조합에 해당하는 성격에 대한 설명은 더 정교하며 잘 들어 맞는다는 느낌이 들 수밖에 없다. 성격이론은 족집게 점쟁이의 예언이 아니며 실제사례와 특정 개인특성과의 관계성을 통계적으로 풀어낸 것으로 이해하는 것이 합당할 것이다.

2.5 조직행동에 영향을 주는 다른 성격차원

조직행동을 연구하는 학자들은 MBTI와 성격 5요인 이외에 다른 몇가지 성격차원에 대해서도 조직 내의 행동과 직무성과와 관련이 있는지를 탐구해 왔다. 대표적인 성격차원은 다음과 같다.

(1) 마키아벨리즘

마키아벨리(Nicolo Machiavelli)는 이탈리아가 분열되어 사회적으로 혼란하고 국가적으로 힘이 없던 16세기에 '군주론'이라는 책을 통해 군주가 해야 할 바람직한 행동이 무엇인가를 알림으로써 정치적 정신을 이끌고자 했다. 그 당시의 사회적 분위기는 모략이 팽배하고 신뢰가 땅에 떨어져 있는 시절이었기 때문에 마키아벨리는 아무도 믿지 않고, 수단을 가리지 말고 목적을 달성해야 하며 인정과 도덕, 정의는 이러한 목적을 달성한 이후에 추구해야 한다고 하였다. 마키아벨리즘이 높은 사람들은 실용적으로 이익을 추구하며, 사람들과 관계에서 일정한 감정적 거리를 유지하며, 수단은 목적을 위해 정당화될 수 있다고 생각하는 경향이 있다. 정치나 경제계에서 성공한 많은 사람들이 마키아벨리즘에 해당하는 성격과 유사한 성격을 갖는 경우가 흔히 있기 때문에 경영학자들은 마케아벨리즘이 리더십이나 조직의 성과에 미치는 영향에 대해서 연구해 왔다. 그 결과 마키아벨리즘이 높은 사람들이 성과가 높은 경우는 역시 직무와 같은 상황요인에 달려있다는 것이 밝혀졌다. 예컨대, 마키아벨리즘이 높은 사람들은 협상과 같이 설득을 기술로 사용해야 하는 상황이나, 목표의 달성에 대해 분명한 보상이 주어지는 상황에서 우수한 성과를 보인다.

(2) 위험선호성(risk taking)

확실치 않은 상황에서 위험을 안고 어떤 의사결정을 내리는 것을 위험선호성이라고 한다. 기업은 늘 안정적인 시장 환경에서만 존재할 수 없으며 특히 경쟁이 극심한 현대의 경영환경은 위험을 무릅쓰고 중요한 의사결정(예: 신상품 개발, 구조조정)을 내리는 것이 조직의 생존과 번영을 위해서 필수적일 수 있다. 빌게이츠나 손정의 같은 기업가들은 엘리트로서의 전도양양한 미래를 포기하고 마이크로소프트와 소프트뱅크를 창업하여 세계에서 가장 성공한 기업가가 되었다. 이러한 창업자의 정신에서 위험선호성은 불가피한 것이며 성공적인 창업자의 핵심적인 요인으로 취급된다.

(3) 자존감(self-esteem)

자기의 가치에 대해서 내리는 총체적인 긍정적인 판단이다. 교육학, 심리학, 정신의학 등 여러 분야의 연구에서 자존감이 높은 사람들은 성과가 우수하고 질병에 잘 견디며, 회복이 빠른 것으로 알려져 있다. 그러나 자존감의 개념은 서구적인 개념을 많이 포함하고 있어서 비서구권 문화에서 자존감이 가지는 긍정적 영향의 정도는 상대적으로 낮으며, 최근에 특정 영역에서의 우수성을 근거로 자신의 가치를 판단하는 자기효능감의 설명력이 더 높은 것으로 알려져 있다.

(4) 통제위치(locus of control)

행동의 결과의 원인을 성격, 능력, 지능과 같은 내적인 것에 두는가, 혹은 운이나 환경적 영향과 같은 외부적인 데 두는가에 개인차가 있다. 내재론자(통제위치를 내부에 두는 사람)들은 행동의 원인이 자기 내부에 있다고 보기 때문에 문제해결을 위해서 노력을 더 경주하는 등 더 적극적인 경향을 보인다. 내재론자들은 "내 운명의 열쇠는 내가 쥐고 있다"라고 말한 크라이슬러자동차의 전 CEO인 아이아코카처럼 운명이 자기의 행동에 의해 결정된다고 믿는다. 또한 내재론자들은 자기통제의 여지가 더 크게 나타나는 참여적 리더십을 선호하는 경향이 있으며 외재론자들은 지시적인 리더를 선호한다고 알려져 있다.

(5) 결합된 성격요인: 핵심자기평가(core self-evaluation)

최근의 조직행동연구는 특정한 영역에 대한 자기평가가 성과와 직무만족 등 조직효과성과 깊은 관련을 가진다고 보고 각 개별적 요인보다 몇가지 요인들의 묶음에서 나타나는 성격요인의 중요성을 인정하고 있다. 그러한 대표적인 것이 핵심자기평가이다. 핵심자기평가는 자기에 대한 전반적인 긍정적 판단이다. 핵심자기평가는 자신의 능력과 자신의 통제력에 대한 포괄적인 평가를 하는 성격특성이다.

핵심자기평가가 높은 사람들은 자신을 긍정적으로 보며 자신의 능력에 대해 확신을 갖지만, 핵심자기평가가 낮은 사람들은 자신을 부정적으로 평가하고 자기를 신뢰하는 수준이 낮다. 구체적으로 핵심자기평가는 4개의 성격차원을 포함한다. 통제위치(locus of control), 신경증(neuroticism), 일반적 자기효능감(generalized self-efficacy) 및 자존감(self-esteem)이다.

- **자존감 또는 자기존중감**(self-esteem): 자신을 얼마나 역량이 있고, 성공할 가능성이 있으며 가치 있는 사람으로 생각하는지를 의미한다.
- **자기효능감**(self-efficacy): 다양한 영역에서 성공적으로 직무를 수행할 수 있다고 느끼는 것을 의미한다. 자존감과 비슷하지만 동일한 개념은 아니다. 자기효능감은 특정한 영역에 있어서 성공적인 경험을 토대로 발달된 자신에 대한 긍정적 판단이다. 자존감은 자신에 대한 선반적인 가치에 대한 평가이다. 예를 들어 자존감은 낮지만 컴퓨터 관련 기술에는 전문성이 있는 사람은 컴퓨터관련 자기효능감은 높다고 볼 수 있다. 특정영역에 대한 효능감은 없지만 전반적으로 자신을 높이 평가하는 사람은 자존감은 높다고 할 수 있다.
- **정서적 안정성 혹은 신경증**(emotional stability/neuroticism): 삶에 대해 부정적인 관점 또는 낙관적, 염세적인 관점을 가지고 있는가에 대한 정도를 의미한다.
- **통제위치**(locus of control): 통제위치는 어떤 행동의 결과에 대해 자신이 스스로 통제할 수 있는지 혹은 운이나 타인들의 도움 등 외부적 상황요인들에 의해 통제된다고 믿는가를 의미한다. 내적인 통제위치를 가진 사람(내재론자)은 성공이나 실패가 자신의 노력이나 능력에 달려 있다고 믿으며 외적인 통제위치를 가진 사람(외재론자)은 성공이나 실패가 시장상황, 상사의 도움 등에 달려 있다고 믿는 경향이 있다.

관련연구들에 따르면 핵심자기평가는 직무만족 및 긍정적인 직무성과를 예측할 수 있는 기질적 요인이다. 특히 시간이 지나도 일정하게 유지되는 성격특성이기 때문에 안정적으로 직무성과를 예측할 수 있어서 특히 중요하게 여겨진다.

03 가 치

3.1 가치의 개념

가치(value) 및 가치체계(value system)는 무엇이 중요하고 무엇이 덜 중요한가에 대해 사람들이 가지는 신념의 체계를 의미한다. 다른 말로 하면 특정한 양식의 행동에 대해 사람들이 가지는 기본적이며 지속적으로 가지는 확신이라고 정의한다. 가치는 성격과 관련이 있지만 동일한 것은 아니며 가치는 행동보다는 신념(belief)에 가까운 개념으로서 판단을 요구한다.

3.2 가치의 기능

가치는 행동을 동기화하며 의사결정의 방향에 영향을 준다. 따라서 사람들이 가진 가치를 이해하면 그들의 행동을 예측할 수 있다. 소비자행동을 예를 들자면 외양보다 내용을 중요시 여기는 가치를 가진 사람은 물건을 구매할 때 디자인보다 기능과 내구성을 중심으로 한 구매결정을 내릴것이라는 예측이 가능하다. 마찬가지로, 조직의 맥락에서 본다면 현재의 즐거움을 추구하기 보다는 성공에 가치를 두는 사람은 높은 동기수준을 가지고 지속적인 노력을 할 것이라고 예측할 수 있다. 조금 더 범위를 확대하면 한 기업이나 국가의 경제적 발전도 가치에 의해 설명된다. 아시아의 신흥경제국가인 한국, 홍콩, 싱가포르, 대만(일명 아시아의 네 마리의 용이라고 한다)이 이룩한 놀라운 경제성장의 원인을 분석한 결과 주변환경, 기술력, 정치적 상황 등의 요인들도 작용하지만 이들 국가는 공통적으로 교육을 중시하고, 현재보다 미래에 중점을 두며, 다소 가부장적이고 권위주의적이지만 인정과 화합의 사상에 바탕을 둔 아시아의 뿌리 깊은 유교적 전통에 기인하는 것으로 나타났다. 이를 아시아적 가치 혹은 유교적 가치라고 한다. 따라서 사람들이 중요시 여기는 가치의 유형이나 가치와 행동양식의 관계성에 대해 경영학자들은 다각도로 연구해 왔다.

3.3 가치유형

대표적으로 로키치(Rokeach)의 가치유형이 가장 많이 알려져 있다. 로키치 가치조사(Rokeach Value Survey; RVS)라는 연구를 통해 로키치는 사람들의 가치를 분석한 결과 두 가지 유형의 가치가 있다는 것을 발견하였다.

- **궁극적 가치 혹은 목적적 가치**(terminal values): 이 유형의 가치는 사람들이 달성하고 싶은 궁극적인 목적으로서의 가치이다. 예를 들어 안락한 삶, 평화, 평등과 같은 가치들이 이 유형에 해당한다.
- **도구적 가치**(instrumental values): 도구적 가치는 궁극적 가치를 달성하기 위한 수단으로서의 가치이다. 예를 들어 야심, 능력, 용서 등과 같은 가치들이 이 유형에 해당한다.

두 유형의 가치를 종합하여 보면 어떤 사람들은 안락한 삶을 추구하기 위해 야심찬 목표를 추구하여 달성하려 할 것이고 어떤 사람들은 마음이 안락한 삶을 성취하기 위해 타인을 용서하고 도와주는 활동을 할 것이다. 조사결과 유사한 직업에 종사하는 사람들은 유사한 가치신념을 가지고 있는 것으로 나타났다. 이러한 결과를 바탕으로 보면 왜 사람들이 동일

그림 3-4

궁극적 가치	도구적 가치
A comfortable life (a prosperous life)	Ambitious (hardworking, aspiring)
An exciting life (a stimulating, active life)	Broad-minded (open-minded)
A sense of accomplishment (lasting contribution)	Capable (competent, effective)
A world at peace (free of war and conflict)	Cheerful (lighthearted, joyful)
A world of beauty (beauty of nature and the arts)	Clean (neat, tidy)
Equality (brotherhood, equal opportunity for all)	Courageous (standing up for your beliefs)
Family security (taking care of loved ones)	Forgiving (willing to pardon others)
Freedom (independence, free choice)	Helpful (working for the welfare of others)
Happiness (contentedness)	Honest (sincere, truthful)
Inner harmony (freedom from inner conflict)	Imaginative (daring, creative)
Mature love (sexual and spiritual intimacy)	Independent (self-reliant, self-sufficient)
National security (protection from attack)	Intellectual (intelligent, reflective)
Pleasure (an enjoyable, leisurely life)	Logical (consistent, rational)
Salvation (saved, eternal life)	Loving (affectionate, tender)
Self-respect (self-esteem)	Obedient (dutiful, respectful)
Social recognition (respect, admiration)	Polite (courteous, well-mannered)
True friendship (close companionship)	Responsible (dependable, reliable)
Wisdom (a mature understanding of life)	Self-controlled (restrained, self-disciplined)

Source : M. Rokeach, The Nature of Human Value(New York : The Free Press, 1973)

한 문제나 이익대상에 대해서 갈등을 가지고 있는지를 설명할 수 있다. 즉, 개인이 가지고 있는 가치관의 차이에 의해 동일한 문제에 대해서도 갈등을 가진다는 것이다.

3.4 가치와 윤리행동

최근 일어나고 있는 일련의 비윤리적인 경영사례들을 보면 조직의 구성원들이 가지는 가치관이 조직의 흥망을 결정짓는 중요한 열쇠라는 점을 알 수 있다. 유명한 미국의 엔론사태를 보면 고학력이고 능력이 뛰어난 경영인들의 윤리적 가치는 부족한 반면, 성공과 성과에 대한 가치를 과도하게 추구한 결과 기업의 몰락은 물론 사회적으로 중대한 악역향을 미쳤다는 점을 확인할 수 있다. 따라서 최근 직위의 높고 낮음에 상관없이 조직의 구성원들이 가지는 가치가 무엇인지에 대한 중요성이 더 높이 부각되고 있다.

04 가치관과 국가문화

개인이 가치를 가지고 있듯이 사회수준에서도 중요하게 여기는 가치가 존재한다. 예를 들어 한국에서 나이가 많은 사람들에게는 예를 갖추어야 하는 것이 중요한 가치로서 인정된다. 가치 및 가치체계는 한 사회의 특성을 구별하고 묘사하는데 효과적으로 사용될 수 있다. 네덜란드의 홉스테드(Hofstede)는 국가에 따라 문화적 차이가 있다면 가치관을 통해서 표현될 것이라고 생각하였다. 그는 40개 국가에서 IBM의 직원 116,000명을 대상으로 업무와 관련하여 개인적으로 중요시 여기는 가치관을 조사하였다. 홉스테드는 40개국에서 조사한 가치관들이 몇가지 가치차원(value dimension)으로 구분이 되며 각 가치차원에서 국가별로 차이가 나타난다는 것을 발견하였다.

- 개인주의–집단주의: 개인주의의 문화는 개인의 독립성을 중시하며 성숙한 개인들의 구성을 통해 사회나 국가가 존재한다고 보며, 집단주의의 문화는 개인들의 존재가 사회에 의해서 규정되어지면 사회나 국가와 같은 집단과 개인은 상호의존적이기 때문에 집단을 개인보다 우선시 하는 경향이 있다. 개인주의는 이기주의와는 구별이 되는 것으로 자아(self)와 집단의 독립성을 의미한다.

- **권력거리**: 세상의 어떤 사회도 완벽하게 평등한 사회는 존재하지 않는다. 그러나 위계제도와 같은 불평등한 관계를 수용하는 정도는 사회에 따라 다르게 나타난다. 예를 들어 카스트제도가 존재하는 인도와 같이 권력거리가 높은 사회에서는 불평등의 수용이 높으며 미국과 같이 권력거리가 낮은 국가에서는 불평등에 대한 반발이 아주 높게 나타난다. 권력거리는 개인의 성과에 의해 급여와 승진이 결정되는 성과주의나 나이, 경험에 따라 결정되는 연공주의의 선호정도와 관련이 있다.
- **남성성–여성성**: 남성–여성성향은 생물학적인 남자, 여자의 구별을 의미하는 것이 아니다. 남성성은 성취지향적이고 여성성은 배려 및 양육과 같은 가치와 관련이 높다. 여성성의 문화에서는 남성과 여성의 역할에 차이가 크지 않다.
- **불확실성 회피성향**: 미래는 누구에게나 불확실하다. 그러나 불확실한 상황에 대해서 불안을 느끼고 스트레스를 경험하는 정도는 사회에 따라서 다르게 나타난다. 불확실성 회피성향이 높은 문화에서는 불확실한 상황에 대비하기 위하여 규칙, 제도 등의 확립에 비중을 많이 둔다. 예를 들어 위험도가 높은 신규사업에 진출하는데 과감하게 결정할 수 있는지 없는지의 정도가 불확실성 회피성향과 관련이 있다. 과거 일본은 산업 전 분야에서 뛰어났으나 IT산업에서 부진을 면치 못하고 있는데 불확실성 회피성향이 높은 일본의 문화와 관련이 높다는 분석이 있다.
- **장기–단기성향**: 관계에서 장기적 혹은 단기적 전망을 가지는가의 문제이다. 장기성향이 높은 문화에서 사람들은 현재보다 미래를 중요하게 생각한다. 한편 단기적 성향이 높은 문화에서는 현재를 중요시하며 변화를 상대적으로 잘 수용한다. 예를 들자면 단기성향이 높은 유럽이나 미주국가에서는 더치페이라고 해서 밥값을 각자 계산하지만 장기성향이 높은 우리나라 사람들은 서로 돌아가면서 밥값을 내는 관습이 있다. 그러나 더치페이는 이기적이며 우리나라의 관습이 타인들을 대접하고자 하는 마음에서 우러나오는 것이라고 해석하는 것은 곤란하며, 각 관습이 문화별로 중요시 여기는 가치가 다를 뿐이다. 개인의 자유와 독립성을 중시하는 유럽문화권에서는 매번 계산을 분명히 하는 것이 서로 간에 독립된 관계를 확인하며 보장하는 방식이다. 한편 서로 밥값을 내 주는 관습은 일시적으로는 형평성이 깨어지지만 장기적으로는 불때는 서로 밥값을 부담하는 매 순간마다 서로에게 마음의 빚을 가지게 되고 그 결과 한국사회가 지향하는 공동체의 결속력이 강화되는 역할을 한다.

각 국가가 가지는 다양성은 항상 보편성보다 크다. 그러므로 홉스테드의 문화차원에 의존하여 한 국가의 문화를 지나치게 단순화하여 표현하기는 어렵고 또한 문화적 차별주의의 소지가 존재한다. 그러나 각 차원을 복합적으로 고려하여 통합적으로 고려하는 것은 한 국가의 문화를 이해하는데 체계적인 도구가 될 수 있다. 따라서 홉스테드의 문화차원은 글로벌화된 기업이나 조직에서 다른 국가나 다른 문화의 배경을 가진 직원들을 이해하고 관리하는데 이용되거나 국제적인 비즈니스 관계에서 상대방을 이해하는데 효과적으로 이용된다. 홉스테드가 발견한 문화차원과 각 차원에서 국가별 점수는 [그림 3-5]에 나타나 있다.

그림 3-5 홉스테드의 문화차원과 국가 별 점수

Rank	Country	PDI	Rank	Country	UAI	Rank	Country	IDV	Rank	Country	MAS	Rank	Country	LTD
49-50	Canada Quebec	54	48-49	Iran	59	49-51	East Africa	27	47-50	Iran	43			
49-50	Japan	54	50	Switzerland German	56	49-51	Portugal	27	47-50	Serbia	43			
51	Italy	50	51	Trinidad	55	49-51	Slovenia	27	51-53	Romania	42			
52-53	South Africa	49	53	Netherlands	53	53-54	Hong Kong	25	51-53	Spain	42			
55	Hungary	46	55-56	Australia	51	55	Chile	23	55-58	Bulgaria	40			
56	Jamaica	45	55-56	Slowakia	51	56-61	Bangladesh	20	55-58	Croatia	40			
57-59	Estonia	40	57	Norway	50	56-61	China	20	55-58	El Salvador	40			
57-59	Luxembourg	40	58-59	New Zealand	49	56-61	Singapore	20	55-58	Vietnam	40			
57-59	USA	40	58-59	South Africa	49	56-61	Thailand	20	59	South Korea	39			
60	Canada total	39	60-61	Canada total	48	56-61	Vietnam	20	60	Uruguay	38			
61	Netherlands	8	60-61	Indonesia	48	56-61	West Atrica	20	61-62	Guatemaia	37			
62	Australa	36	62	USA	46	61-62	Elsalvador	19	61-62	Suriname	37			
63-65	Costa Rica	35	63	Philippines	44	63	South Korea	18	63	Russia	36			
63-65	Germany	35	64	India	40	64	Taiwan	17	64	Thailand	34			
63-65	Great Britain	35	65	Malaysia	36	65-66	Peru	16	65	Portugal	31			
66	Finland	33	66-67	Great Britain	35	65-66	Trinidad	16	66	Estonia	30			
67-68	Norway	31	66-67	Ireland	35	67	Costa Rica	15	67	Chile	28			
67-68	Sweden	31	68-69	China	30	68-69	Indonesia	14	68	Finland	26			
69	Ireland	28	68-69	Vietnam	30	68-69	Pakistan	14	69	Costa Rica	21			
70	Switzerland Germany	26	70-71	Hong Kong	29	70	Colombia	13	70	Slovenia	19			
71	New Zealnad	22	70-71	Sweden	29	71	Venezuela	12	71	Denmark	16			
72	Denmark	18	72	Denmark	23	72	Panama	11	72	Netherlands	14			
73	Israel	13	73	Jamaica	13	73	Ecuador	8	73	Norway	8			
74	Austria	11	74	Singapre	8	74	Guatemala	6	74	Sweden	5			

* PDI : 권력거리 UAI : 불확실성 회피 IDV : 개인주의-집단주의 MAS : 남성성-여성성

Hofstede, G. (2001). Culture's Consequences : comparing values, behaviors, institutions, and organizations across nations (2nd ed.). Thousand Oaks, CA: SAGE Publications.

개인차와 조직성과

2장과 3장에서는 개인특성의 차이 및 성격에 대해서 논의하였다. 2장에서 다룬 개인차는 선천적으로 주어진 것이어서 개인이 바꿀 수 없는 변수(나이, 성별, 외모)이므로 관리자의 행동이 미칠 수 있는 영향이 상대적으로 제한된다. 또한 3장에서 다룬 성격은 오랜 발달과정을 걸쳐 형성되어 변화는 쉽지 않고 상황에 관계없이 일관적으로 나타나는 개인차이를 의미한다. 만약 개인의 차이에 의해서만 직원들의 직무성과가 달라진다면 조직에서는 우수한 개인적 특성을 가진 직원들을 선발하는데 역점을 주면 될 것이다. 또한 우수한 성과를 보이는 경력사원을 중심으로 직원들을 신발하면 될 것이다.

그러나 많은 조직에서는 선발 뿐 아니라 교육과 훈련에 많은 노력을 기울이고 있다. 교육의 기본적인 전제는 사람은 배움을 통해서 바뀔 수 있다는 것이며 이러한 전제의 기초적 개념이 학습이다. 따라서 능력이 부족하더라도 교육과 훈련을 통해서 조직이 원하는 유형의 직원을 만들 수 있고 걸 맞는 성과를 가져올 수 있다면 조직관리를 위한 효과적인 전략이 될 것이다. 실제로 많은 한국의 대기업들은 1997년 경제위기가 오기 이전에는 신입사원들을 공채를 통해 선발하고 3-6개월에 이르는 장기간의 연수를 통해 기업이 원하는 인재상으로 만들려는 노력을 주로 경주하였다. 이러한 관점은 선발보다는 교육과 훈련을 중시하는 입장이다. 따라서 4장에서는 학습의 개념, 원리, 및 학습이 효과적으로 일어나는 기제(mechanism)에 대해 논의할 것이다.

논의문제

1. 성격은 유전적 요인을 통해 타고나는 것인가 아니면 발달의 과정을 통해 학습되는 것인가?

2. 심리학에서 주장하는 성격발달이론은 조직관리의 차원에서 어떻게 이용될 수 있는가?

3. MBTI나 Big-5와 같은 성격유형의 검사는 조직의 성과를 높이기 위해 어떻게 사용될 수 있는가?

4. 직원들이 갖는 가치에 대한 지식이 필요한 이유는 무엇인가?

5. 최근 문제가 되고 있는 비윤리적 경영(예: 엔론사태)을 이해하는데 가치는 어떤 의미를 가지고 있는가?

6. 홉스테드가 조사한 국가문화에 대한 지식은 기업의 문화를 이해하는데 어떻게 응용될 수 있는가?

제4장 학습과 태도: 개인의 변화

태도가 성과에 중요한 이유

말콤 글래드웰은 『아웃라이어』에서 어떤 능력이라도 성공의 기회를 잡을 정도의 전문가가 되려면 최소 1만 시간 이상의 훈련과 노력이 필요하다고 말한다. 하루 3시간씩 10년 간 매일 노력을 쏟아부어야 겨우 넘길 수 있는 기간이다. 그런데 이런 물리적인 기간보다 더 중요한 것이 그 과정에서 보이는 태도다. 예를 들어, 타고난 재능이 비슷하더라도 피아노에 몰입하여 연습하는 사람이 시간만 채우는 사람보다 조금이라도 더 충실하기 마련이다. 이런 차이는 나중에 사람들에게 큰 감동을 주는 피아니스트가 되느냐 아니면 그냥 피아노를 잘 치는 사람에 그치느냐를 결정짓는다.

일본 교토의 대표 기업 교세라를 창업하여 글로벌 기업으로 성장시킨 이나모리 가즈오는 여러 강연에서 '일의 성과는 재능, 열의, 사고방식, 이 세 가지의 곱하기'라는 주장을 편다. 여기서 재능에 0~30점, 열의에 0~70점, 그리고 사고방식에 -100~100점까지 점수 변동폭을 매긴다. 이나모리 회장이 열의나 사고방식과 같은 태도를 얼마나 중시하는 지 알 수 있다. 특히, 사고방식이 잘못되면 아무리 큰 성과를 내어도 성공한 것이 아니라는 뜻이다.

1989년 설립된 일본의 헤이세이건설은 20년이 넘도록 단 한 번의 적자 없이 성장을 이어가는 기업이다. 일본 전체 도산 기업의 30%가 건설회사이고 최근 불황이 반복되고 있음에 비추어보면 주목할만한 성과다. 최근 몇 년간은 입사 선호도에서 굴지의 대기업과 어깨를 나란히 하며 종합건설회사 부문 10위 내를 유지하고 있다. 이 회사가 성공할 수 있었던 원인을 추적한 책 『사표를 내지 않는 회사』는 그 비결을 경영자와 구성원들이 지닌 남다른 태도로 꼽는다.

대대로 목수의 집안에서 태어난 아키모토 히사오 사장은 주택 건설의 종합예술가인 목수가 홀대받고, 젊은 목수가 없어지는 것을 보고 스스로 헤이세이건설을 창업하였다. 아웃소싱이라는 업계의 기존 관행을 깨고 모든 공정을 내재화시켰다. 이를 위해 대졸 엘리트를 정규직 목수로 채용하여 일을 처음부터 현장에서 배우게 하는 독특한 경영방식을 고수하였다. '돈을 남기면 하수, 업적을 남기면 중수, 사람을 남기면 고수'라는 확고한 신념으로 10년 이상, 길게는 20년을 투자하여 최고의 목수를 공들여 키워냈던 것이다. 아무리 건설 기술과 실력이 뛰어나다 해도 하청에 재하청으로 이어지는 업무 구조에서는 효율과 비용절감을 우선할 수밖에 없어 부실 공사의 위험이 커지기 마련이다. 헤이세이건설은 자신의 일을 최고의 엘리트 직무로 인식하고 모든 공정에 대해 무한 책임을 느끼며 집을 짓는다. 같은 재료, 같은 공법을 사용해도 헤이세이건설이 더 좋은 주택, 더 큰 고객 감동을 이끌어내는 것은 너무나도 당연하다 하겠다.

사고를 당하거나 실패하였을 때에도 이를 대하는 태도의 차이가 같은 상황을 전혀 다른 결과로 인도한다. GE의 잭 웰치는 플라스틱 부문의 관리자였을 당시, 공장 화재로 그 때까지 쌓아 올린 자신의 모든 경력이 물거품이 될 뻔한 적이 있었다. 해고의 불안으로 잔뜩 겁을 먹고 사고 경과를 보고하는 잭 웰치에게 상사는 "자네는 이번 사고에서 무엇을 배웠나?"라고 물으며 책임을 묻지 않았다고 한다. 그 상사가 책임을 몰아세우지 않자, 잭 웰치는 책임 회피에 신경 쓸 필요 없이 제대로 원인 파악을 하고 재발 방지 조치를 확실히 할 수 있었다. 이 경험은 잭 웰치의 이후 성장에 큰 밑거름이 된 것은 두말할 나위 없다. 상사의 남다른 태도 '차이'가 잭 웰치 개인은 물론 GE라는 큰 조직의 미래에 '다름'을 선사한 것이다.

영국 프리미어리그에서 성공가도를 날리고 있는 박지성 선수의 사례를 보자. 특출한 기술은 없어도 성실하고 활발한 활동량, 경기 흐름과 공간에 대한 탁월한 이해력, 한국 축구의 표준과도 같은 투지 넘치는 플레이로 자신만의 뚜렷한 강점을 구축하며 세계 최고의 클럽 맨체스터유나이티드 주축 선수로 성장한 박지성은 지금 국내 최고의 축구 실력을 가졌다는 평가를 받고 있다. 그러나 고등학교를 졸업하던 시기만 해도 뽑아주는 대학이 없을 정도로 실력이 뛰어나질 못했다. 전문가들은 그의 실력이 이처럼 괄목상대할 수 있었던 비결을 태도에서 찾는다. 이미 초등학교 때부터 축구를 잘하기 위해 무조건 공만 많이 차는 것이 아니라 매일의 연습 내용을 분석하고 메모로 기록할 정도로 체계적인 훈련 습관을 몸에 들인 점이나, 당장의 처지를 비관하거나 주위의 시선에 일희일비하지 않는 마음가짐, 그리고 언제나 미래에 대해 희망과 자신감을 잃지 않는 긍정적 사고방식 등이 그것이다. "태도는 과거가 쌓여져 만든 현재의 모습이면서 동시에 미래를 알려주는 예언자이다"라고 말한 『태도』의 저자 존 맥스웰의 말이 그대로 들어맞는 경우라 하겠다.

● 출처 : 강진구, "조직에서 '태도가' 중요한 이유: 평범한 직원으로도 비범한 기업이 될 수 있다." LG Business Insight, 2011.08.31(전문에서 부분적으로 발췌)

학습목표

1. 고전적 학습, 조작적 학습, 사회적 학습 등 여러 유형의 학습이 일어나는 작동기제를 학습하고 효과적 조직행동의 학습을 위한 강화의 기능과 강화계획을 이해한다.
2. 학습개념을 적용하여 조직사회화의 개념을 이해하고 조직문화 등의 현상에서 학습행동의 역할과 기능을 설명할 수 있다.
3. 태도변화이론을 적용한 종업원들의 긍정적 태도변화 등 조직관리 맥락에서의 태도이론의 적용 가능성을 학습한다.
4. 직무만족, 조직몰입, 및 조직시민행동 등 주요 조직관련 태도의 개념과 조직성과와의 관계를 학습한다.
5. 자기지각이론, 인지일관성이론, 및 인지부조화이론 등 지각관련이론들의 개념을 이해하고 실제로 조직구성원의 태도를 변화시키는데 어떻게 적용할 지를 학습한다.

2장과 3장에서는 개인특성에 대해서 논의하였다. 개인특성은 크게 두 가지로 선천적으로 주어진 것이어서 개인이 바꿀 수 없는 인구통계적 특성(나이, 성별, 외모)과 오랜 발달과정을 걸쳐 형성되어 변화가 쉽지 않으며 상황에 관계없이 비교적 일관적으로 나타나는 성격 및 능력특성으로 나눌 수 있다. 만약 이러한 개인특성에 의해서 조직구성원들의 성과가 달려있다면 조직에서는 우수한 개인특성을 가진 신입사원이나 경력사원들을 선발하는데 주로 역점을 두면 될 것이다. 그런데 조직의 성과에 영향을 미치는 또 다른 하나의 중요한 요인은 사람은 변화가 가능하다는 점이다. 이미 우수한 개인특성을 가진 사람을 선발하는 것도 성과를 높이는 방법이지만 기존의 역량을 변화시키는 것은 조직관리의 다른 측면이다.

변화에 초점을 둔다면 크게 두 가지로 변화를 유발할 수 있다. 첫 번째는 교육 및 훈련이다. 교육의 기본적인 전제는 사람은 배움을 통해서 바뀔 수 있다는 것이며 이것이 학습의 개념이다. 따라서 능력이 부족하더라도 교육과 훈련을 통해서 조직이 원하는 유형의 직원을 만들 수 있고 걸맞는 성과를 가져올 수 있다면 조직의 성과향상을 위한 효과적인 전략이 될 것이다. 모든 조직은 구성원들이 직무기술, 사회적 기술을 포함한 우수한 역량을 개발할 수 있도록 교육과 훈련을 수행한다. 예를 들어 대기업이나 공조직에서는 신입사원을 선발하여 연수원과 같은 기관을 통해 교육과 훈련을 수행한다. 연수원과 같은 공식적인 교육 및 훈련기관이 없더라도 상사나 동료로부터의 도움, 또는 회사의 매뉴얼을 통해 모든 조직은 구성원들에 대한 교육과 훈련을 시행한다. 또한 거의 모든 조직에서는 새로운 조직

구성원 뿐만 아니라 현재 근무하고 있는 직원들도 지속적으로 교육과 훈련을 실시한다. 요약하자면 교육과 훈련은 이미 선발된 조직구성원들이 일을 잘 할 수 있도록 인센티브를 부여하여 우수한 조직구성원을 만드는 과정과 관련된 개념이고 교육과 훈련의 기본이 되는 개념이 학습(learning)이다. 따라서 지금부터는 교육과 훈련의 이론적 기초인 학습의 개념과 작동원리, 학습과 성과의 문제를 다룬다.

변화를 위한 두 번째 방법은 태도의 변화이다. 태도의 변화는 조직구성원들이 일, 조직, 상사, 및 동료에 대해 가지는 좋고 싫은 감정의 종합적 판단이다. 조직구성원들이 조직의 환경 속에서 존재하는 여러 대상(직무, 상사, 동료, 조직)에 대해서 부정적 태도를 가졌다면 긍정적으로, 이미 긍정적 태도를 가졌다면 더 긍정적인 태도로 바꾸어 주는 것이 관리자가 할 수 있는 성과향상을 위한 두 번째 변화의 방법이다. 4장에서는 이미 갖추어진 역량이나 성격이 아닌 조직구성원을 변화시킴으로써 성과를 달성하는 측면에 초점을 둘 것이다.

01 학습을 통한 교육과 훈련

조직행동에서 학습이란 행동의 변화를 의미한다. 한 개인의 행동에서 지속적이거나 영원한 변화가 일어날 때 학습이 일어난다고 간주한다. 대표적으로 조직의 구성원들은 회사의 실무적 기술, 대인적 기술, 그리고 조직문화 등을 배운다. 실무적 기술은 직무를 수행하기 위해 직무와 관련한 지식 그리고 기능적 기술을 의미한다. 대인적 기술은 커뮤니케이션과 팀워크와 같이 조직 내의 다른 구성원들과 상호작용하는데 필요한 기술을 의미한다. 또한 조직구성원들은 조직 안에서 암묵적으로 존재하는 규범이나 기대에 관련한 조직문화를 배울 수 있다.

우선 사람들이 상식적으로 생각하는 학습과 조직행동론에서 다루는 학습을 구분할 필요가 있다. 일반적인 사람들은 배운 것을 쉽게 잊어버린다. 아이들은 엄마가 일러놓은 당부를 쉽게 잊어버리며, 학생들은 수업이 끝나면 선생님이 가르친 것을 쉽게 잊어버리며, 회사의 신입사원은 긴장하면 상사의 지시를 곧잘 잊어버릴 수 있다. 어떤 정보를 단순히 여러번 반복한다고 해서 어떤 정보가 기억이 되거나 학습으로 이어지지는 않는다. 그렇다면 학습은 어떻게 일어나는 것인가? 학습이 일어나는 과정에 대해서 보자.

1.1 고전적 조건화/학습(classical conditioning/learning)

고전적 조건화(classical conditioning) 또는 고전적 학습(classical learning)이론은 러시아의 생리학자 파블로프(Pavlov)가 동물들의 타액분비와 관련된 행동을 관찰하다 발견한 현상을 바탕으로 체계화되었다. 파블로프는 조건화라는 과정을 통해 행동의 습득 및 수정이 이루어진다고 주장하였다.

▸ 고전적 조건화의 과정

개에게 음식을 주면 자동적으로 침을 흘린다. 여기서 음식은 학습이 일어나지 않아도 개들이 침을 흘리는 자극이므로 무조건자극(UCS: unconditional stimulus)이라고 한다. 또한 침을 흘리는 반응은 생리적으로 자동적으로 일어나므로 무조건반응(UCR: unconditional response)이 된다. 또한 학습이 일어나기 전에는 종소리를 들려주면 개의 생리적 반응과 상관이 없으므로 개는 반응이 없다. 그래서 종소리는 어떤 반응도 이끌어 내지 못하는 중성자극(NS: neutrual stimulus)이라고 한다.

그런데 개에게 음식을 줄 때마다(UCS) 반복적으로 종소리를 같이 들려준다(NS). 이 과정을 무조건자극과 중성자극의 연합이라고 한다. 연합이 반복되면 개는 종소리를 음식과 연합을 하여 중성자극인 종소리(NS)만 들려주어도 침을 흘리게 된다. 이렇게 조건화가 형성된 후에는 종소리는 조건자극(CS: conditional stimulus)이 되고, 조건화 된 후에 침을 흘리는 반사는 조건반응(CR: conditional response)이 된다.

그림 4-1 고전적 조건화학습

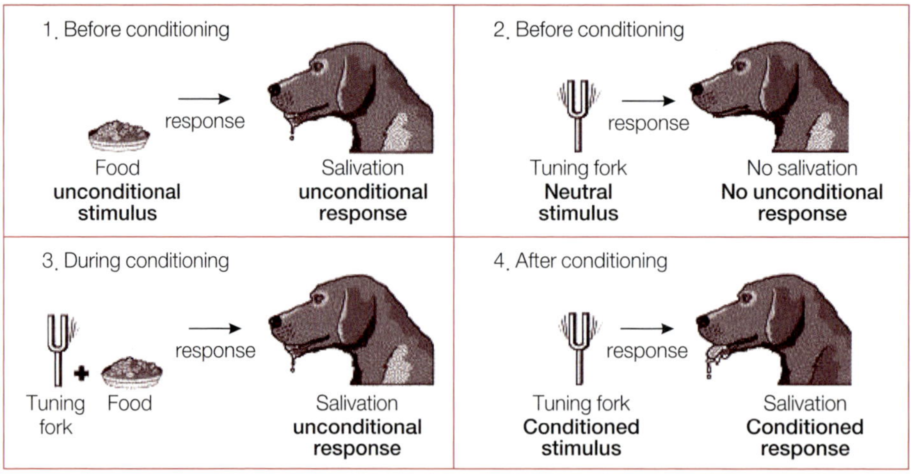

1.2 조작적 조건화(Operant Conditioning)

고전적 조건화는 침을 흘리는 행동과 같이 유기체는 수동적이어서 행동을 억지로 유발해야 하는 것이므로 사람들이 일상에서 보여주는 많은 행동을 설명하기는 어렵다. 이러한 문제점을 해결하기 위해 스키너(Skinner)는 조작적 조건화를 제안하였다. 조작적 조건화는 다음의 과정을 통해서 이루어진다. 유기체는 다양한 임의적 행동을 보여준다. 유기체의 행동을 지속적으로 관찰하다 원하는 행동을 하면 보상을 제공한다. 이 과정이 반복이 되면 유기체는 특정한 행동이 보상과 관련이 있다는 사실을 통찰한다. 유기체는 이제 보상을 얻기 위해 그 행동을 의도적으로 하게 된다.

즉, 조작적 학습이론에 의하면 학습은 어떤 자극에 의해 수동적으로 일어나는 것이 아니라 유기체가 능동적으로 환경에 작용을 가했을 때 우연히 보상을 받게되면 그 유기체는 보상을 받기 위하여 행하는 조작행동을 증가시키기도 하고 감소시키기도 한다. 물론 학습은 고전적 조건화 및 조작적 조건화를 포함해서 다양한 방식으로 일어난다. 그러나 고전적 조건화에 비해 조작적 조건화를 통해서 유기체는 아주 다양한 행동을 학습할 수 있게 되어 행동의 경우의 수가 무한히 증가하게 된다.

따라서 고전적 조건화는 유기체를 수동적인 것으로 간주하는 반면 조작적 조건화는 유기체의 능동성에 강조를 둔다. 고전적 조건화에서 관찰된 침을 흘리는 행동 등은 자극에 의해 인위적으로 그리고 직접적으로 유발된 행동이다. 실제 현실에서 학습된 모든 행동이 이러한 작동기제를 통해서 습득되기 위해서는 많은 시간이 소요될 것이며, 또한 인간과 같은

그림 4-2 조작적 조건화 학습

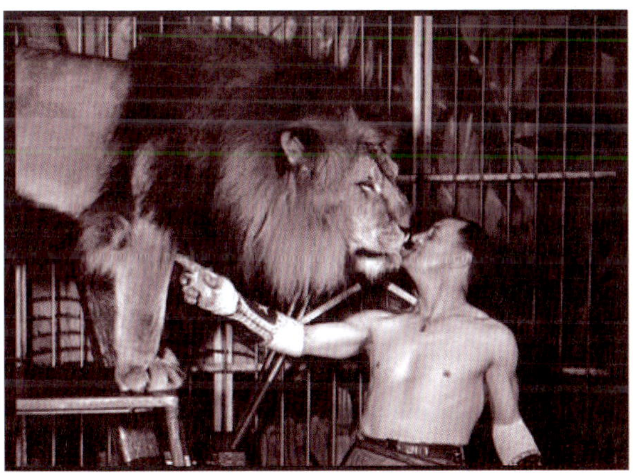

사육사는 동물들이 원하는 행동을 할 때마다 먹이를 줌으로써 동물을 훈련시킨다. 조작적 조건화학습의 개념을 이용한 사례이다.

유기체를 전적으로 수동적인 존재로만 간주해서는 안 된다. 인간은 많은 임의의 행동을 할 수 있으며 이 중 어떤 행동이 선택적으로 보상을 받게 되면 그 행동의 가능성은 더 커지게 된다. 조작적 조건화를 통해서 학습할 수 있는 영역은 무한히 증가할 수 있다.

1.3 사회적 학습

고전적 조건화나 조작적 조건화는 매번 기대하는 행동이 일어날 때마다 보상을 제공해야 한다. 두 가지 방식으로만 학습이 일어난다면 인간이 배우는 엄청난 양의 학습을 설명하기는 어렵다. 사회학습이론은 타인의 행동에 대해 관찰을 통해서 학습이 가능하며 사회적 학습을 통해서 인간이 엄청난 양의 행동을 습득할 수 있다는 것을 설명한다. 조직의 맥락에서 학습은 관리자들에 의한 보상의 의식적인 통제가 없이도 흔히 일어난다. 이러한 유형의 학습은 직접적으로 행동의 결과(보상의 제공)를 경험함으로써 일어나는 것뿐 아니라 타인의 행동을 관찰함으로써 발생하는 것이다. 이러한 유형의 학습을 사회적 학습(social learning)이라고 한다.

사회적 학습에서 중요한 요인은 모델링(modeling)과 공감능력이다. 모델링은 다른 사람의 행위를 따라 하는 것을 의미한다. 모델링을 하는 이유는 정확히 밝혀지지 않았으나 관찰되는 대상이 두드러진 특징을 가지거나 주의를 끄는 경우 그리고 자신과 유사한 상황에 놓여 있는 모델을 통해서 가장 큰 영향을 받는다. 또한 사회적 학습은 직접적으로 보상을 받는 것이 아니기 때문에 현재 관찰하는 타인이 보상을 받는 것을 자신이 받는 것처럼 이해할 수 있는 공감능력을 가지고 있는 것을 전제로 한다.

사회적 학습을 응용하는 경우를 보면, 최근 코스트코와 같은 회사에서는 '이달의 우수직원'을 선정하여 사진을 걸어주고 상여금을 지급하는데 이 같은 제도가 모델링을 적용하는 사례이다. 모델링의 핵심요인은 관찰대상이 받는 보상과 관찰자가 대상과 공감하는 능력이다. 즉, 대상이 어떤 행동을 했을 때 보상을 받는다면 그것을 공감함으로써 자신도 같은 행동을 했을 때 보상을 받을 수 있다고 믿기 때문이다.

(1) 조직에서 학습이론의 의미

경영학에서 학습이론은 광범위하게 응용된다. 우선 소비자행동 연구와 같은 분야는 고전적 조건화 기법이 광범위하게 응용된다. 대부분의 광고에서는 제품을 긍정적인 대상과 연합시키려 한다. 예를 들어 전형적인 스포츠화 광고들은 유명한 운동선수를 모델로 등장시킨다. 스포츠화의 광고를 제작하는 사람들의 목적은 사람들이 광고의 스포츠화에 대해 긍정적 태도를 형성하도록 하는 것이다. 사람들은 매력적인 운동선수에 대해서 이미 호감을 가지고 있는 반면에 광고에서 처음보는 스포츠화에 대해서는 중립적이거나 특별한 태도를 가지고 있지 않는 경우가 많다. 유명인(무조건 자극)이 광고에서 스포츠화를 신고 나오는 장면이 자꾸 노출이 되면 유명인에 대해서 일반적으로 가지는 호감(무조건 반응)은 스포츠화(중립자극)와 연합이 된다. 연합과정이 반복이 되면 나중에는 광고의 모델이 등장하지 않더라도 스포츠화(중립자극)는 모델과 연관된 호감(조건반응)을 일으킨다. 이때 스포츠화는 중립자극에서 호감을 일으키는 조건자극으로 변화한다.

조직행동에서 학습이론은 어떻게 응용이 될까? 관리자는 조직의 상황에서 존재하는 여러 대상을 긍정적 반응과 연합시킴으로써 원하는 행동을 학습시킬 수 있다. 중립적이거나 하기 싫은 식무에 대해서 보상을 주세 되면 직무와 보상은 연합이 되어 결국 직무를 좋아하게 될 수 있다. 상사에 대한 태도도 마찬가지의 방법으로 변화시킬 수 있다. 특히 기업조직에서 조직구성원들에게 긍정적 연합으로 이용되는 보상은 급여와 상여금과 같은 금전적 보상이나 승진, 인정과 같은 상징적 보상이다. 급여는 다른 재화나 서비스를 살 수 있는 도구이기 때문에 무조건 자극이다. 관리자는 조직구성원들이 원하는 행동을 할 때 금전적 보상을 제공함으로써 기대행동과 금전적 보상의 연합을 유발할 수 있다. 하지만 급여나 상여금에만 의존하면 일 자체의 즐거움이라는 내적인 동기를 약화시키기 때문에 제한적으로만 효과가 있다. 이 문제는 6장(동기부여)에서 자세히 다룰 것이다.

(2) 강 화

① 강화의 중요성

고전적 조건화, 조작적 조건화, 혹은 사회적 학습이든 관계없이 학습이 일어나도록 하는 가장 중요한 요인은 보상(reward)의 유무이다. 보상이 없으면 자극이 아무리 반복되더라도 행동의 변화를 일으키지 못한다. 보상을 통해 행동을 유발하는 것은 강화(reinforcement)라고 한다. 강화는 학습의 필수적 요소이다. 많은 학생들이 수업 중에 배운 것을 수업이 끝나면 잊어버린다. 그러나 시험에 문제로 나왔던 내용과 시험결과 A학점을 받았던 내용은 잘 잊어버리지 않는다. 어떠한 행동이 지속적으로 유발되느냐 아니냐의 문제는 적절한 보상이 주어지는가에 달려있다.

학습에 있어서 강화의 의미를 이해하는데 있어 흥미로운 현상은 가정 내 폭력의 학습에 대한 논쟁이다. 많은 사람들은 아이들이 가정 내에서 폭력을 보면서 자라면 이들이 또한 폭력적인 성인으로 성장한다고 믿는다. 한편 폭력가정에서 자란 아이들은 폭력이 주는 심한 트라우마를 겪었기 때문에 폭력을 혐오하는 비폭력적인 성인으로 성장할 것이라고 주장하는 사람들도 많다. 어느 주장이 맞을까? 대답의 열쇠는 학습에서 보상의 역할에 있다. 가정 내 폭력이 어떤 문제를 해결하는데 성공적으로 사용된다는 점을 관찰하는 아이들은 폭력이 문제해결에 효과적인 수단이라는 것을 알아 차리기 때문에 폭력을 배우며 폭력적인 성인으로 성장한다. 그러나 폭력의 사용이 아무런 문제해결에 도움이 되지 않는다는 것을 보는 아이들은 폭력이 쓸모가 없다고 생각하기 때문에 폭력을 배우지 않는다. 따라서 액션영화에서 주인공이 사용하는 폭력은 정의를 구현하는 효과적인 수단으로 사용되기 때문에 악당이 사용하는 폭력보다 교육에 더 좋지 않은 영향을 준다. 아이들은 주인공의 폭력행동을 모방할 가능성이 높으며 악인의 폭력방식을 모방하지 않는다.

② 강화의 종류

강화는 다음과 같은 종류로 구분된다.

- 정적 강화(positive reinforcement): 어떤 행동이 발생하거나 유지할 수 있도록 하는 자극을 말한다. 가능성을 높여주는 자극을 의미한다.
- 부적 강화(negative reinforcement): 불만족스러운 결과를 없애기 위해서 자극을 주는 것을 부적강화라고 한다. 예를 들어 실적이 떨어진 직원에게 처벌을 주어서 실적이 올라간다면 단어가 주는 의미 때문에 처벌이라고 생각하기 쉽지만 실적상승이라는 행동을 유발하는 행위이므로 부적강화이다.
- 처벌(punishment): 어떤 행동에 대해 불유쾌한 결과를 제공함으로써 그 행동의 발생을 줄이는 것을 처벌이라고 한다. 일반적으로 처벌보다 강화가 효과적이다. 왜냐하면 처벌은 지속적으로 주어져야 하지만 강화는 자주 보상이 주어지지 않아도 보상을 기다리면서 어느 시점까지는 보상을 얻기 위한 행동을 지속하기 때문이다.
- 소거(extinction): 학습된 행동은 보상이 지속적으로 주어져야 한다. 보상이 주어진 행동에 보상이 더 이상 주어지지 않으면 행동의 빈도가 줄어들다가 결국 사라지게 된다. 보상의 중단으로 행동이 소멸되는 현상을 소거라고 한다.

③ 강화계획(reinforcement schedule)

보상을 어떤 방식으로 제공하는가는 학습의 효과와 지속성 차원에서 매우 중요하다. 보상의 방식 중 가장 흔한 형태는 보상의 시점을 어떻게 조절하는가이다. 보상의 시점을 조절하는 것을 보상계획이라고 한다.

- **연속강화**: 연속강화는 원하는 행동이 일어날 때마다 항상 보상을 제공하는 것이다. 예를 들어 영업실적이 어느 정도를 넘으면 항상 정해진 상여금을 주는 것으로 회사가 규정을 정할 수 있다.
- **불연속강화**: 원하는 행동에 대해서 항상 보상을 주는 것이 아니라 불규칙적으로 제공하는 방식이다. 예를 들어 작은 규모의 회사나 성장과정에 있는 회사는 상여금과 관련한 분명한 규칙을 정하지 않고 최고경영자가 수시로 상여금을 줄 수 있다.

두 가지 보상계획에서 어떤 강화방식이 효과적일까? 행동과학에서는 일반적으로 불연속강화가 더 효과적이고 장기적인 효과가 있는 것으로 알려져 있다. 그 이유는 점쟁이의 예를 들면 쉽게 이해할 수 있다. 점쟁이들은 항상 100퍼센트 맞추지는 못한다. 그러나 사람들은 자신들이 생각한대로 점쟁이들의 예언과 자신에게 일어나는 일을 관련시키고 싶어한다. 어쩌다 우연히 점쟁이의 예언이 맞으면 그들의 말을 더 신뢰하게 된다. 그러나 언제나 틀리지 않고 맞추는 점쟁이는 한번이라도 틀리면 용하다는 소리를 들을 수 없다. 불연속적으로 보상을 받아서 학습이 된 경우는 혹시 보상이 주어지지 않을까 기대하기 때문에 행동이 더 지속이 된다. 그러나 빈도가 낮게 발생하는 행동에 대해 보상이 즉각 주어지지 않으면 행동과 보상이 연결되지 않기 때문에 연속적인 강화를 하는 것이 필요하다.

④ 강화전략(reinforcement strategy)

점쟁이의 사례에서 보았듯이 모든 경우에 최선이라고 볼 수 있는 단 한 가지의 강화방식은 없다. 예를 들어 즉각적인 반응을 얻기 위해서는 연속강화를 해주어야 한다. 부분적 강화나 지연된 강화는 행동이 바로 일어나지 않고 저항하게 된다. 그러나 지속적인 행동을 유발하기 위해서는 불연속강화나 지연된 강화가 효과적일 수 있다.

일반적으로 원하는 결과를 달성하기 위해서 강화의 방식은 상황의 변화에 맞추어 달라져야 한다. 관리자가 조직의 목표와 상황에 적절하게 효과적인 보상을 제공하는 프로그램을 만드는 것을 강화전략(reinforcement strategies)이라고 한다. 창의적인 직원을 장기적으로 고용하여 회사의 장기적인 성공을 원한다면 불연속 강화가 효과적일 것이다. 그러나 생산직과 같이 비교적 업무의 종류가 단순한 경우 즉각적인 보상이 주어지지 않을 때 직원들은 좌절하고 일에 대한 관심과 애정을 잃게 될 것이다. 즉, 보상을 어떻게 주느냐에 따라 직원들의 동기부여는 달라질 수 있으며 관리자는 상황과 조직의 목표를 고려하여 어떤 보상을 줄 것인지를 결정해야 한다. 최근 인사전문가들은 어떻게 보상을 주는 것이 가장 동기부여에 효과적인가를 고려하여 다양한 보상시스템을 개발하고 있다.

▶ 조직에서의 보상 방식

보상은 급여, 인센티브 등 다양한 방식으로 제공된다. 회사의 주식을 나누어주는 스톡옵션도 하나의 보상의 방법이다. 미국 기업체의 경우 높은 직급으로 승진하면 지정된 주차공간을 제공하는 경우가 있는데 이것도 직무동기를 유발하기 위한 보상의 한 방식이다.

(3) 훈련 및 공식/비공식적 학습

훈련은 행동을 변화시키고 성과를 향상시키기 위한 지식과 기술습득을 촉진시키려고 설계된 조직의 계획적인 활동을 말한다. 신입사원들의 연수, 재직사원들에 대한 재교육 등이 포함되며 조직에서 일어나는 가장 흔한 종류의 학습이다. 이에 반해서, 비공식적 학습은 조직이 공식적으로 계획하거나 설계하지는 않지만 일상적으로 일어나는 학습경험을 의미한다. 비공식적 학습은 공식적 학습에 비해 즉흥적이고, 즉각적이고, 직무에 따라 특수한 형태로 일어난다. 회사의 직원들은 신입사원 연수를 통해서도 업무에 대해서 배우지만 같은 부서에서 근무하는 선배나 상사로부터 업무에 대해서 배울 수 있다. 조직에 따라서 오히려 이런 형태의 학습이 더 많이 일어날 수 있어서 조직에서 일어나는 학습의 약 70퍼센트 정도는 비공식적 학습을 통해서 일어나는 것으로 알려져 있다.

(4) 보상의 원칙

관리자들은 보상을 사용하는데 있어서 흔히 실수를 한다. 가장 흔한 두 가지 실수를 보면 연관성과 다양성의 부족이다.

- **연관성**: 보상은 바람직한 행동과 연관성이 높게 나타나야 효과가 있다. 만약 급여인상, 진급, 상여금 지급 등과 같은 보상이 구체적인 어떤 행동과 직접적 연관성을 갖지 않거나 연관성이 낮으면 조직구성원들은 왜 이러한 보상이 주어지는지 혼란스러워하며 결과적으로 보상의 효과는 나타나지 않는다. 예를 들어 성공적인 성취에 대해 보상

이 즉시 일어나지 않거나, 보상의 예측이 없고 주요한 업적을 달성한 한참 이후에 업적을 계산하여 진급이 주어진다면 직원은 자신의 업적 때문에 보상을 받았다는 점을 느낄 수 없다. 우리나라에서는 추석이나 명절에 상여금을 주는 경우가 많은데 전체적인 사기를 올린다는 점에서는 바람직하지만 보상과 행동의 연관성 측면에서 보면 효과가 적다고 할 수 있다.

- 다양성: 보상은 다양성을 가지고 있어야 한다. 많은 조직들이 개인차를 고려하지만 일률적으로 보상을 줌으로서 보상의 효과를 보지 못하다. 예를 들어 장기휴가를 주는 것은 많은 직원들을 행복하게 만들 수 있지만 일에서 가장 큰 기쁨을 느끼는 일 중독적인 직원들에게는 보상의 효과가 없다. 이들에게는 업무의 자율성을 확대하는 등의 보상이 더 효과적이다.

(5) 조직행동에서 학습과 관련된 중요개념

① 자기효능감(self-efficacy)

2장에서 성격의 특성 중 하나로서 자기존중감(self-esteem)의 개념과 성과와의 관련성을 다루었다. 자기존중감과 비슷하지만 다르며 최근 특히 성과와의 관련성이 높다고 믿어지는 개념이 자기효능감(self-efficacy)이다. 자기효능감은 사람들이 어떤 과업을 성공적으로 수행할 수 있다고 스스로에 대해서 가지는 신념이다. 자기존중감은 전반적인 자신에 대한 평가인 반면 자기효능감은 구체적인 영역에서 성공적인 경험을 통해서 형성이 된다. 따라서 자기존중감은 낮더라도 자기효능감은 높은 경우가 있을 수 있다. 예를 들어 전반적으로 자신감이 약한 사람이라고 하더라도 컴퓨터 프로그래밍 만큼은 더의 추종을 불허하는 경우가 있다. 반대로 특정한 영역에서 뛰어나지 않기 때문에 자기효능감은 낮지만 비현실적으로 자신을 높이 평가하는 자기존중감은 높을 수 있다. 이전에는 정신의학, 교육, 조직행동 등에서 자기존중감을 중요하게 여겼으나, 최근 연구에 의하면 자기존중감보다 자기효능감이 직원들의 성과를 예측하는데 더 효과적인 것으로 밝혀졌다. 또한 자기존중감은 학습을 통해서 변화하기 어렵지만 자기효능감은 성공경험에 의존하므로 학습과 훈련을 통해서 개발이 가능하다. 따라서 관리자들은 직원들의 자기효능감에 더 무게를 두어야 한다.

② 조직사회화(organizational socialization)

한 사회에서 필요한 규범과 규칙을 학습시켜 사회에 이바지하는 시민을 교육시키는 것을 사회화(socialization)라고 한다. 마찬가지로 조직도 특성에 맞는 규범과 규칙이 있으며 조직의 구성원들이 이들을 배우고 내재화할 때 조직의 통합이 일어나고 긍정적인 성과를 가져올 수 있다. 따라서 대개의 조직들은 구성원들을 조직이 원하는 방식으로 학습시키려 한다. 이를 조직사회화(organizational socialization)라고 한다. 조직사회화는 사회화와 마찬가지로 공식적 및 비공식적으로 일어난다. 예를 들어 근무규정은 공식적인 규칙으로 정해져 있어서 직원들은 회사의 근무규정을 파악하고 지켜야 한다. 이것은 공식적 조직사회화이다. 그러나 회식에 참가하여 결속력을 다지기 위해 열심히 노는 것은 어떤 기업의 매뉴얼에도 나와 있지는 않지만 조직의 운영을 위해서 새로운 직원이면 알아야 하는 규범이다. 이는 비공식적 조직사회화의 사례로 볼 수 있다.

조직사회화는 두 가지 형태 모두의 학습을 필요로 한다. 예를 들어 창의적 생각은 공식적인 틀에서 벗어난 사고에서 나타나는데 근무시간 이후의 비공식적인 조직의 활동에서도 창의적 아이디어가 나타날 수 있는 가능성이 높다. 이러한 이유로 3M은 하루일과의 3분의 1은 반드시 공식적인 업무 이외의 일을 하도록 독려하는 규범이 있다. 따라서 비공식적 조직활동에서 일어나는 비공식적 학습은 공식적 조직생활 만큼이나 중요하게 간주되고 있다. 또한 비공식적 활동에서 직원들 간에 생기는 유대의식은 조직의 분위기(organizational climate)를 향상시키는데도 주요한 역할을 할 수 있기 때문에 많은 기업들이 직원들의 동호회 활동을 지원하고 있는데 이것은 직원들의 복지차원 뿐 아니라 조직사회화의 한 일환이라고 볼 수 있다.

02 태도: 행동의 변화

태도는 어떤 대상에 대해서 가지는 정서적 느낌을 총체적으로 포함하여 내리는 평가적 판단으로 정의된다. 쉽게 말하면 어떤 대상을 좋아하는지 혹은 싫어하는지를 의미한다. 사람들은 사람, 사물뿐 아니라 그리고 보이지 않는 관념에 대해서 태도를 가질 수 있다. 예를 들어, 마케팅 부서에 근무하는 한 직원은 자신의 상사를 존경하지만(사람에 대한 태도), 오래된 건물에 위치한 자신의 사무실을 싫어할 수 있고(사물에 대한 태도), 일이 바쁘긴 하지만 자신의 직무 자체가 주는 즐거움을 좋아할 수 있다(추상적 관념에 대한 태도).

본 장의 전반부에서 다룬 학습의 개념은 새로운 행동의 습득과 관련이 있다고 볼 수 있다. 학습과 관련하여 관리자의 역할은 조직구성원들이 일에 필요한 기술, 능력, 역량 등을 습득하도록 만들어 주는 것이다. 그런데 관리자의 입장에서 새로운 행동을 습득하는 것이상으로 중요한 것은 조직구성원들이 조직의 맥락에서 존재하는 여러 가지 대상(상사, 동료, 직무, 조직 그 자체 등)에 대해 가지는 태도이다.

조직구성원들이 가지는 태도는 조직을 관리하는 관리자에게 대단히 중요하다. 예를 들어, 조직구성원들이 자신의 일을 좋아하지 않는다면 이직을 생각하거나 근무를 태만하게 할 수 있다. 혹은 직무에 대한 만족도가 낮고 사기가 떨어져 다른 사람들의 사기에도 영향을 줄 수 있다. 이 경우에 관리자의 임무는 조직구성원들이 일을 좋아하지 않는다면 좋아하도록 태도를 바꾸어 주어야 하고, 현재 자신들의 일을 좋아한다면 더 좋아하게 만들어야 할 것이다. 즉, 관리자는 종업원들의 일과 관련한 태도에 대해서 인지하고 있어야 하며, 그들의 태도를 긍정적으로 바꿀 수 있는 지식과 기술을 습득해야 한다. 즉, 관리자는 태도의 변화에 대한 지식과 노하우를 가지고 있어야 한다.

(1) 태도의 개념

태도는 세 가지 요소로 이루어진다. 인지(cognition), 정서(affect), 그리고 행동(action)적 요소이다. 인지적 요소는 태도의 대상에 대해 가지고 있는 정보의 차원이다. 예를 들어 김 대리가 자신의 업무량이 많고, 월급이 적으며, 높은 수준의 직무기술을 필요로 하기 때문에 자신의 현재 직무를 싫어한다면 일에 대해 김 대리가 가진 정보들은 태도의 인지요소이다.

정서차원은 태도의 대상에 대해서 가지는 감정적 상태를 의미한다. 업무량이 많고, 월급이 적고, 업무가 어렵기 때문에 김 대리는 자신의 일을 싫어한다면 이는 김 대리의 태도에 대한 부정적인 정서차원을 가지고 있다고 할 수 있다. 반대로 김 대리는 자신의 일에 대해 가진 같은 정보에 대해서 긍정적 정서 상태를 가질 수 있다. 만일 김 대리가 성취동기가 높은 사람이라면 같은 정보를 가지고 자신의 일에 대해서 싫어하기 보다는 도전할만한 대상으로 보는 긍정적 태도를 가질 수 있다. 행동적 요소는 태도의 대상에 대한 행동을 의미한다. 김 대리는 자신의 일이 싫기 때문에 결국 사직을 하고 다른 회사에 이직을 할 수 있다. 이직은 김 대리의 일에 대한 태도의 행동요소이다.

태도의 정의는 대상에 대한 좋고/싫음을 의미하기 때문에 이미 정서적 의미를 가지고 있지만 세 개의 차원으로 구분을 하는 이유는 관리자의 입장에서는 각각이 모두 다른 관리적 의미를 주기 때문이다. '김 대리는 일을 싫어한다'라고 한 차원에서만 태도를 정의할 수도 있지만, 인지, 정서, 행동요소로 구분하여 이해할 경우에는 각 차원에 따라 다른 관리적 행동을 필요로 할 수 있다. 예를 들어 김 대리는 자신의 일이 업무가 너무 많다고 힘들다고 생각(과도한 업무의 인지적 판단)하며, 따라서 자신의 일을 싫어한다(정서적 요인), 그러나 아직 이직을 고려하지는 않는다(행동요소)라고 한다면 관리자는 행동요인에 초점을 두기보다 인지요인과 정서요인에 초점을 둔 관리행동을 취할 수 있다.

(2) 태도의 기능

경영학자들이 태도를 중요하게 취급하는 것은 태도를 알면 행동을 예측할 수 있다고 보기 때문이다. 예를 들어 한 직원이 자신의 일에 대해서 부정적인 태도를 가지고 있다면 이직행동을 예측할 수 있다. 또한 상사에 대해서 긍정적인 태도를 가지고 있다면 상사에 대해 충성심을 보이는 행동을 할 것이라고 예측이 가능하다. 따라서 직원들의 태도를 관찰함으로써 관리자는 예상 가능한 행동에 대한 조치를 취할 수 있다. 최근에는 태도만 가지고 행동을 예측하기는 어렵고 태도를 가진 사람이 동일시하는 준거집단과 준거집단에서 따르는 규범을 알아야 행동예측을 더 정확하게 할 수 있다는 관점으로 태도모형이 수정되고 있지만 일선의 관리자에게 태도는 여전히 중요한 변수이다.

(3) 직무 태도

사람들은 수천 가지의 태도를 가질 수 있다. 그러나 조직행동론은 몇가지 직무관련 태도에 주로 초점을 두고 있다. 직무관련 태도는 종업원들이 자신의 직무 그리고 직무관련 환경에 대해서 가지고 있는 태도이다.

2.1 직무만족(Job Satisfaction)

일반적으로 사람들은 자신의 일을 좋아할까? 연구에 따르면 대략 50% 정도의 사람들이 자신의 일을 좋아하는 것으로 나타났으며 최근에는 이 비율이 더 떨어진 것으로 알려져 있다. 이렇게 일, 직무, 직업과 관련하여 사람들이 가지는 감정을 직무만족이라고 한다. 직무만족은 조직행동에서 가장 많이 연구된 태도변수 중 하나로서 조직구성원이 자신의 직무에 대해서 가지는 개별적 감정을 의미하는 것이 아니라 긍정적 감정과 부정적 감정이 종합된 판단이다.

일반적으로 사람들은 급여수준이 높으면 직무만족이 높을 것이라고 생각한다. 그러나 평균급여가 어느 정도 수준에 이르게 되면 직무만족은 더 이상 올라가지 않는다.

많은 경영학자들이 직무만족이 조직성과에 미치는 영향에 대해 연구해 왔다. 직무만족은 특히 조직시민행동과 정적인 관련이 있는 것으로 나타났다. 그러나 직무만족과 조직시민행동 사이의 관계는 단순하게 나타나지 않고 조직구성원들이 조직 내 공정성을 지각할 때로 제한된다. 즉, 직무만족은 조직구성원들이 조직으로 받는 처우와 처우가 결정되는 절차에 대해서 공정한지 여부와 관련이 있다는 것을 의미한다. 또한 직무만족이 높은 종업원들은 고객과의 관계에서도 친밀감이 높고 양질의 서비스를 제공하여 고객만족도가 높은 경향이 있다. 직무만족이 높으면 이직률은 낮아지는 것으로 알려져 있다. 직무만족이 높으면 결근율이 낮기는 하지만 이 관계는 약하게 나타난다. 연구결과를 종합적으로보면 직무관련 태도 중에서 직무만족과 조직성과의 관련성은 가장 강하게 나타나는 것 같다.

2.2 조직몰입(Oganizational Commitment)

조직몰입은 자신이 일하는 조직과 조직의 목표를 동일시하고 그 조직에서 지속적으로 소속되기를 원하는 것을 의미한다. 몰입의 개념을 공식조직에 가장 먼저 도입한 마치(March)와 사이몬(Simon)은 "인간은 기계와 달라서 그들 자신의 위치를 상대방의 가치와 관련지어 생각하며 상대방의 목표를 자기의 것으로 만듦으로써 자신의 위치를 평가한다"고 몰입을 정의하고 있다. 조직에 몰입한 사람들은 소속조직의 다양한 요구와 영향력을 자발적으로 받아들여 조직의 성공을 위해 열심히 노력한다. 즉, 어떤 조직에 몰입한 개인은 그곳에서 계속 근무할 의향을 가지고(intension to stay), 조직을 위해 보통 이상의 노력을 투자하여(exert great effort), 조직에서 맡은 임무를 원만하게 수행하게 된다(perform well)는 것이다.

조직몰입과 유사한 개념으로는 자신이 일하는 조직이 아니라 자신의 직무자체를 좋아하는 직무몰입(job commitment)과 자기의 직업 내에서 발전하려는 노력인 경력몰입(career commitment)이 있다. 이들을 구분하는 이유는 조직몰입과 직무몰입이 때로는 상치하는 경우가 있기 때문이다. 예를 들어 현재 근무하고 있는 회계부서 업무에 염증을 느껴서 다른 일을 찾고 싶지만 자신이 일하는 회사에 만족한다면 이직을 직접 고려하지 않고 다른 대안을 찾을 것이다. 따라서 관리자는직무몰입, 조직몰입, 경력몰입 등을 별개의 개념으로 파악할 필요가 있다.

▶ 조직몰입의 요인

조직몰입은 세 가지 요인으로 이루어져 있다.

- **정서적 몰입**(affective commitment): 조직에 대한 정서적 애착을 의미한다. 핵심요인은 조직을 자신의 자아의 확장이라고 생각하는 조직동일시(organizational identification)이다. 조직몰입이 높으면 조직에 대해서 긍정적 감정을 가지게 되며 다른 사람들이 자신이 속한 조직을 비판적으로 대하면 자신과 조직을 동일시하여 부정적 감정을 갖는다.
- **지속적 몰입**(continuance commitment): 조직에 잔류하고자 하는 의도이다. 이직 대안이 없으면 몰입은 증가한다. 회사에 절대적으로 만족하지 않지만 현재 자신의 처지에서 다른 회사로 옮길 자신이 없다면 현재의 회사에 대한 몰입이 증가한다.
- **규범적 몰입**(normative commitment): 조직에 대해서 가지는 도덕적 또는 윤리적 의무감으로 조직에 남고자 하는 것을 말한다. 회사를 그만두고 싶은 마음을 가진 직원이 회사가 위기에 빠졌을 때 자신의 이직으로 회사에 피해를 줄까봐 이직하지 않는 경우를 들 수 있다.

2.3 조직시민행동(organizational citizenship behavior)

조직시민행동은 특히 최근에 중요시되고 있는 조직관련 태도이다. 시민이라는 용어는 사회적 책임의 인식 및 실천과 밀접한 관계가 있다. 도시는 그리스인들이 직접민주주의를 시행하기 위해 모인 장소인 아고라 광장이 성장 · 발전하면서 생긴 용어이다. 즉, 시민(citizen)은 단순히 도시라는 물리적 공간에 살고 있는 사람들을 의미하는 것이 아니라 아고라와 같은 도시에서 직접민주주의를 시행하는 사람들처럼 사회의 구성원으로서 사회에 대한 권리뿐 아니라 사회를 위해 책임있는 행동을 하는 사람들이라는 뜻이다. 따라서 조직구성원들이 조직 내에서 비록 급여나 상여금 등의 공식적 보상을 받지 않더라도 조직의 발전을 위해서 희생하고 자발적으로 일을 하거나 다른 직원들을 돕는 행동 및 조직 내의 갈등을 줄이려는 자발적 행동들을 통칭하여 조직시민행동이라고 한다.

① 조직시민행동의 요인

조직시민행동은 5개의 요인으로 이루어진다고 보고 있다.

이타행동(altruism)은 보상을 바라지 않고 타인을 돕는 행위를 말한다. 양심(conscientiousness)은 조직에서 공식적으로 지정한 규칙, 절차 등을 받아들이고 지키려고 하는 행동을 말한다. 시민의식(civic virtue)은 사회에서 불의를 참지 못하고 사회를 긍정적으로 변화시키려는 적극적 행동을 하는 것처럼 조직의 이익을 위해서 정의로운 행동을 하려는 경향을 의미한다. 예의(courtesy)는 직무와 관련하여 다른 사람들(동료, 상사, 부하)과 갈등을 예방하려고 하는 사려가 깊은 행위들을 의미한다. 스포츠맨십(sportmanship)은 운동경기를 하는 사람들이 옳지 않은 심판의 판정을 받더라도 스포츠정신을 지키기 위해서 심판의 결정을 존중하듯이 조직차원에서 생기는 의사결정이나 정책을 정정당당하게 받아들이는 태도를 의미한다.

② 조직시민행동의 중요성

최근의 조직들은 급속한 시장환경의 변화를 겪고 있기 때문에 리더의 지시를 수동적으로 받는 것이 아니라 자율적이고 능동적인 사고를 통해 환경의 변화에 성공적으로 적응할 수 있는 조직구성원을 필요로 한다. 또한 비윤리적인 기업이 사회에 미치는 영향을 고려해 보면 1등을 하는 회사도 중요하지만 정도를 지키면서 사회적 책임을 다하는 기업의 중요성이 점차 커지고 있는데, 이런 기업문화를 건설하기 위한 기초적인 토대로서 조직시민행동의 중요성이 어느 때보다 커지고 있다고 할 수 있다.

2.4 지각된 조직지원(POS: Perceived Organizational Support)

조직은 직원들의 기여하는 바를 존중하고 직원들의 안녕을 걱정해 주고 있다고 믿는 정도를 의미한다. 보상이 공정하고, 직원들의 의사결정 참여가 보장되고, 관리자의 지원이 있을 때 지각된 조직지원은 높아진다. 또한 지각된 조직지원이 높으면 조직시민행동과 성과가 높아지는 것으로 알려져 있다.

2.5 태도변화와 태도변화이론

직무관련 주요 태도들과 조직의 성과와의 관련성을 고려해 보면, 관리자의 입장에서 실제적으로 조직관리에서 중요한 것은 태도변화의 문제이다. 즉, 조직구성원들이 조직의 맥락에서 태도의 대상이 되는 일, 상사, 동료, 회사 등에 좋지 않은 태도를 가졌다면, 관리자는 이들의 태도를 좋은 태도로 변화시켜야 하고, 이들이 이미 좋은 태도를 가지고 있다면 더 좋은 태도로 변화시켜야 하는 것이 조직의 성과를 위한 관리자의 임무이며 역할이다. 따라서 조직행동학자들은 태도와 관련하여 태도를 변화시키는 방법에 대해서 주목해왔는데, 태도를 변화시키는 방법은 다음과 같다.

(1) 학습을 통한 변화

가장 기본적인 태도의 변화방식은 학습이론을 적용하는 것이다. 관리자는 조직구성원들이 태도를 가지는 대상과 긍정적인 보상을 연결할 수 있다. 가장 쉬운방법으로는 종업원들의 직무에 대해서 보상을 하는 방식이다. 이것은 외적 보상과 직무를 연결시킴으로써 직무가 보상의 원천임을 지각하게 하는 것이다. 또한 내적인 보상과 연결시키는 방법이 있을 수 있는데, 예를 들어 종업원의 업무와 자긍심을 연결시켜 주는 것은 하나의 방법이다. 학습의 원리를 이용한 태도변화는 아직 태도가 형성이 되어 있지 않은 경우에 가장 효과가 크다고 할 수 있다.

(2) 자기지각이론(self perception theory)

사람은 자신의 태도에 대해서 잘 알고 있는 경우도 있지만 많은 경우에 자신의 태도에 대해서 잘 모르는 경우도 많다. 이런 경우 자신의 태도가 무엇인지를 알기 위해 자신의 행동을 스스로 회상하거나 관찰하여 자신의 행동으로부터 태도를 유추할 수 있다. 예를 들어 사람들은 '당신은 행복한가'라는 질문을 받으면 자신이 행복한지 불행한지 금방 판단이 안서는 경우가 많지만 "나는 직업이 있고 아내도 있고, 사랑스러운 아이들도 있다. 그러니 나는 행복하구나"라고 판단할 수 있다. 이때 사람들은 다른 사람들의 태도를 유추할 때 행동을 관찰하여 판단하는 것처럼 자신에 대해서도 스스로의 행동을 관찰하거나 경험을 회상하여 자신의 태도를 유추할 수 있다. 이것을 자기지각이론(self-perception theory)이라고 한다.

(3) 인지일관성이론

하이더(Heider)는 태도가 균형을 유지하려는 경향이 있다고 밝혔다. [그림 4-3]에 나타난 것처럼 사람들은 두 개의 태도의 대상에 대해서 각각 긍정적이거나 부정적인 태도를 가질 수 있으나 전체 태도에서 일관성을 유지하려 한다. 수학적 방식으로 표현하자면 하나의

그림 4-3 인지일관성이론

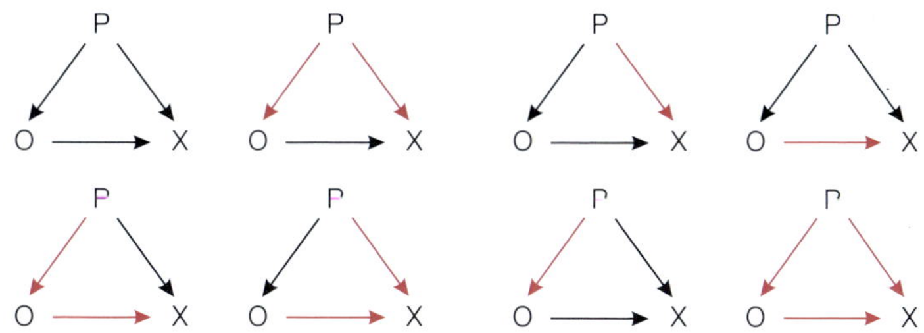

하이더(Heider)의 균형의 개념에 의한 균형과 불균형의 상태.
검정색선은 정적 관계를 나타내고 청색선은 부적 관계를 나타냄

관계망에서 전체 태도값은 양의 값으로 나타나야 태도 간 관계가 균형적이라고 본다. 예를 들어 '나'는 '회사'를 싫어하지만(부적태도)같이 일하는 '상사'를 존경하며(정적 태도), '상사'는 '회사'에 높은 충성심을 가지고 있다(정적 태도). 이 경우에 전체 태도값은 부적값을 갖는다. 회사에 대한 태도값(−) × 상사에 대한 태도값(+) × 상사의 회사에 대한 태도값(+) = 관계망에서 전체 태도값(−). 이 경우에 '나'는 내가 싫어하는 회사에 충성하는 상사에 대한 존경심을 줄이거나, 내가 좋아하는 상사가 충성하는 회사에 대한 태도를 긍정적으로 바꾸면 전체 태도값은 양의 값이 되어 균형상태가 된다고 한다.

(4) 인지부조화이론(cognitive dissonance theory)

이미 태도가 결정되어 있는 경우에 효과적으로 태도를 변화시키는 방법은 무엇일까? 페스팅거(Festinger)의 인지부조화이론에 따르면 사람들은 일관성을 유지하려는 기본적인 경향성을 가지고 있다. 따라서 자신이 가지고 있는 태도들이 서로 불일치하면 사람들은 심리적 갈등을 느끼며 갈등에서 벗어나기 위한 욕구를 가진다. 태도 간 불일치를 해결하는 방법은 둘 중의 하나의 태도, 즉, 변화하기 쉬운 태도를 바꿈으로써 두 개의 태도 사이에서 생기는 갈등을 최소화할 수 있다. 예를 들어 많은 사람들은 흡연이 나쁘며 암의 원인이 된다고 생각한다. 그러나 금연을 하기는 어렵다. 이 경우 흡연이 나쁘다고 믿으면서 자신이 담배를 핀다는 사실은 일관적인 모습이 아니기 때문에 갈등을 느끼게 된다. 물론 금연을 할 수 있다면 문제는 해결되겠지만 금연이 매우 어렵다는 점을 감안한다면 사람들은 수정하기 쉬운 태도에 초점을 둘 수 있다.

사람들은 흡연과 암 사이에 정말로 인과적 관계가 있는 것은 아니며, 스트레스가 암의 주요한 원인인데 흡연은 스트레스를 줄여주는 긍정적인 효과도 가지고 있다고 주장할 수 있다. 다시 말하면 금연은 어렵기 때문에 흡연한다는 사실을 합리화함으로써 두 태도 사이에 불일치를 줄여주는 것이다. 인지부조화이론은 단순한 합리화를 뜻하는 것이 아니라 이미 벌어진 행동이나 수정하기 어려운 태도가 있을 때 다른 태도를 바꾸는 현상을 의미한다.

관리자는 인지부조화이론을 조직구성원들의 태도를 변화시키는데 적용할 수 있다. 예를 들어 새로 입사한 한 직원이 자신이 정말로 좋아하는 일을 하면서 살고 싶은데 현재 자신의 일을 정말 좋아하는지 확신을 할 수 없기 때문에 관리자에게 사직을할까 의논한다고 가정하자. 어떤 조직이든 새로운 직원을 선발하여 교육하는데 대단히 많은 비용이 들어간다. 더구나 이 직원이 유능한 직원이라고 가정한다면 관리자는 이 직원을 반드시 붙잡아야 하는 필요를 느낀다. 인지부조화이론을 적용한다면 관리자는 이 직원에서 '6개월만에 어떻게 자신이 일을 좋아하는지 알 수가 있겠는가? 자신을 믿고 1년만 최소한 일해보라'고 권유할 수 있다. 상사의 권유로 1년의 유예기간을 더 두기로 결정한 직원에게 어떤 심리적 경험이 일어날까? 이 직원은 막상 1년이 경과한 이후에는 자신의 일에 대한 태도를 돌이켜 보면서 자신이 싫어하는 일이라면 1년을 버틸 수 없었을 것이며 아마도 자신이 싫어하는

그림 4-4 인지부조화이론

부분도 있지만 자신은 회사와 일을 좋아하는 것이라고 결론을 내리고 계속해서 회사를 다닐 수 있다.

인지부조화이론과 자기지각이론을 비교하자면 인지부조화이론은 두 개 이상의 태도가 공존하면서 경쟁적인 관계에 있을 때 심리적 갈등을 줄이기 위해 상대적으로 변화가 쉬운 태도를 변화시키는 것을 의미하는 반면 자기지각이론은 태도가 불분명한 경우에 일어나는 태도변화에 초점을 맞춘다.

CASE

동양그룹 사태와 인지부조화

'인지적 부조화'란 사람이 자신의 신념이나 태도와 상충되는 현실적 상황에 처하게 되면서 겪는 심리적 불안정을 뜻한다. 이런 경우 우리는 현실을 바꾸기 어렵기 때문에 결국 자신의 신념이나 태도를 바꾸는 길을 택한다. '방사능은 별로 걱정할 일이 아니야'라며 스스로를 위안하는 일본인들이 대표적인 사례다.

문제는 이런 '인지적 부조화'가 다른 사람에게 큰 피해를 입히는 경우다. 최근 온 나라를 떠들썩하게 만든 '동양그룹 사태'가 이에 해당한다. 동양그룹이 재무적으로 위험하다는 이야기는 이미 1년 전부터 금융시장에 퍼져 있었다. 동양그룹 기업어음(CP)의 수익률이 연 7% 이상에 달한다는 것은 그만큼 위험이 크다는 뜻이다. 그런데도 동양증권 직원들은 무려 5만명의 고객들을 상대로 1조 5000억원 규모의 동양그룹 CP와 회사채를 팔아치웠다. 동양그룹의 기습적인 법정관리 신청으로 이들은 평균 5000만원의 피해를 떠안게 됐다.

그렇다면 동양증권들은 왜 이런 '독약'과 같은 금융상품들을 자신의 고객들에게 떠넘긴 것일까? 금융투자업계에 따르면 극소수를 제외하고는 동양증권의 대부분 직원들이 "설마 동양그룹이 망하기야 하겠느냐"는 생각을 갖고 고객들에게 동양그룹 채권을 넣은 특정금전신탁 등을 추천했다. 상부로부터 공격적인 마케팅 지시를 받은 직원들은 처음에는 "위험한 것 같은데"라는 생각을 했지만, 결국은 현실적 압력에 따른 '인지적 부조화'를 극복하지 못하고 스스로 신념과 태도를 바꾸는 길을 택했다. 심지어 일부 직원들은 위험성을 충분히 설명하면 고객이 투자를 거부할 것을 우려해 의도적으로 설명해야 할 의무를 위반하는 '불완전 판매'까지 저질렀다. 결과적으로 수많은 동양증권 직원들이 '공범'(?)의 멍에를 덮어썼다.

상부에서 부당한 지시를 내릴 때 대부분의 사람들은 '인지적 부조화'라는 고통을 이기지 못해 '고도의 자기 기만'을 통해 스스로를 위안한다. 이는 비단 우리나라 만의 문제는 아니다. 미국 주요 경영대학원들의 경영학석사(MBA) 과정에서도 이런 경우 대처하는 방법을 다룬다. 하버드대 MBA에서는 이런 경우 그냥 '사표'를 던지라고 가르친다. 컬럼비아대 MBA에서는 끝까지 상관에 맞서 싸우라고 한다. 둘 다 쉬운 일은 아니다. 때론 '일자리'와 '양심' 가운데 하나를 선택해야만 하는 '월급쟁이'들의 현실이 씁쓸하다.

● 출처 : 머니투데이 / 이상배 기자의 2013년 10월 21일 기사 중 발췌

논의문제

1. 고전적 조건화와 조작적 조건화의 차이는 무엇인가? 조작적 조건화는 고전적 조건화에 비해 학습효과에서 어떤 우수성이 있는가?

2. 사회적 학습에서 가장 중요한 두 가지 요인은 무엇이며 왜 이러한 요인들이 사회적 학습에 효과적인가?

3. 연속강화와 불연속강화 중 어느 방식이 더 효과적이며 이유는 무엇인가?

4. 학습의 이론은 동물행동학자들이나 심리학자들에게 의해서 발전되어 왔다. 학습이론에 대한 지식이 조직의 관리자에게 어떤 의미에서 도움이 되는가?

5. 자기효능감과 자기존중감의 차이는 무엇이며 어떤 상황에서 자기효능감이 개인의 성과를 더 효과적으로 예측할 수 있는가?

6. 태도의 한 가지 예를 들어 태도의 3요인의 개념이 무엇인지를 설명하라.

7. 이 단원에서는 태도변화에 대한 이론을 공부하였다. 태도변화에 대한 지식이 왜 조직관리에서 필요한가?

8. 인지일관성이론과 인지부조화이론의 차이점과 공통점은 무엇인가?

9. 새로 회사에 들어온 신입사원이 적성에 맞지 않는다는 이유로 사직을 생각하고 있다. 관리자로서 판단할 때 이 직원의 적성은 현재 회사와 잘 맞는다고 생각한다면 인지부조화이론을 이용하여 이 직원이 계속 재직하도록 설득할 수 있는 방법을 고안하라.

사회적 지각 제5장

01 사회적 지각의 기초 이해
02 지각이론
03 지각오류
04 지각: 조직장면에서의 적용

“열정의 키는 180”

18일 저녁 서울 송파구 잠실동 잠실실내체육관. 삼성그룹의 대학생 강연인 ‘열정락서’를 보기 위해 1만여명의 대학생이 자리를 가득 채웠다. 김난도 서울대 교수의 강연과 ‘보이스 오브 코리아’ 우승자 손승연씨의 축하 공연으로 현장 분위기는 한껏 달아올랐다.

사회를 맡은 개그맨 안상태씨는 다음 강연자에 대해 “긍정의 힘이 얼마나 위대한지, 긍정적이고 열정적인 스토리를 소개해줄 사람”이라고 소개했다. 어두워진 무대 위로 작은 키의 사람 한 명이 천천히 걸어 나왔다. 올해로 삼성테크윈 입사 6년차 대리인 이지영씨(28, 여)였다.

“제 키는 110cm지만, 열정의 키는 180cm 이상입니다.”

이지영 대리는 희귀병인 가연골무형성증을 앓아 키가 자라지 않았다. 그의 키는 110cm로 초등학생 수준. 무대 뒤에 설치된 열정락서 글씨보다 작은 키였다. 하지만 이 대리는 1만여명의 대학생 앞에서 절대 작지 않은 자신의 열정을 소개했다. 자리를 가득 메운 대학생들은 이 대리의 한 마디 한 마디에 박수와 함성으로 응원해줬다.

이 대리는 초등학교 때까지만 해도 남들과 다른 자신의 모습에 힘들어했다. 그는 “어린시절에 제가 들었던 별명들이 난쟁이, 땅꼬마, ET, 외계인 정말 많이 놀림을 받았다. 너무 많이 놀리니까 저의 다름이 불행으로 느껴졌다”며 “학교생활에서 할 수 있는 것이 없었다. 열등감으로 삶이 불행해졌다”고 말했다.

그의 삶이 도전으로 바뀐 것은 중학교 때였다. 어느 날 체육 시간에 친구들이 운동하는 모습을 보던 이 대리는 “내가 팔이 없는 것도 아니고 다리가 없는 것도 아닌데 왜 내가 못하지?”라는 생각을 했다. 그는 그때를 떠올리며 “할 수 없다고 생각했던 내 편견이 날 못하게 만들었다. 내가 하고 싶어 하자 선생님과 친구들이 방법을 알려줬다. 내가 못한 게 아니라 안 하고 있었던 것”이라고 말했다.

이후 이 대리의 삶은 매 순간이 도전의 연속이었다. 공부로 성적을 올려서 한양대 신문방송학과에 입학했고, 대학생활 동안에는 방송학회 등 동아리 생활에도 열심이었다. 4학년 때는 호주 시드니로 어학연수를 떠났다. 장애를 안고 부모님과 떨어져 지낸다는 결정이 쉬운 일은 아니었지만, 그는 부모님을 4개월이나 설득해서 끝내 호주로 향했다.

호주에서 그가 부딪힌 장벽은 언어가 아니라 생활 그 자체였다. 이 대리는 “문고리가 제 팔보다 15cm 위에 있어서 열 수가 없었다. 동네를 돌아다니면서 박스를 주었고 그걸 받침대로 삼아 열심히 호주 생활을 했다”며 “그렇게 열심히 도전하다 보니 주위에서도 열정 있는 아이라며 친구들이 좋아해 줬다”고 말했다.

이지영 삼성테크윈 대리가 대학생들 앞에서 자신의 삶에 대해 이야기하고 있다 / 삼성그룹 제공

늘 긍정의 힘으로 살아온 이 대리지만 취업 준비를 하면서 다시 한번 우울증이 왔다. 이 대리가 삼성테크윈에 입사하기 전까지 쓴 자기소개서는 60개. 면접은 7번을 갔다. 취업을 준비하면서 이 대리는 장애에 대한 세상의 편견을 힘겹게 맞서야 했다.

"세 번째 면접에는 세 명이 함께 들어갔어요. 처음 자기소개를 정말 멋지게 했는데 이후 20분 동안 꿀 먹은 벙어리처럼 앉아 있기만 했습니다. 모든 질문이 제 옆에 있는 사람들에게 갔거든요. 나름 열심히 살아왔다고 생각했는데 면접관들은 제 외모를 먼저 본 겁니다."

그렇게 면접에서 떨어지면서도 포기하지 않고 자신의 강점을 갈고 닦은 이 대리는 끝내 2007년 삼성테크윈에 입사했다. 삼성테크윈에서 이 대리가 맡은 업무는 인사팀에서 새로 들어온 사원들을 안내하고, 강의하는 역할이다. 올해는 삼성그룹 신입사원 교육에서 후배들을 이끄는 멘토 역할까지 맡았다.

신입사원들에게 삼성을 소개하던 이 대리는 우리 사회의 젊은이들에게 삼성을 소개하기 위해 다시 도전을 시작했다. 열정락서는 그동안 삼성그룹의 고위 임원과 외부의 유명인들만 강연자로 섰다. 이날도 김난도 교수와 장미란 역도 국가대표, 최치훈 삼성카드 사장이 무대에 올랐다. 그러다 최근 삼성그룹에서 일반직원을 대상으로 강연자 10명을 선발했고, 경쟁률은 무려 200대 1에 달했다.

"여러분 무한도전의 성공 요인이 뭐라고 생각하세요? 전 여섯 명의 캐릭터가 각각 다른 모습과 웃음 코드를 갖고 있기 때문이라고 생각합니다. 여러분도 모두 다른 모습으로 태어났어요. 생김새도 다르고 잘하는 것도 다르고 생각도 다릅니다. 세상은 자꾸 여러분을 한 잣대로 가두려고 할 거예요. 하지만 여러분이 좋아하는 걸 발전시키고 거기에 맞게 세상을 바꿨으면 좋겠습니다."

●출처 : 조선비즈 / 이종현, "삼성의 얼굴로 나선 110cm의 작은거인 이지영", 2012.09.19

학습목표

1. 사회적 지각이 조직의 대인관계에서 일어나는 다양한 의사결정에 어떤 영향을 주는지를 설명할 수 있다.
2. 사회적 지각에 영향을 미치는 요인을 주체, 대상, 상황에 따라 구분할 수 있으면 이들이 통합적으로 판단에 미치는 영향을 학습한다.
3. 귀인(attribution)의 개념을 이해하고 귀인의 결과로 발생하는 대인적 반응을 이해한다.
4. 귀인행동에서 고려하는 3요인(특이성, 일치성, 일관성)의 상호작용을 통합적으로 이해함으로써 조직상황에서 사람들이 타인의 행동에 대해 내리는 판단과정에서 발생하는 편견을 이해할 수 있다.
5. 다양한 지각오류 현상의 원인과 영향을 이해한다.
6. 면접, 성과평가 및 성과기대 등 조직관리 상황에서 지각의 기능과 영향을 이해한다.

01 사회적 지각의 기초 이해

내가 어떤 기업의 부장이라고 가정하자. 다른 부서에서 최근에 전출된 김철수 대리가 오늘 정오가 다 되어서야 늦은 출근을 하고 인사도 제대로 하지 않은 채 자리에 앉아서 조용히 일을 하다가 상사인 나에게 특별한 말도 없이 퇴근을 해 버렸다. 상사로서 나는 김 대리의 행동을 어떻게 받아들여야 할까? 다른 부하직원들의 사기나 그들과의 형평성을 위해서 관리자로서 그대로 지나칠 수는 없는 일임은 분명하다. 김 대리는 원래 다른 부서에서도 저런 태도를 가졌기 때문에 전출이 된 것일까? 물론 업무로 몹시 바빴다면 상사인 당신이 김 대리의 행동을 제대로 포착하지 못했을 가능성도 있다. 특별히 안 좋은 개인적인 일이 생겼는가? 부장으로서 당신은 김철수 대리의 행동을 관찰하고, 이해하고, 원인을 어떻게 파악하는가? 김철수 대리의 행동의 원인이 무엇이라고 파악하는가에 따라서 관리자의 대응은 충고, 처벌, 교육, 상담 등 개인적 문제해결에서부터 조직의 전체 사기의 진작 노력, 직무변경 등 조직수준의 문제해결까지 다양한 결과가 나올 수 있다. 따라서 조직 내에서 타인들의 행동을 이해하고 해석하는 것은 관리자의 입장에서 중요한 일이 된다. 5장에서는 조직 안에서 개인이 다른 사람의 행동을 관찰하고, 인식하고, 그 결과 내리는 판단과정인 사회적 지각(social perception)에 대해서 다룰 것이다.

1.1 사회적 지각의 개념

새로운 직원이 다른 부서에서 전출되었다고 가정해 보자. 관리자로서 당신은 이 직원의 이전 상사로부터 평가를 듣게 될 것이며, 이 직원이 말하는 태도 및 사람들과 대하는 태도를 관찰할 것이다. 또한 업무를 수행하기 위해서 작성한 보고서를 검토할 것이다. 이상의 일련의 과정을 통해서 이 직원이 앞으로 일을 잘 할 수 있을지, 다른 직원들과 좋은 관계를 유지할 것인지, 그리고 궁극적으로 회사를 위해서 보탬이 될지를 예측하고 판단할 수 있다. 다른 말로 표현하자면 당신은 새로운 직원에 대해서 얻은 다양한 정보를 종합하여 이 사람에 대한 하나의 의미 있는 전체적인 그림을 그리게 된다.

이러한 일련의 과정을 사회적 지각(social perception)이라고 한다. 사회적 지각은 사람들의 행동을 정확하게 이해하기 위하여 타인들에 대한 정보를 수집하고, 통합하고, 해석하는 과정으로 정의된다. 사회적 지각을 엄밀히 구분한다면 감각적 지각(perception)과 인지(cognition)의 두 개의 과정으로 나눌 수 있다. 감각적 지각(perception)은 우리의 오감(눈, 코, 귀, 체온 등)을 통하여 외부에서 들어오는 정보를 처리하는 것을 의미하며, 인지(cognition)는 대뇌에서 감각을 통해서 들어온 정보에 의미를 부여하는 과정이다. 예를 들어 9시에 출근해야 할 직원이 10시에 출근한다면 우리의 감각을 통해서 들어온 정보는 한 시간 늦게 회사라는 물리적 공간에 등장한 직원의 모습에 대한 시각적 이미지에 그친다. 감각정보만으로 지각한 그 상황이 바람직한지 바람직하지 않은지에 대한 판단은 인지의 과정이다. 감각적 지각과 비교하면 인지는 판단의 과정이 포함된다. 관리자가 가지고 있는 감정 상태에 따라서 지각으로도 취급하지 않을 사소한 늦음으로 이해될 수도 있고, 단순히 지각이 아니고 조직과 상사에 대한 불손한 태도의 표현으로도 해석될 수 있다. 따라서 지각은 단순한 정보의 처리가 아니며 지각의 주체, 지각의 대상 및 상황에 따라 복잡하고 다르게 해석된다.

1.2 사회적 지각의 단계

사회적 지각은 5단계의 과정을 거쳐 일어난다.

① 정보에 대한 주의와 선택(Information attention and selection)

지각 대상의 정보에 대해서 주의를 집중하고 오감을 통해 파악된 정보 중에서 선택적으로 지각을 한다. 예를 들어 김 대리가 아침에 지각을 했지만 회사에서 아주 급박한 업무보고를 한다면 지각 자체가 큰 문제가 되지 않을 수 있다. 오히려 업무보고에 주의가 집중됨으로써, 김 대리의 지각이라는 사건에 대한 정보는 선택되지 않고 다루어지지 않을 것이다.

② 정보의 조직화(organization of information)

모든 정보가 있는 그대로 처리되는 것이 아니라 하나의 전체적인 구조의 틀 속에서 처리된다. 사람들은 정보를 하나하나 별개의 것으로 처리하는 것이 아니라 유사한 정보끼리 묶어서 하나의 구조의 형태로 처리한다. 이러한 구조를 스키마(schema)라고 한다. 김 대리라는 정보는 김 대리의 성별, 나이와 같은 외형적 정보, 김 대리의 이전 성과, 인적 상황 등에 대한 사전 정보, 김 대리를 관찰하는 동안의 감정상태 및 주변의 상황에 대한 정보들이 결합되어 정보구조를 만든다.

③ 정보의 해석(information interpretation)

처리된 정보는 어떤 의미를 가진 것으로 해석이 된다. 관리자가 직원들의 전체적인 업무태도에 대해서 변화를 가져오려고 마음을 먹고 있었다면 김 대리의 지각은 중요한 사건으로 해석되어 저장될 것이다.

④ 정보의 인출(information retrieval)

처리된 정보는 사람들의 기억 속에서 저장이 되며 필요에 따라 인출이 된다. 관리자는 김 대리의 지각을 관찰하지만 직원들 관리를 위한 시간을 낼 때까지 기억에서 저장되어 있기도 하고, 관리자가 업무로 바쁘다면 김 대리의 지각이라는 사건은 쉽게 잊혀질 수도 있다. 기억을 통해서 인출된 정보만이 의미 있는 정보로서 판단을 위해 처리된다.

⑤ 지각에 영향을 미치는 요인

위에서 제시한 지각의 단계마다 다음의 요인들이 영향을 미친다.

- **지각의 주체**: 지각을 하는 주체에 따라 지각이 달라질 수 있다. 지각자의 인지적 각성상태(arousal level), 과거경험, 욕구 및 동기수준, 성격, 가치관 등이 작용할 수 있다. 관리자가 특정 직원에 대해서 많은 관심을 가지고 있다면 주의가 더 많이 집중될 것이다. 가치관을 예로 들자면 시간을 엄수하는 일에 가치를 두고 있는 관리자에게 김 대리의 지각은 두드러진 사건으로 지각될 것이다.

- **지각의 대상**: 대상이 가지고 있는 특성이다. 지각은 지각되는 대상인 사람, 사물, 사건의 특성에 영향을 받는다. 자극의 강도(intensity), 대상-배경의 대비(figure-ground separation), 대상의 크기(size), 대상의 움직임(size), 자극의 신기성(novelty) 등이 대상이 가진 특성에 해당된다. 예를 들어 평상시에 캐주얼 복장을 즐겨 입던 김 대리가 외근을 나가기 위해 정장을 차려입고 출근하면 다른 직원들은 김 대리의 복장을 금방 알아볼 것이다.
- **상황**: 지각자와 피지각자가 처해 있는 상황요인은 지각과정에 영향을 준다. 이런 요인들에는 물리적 맥락(physical context), 사회적 맥락(social context) 및 조직적 맥락(organizational context) 등이 포함된다. 예들 들어 관리자와 김 대리가 최근 들어 불편한 관계를 가졌다면(social context), 김 대리가 아침에 늦게 출근한 행동은 부정적인 사건으로 해석될 가능성이 높아진다.

02 지각이론

먼저 조직행동의 맥락에서 지각의 주제로 다루는 대표적인 문제는 자신과 타인의 행동을 이해하는 과정인 귀인(attribution), 지각과정에서 생기는 오류, 그리고 지각의 과정과 지각의 오류가 조직장면에서 어떻게 적용되는지에 대한 논의를 포함한다. 귀인의 문제를 다루기 전에 먼저 우리가 누구인가의 문제인 개인정체성과 사회정체성을 먼저 이해할 필요가 있다.

2.1 개인정체성과 사회정체성

개인정체성(personal identity)이란 내가 누구인가에 대한 총체적인 인식이다. 마찬가지로 사회정체성은 내가 사회에서 누구인가에 대한 인식이다. 개인정체성과 사회정체성의 형성과 발달에 대해서 여러 가지 설명이 가능하지만(예: 정신분석이론) 타인들과의 상호작용의 결과로써 생긴다는 것이 핵심적이며 공통된 의견이다. 사람의 행동은 여러 가지 차원에서 동물들과 비슷하지만 동물과 구별되는 대표적인 특징이 자신이 누구인가를 이해한다는 점이다. 고전적인 동물행동학 연구에 의하면 사람과 일부 유인원만이 거울을 주었을 때 자신을 알아본다.

정체성의 대표적인 기능은 행동을 결정하는데 있다. 자신이 적극적인 사람이라고 정체성을 가지는 사람은 타인들과 있을 때 외향적으로 행동하려 할 것이다. 마찬가지로 사회정체성은 사회에서 자신이 가지고 있는 역할, 규범 등에 대해서 총체적으로 인식하고 있는 것이므로 개인이 사회적 맥락속에서 어떻게 행동할지를 설명할 수 있다. 자신이 성숙한 시민이라는 사회정체성을 가진 사람은 아무도 보지 않더라도 회사의 돈을 횡령한다던가 하는 비윤리적 행동을 하지 않을 것이다. 그러나 스스로 나쁜 사람이라고 인식하는 사람은 회사에 피해를 주는 행동을 하더라도 죄의식을 가지지 않을 것이기 때문에 회사에 해로운 행위를 지속할 것이다.

2.2 귀인(Attribution)

(1) 귀인의 개념

귀인이란 자신이나 타인들의 행동의 원인이 어디에 있는지 그 원인을 귀속하는 행위를 말한다. 지각은 외부로부터의 정보를 정보형태 그대로 처리하는 것이지만 우리들이 행동을 이해한다는 것은 수집된 정보를 판단하여 해석하는 과정이 추가된다는 것을 의미한다. 행동의 원인을 귀속함으로써 사람들의 많은 대응행동이 동기화될 수 있다. 부하의 지각을 부정적으로 해석한다면 관리자는 처벌이나 교육과 같은 대응행동을 생각할 것이며 지각이 사소한 것으로 해석된다면 특별한 관리행위를 생각하지 않을 것이다.

그래서 많은 행동과학자들은 사람들이 어떤 과정과 방식을 통해서 귀인을 하는지 관심을 두고 연구해 왔다. 특히 와이너(Weiner)는 귀인의 방향이나 방식에 대해서, 그리고 켈리(Kelly)는 어떤 정보를 사용하여 체계적으로 귀인과정이 일어나는지에 대해 이론을 제시하였다.

① 와이너(Weiner)의 귀인이론

먼저 와이너(Weiner)는 귀인의 결과가 어떤 방식이나 방향으로 일어나는지에 초점을 두었다. 그의 귀인이론에 따르면 사람들이 내리는 행동귀인은 내부-외부 두 개의 차원으로 일어난다.

- **내부귀인**(internal attribution): 내부귀인은 행동의 원인이 사람의 내부에 있으며, 능

력, 지능, 성격 등 사람들이 통제 가능한 내부적인 요인에 의해서 일어났다고 해석하는 것이다.

- 외부귀인(external attribution): 외부귀인은 행동의 원인이 사람의 내부에 있는 것이 아니라 다른 사람의 영향, 운수, 상황 등 외부에 있는 것으로 해석하는 것이다.

▸ 내부-외부귀인의 관리적 시사점

예를 들어 김 대리가 성과가 좋지 않다면 그 이유는 능력이 부족했거나 영업활동을 게을리 한것과 같은 내부적 이유로 발생할 수도 있고, 시장상황이 나쁘거나 회사의 지원이 충분치 않은 외적인 원인에 의해서 발생할 수 있다. 그런데 관리자가 성과의 원인을 내적요인인 능력에 있다고 해석한다면 김 대리에 대한 인사고과를 나쁘게 주거나 승진에 누락시키는 관리행동을 취할 수 있다. 반면 외적인 이유에 있다고 한다면 지원을 증가시키는 등의 관리행동을 취할 수 있기 때문에 내부-외부귀인의 결과는 관리행동에 큰 영향을 미칠 수 있다. 문제의 원인이 외부에 있다면 관리자는 같은 사례에서 김 대리의 판매실적이 좋지 않은 것을 불경기와 같은 시장상황의 탓이라고 보기 때문에 김 대리에 대한 인사고과가 나쁘지 않고, 관리자의 정책은 조직 내 다른 모든 사람들에 대한 개선의 방향을 모색할 것이다. 따라서 귀인의 결정에 따라 관리자의 판단과 관리행동이 달라질 수 있기 때문에 귀인의 위치(locus of attribution)는 관리자에게 중요한 문제가 된다.

② 켈리(Kelly)의 인과귀인이론(Causal Attribution Theory)

와이너(Weiner)의 귀인이론은 행동의 원인이 내부 혹은 외부에 있는가에 대해 사람들이 인지적 판단을 어떻게 하는가를 설명하였다. 또한 사람들이 내부-외부귀인을 내린 결과에 따른 반응이 달라진다는 점을 지적하였다. 그렇다면 어떤 경우에 사람들은 내부 혹은 외부귀인을 내리는가? 켈리(Kelly)의 이론은 어떤 경우에 내부귀인을 하며 어떤 경우에 외부귀인을 하는가에 초점을 맞춘 이론이다.

같은 행위라고 하더라도 타인이 다르게 귀인을 한다면 그 사람에 대한 반응은 달라진다. 회사에 자주 결근하는 부하직원의 원인을 내부로 귀인하면 그를 꾸짖거나, 교육하거나, 다른 부서로 보낼 수 있다. 그러나 부하직원의 결근을 외부의 원인(가정사, 시장상황, 회사의 분위기 등)에 의해 발생했다고 해석한다면 회사의 분위기를 바꾸거나 전체 직원에 대해서 일괄적으로 적용되는 관리행위를 고려해야 할 것이다. 따라서 사람들이 어떤 경우에 내부귀인을 하고 어떤 경우에 외부귀인을 하는지를 알아내는 것은 관리자에게 중요한 문제가 된다. 켈리는 사람들의 귀인행동을 관찰한 결과 다음 세 가지의 정보차원을 고려하여 판단을 한다고 하였다.

▶ 인과귀인의 정보차원

- **특이성**(distinctiveness): 관찰된 행동이 다른 상황에서도 나타나는가의 문제이다. 이 달에 매출이 좋지 않은 직원이 다른 부서에서 근무할때도 성과가 좋지 않았다면 이 직원의 성과가 좋지 않은 이유는 내부적 원인인 능력이나 노력에 문제가 있다고 해석할 수 있다. 그러나 다른 부서에서 근무할때는 성과가 좋았다면 지금 현재 직무가 잘 맞지 않거나 부서의 동료들과 문제가 있어서 성과가 낮을 가능성이 있다. 즉, 외적의 상황에 의해서 주로 행동이 설명된다.
- **일치성**(consensus): 특정의 사람에서 관찰된 행동이 다른 사람들에게도 관찰되면 일치성이 높다고 하고, 다른 사람에게는 발견되지 않는 드문행동이라면 일치성이 낮다고 한다. 김 대리 뿐만 아니라 다른 직원들도 매출이 좋지 않았는가? 다른 직원들도 매출이 좋지 않았다면 김 대리의 낮은 성과는 김 대리가 가진 문제에 기인하는 것이 아니라 시장상황이 좋지 않거나 혹은 김 대리가 소속된 부서 전체의 사기가 낮기 때문에 생긴 것으로 보아 모두가 처한 문제에서 기인되었다고 생각할 수 있다.
- **일관성**(consistency): 상황은 유사하더라도 시기에 따라 변함없이 일관되게 행동이 나타나는가(높은 일관성) 혹은 어떤 경우에는 나타나고 다른 경우에는 나타나지 않는가(낮은 일관성)의 문제이다. 이 전에도 늘 성과가 좋지 않았다면 이때 관리자인 나는 문제의 원인이 내부에 있다고 판단하여 교육을 하거나, 상담을 하거나, 다른 보직으로 재배치하는 등 김 대리에 초점을 맞추는 대책을 강구해야 한다. 그러나 일관성이 낮으면 김 대리의 문제가 아니고 다른 원인이 있다고 판단하여 회사의 전체적인 상황을 고려하는 행동을 해야 할 것이다.

사람들은 이상의 세 가지 차원의 정보를 종합적으로 고려하여 판단을 내린다. [그림 5-1]은 각각의 요인에서 어떤 특성을 고려하였을 때 원인의 귀속이 내부 혹은 외부적으로 일어나는 가를 보여준다. 세 가지 차원의 정보를 모두 검토하여 판단을 내릴때 행동귀인은 정확하게 일어난다고 볼 수 있다. 그러나 많은 경우에 이들 정보차원 중 단지 한 두 차원에서만 정보를 수집하고 판단을 내리기 때문에 잘못된 귀인이 일어난다. 행동주체가 가지는 행동원인의 해석과 관찰자가 가지는 해석이 동일한 경우를 동형귀인(isomorphic attribution)이라고 한다. 동형귀인의 경우에는 오해나 갈등이 생기지 않는다. 이때 관찰자인 관리자의 대응행동은 효과적인 결과를 가져올 수 있다. 그러나 행동주체와 관찰자의 귀인이

그림 5-1 정서, 감정, 분위기의 개념적 비교

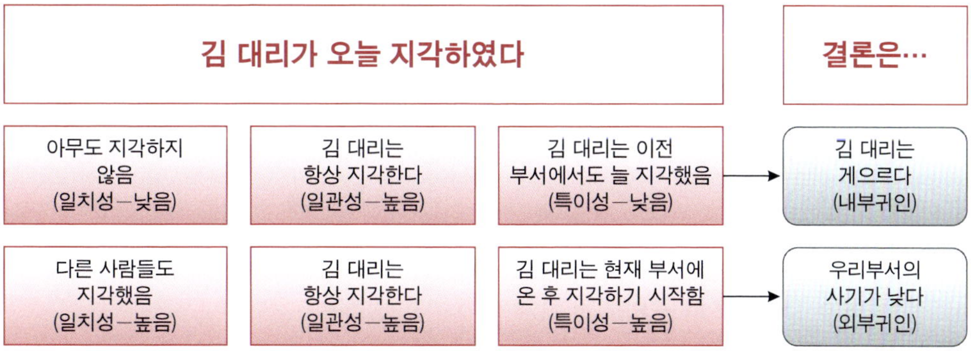

다르게 일어날 때 조직맥락에서는 잘못된 관리행동이 발생할 수 있으며 조직분위기에 나쁜 영향을 미칠 수 있다. 예를 들어 김 대리의 영업성과가 낮은 이유는 시장상황이 나쁘기 때문인데 관리자가 내부귀인을 하여 김 대리에 대한 인사고과를 낮게 준다면 김 대리는 회사의 대우에 크게 반발할 것이다.

03 지각오류

우리는 정보의 홍수 속에 살고 있다. 사람은 모든 정보를 처리할 수 없기 때문에 사람들은 지각과 판단에서 오류를 일으킨다. 지각의 오류는 임의적으로 일어나는 것이 아니라 일종의 규칙을 가지고 일어난다. 지각의 오류는 직무장면에서 개인에 대한 잘못된 판단을 유도하기 때문에 심각한 문제를 일으킬 수 있다. 관리자는 자신이 혹은 다른 사람이 내리는 판단이 어떤 이유로 인해 오류가 되는지를 앎으로써 공정하고 합리적인 조직관리를 할 수 있다. 따라서 다음 장에서는 흔히 일어나는 지각의 오류현상과 원인에 대해서 검토할 것이다.

3.1 근본적 귀인오류(Fundamental Attribution Theory)

앞에서 내적 귀인과 외적 귀인의 개념에 대해서 다루었다. 일반적으로 사람들은 어떤 귀인을 더 많이 할까? 앞서 켈리(Kelly)의 이론은 사람들이 일치성, 독특성 및 일관성의 정보를 통해서 귀인을 한다고 주장하지만 사람들이 내-외적 귀인을 똑같이 하는 것은 아니며 외적 귀인보다 내적 귀인을 더 많이 하는 경향성이 있다. 근본적 귀인오류(fundamental attribution error)는 사람들이 타인의 행동을 설명할 때 내부귀인을 더 많이 하는 오류를 의미한다. 예를 들어 상사가 업무에 관해서 몹시 화를 낸다고 하자. 부하들은 상사가 왜 화를 내는지 주변의 상황정보를 찾는 노력을 하기 이전에 상사의 성격에 탓을 돌리는 경우가 많다.

▸ 근본적 귀인오류의 원인

근본적 귀인오류가 일어나는 가장 큰 이유는 사람들이 행동에 영향을 미치는 복잡한 상황적 요인을 인식하기보다는 개인의 특성에 기초하여 귀인을 하는 것이 더 단순하고 쉬운 경제성의 원칙을 따르기 때문이다. 사람들의 인지적인 특성은 인지적 구두쇠(cognitive miser)라는 경향성을 갖는다. 통상 인간의 인지적 정보처리능력은 제한되어 있는 반면, 상황정보의 양은 많고 복잡하기 때문에 모든 정보를 개별적으로 처리하고 종합하여 합리적인 귀인을 내리는 것은 정신적 에너지를 많이 필요로하며 경제적이지 않다. 따라서 사람들은 주어진 정보 중에서 쉽게 접근할 수 있는 정보를 먼저 처리하고 인지적 판단의 근거로 이용한다. 다시 말하면 근본적 귀인오류의 원인은 정보의 가용성에 있다. 통상 사람들은 자신의 행동을 설명하기 위해서는 자신에 대한 내적인 정보와 외적인 정보를 모두 가지고 있다. 즉, 어떤 행동에 영향을 주는 자신의 성격도 알지만 자신의 주위에서 일어나는 상황에 대한 정보도 가지고 있다. 그러나 타인의 행동을 설명하는 경우에는 항상 그 사람이 처한 상황에서 무슨 일이 벌어지고 있는지를 알기는 어렵다. 그러나 기존의 경험을 통해서 그 사람의 성격과 같은 특성정보는 알고 있는 경우가 많다.

따라서 내적인 특성을 통해서 행동의 원인을 해석하는 것이 더 쉽게 나타나며 결과적으로 부정확한 판단을 내리게 된다. 이 경향성은 조직에 치명적인 해를 기칠 수 있다. 특히 조직에서 발생한 부정적인 일에 대해서 사람들이 내적 귀인을 한다면 조직구성원들 간에 불신과 갈등이 발생할 수 있다. 따라서 근본적 귀인오류와 같은 현상이 현재 속한 조직에서 일어나고 있는지에 대해 지속적으로 모니터링을 하는 것은 관리자에게 중요한 숙제이다.

그림 5-2 자기고양오류(self-serving bias)

3.2 자기고양오류(self-serving bias)

부정적인 행동에 대해서는 상황적, 환경적 요인에 의한 것으로 설명하고 긍정적인 행동에 대해서는 내적인 요인에 의한 것으로 설명하는 경향성을 자기고양오류라고 한다. 우리말에 좋은 것은 자기 잘난 탓으로 돌리고 나쁜 것은 조상 탓으로 돌린다는 말이 있는데, 그것이 바로 자기고양오류이다.

자기고양오류는 사람들이 자신의 자존감을 높게 유지하고 방어할 욕구를 갖고 있기 때문에 생겨나는 것이다. 자기고양오류는 근본적 귀인오류와 비슷하지만 타인의 행동이 아니라 자신의 행동에 대한 귀인에서 주로 발생하는 오류이다. 자신의 성공은 내부귀인하고 실패는 외부귀인하는 오류이다. 앞에서 배웠듯이 자기존중감을 높이 유지하려고 하는 것은 모든 인간의 기본적인 성향이다. 성공을 내부귀인하고 실패를 외부귀인하게 되면 자기존중감을 높일 수 있다. 근본적 귀인오류가 발생하는 가장 중요한 원인이 접근할 수 있는 정보때문이라면 자기고양오류는 자신의 성공과 실패에 대한 정보를 모두 가지고 있더라도 발생하며 긍정적 자기이미지를 유지하려고 하는 경향에서 기인한다.

3.3 후광효과(Halo Effect)

"김 대리는 똑똑하지? 그러니까 그 사람은 틀림없이 성실할거야" 이런 표현을 한다면 이 사람은 후광효과(halo effect)의 지각적 오류를 보이고 있는 것이다. 후광은 특별한 사람의 뒤에서 비치는 빛을 의미한다. 요즘은 원어를 그대로 사용하여 아우라(aura)라고 표현한다. 후광효과는 어떤 사람이 특정 특성을 가지고 있다면 다른 특성도 가지고 있을 것이라고 생각하는 경향이다. 예를 들어 어떤 사람을 소개할 때 사전에 꼼꼼하다고 알려주고 이 사람이 성실하게 일을 한다고 하면 이 사람은 능력이 뛰어나다고 판단하는 경향을 보인다. 그러나 이 사람이 깐깐하다고 소개하고 이 사람이 주어진 시간에 일을 성실히 한다고 하면 융통성이 없다고 판단하는 경향이 있다. 즉, 같은 사람에 대해서도 사전에 주어진 정보에 맞추어서 해석을 하기 때문에 생기는 현상이다.

후광효과의 원인은 일관성을 유지하려는 경향이다. 한 특성이 긍정적이면 다른 특성도 긍정적이어야 한다. 긍정적 특성이 다른 긍정적 특성과 동시에 일어난다고 생각하며 부정적 특성은 다른 부정적 특성과 관련이 있다고 믿는 경향을 가진다.

3.4 대비효과(contrast effect)

유사한 특성을 가진 다른 사람과 비교할 때 대상을 정확히 지각하지 못하고 과소하게 혹은 과대하게 평가하는 지각적 오류현상이다. 한국의 국가대표 농구선수들은 대개 보통사람들보다 키가 훨씬 크지만 미국의 농구팀과 경기를 한다면 상대적으로 왜소해 보일 것이다. 마찬가지로 우리가 어떤 신입사원을 면접하는 경우 바로 이전에 면접한 지원자가 아주 우수한 경력과 역량을 가졌다면 다음 지원자가 평범한 지원자라고 하더라도 역량이 부족하게 보일 수 있다.

3.5 고정관념(steretype)과 편견(prejudice)

최근 많은 조직에서 직원들의 성별, 나이, 국적, 인종, 출신지역 등과 관련하여 차별행위에 대한 여러 가지 문제점에 직면하고 있다. 일부요인(예: 성별, 출신지역)과 관련된 차별행동은 한국사회가 성숙하면서 줄어들고 있지만 국적, 인종과 같은 요인과 관련된 문제들은 오히려 한국사회가 국제화되어 가면서 늘어나고 있는 문제이다. 이러한 문제들을 이해하기 위해서 중요한 개념이 고정관념과 편견이다. 고정관념, 편견 및 차별행동은 비슷하지만 엄밀하게는 개념 상 차이가 있다.

그림 5-3 외국인 노동자에 대한 편견

영화 '반두비'(감독: 신동일)에서 한국인 소녀 민서와 외국인 노동자 카림은 친구가 된다. 그러나 고정관념과 반대로 영화에서 카림은 도움을 받는 존재가 아니라 민서가 방황하지 않도록 올바른 삶을 가르쳐주는 존재로 나온다.

(1) 고정관념

고정관념이란 일부 집단구성원들이 가진 속성을 집단이 모두 가진 것으로 일반화하고 집단에 속한 모든 개인에게 적용되는 것으로 생각하는 것이다. 고정관념은 정보의 과잉일반화에 해당하기 때문에 고정관념 자체는 긍정적일 수도 있고 부정적일 수도 있다. 예를 들어 모든 한국 사람들은 정이 많다고 생각하는 것은 긍정적 고정관념이지만 모든 한국 사람들은 성격이 급하다고 생각하는 것은 부정적 고정관념이다. 고정관념은 일종의 인지에 해당한다.

(2) 편 견

편견이란 고정관념을 기초로 하여 특정 대상에 대해서 부정적인 감정을 갖는 것을 의미한다. 모든 한국 사람들은 성격이 급하기 때문에 문제가 있다고 생각한다면 이는 편견에 해당한다. 편견은 고정관념의 대상에 대해 부정적인 정서를 동반하기 때문에 태도에 해당한다.

(3) 차별행동

비록 부정적인 태도를 가진다고 하더라도 행동으로 드러내지 않고 표현하지 않을 수도 있다. 그러나 구체적인 행동으로 드러난다면 차별행동이라고 한다.

이상의 개념들이 가진 유사성과 차이점을 고려하여 관리자는 대응행동을 취해야 한다. 즉, 차별행동이 관찰되지 않는다고 현재 조직의 상황이 바람직하고 문제가 없다고 판단해서는 옳지 않다. 마찬가지로 고정관념이 팽배해 있다면 잠재적으로 편견과 차별행동이 발생할 위험성이 있지만, 즉각적으로 조직의 자원을 대폭 투입하는 관리행동을 시행하기에는 시기적으로 적절치 않다.

▶ 고정관념이 발생하는 이유

진화론의 관점에서 본다면 세상에서 관찰되는 모든 현상은 무엇인가 긍정적인 기능을 하기 때문에 존재하는 것이다. 고정관념이나 편견은 좋지 않다고 쉽게 생각할 수 있지만, 이들 현상이 존재하는 이유는 이들이 어떤 긍정적인 기능을 가지고 있기 때문이다.

고정관념의 대표적 기능은 불확실성에 대한 대처이다. 열심히 노력하면 성공할 수 있을까? 실제로 성공은 노력뿐 아니라 운, 주변의 도움들이 복합적으로 작용해야 가능하다. 그러나 노력을 하는 사람은 노력이 성공으로 이어진다는 것을 믿지 않는다면 노력을 할 동기가 생기지 않는다. 따라서 긍정적인 것은 긍정적인 것끼리, 혹은 부정적인 것은 부정적인 것끼리 논리적 관계를 가지고 함께 발생할 것이라는 믿음을 가지지 않는다면 사람들의 삶은 엄청난 혼란에 빠지게 된다. 미래는 항상 불확실하지만 논리적인 예측이 가능하다면 사람들의 삶은 안정과 질서를 가지게 된다. 지각의 오류들에서 나타나는 일관적 패턴은 논리성과 관련이 있다. 인종차별적 사고를 하는 백인들이 가지는 편견을 예로 들자면 흑인들은 과거 노예로 살았던 열등한 사람들이기 때문에 이들은 가난해야 하며, 지능도 낮고, 범죄의 가능성도 높아야 논리적으로 이해가 되는 것이다. 따라서 지각의 오류에는 핵심적으로 인간이 가지고 있는 불확실성에 대한 대처의 기제가 함축되어 작용한다고 볼 수 있다.

04 지각: 조직장면에서의 적용

조직 내에서 지각의 역할은 몇 가지 영역에서 두드러지게 나타난다. 대표적으로 면접과 성과평가 등이 있다.

(1) 면접(employee interview)

긍정적인 인상을 주려는 바램은 보편적인 현상이다. 여러 가지 방법을 통해 사람들은 타인들이 그들을 최대한 긍정적으로 바라볼 수 있도록 통제하려고 한다. 이 과정을 인상관리(impression management)라고 한다. 특히 사람들은 미래의 잠재적 고용주에게 좋은 인상을 주려고 할 것이다. 그런데 우리는 사람들을 만나면 1/10초 안에 그들에 대한 첫 인상을 형성한다고 한다. 지각의 과정에서 일어나는 일련의 현상(지각의 오류, 지각의 영향요인 등)은 면접의 장면에서 그대로 적용된다고 볼 수 있다.

(2) 성과평가(performance appraisal)

모든 조직에서 구성원들은 어떠한 형태로든 그들의 성과를 평가받는다. 일반적으로 상사에 의한 평가가 주를 이루었으나 최근에는 동료의 평가나 부하에 의한 평가도 도입되었으며 다양한 평가주체들에 의해 평가가 이루어지는 360도 평가제도가 다양한 조직들에서 활용되고 있다. 평가는 임금인상, 승진 및 교육을 위한 자료로 사용된다. 자신의 성과를 스스로 평가하는 자기평가를 제외하고는 모든 평가가 타인에 의한 평가이다. 따라서 지각의 과정에서 나타나는 모든 현상이 성과평가에도 그대로 적용이 된다고 할 수 있다.

(3) 성과기대(performance expectations)

대인지각은 앞에서 다룬 자기충족적 예언(self-fulfilling prophecy)의 과정을 통해 성과기대와 관련된다. 직원들이 보인 높거나 낮은 성과의 지각이 역량과 관련이 있는 것으로 해석이 되면 상사나 동료들은 이들의 역량을 바탕으로 사전기대를 형성한다. 역량이 높은 것으로 기대를 받는 직원들은 자신감을 가지고 직무를 수행함으로써 더 좋은 성과를 낼 수 있고, 우수한 성과는 다시 사전기대의 확증으로 이어져 지속적으로 역량을 개발할 수 있는 밑바탕이 될 수 있다. 따라서 첫인상과 더불어 대인지각의 결과는 직원들의 역량강화에 결정적인 역할을 할 수 있다.

(4) 기업 이미지(corporate image)

사람들은 타인에 대해서 지각을 하듯이 기업에 대해서도 마찬가지로 이미지와 인상을 형성한다. 긍정적 기업 이미지(positive corporate images)는 기업의 브랜드를 굳건히 할 수 있으며 이후 매출의 신장 및 기업의 성장에 큰 도움이 된다. 예를 들어 미국의 유명한 경영 매거진인 포춘(Fortune)지는 매년 설문조사를 통해 기업의 성과에 대해서 혁신성, 직원들의 재능, 기업 자산의 사용방식, 사회적 평판 등과 같은 여러 요인에 대한 인상을 조사해서 '일하기 좋은 기업(best company to work for)'을 선발한다. 지각의 과정에서 작용하는 요인들이 기업의 이미지형성에 중요한 역할을 한다는 점은 분명하다.

논의문제

1. 사회적 지각에 영향을 미쳐 그 결과 지각적 오류가 나타나게 하는 요인을 지각의 주체, 지각의 대상을 상황별로 분류하여 설명하라.

2. 개인정체성과 조직정체성의 개념적 차이와 각각의 기능이 무엇이며 직원들의 직무행동에 미치는 영향은 무엇인지를 설명하라.

3. 와이너의 귀인이론과 켈리의 귀인이론의 공통점과 차이점에 대해서 설명하라.

4. 근본적 귀인오류의 정보적 원인은 무엇이며 조직관리에서 어떻게 응용할 수 있는지를 설명하라.

5. 면접과 평가의 상황에서 사회적 지각이론에 대한 지식이 어떻게 응용될 수 있는지를 설명하라.

제6장 동기부여(Motivation)

01 동기부여의 개념

02 동기부여이론

노모 히데오의 내적 동기

90년대 말 미 증유의 경제위기를 맞았던 우울한 현실 속에서 한국 사람들은 최초의 한국인 메이저러거 박찬호의 승전보를 들으며 위안을 삼고 어려운 현실을 참고 극복하는 힘을 얻었다. 개척자는 외롭고 고난의 길을 가기 마련이다. 20대 초반의 나이에 미국에 단신으로 건너가 마이너리그를 거치면서 메이저리그에서 성공한 박찬호 선수의 스토리는 누구에게나 감동적이다. 그러나 박찬호보다 먼저 메이저리그에 진출한 노모 히데오의 스토리는 박찬호의 스토리보다 어떤 의미에서는 더 감동적이다.

노모 히데오는 다른 프로야구 선수들과는 출발부터 달랐다. 대개의 일본 프로야구 선수들이 고등학교를 졸업하면서 프로야구단에 입단하여 화려하게 야구경력을 시작하는 반면 노모는 프로야구팀으로부터 외면 받고 사회인 야구팀인 신일본제철에서 직업야구를 시작한다. 그러나 신일본제철에서의 대단한 활약으로 1988년 서울 올림픽에 일본대표팀 선수로 선발되어 팀의 은메달 획득에 공헌을 하면서 비로소 프로야구팀에 주목을 받는다. 1989년 긴테쓰 버팔로스에 입단하여 5년간 일본에서의 4번에 걸친 다승왕과 최우수 선수상을 수상한 성공적인 선수생활을 마치고 메이저 리그 진출을 선언하여 1995년에 LA 다저스에 입단한다. 과거 메이저리그에 진출한 일본선수가 없었던 것은 아니었지만 노모 이전에 30년 간 미국에서 성공했던 일본인 선수가 없었기에 노모의 메이저리그 성공을 예측하는 사람은 많지 않았고 오히려 성공과 돈이 보장되어 있는 일본에 남아 야구를 하기를 조언하는 사람들이 더 많았다. 주위의 만류와 실패의 위험 속에도 용기 있게 미국으로 건너간 노모는 입단 첫 해 13승과 평균자책점 2.54의 좋은 성적으로 그 해 신인상을 수상하는 대단한 활약을 보인다. 또한 이 후 3년간 LA 다저스의 부동의 에이스와 메이저리그의 정상급 투수로 활약한다. 1996년에는 시즌 최다인 18승과 2.91의 평균자책점, 287탈삼진, 6할 9푼 2리의 최고 승률을 기록하여 신인왕과 MVP를 석권하였다.

그러나 노모는 몸을 많이 틀어 공을 던지는 투구 폼으로 인해 항상 부상의 위험에 시달렸으며 결국 1998년에 부상으로 LA 다저스로부터 버림받고 뉴욕 메츠에 트레이드 된다. 이 후 부상과 재활을 거치면서 밀워키 블루어스(1999년), 디트로이트 타이거스(2000년), 그리고 보스턴 레드삭스(2001년)를 전전하게 된다. 불굴의 노모는 결국 보스턴에서 재기에 성공하고 자신을 방출한 다저스에 다시 영입되어 과거의 영광을 재현한다(2002년 ~ 2004년). 두 번의 화려한 정상정복을 했지만 부상의 위험에도 자신의 투구폼을 고집하던 노모는 재차 부상으로 다저스에서 두 번째로 방출된다. 보통 선수라면 이정도면 고국으로 돌아가 편안히 야구인생을 마무리 지을 수도 있었겠지만 노모는 달랐다.

노모에게는 야구가 인생의 전부였다. 노모는 자신을 원하는 팀이라면 어느 팀이라도 찾아 나선다. 결국 노모는 만년 꼴찌팀인 탬파베이 레이스에서 재기를 꾀하지만 나이와 상습적인 부상의 후유증으로 과거의 성적을 내지 못하고 탬파베이 레이즈(2005년)와 캔사스시티 로얄스(2008년)를 끝으로 메이저리거의 생활을 접는다.

그러나 놀라운 일은 여기서 다시 일어난다. 야구 그 자체가 삶의 유일한 목표였던 노모는 야구를 계속하기 위해 미국의 야구리그보다 한 수 아니 두 수 아래인 베네수엘라 리그와 멕시코 리그에도 진출한다. 노모에게는 팀의 성적이나 연봉이 중요한 것이 아니라 야구를 계속할 수 있다는 것 자체가 가장 중요했던 것이다.

야구를 진정으로 좋아하던 노모는 미국에서 선수생활을 하는 와중에도 일본에서 어린이 야구단을 직접운영하며 필요한 모든 경비를 자신이 지원하는 것으로도 알려져 있다. 박찬호 선수가 사석에서 자신이 가장 존경하는 야구선수가 노모라고 할 정도로 노모 히데오의 야구에 대한 열정과 사랑은 돈이나 명예와 같은 외적보상이 아니라 자신이 사랑하고 즐거워하는 일이 가지는 즐거움과 내적인 동기부여가 얼마나 한 사람에게 미치는 영향이 큰지를 보여준다.

학습목표

1. 여러 욕구이론(욕구위계이론, 성취욕구이론, X-Y이론 등)들의 공통점과 차이점을 학습하여 직무행동을 설명하는데 동기의 기능을 이해한다.
2. 매슬로우의 욕구위계이론의 각 단계별 욕구를 충족시키는 활동이 조직 내 직무행동에서 어떻게 나타나는가를 이해한다.
3. 기대이론의 개념을 학습하고 직무동기를 극대화하기 위해서는 어떤 요인들을 통합적으로 이해하여야 하는지를 이해한다.
4. 인지적 판단이 동기부여에 미치는 중요성을 이해한다.
5. 목표설정과 목표관리의 개념을 이해하고 목표조절을 통한 동기부여의 효과를 학습한다.
6. 허쯔버그의 2요인이론이나 직무특성이론과 같은 직무중심이론에서 자아실현 및 삶의 의미성과 같은 요인들이 조직구성원들의 직무동기부여에 대한 역할을 이해한다.
7. 직무확장이나 직무순환과 같은 직무설계방식이 어떻게 직무의 특성을 조절함으로써 조직구성원들의 동기부여를 효과적으로 할 수 있는지 이해한다.

공부하는 학생을 생각해 보자. 머리가 아무리 좋아도, 선생님이 아무리 잘 가르친다고 하더라도, 또는 오랜시간을 책상에 앉아 보낸다고 하더라도, 외부로부터의 도움, 즉, 사교육을 많이 받는다고 하더라도 그 학생이 공부에 의욕을 갖지 않고 동기가 부여되어 있지 않다면 좋은 성적을 낼 수 없다는 사실을 우리는 잘 알고 있다. 조직에서 일어나는 상황과 비교한다면 이 학생의 두뇌는 조직구성원들의 역량, 선생님은 리더, 책상에 앉아 있는 시간은 근무시간으로 비유할 수 있다. 즉, 조직구성원의 성과를 낼 수 있는 많은 조건들이 충족되어 있어도 조직구성원들 자신의 동기가 부족하다면 이들이 속한 조직은 좋은 성과를 낼 수 없다. 학생에게 가장 중요한 것이 학습동기라면 조직의 맥락에서 비유될 수 있는 개념은 동기부여이다. 작업장에서 동기가 부족한 직원들은 회사에 자주 결근을 하거나 높은 이직율을 보이며, 설사 일을 하고 있다고 하더라도 업무성과는 떨어질 수밖에 없다. 따라서 관리자들은 조직구성원의 동기를 어떻게 향상시킬 수 있는가의 문제에 대해 오랫동안 고민해 왔다. 6장에서는 관리자가 조직구성원들의 동기를 이해하고 동기를 부여하는 방법에 대한 내용을 다룰 것이다.

01 동기부여의 개념

동기부여(motivation)란 목표를 달성하기 위해 사람들을 각성시키고, 목표지향적인 행동을 유발하고, 행동을 지속시키는 것을 의미한다. 동기부여는 두 가지로 구분된다. 먼저, 동기부여는 행동을 유발하는 힘(force)의 의미를 갖는다. 예를 들어 배고픔은 먹는 행동을 유발하는 힘이다. 그러나 배고픔이 반드시 먹는 행동을 유발하는 것은 아니며 마시는 행동을 유발할 수도 있다. 따라서 동기부여의 두 번째 의미는 배고픔이라는 힘이 먹는 행동에 최종적으로 이르기까지 일어나는 전 과정을 의미하기도 한다(motivation process). 조직행동에서의 동기부여란 조직의 목적을 달성하기 위하여 발휘되는 개인의 노력의 강도, 방향, 그리고 지속적인 노력을 설명하는 과정으로 정의된다.

동기부여의 3요인

동기부여는 세 가지 요인으로 이루어진다.

- 크기(intensity): 목표행동을 자극하는 정도를 의미한다. 배고픔이 먹는 행동을 유발하는 경우를 생각해 보면 배고픔이 클수록 먹는 행동은 빨리 일어날 것이다.
- 방향(direction): 목표의 달성을 위한 행동의 대안 중에서 선택을 의미한다. 배고픔을 줄이려는 행동은 밥을 먹을 수도 있고, 빵을 먹을 수도 있고, 잊기위해 운동을 할 수도 있다.
- 지속성(persistence): 목표행동이 지속되는 정도를 의미한다. 같은 배고픔에 의해 먹는 행동이 일어 나더라도 더 많이 오래 먹는 사람이 있을 수 있다.

각각의 요인을 별도로 구분하는 이유는 관리자의 액션이 필요한 경우에 따라 다른 정보를 줄 수 있기 때문이다. 구식시상에서 오랫동안 고생하고 새로 입사한 직원은 동기부여의 강도는 크지만(강한 동기), 취업이라는 최소한의 목적이 달성이 되었다면 취업이 된 후 지속적으로 노력을 다하지 않을 수 있다(낮은 지속성). 이 경우에 관리자는 동기부여의 크기와 방향보다는 동기부여의 지속성을 유지할 수 있는 관리적 행동을 추구하여야 한다.

02 동기부여이론

2.1 욕구중심이론(Need Based Theory)

욕구이론은 사람들은 충족시켜야 할 욕구를 가지고 있으며 욕구충족의 결핍이 행동을 동기화한다는 이론이다. 욕구이론은 [그림 6-1]에서 나타난 바와 같이 욕구의 충족수준과 현재의 충족수준 간에 차이가 날수록 행동이 강하게 동기화된다고 보았다.

그림 6-1 욕구이론의 기본 과정

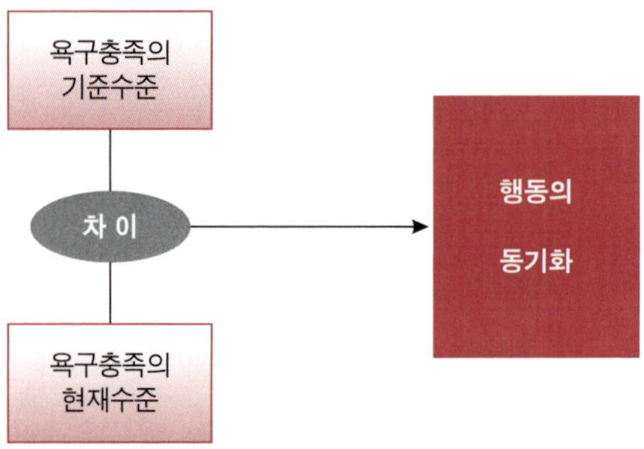

(1) 욕구단계이론(Need Hierarchy Theory)

아인슈타인은 왜 전도양양한 의사나 예술가의 길을 포기하고 평생을 아프리카의 가난하고 불쌍한 흑인들을 위해서 평생을 바쳤을까? 그런가하면 아돌프 히틀러는 아무런 죄가 없는 많은 사람들을 정치적 목적을 위해 죽여야 했을까? 왜 어떤 사람들은 돈에 양심을 쉽게 팔기도 하는 것인가? 동기부여이론의 가장 유명한 학자인 에이브래햄 매슬로우(Abraham Maslow)는 역사상 유명했던 인물들이 왜 각기 다른 삶을 살았으며 그들의 삶을 유도한 동기가 무엇인지를 밝히고자 했다. 매슬로우는 유명한 인물들의 자서전을 분석하는 방법을 통해 사람들의 행동을 유발하는 대표적인 욕구가 있으며 이러한 욕구에는 일정한 패턴과 공통점이 있다는 것을 발견했다. 매슬로우의 이론은 [그림 6-2]와 같이 표현된다. 욕구는 5개의 단계로 구분되며 1-2단계는 하위욕구로 3-5단계는 상위욕구로 구분된다.

그림 6-2 매슬로우의 욕구위계

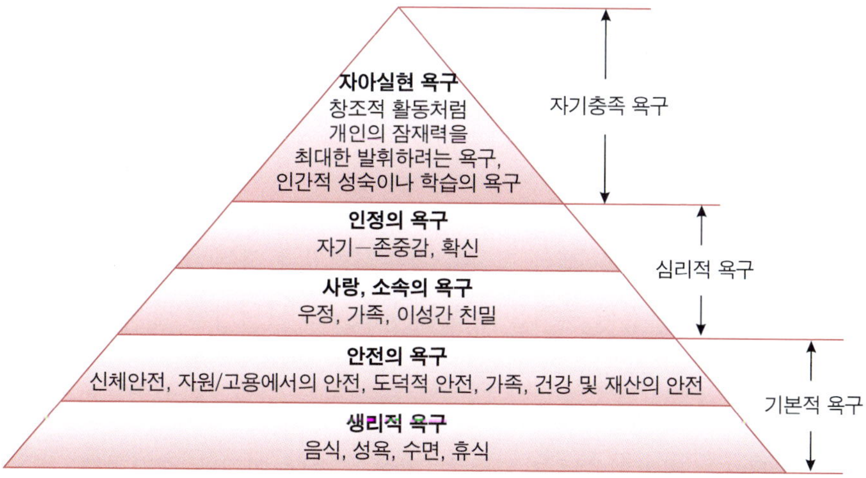

① 욕구단계이론의 특징

욕구단계이론은 다음 두 가지 핵심 특징이 있다.

- 먼저 욕구단계에서 아래에 위치한 욕구는 한 사회나 조직을 구성하는 가장 많은 사람들의 행동을 유발하는 욕구라고 볼 수 있다. 또한 한 개인에게 있어서도 삶에서 가장 많은 경우의 행동을 유발하는 욕구라고 볼 수 있다. 상위단계로 갈수록 사회에서 상대적으로 적은 수의 사람들의 행동을 설명하는 욕구이다. 예를 들어 최상위 단계의 있는 욕구들은 슈바이처 박사나 이태석 신부와 같이 사회에서 일부 소수의 사람들의 행동을 설명하는 욕구이다.
- 두 번째 특징은 사람들은 욕구단계에 있는 욕구를 모두 추구하지만 하위의 욕구부터 차례대로 욕구를 충족하려고 한다. 하위의 욕구가 충족이 되면 사람들은 더 이상 그 욕구의 충족을 위한 행동을 하지 않으며 상위의 욕구에 관심을 돌리고 충족시키려 한다.

② 욕구단계

- **생리적 욕구**(physiological need): 생리적 욕구는 가장 하위단계의 욕구로서 먹고 마시고 배설하는 행위, 성행위의 추구와 같이 인간이 가진 기본적인 생리적 욕구를 의미한다. 조직행동에서 생리적 욕구는 기본적 욕구를 충족시키기 위한 급여나 상여금이 될 수 있다. 생리적 욕구가 충족되면 다음 단계의 욕구를 가지게 된다.

- **안전의 욕구**(need for security): 안전의 욕구는 안전한 환경에서 물리적, 심리적 안전을 추구하는 욕구이다. 생리적 욕구가 충족이 되면 인간은 안전함을 추구하려 한다. 취업이 어려운 상황에서 많은 사람들은 취업이 우선적인 목표이지만 일단 취업을 하게 되면 안정적인 정규직 사원이 되기를 갈망하는데 이 경우 안전의 욕구가 작용하는 단계라고 볼 수 있다.
- **소속의 욕구**(need for belonging): 이 욕구는 사람들과의 관계를 맺고 유지하는 행동을 통해 애정, 우정과 같은 경험을 충족시키고자 하는 욕구이다. 사람들은 회사에서 생활에 필요한 금전적 목적을 달성하기 위해서 다니기도 하지만 회식이나 동호회 활동 등을 통해 회사동료들과 사회적 욕구를 충족시킬 수 있다.
- **인정의 욕구**(need for esteem): 인정의 욕구는 타인들로부터 존경받고 인정받고자 하는 욕구이다. 내적으로는 자기존중, 자율성 등이 여기에 해당하며, 외적으로는 지위, 승진 등이 인정의 요인이다. 회사에서 승진이나 의사결정에서 자율권부여는 이러한 욕구를 충족하는 행위이다.
- **자아실현의 욕구**(need for self-actualization): 최상위의 욕구인 자아실현(self-actualization)의 욕구는 개인이 가진 잠재적 능력을 발휘하려는 욕구이다. 개인적인 성장 및 발전, 잠재성 발휘, 자기충족과 같은 욕구가 여기에 해당된다. 일부 CEO들은 기업체가 어느 정도 수준으로 성장한 후에는 금전적 욕구충족이 아니라 회사를 통해 자신의 사회적 책임과 꿈을 달성하고자 한다. 매슬로우(Maslow)는 누구나 최상위 단계의 욕구가 생기는 것이 아니며 사회의 일부분의 사람들만 상위단계의 욕구를 충족하려 노력한다고 하였다. 아인쉬타인, 슈바이처, 링컨, 이순신, 체 게바라 같은 인물들의 삶을 설명할 때 욕구단계이론은 이들의 행동이 자아실현의 욕구에 의해 동기화되었다고 본다.

③ 매슬로우 이론의 평가

최근 연구에 의하면 매슬로우의 이론은 문화권에 따라 제한적으로만 설명이 가능하다는 단점이 지적되고 있다. 예를 들어 한국, 중국, 일본과 같은 문화권에서는 사회적 욕구의 추구가 더 크게 나타나며 최상위인 자아실현의 욕구가 상대적으로 적게 나타나기도 하는데 매슬로우의 이론은 이러한 문화적 다양성을 충분히 설명하지는 못한다. 네이비스는 중국인들을 연구한 결과 욕구의 단계순서가 다르게 나타나 가장 기본적 욕구가 생리적 욕구가 아니라 사회적 욕구로 나타났다. 또한 욕구의 의미도 다른 것으로 나타났다. 예를 들어 최상위인 자아실현의 욕구의 경우 미국, 유럽인들은 개인적 수준에서 자아실현을 추구하지만 중국과 같이 공동체를 중시하는 동양문화권에서는 집단적 수준의 자아실현을 추구한다는 것을 발견하였다. 그러나 욕구단계이론은 욕구이론 중에서 가장 대중적으로 많이 알려져 있으며 경영학뿐 아니라 심리학이나 행정학 등 다양한 분야에서 인간의 행동을 설명하는 이론으로 사용된다. 경영학의 관점에서 보면 관리자들에게 직원들의 행동이 어떤 욕구단계에서 일어나는지 파악하는 것이 중요한 정보가 될 수 있다. 예를 들어 어느 정도 경력이 쌓은 직원의 경우 사회적 욕구의 충족이 현재 가장 당면한 욕구라고 한다면, 급여나 상여금을 올려주어 기본적 욕구를 충족시키기 보다는 승진이나 직무에 자율권을 더 부여하는 방식의 관리를 추구하여야 한다.

(2) 알더퍼의 ERG 이론

매슬로우의 욕구단계이론은 고전적 욕구이론으로서 다양한 개인들과 사회를 설명하기에는 한계점이 있었다. 첫째, 문화적 다양성을 간과하여 주로 서구사회의 사람들의 욕구를 설명하는데 효과적이라는 한계가 있었고, 둘째, 욕구단계를 지나치게 엄격하게 제시하였다. 알더퍼(Alderfer)는 이러한 제한점을 인식하고 매슬로우의 욕구이론을 수정하여 ERG이론을 제안하였다.

- 존재적 욕구(Existence needs): 이 욕구는 생리적 욕구와 안전의 욕구를 포함한다. 생리적 욕구와 안전은 인간이 생존하는데 필수적인 요인이므로 존재적 욕구라고 할 수 있다.
- 관계의 욕구(Relatedness needs): 이 욕구는 가족, 동료, 상사 등 개인에게 중요한 타인들과 관계를 맺고 유지하려는 열망을 의미한다. 매슬로우의 욕구단계에서 사회적 욕구와 인정의 욕구가 여기에 해당된다. 사회적인 관계와 인정은 타인들의 존재를 전제로 한다. 따라서 관계의 욕구로 구분된다.
- 성장의 욕구(Growth needs): 자기개발, 개인적 성장 및 자아실현의 욕구가 여기에 해당된다.

(3) 매슬로우와 ERG이론의 비교

두 이론은 모두 욕구를 통해 행동의 동기를 설명하고, 욕구에는 단계가 있다는 점을 주장하며, 욕구의 유형에 대해서 유사한 견해를 가지고 있다. 그러나 다음의 차이를 가진다.

그림 6-3 ERG이론의 욕구단계

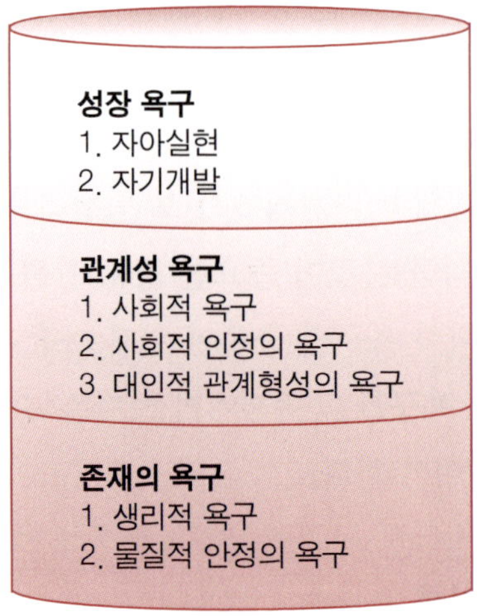

- ERG이론은 한 시점에서 동시에 두 개 이상의 욕구가 작동한다고 본다. 즉, 생리적 욕구와 인정의 욕구가 같은 시점에서 동시에 작용할 수 있다.
- 상위단계의 욕구가 충족되지 않으면 오히려 하위단계의 욕구가 증가한다. 매슬로우의 이론에 따르면, 특정단계의 욕구가 충족되지 않으면 상위단계의 욕구가 발생하지 않지만 ERG이론은 좌절-회귀현상(frustration-regression)이 발생한다고 주장한다. 좌절-회귀는 어떤 욕구가 충족되지 않으면 성공적으로 충족한 욕구에 집착하여 과거로 회귀하는 현상을 의미한다. 예를 들어 승진을 통해서 인정받으려는 욕구가 충족되지 않으면 금전적 보상에 지나치게 집착하는 경우가 있을 수 있다.

두 이론 중 어느 하나가 반드시 옳다고 보는 것은 바람직하지 않다. 관리자의 입장에서는 종업원들이 어떤 욕구를 가지고 있으며 욕구의 충족결핍에 따라 동기행동이 달라지므로 적절한 조치를 취하는 것이 바람직하다는 것이 두 이론이 공통적으로 시사하는 바다.

(4) 맥클러랜드의 성취욕구이론

맥클러랜드(McClelland)는 기존의 욕구이론학자들과 마찬가지로 욕구를 통해 행동의 동기를 설명하려 했지만, 주로 세 가지 욕구가 인간행동의 80퍼센트 이상을 설명하는 대표적 욕구라고 주장하였다.

- **성취욕구**(Need for Achievement; nAch): 어느 정도의 수준에서 성취를 달성하여 개인이 가진 잠재적 우수성을 발휘하려는 욕구이다. 성취욕구가 높은 사람들은 비교적 어려운 과제를 선호하며, 성공과 실패에 대해 자신의 탓으로 돌리는 내적귀인(internal attribution)을 하는 경향이 있으며, 직무수행의 결과에 대해 즉각적인 피드백을 추구한다. 성취동기가 높은 사람들은 성공적인 창업자가 될 가능성이 높다. 그러나 성취욕구가 높다는 것은 자신의 성공과 인정과 같은 이해관계를 조직의 이해보다 더 중요시 여길 수 있기 때문에 반드시 좋은 관리자라는 뜻은 아니다. 단지 조직이나 산업유형에 따라 높은 성취욕구자들이 더 우수한 성과를 낼 수 있는 가능성이 있다는 점을 고려해야 한다.
- **권력욕구**(Need for Power; nPow): 타인에게 영향력을 행사하고자 하는 욕구이다. 권력욕구가 높은 사람들은 경쟁적이고 지위를 선호하는 경향을 보인다.이들은 성과자체의 효과적인 달성보다 특권을 획득하거나 타인에게 영향력을 행사하는데 더 관심이 있다.
- **친화욕구**(Need for Affiliation; nAff): 타인들과 친밀한 관계를 형성하고 유지하려는 욕구를 의미한다. 친화욕구가 높은 사람들은 경쟁보다는 협력상황을 선호하고 상호이해를 중요하게 생각한다. 과거에는 유능한 관리자가 권력욕구가 높고 친화욕구가 낮은 경향이 있다고 보았지만 최근에는 친화욕구가 우수한 관리자를 주요한 특성으로 간주하고 있다.

(5) X–Y 이론

맥그리거(McGregror)는 관리자들을 대상으로 사람들의 본성을 어떻게 생각하는가를 조사한 결과 관리자들은 사람의 본성에 대한 믿음은 두 가지 유형이 있음을 발견하였다. 하나는 사람의 본성에 대한 긍정적인 관점으로 Y-이론(Theory Y)이라고 하며 다른 관점은 부정적인 관점으로 X-이론(Thoery X)라고 한다. 이 이론에 따르면 관리자들은 직원들의 행동에 대해서 미리 어떤 전제를 두고 직원들을 대하기 때문에 관리자와 종업원 간의 상호작용에 중요한 역할을 한다 (자기확증적 예언이론을 상기할 것).

▶ 관리방식

매슬로우의 욕구단계 관점에서 보면 X-형 인간은 낮은 단계의 욕구에 의해 주로 행동이 지배된다. X-이론의 관리자들은 직원들이 기본적으로 게으르고 일을 하기 싫어하며 타율

표 6-1 X-Y이론의 인간의 본성에 대한 관점

X-이론	Y-이론
• 직원들은 일을 싫어하며 회피하려 한다. • 직원들은 일하기를 싫어하기 때문에 조직의 목적을 달성하기 위해서는 처벌과 같이 강제성이 높은 방식으로 통제되어야 한다. • 직원들은 공식적인 지시를 선호하며 책임을 지기 싫어한다. • 직원들은 무엇보다 안정을 추구하며 야심이 거의 없다.	• 일은 놀이나 휴식처럼 당연한 것이며 즐거울 수 있으며 직원들은 자아실현이나 성취에 관심이 있다. • 직원들이 몰입이 되면 스스로 방향을 제시하고 자신의 행동을 통제할 줄 안다. • 직원들은 자율적인 존재로서 책임감을 수용하려 하며 때로는 의도적으로 추구하기도 한다. • 직원들은 혁신적인 잠재력이 있다.

적인 존재로 본다. 따라서 통제를 통해서 관리하고자 하려는 경향을 갖게 된다. 결과적으로 명령을 자주 내리고, 엄격하고, 융통성이 없는 협의의 범위 내에서의 관리를 선호한다. Y-이론의 관점은 매슬로우가 제시한 욕구단계이론에서 상위단계의 욕구가 사람들의 욕구를 지배할 수 있다고 본다. 따라서 이 관점을 가진 관리자들은 의사결정에 직원들을 참여시키며, 창의적이고 도전적인 직무를 기꺼이 배정하며, 처벌보다는 보상을 통한 적극적 관리를 선호한다. 최근 X-이론에 비해서 Y-이론의 관점이 더 광범위하게 수용되고는 있지만 사람들의 본성에 대한 이 이론의 가정은 아직 가설의 의미가 강하며 실제로 타당한지에 대한 증거는 부족하다. 그러나 인간의 본성을 구분하는 용어로서 대중적으로 많이 사용된다.

그림 6-4 욕구이론의 비교

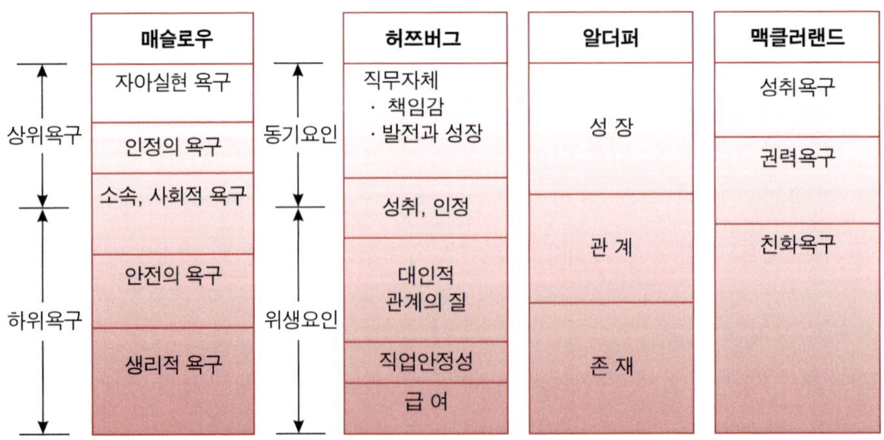

2.2 인지중심이론(Cognition based Theory)

욕구이론들은 공통적으로 욕구가 높으면 동기부여가 증가한다고 보기 때문에 종업원들을 비교적 수동적인 존재로 보는 문제가 있다. 하지만 과도한 욕구와 행동, 두 변수 간의 관계를 중심으로만 가정하기 때문에 복잡한 인간행동을 설명하는데 한계가 있다. 이러한 한계를 극복할 수 있는 이론은 인지중심이론이다. 인지(cognition)는 사람들의 생각과 생각과정을 의미한다. 따라서 인지에 중심을 둔 이론들은 종업원들이 자신과 자신을 둘러싼 환경을 적극적으로 인지하고 판단하는 존재로 가정하고 개인의 인지적 판단의 결과가 동기부여에 영향을 미친다고 보는 관점이다.

(1) 기대이론(Expectancy Theory)

브룸(Vroom)은 욕구가 직접적으로 동기로 연결되는 것이 아니라 개인이 자신의 직무수행에서 달성할 수 있는 성공 가능성에 대한 기대에 의해 결정이 된다고 보았다. 다시 말하면 동기부여는 아래의 식에서 표현된 바와 같이 욕구와 기대의 상호작용의 결과이다.

동기부여(Motivation) = 유인가(Valence) × 기대(Expectancy)

- 유인가(Valence): 직무을 통해 얻을 수 있는 결과나 보상을 개개인이 얼마나 중요하게 여기는가를 의미한다. 중요성이 높은 대상에 대해서 동기가 높아지므로 결과에 대한 매력도(attractiveness)라고도 표현할 수 있다. 예를 들어, 금전적 욕구의 충족을 중요하게 생각하는 사람은 일의 결과로 받는 금전적 보상을 매력적으로 간주할 것이며 금전적 보상을 얻기 위해서 동기부여가 높게 된다.
- 기대(Expectancy): 자신의 노력이 성공적 성과를 가져올 확률과 가능성에 대한 기대를 의미한다. 기대는 개인이 과거에 성공적으로 직무를 수행한 경험과 깊은 관련을 가진다. 즉, 직무경험을 통해서 과거에 성공적으로 일 처리를 한 경험이 있다면 같은 과업에 대해서 잘 할 수 있을 것이라는 기대를 형성할 수 있다.

▶ 유인가와 기대의 상호작용

관리자의 목표는 종업원들의 동기부여를 높이는 것이다. 기대이론에 의하면 동기부여를 최대화하기 위해서는 유인가와 기대수준을 모두 높여 주는 것이 최선책이다. 그러나 유인

그림 6-5 동기의 기대이론모형

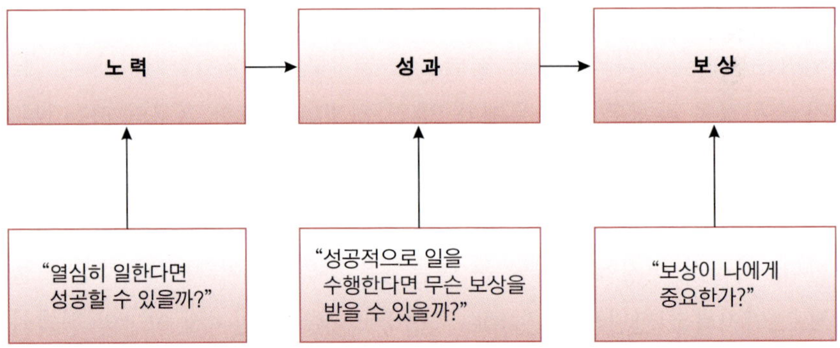

가만 높다고 동기가 부여되지는 않는다. 예를 들어, 금전적 보상에 대한 욕구가 높다고 하더라도 직무기술이 부족한 직원은 성공적인 수행을 예상하기 어렵기 때문에 쉽게 일에 매진할 수 없다. 반대로 성공의 경험이 많은 사람은 어떤 직무가 가져올 유인가가 높지 않더라도 성공의 가능성을 높게 지각하기 때문에 더 적극적으로 직무를 수행하려 할 것이다.

(2) 인지평가이론(Cognitive Evaluation Theory)

데치와 라이언(Deci & Ryan) 두 교육학자의 연구에 따르면 독서를 즐기는 어린이들에게 자꾸 보상을 해주면 이 아이들은 나중에는 독서에 흥미를 잃고 보상을 받기 위해서만 독서를 하게 되며 독서의 수준도 높아지지 않는다는 것을 발견하였다. 이러한 현상을 기초로 발전된 동기이론이 인지평가이론이며 이 현상은 조직행동에도 적용된다.

① 인지평가이론의 전제

인지평가이론은 두 가지 핵심적인 전제가 있다. 첫째, 인간의 행동을 유발하는 동기는 내적동기와 외적동기로 구분되며, 둘째, 사람들은 자신들의 행동을 늘 관찰하고 평가하여 판단을 내리는데 그러한 판단이 동기부여에 영향을 준다. 내적 동기부여는 일 자체의 즐거움이나 성취와 같이 일이 제공하는 본질적인 보상 때문에 생기는 동기부여를 의미한다. 외적 동기부여는 급여나 승진과 같이 외부에서 주어지는 보상 때문에 동기부여가 발생하는 것을 의미한다. 내적 동기부여와 외적 동기부여는 상쇄적 관계(trade-off relationship)를 가진다. 내적 동기부여에 의해서 일을 하는 사람들에게 외적보상을 지속적으로 제공하면 이들은 자신들이 일을 하는 이유가 일이 가진 자체의 즐거움이 아니라 외적인 보상을 받기 위한 것이라고 인지적 평가를 하게 된다. 그 결과 내적인 동기부여는 줄어들게 되어 외적 보상이 주어지지 않거나 보상의 양이 줄어들게 되면 일에 대한 흥미가 감소한다.

② 시사점

인지평가이론이 주는 시사점은 많은 관리자들이 금전적 보상을 통해 직원들에게 동기를 부여할 수 있다고 믿는 것이 항상 옳지는 않으며 직원들의 내적인 근무의욕을 감소시킬 위험을 내포하고 있다는 것이다. 따라서 인지평가이론의 외적보상은 내적 동기부여를 최대한 유지시키는 범위 내에서만 사용해야 효과적이며 일 자체의 본질적인 즐거움이나 성취를 통해서 직원의 동기를 향상시켜야 한다는 것을 시사한다.

최근의 연구에 의하면 외적보상이 반드시 내적 동기부여를 상쇄하지는 않는다. 외적보상도 여전히 동기를 부여할 수 있으나 과업의 유형에 따라 달라질 수 있다. 지극히 극단적인 과세(아주 흥미롭거나, 아주 지루한 과제)는 외적보상의 효과가 상대적으로 적게 나타난다. 그러나 보통 정도로 지루한 과제는 외적보상이 내적 동기부여를 감소시키는 전형적인 현상이 나타난다. 또한 외적보상이라고 하더라도 칭찬과 같은 상징적 보상은 내적 동기부여를 증가시킬 수 있다. 이 이론이 종합적으로 제안하는 것은 관리자가 외적보상만으로 동기를 부여하기는 어려우며 내적 동기부여를 향상시킬 수 있는 내적보상에 더 강조를 두어야 한다는 점이다. 사실상 많은 영리 및 비영리조직은 항상 제한된 예산의 어려움을 가지고 있기 때문에 관리자가 주도적으로 영향을 행사하기는 어려운 것이 현실이기 때문에 내적 동기부여에 강조를 두는 인지평가이론은 더 주목받는 이론이 되었다.

(3) 공정성이론(Equity Thcory)

공정성이론은 원래 남녀 간의 관계를 연구한 심리학자인 왈스터(Walster)가 주창했다. 왈스터는 건강하게 장기적으로 지속되는 남녀관계의 요인을 분석한 결과, 남녀 어느 한 쪽이 일방적으로 이익을 얻는 관계는 지속되기 어려우며 서로 균형적인 관계가 만족도가 높고 오래 지속된다는 것을 발견하였다. 아담스(Adams)는 이 원리가 조직에서도 마찬가지로 적용된다고 보았다. 공정성이론에 따르면 종업원이 직무에서 투입하는 노력, 경험, 교육 등과 같은 투입량(input)과 직무에서 임금, 상여금, 승진, 인정과 같은 산출량(output)이 균형을 이룰 때 공정성을 지각하며 그 결과 직무동기가 증가한다. 그러나 균형이 깨지면 종업원들은 긴장과 부정적인 감정을 느끼게 되고 그 결과 직무동기가 하락한다. 균형이 깨지면 여러 방식으로 균형을 회복하려 한다.

① 공정성 회복 노력

자신과 조직의 관계가 공정하지 않다고 느낄 때 종업원들은 대략 6가지의 유형의 노력을 통해 공정성을 회복하려 한다.

- 투입의 조절: 노력과 같은 투자를 줄이려 한다.
- 결과의 조절: 더 많은 급료를 요구하는 것과 같이 균형적인 결과를 추구한다.
- 자신의 왜곡: 나는 부족한 임금을 받지만 승진이 되었거나 자율권을 더 보장받았다고 믿는 것과 같이 자신을 왜곡하여 지각함으로써 공정성을 회복하려 한다.
- 타인의 왜곡: "김 과장은 특별한 능력이 있기 때문에 더 좋은 대우를 받는 것이 틀림없다"라고 생각하는 것처럼 비교하는 대상의 현실을 왜곡하여 정당화를 추구한다.
- 비교대상의 변경: 같은 회사의 다른 직원이 받는 대우와 비교하기 보다는 동종업체의 유사직급에 있는 사람들이 받는 대우와 비교하는 것처럼 자신이 받는 대우가 공정하다고 느낄 수 있도록 비교하는 대상을 변경하기도 한다.
- 이직: 이상의 노력이 효과가 없을 때는 조직을 떠남으로써 균형있는 관계를 추구하려 한다.

특히 공정성은 조직에서 종업원들이 자신들의 노력에 대한 보상이 정당하게 분배되어 지는가의 문제와 관련이 있다. 보상의 분배와 관련하여 다음의 공정성의 지각유형이 있으며 각각의 경우에 대한 공정성의 지각은 직무동기 및 성과와 관련이 있다.

② 조직공정성

- 분배공정성(distributive justice): 결과물이나 보상이 공정하게 분배되었는가에 대한 지각을 뜻하며 주로 보상의 양과 관련이 있다.
- 절차공정성(procedural justice): 타인보다 보상이 적더라도 분배의 결정과정이 객관적이고 타당하게 이루어졌다는 직원들은 불만을 갖지 않을 수 있다. 즉, 분배의 결정과정이 공정한가에 대한 지각을 의미한다.
- 정보공정성(informational justice): 분배의 결정에 대한 정보가 전달이 되었는가의 문제이다. 비록 보상의 결정이 공정하게 이루어 졌더라도 수혜자에게 의사결정에 대한 정보가 전달되지 않는다면 공정성을 느끼지 않는다.
- 상호작용 공정성(interactional justice): 상호작용 공정성은 의사결정의 결과에 대한 정

보를 전달할 때 각 종업원들은 잘 존중되었는가의 문제와 관련이 있다. 상호작용공정성은 종업원들이 경영진이나 관리자들로부터 자신들이 예의와 존중을 받는다고 지각하는가와 관련된다.

(4) 목표설정이론(Goal-Setting Theory)

목표설정이론은 동기를 향상시키기 위해 목표를 조절하는데 초점을 두었다. 흔히 사람들은 목표를 높이 가져야 100퍼센트의 목적을 달성하지 못하더라도 어느 정도의 성과는 달성할 수 있다고 믿지만 목표설정이론에 따르면 이러한 상식은 옳지 않으며 목표의 구체성, 목표의 난이도 및 피드백 같은 요인들이 성과에 영향을 준다고 보았다.

2차 세계대전의 영웅인 영국의 버나드 몽고메리(Bernaer Mogotmary) 장군은 독일군과 전투를 앞누고 부하들의 긴장을 늦추지 않기 위해 지속적인 목표를 제시하였다. 예를 들어 적군이 며칠 후에 공격할 예정이니 참호를 파고 전투준비를 하라고 명령을 내려 긴장을 유지시키고, 어느 정도 긴장이 풀어질 시점에는 다른 구체적인 목표를 군인들에 제시하면서 다시 긴장상태를 유지시키려 하였다. 몽고메리 장군의 전투준비 전술은 구체적인 목표를 제시함으로써 군인들의 동기부여를 조절하려했던 노력이라고 해석할 수 있다.

모든 일에는 항상 성공과 실패의 확률이 비슷하게 존재한다. 큰 목표를 설정하면 성공적인 달성은 문제가 되지 않지만 큰 목표를 설계하는 사람들은 실패에 좌절을 하고 회복을 쉽게 하지 못한다. 그러나 작은 구체적인 목표설계를 한다면 실패 후에도 바로 다음단계의 목표를 수행하기 위하여 실패의 좌절에 빠져있을 여가가 없다. 결국 여러단계의 목표를 구체적으로 작성하는 것은 지속적인 동기부여를 위해 효과적이다.

▸ 목표설전이론의 규치

- **목표의 구체성**: 추상적인 목표보다 구체적인 목표가 높은 성과를 이끌어낸다. 구체적인 목표는 즉각적으로 피드백을 받을 수 있고 목표성취의 정도를 알 수 있기 때문에 종업원들에게 정보를 제공할 수 있다. 예를 들어 “최선을 다합시다”는 좋은 목표가 아니며 “150프루의 목표를 달성합시다”처럼 구체적인 수치를 정해주는 것이 동기를 효과적으로 부여할 수 있는 좋은 목표이다.
- **적절한 목표의 난이도**: 조직구성원들이 동의한다는 조건이 충족된다면 목표가 어려울수록, 성과의 수준이 높아진다. 이유는 어려운 목표일수록 종업원들이 직무에 주의를 집중하게 만들고, 어려운 목표는 사람들로 하여금 목표를 달성하기 위해 노력을 지속적으

로 유지하게 만들어 주며, 목표가 어려울수록 종업원들이 직무를 효과적으로 달성하기 위해 전략을 탐구하게 만들기 때문이다. 그러나 너무 어려운 목표는 좌절을 낳고 너무 쉬운 목표는 권태로움을 가져오기 때문에 적절한 목표의 난이도(intermediately difficult goal)가 필요하다.

- **피드백**: 피드백은 핵심적인 요인이다. 특히 스스로 부여하는 자기피드백은 성공과 실패에 대한 자기점검을 가능하게 한다.

(5) 목표관리(Management by Objectives: MBO)

목표를 통해 동기를 부여하고자 하는 노력을 조직에서 효과적으로 실현하기 위해 조직에서 공식화하는 방법 중에서 가장 효과적인 경영관리방법은 목표관리(Management by objectives)이다. 이 용어는 경영학자인 피터 드러커가 1954년에 처음 주창하였다.

목표관리란 조직 내에서 경영진과 종업원들이 목표를 같이 정의하는 과정을 의미한다. 이것은 구체적으로 조직구성원 전체가 동의하는 목표를 설정하고, 목표달성을 위한 의사결정에 참여하는 것이다. 목표관리의 기본적인 개념은 종업원들이 목표설정과 목표달성을 위한 의사결정에 참여할때 이들은 책임감을 더 느끼게 되어 동기부여수준이 높아진다는 것이다. 또한 종업원들 간의 효과적인 커뮤니케이션이 일어나 긍정적인 조직문화가 가능해진다.

목표설정이론과 목표관리경영은 근본철학이 비슷하지만, 차이점은 목표설정이론은 관리자가 목표의 설정에 주된 역할을 하지만 목표관리경영은 목표의 설정에 종업원들의 참여를 강조하여 몰입과 책임감을 높이는 것을 강조한다는 점이다. 목표와 액션플랜 내용(지표 및 평가)의 정의와 측정이 중요하다. 즉, 각 개인의 책임을 정의하고, 각 구성원들의 기여도를 평가하는데 이러한 측정치를 사용한다.

목표관리의 단점은 상황적 요인을 덜 중요하게 간주한다는 점이다. 상황적 요인은 목표를 달성하는 데 필요한 가용자원의 획득과 사용이 최고경영진과 주주들에 의해 제한된다는 점이다. 또 다른 단점은 자기중심적인 종업원들은 결과와 성과를 왜곡하고 거짓으로 보고할 수 있다는 점이다.

▶ 목표관리의 조건

- **목표설정과 목표의 구체성**(goal specificity): 목표가 조직의 전체목표와 관련되어 설정되어야 한다. 목표설정 시 목표의 지표와 수준과 같은 내용이 구체적이어야 한다. 목

표수준이 너무 높으면 종업원들은 좌절하는 경향이 있으며 목표가 너무 낮으면 목표를 달성하더라도 성취감이 낮을 수 있기 때문에 적절하고 구체적인 목표가 설정되어야 한다.

- **의사결정 참여**(participation in decision-making): 조직구성원들이 의사결정에 참여하면 책임감을 느끼게 된다.
- **명시적 기간의 설정**: 목표를 달성하기 위한 시간을 명시적으로 설정하여야 한다.
- **성과피드백**(performance feedback): 성과에 대한 피드백을 제공하여야 한다. 부하와 상사가 목표달성의 정도와 최종 목표수준과의 간격을 수시로 평가할 수 있어야 성취감을 느낄 수 있으며 목표의 현실적인 조정과 동기부여가 가능하다.

2.3 직무중심이론

직무에 초점을 둔 이론들은 종업원들의 직무자체의 본질과 특성이 동기를 이해하는 핵심적인 요인이라고 본다. 따라서 직무중심이론들은 직무가 종업원들에게 주는 의미와 직무가 어떻게 설계되는지가 동기부여에 영향을 준다고 주장한다. 이 관점은 동기부여이론들을 조직에 적용하는데 실질적인 단서를 줄 수 있다.

(1) 허쯔버그의 2요인 이론(Two-Factor Theory)

허쯔버그(Herzberg)는 직무에 대해서 가지는 태도가 일의 성공과 실패를 결정한다고 주장했다. 다시 말하면 사람들이 직무에 대해서 긍정적으로 느끼면 동기를 부여하지만 부정적으로 느끼면 동기를 감소시킨다고 보았다. 이 이론의 핵심적인 주장은 만족의 반대는 불만족이 아니며 만족과 불만족은 서로 독립적인 개념으로서 만족을 유발하는 요인과 불만족을 유발하는 요인은 다르다는 것이다. 허쯔버그는 엔지니어와 회계사들을 상대로 인터뷰한 결과 직무만족이 향상되거나 하락되게 하는 직무와 관련된 두 가지 유형이 존재한다는 것을 발견하였다.

- **위생요인**(Hygiene Factors): 이 요인은 충족되지 않을때 주로 불만족을 발생시키는 요인이다. 예를 들어 급여, 회사 정책, 직무환경, 직업안정성 등과 같은 요인들은 충족되지 않을수록 불만을 야기하는 대표적인 요인이다. 그러나 위생요인의 충족은 불만족을 감소시키지만 어느 정도의 수준 이상으로 충족이 되면 더 많이 충족된다고 해서 만

족이 생기는 것은 아니며 단지 불만족이 줄어들 뿐이고 만족을 높이기 위해서는 다른 요인의 충족이 필요하다. 위생요인이 충족되지 않으면 주로 불만족이 발생하기 때문에 불만족 요인(dissatisfaction factor)이라고도 한다.

- **동기요인**(motivation factors): 만족요인(satisfaction factor)이라고도 한다. 만족요인은 승진, 개인적인 성장, 인정받음, 책임감 부여, 성취감과 같이 내적인 면에서 종업원들에게 보상이 되는 요인이다. 이러한 요인들은 부족하다고 불만족이 증가하지는 않지만 충족이 될수록 만족을 증가시킨다.

그림 6-6 위생요인과 만족요인의 비교

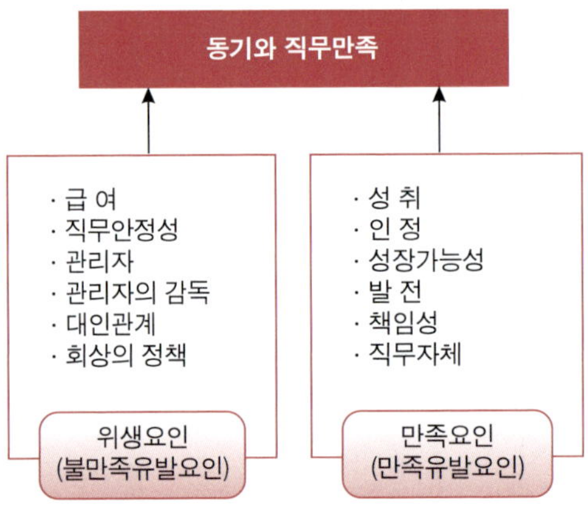

그림 6-7 위생요인과 동기요인 비교

위생요인(열악한 환경)

동기요인(성취감)

앞서의 매슬로우의 욕구위계이론 및 X-Y이론과 더불어 허쯔버그의 2요인이론은 가장 대표적인 동기부여이론이지만 실제적인 증거는 아직 부족하다는 비판이 있다.

(2) 직무특성이론(Job Characteristics Theory; Hackman)

철학자이며 작가인 빅터프랭클(Victor Frankl)은 나치수용소에서 살아 남은 유태인들을 대상으로 어떤 사람들이 역경에 굴하지 않고 저항하며 살아 남았는지의 특성을 조사하였다. 프랭클은 이들이 가진 공통점이 자기 삶에 특별한 의미를 부여하는데 있다는 것을 발견하였다. "살아서 꼭 독일군에 복수를 하겠다." 또는 "살아남아서 헤어진 가족을 꼭 만나야겠다"와 같은 구체적인 목표를 가지고 자신이 살아 있어야 하는 분명한 의미를 부여한 유태인들은 건강상태가 양호하거나 높은 지능을 가진 다른 사람들이 고난을 견디지 못하고 죽어갈 때, 수용소의 열악한 환경과 나치독일의 잔혹한 학살 속에서 살아 남았다. 이 같은 관찰을 바탕으로 프랭클은 삶에 대한 동기부여는 삶의 의미성에 의해 결정된다고 주장하였다. 하버드대학교의 해크맨(Hackman) 교수는 프랭클의 생각을 발전시켜 높은 의미성을 부여할 수 있도록 직무설계를 할 때 직원들의 직무동기부여는 높아지고 바람직한 성과로 이어진다고 하는 직무특성이론을 제안하였다.

▸ 의미성의 조건

해크맨은 직무설계가 다음의 조건을 충족시킬 때 직무는 종업원들에게 의미성을 제공하여 동기부여가 높아진다고 하였다.

- 기술다양성: 한 종업원이 가진 직무기술을 다양하게 사용할 수 있는 조건을 만들어 주어야 한다. 예를 들어 직무확장과 직무순환이 여기에 해당한다.
  - · 직무확장: 한 직원이 일하는 직무의 기술을 다양하게 만드는 방식이다. 예를 들어 미국의 관공서는 한 공무원이 처리하는 일의 레파토리가 한국의 관공서보다 다양하다. 공무원의 입장에서는 직무가 지루하지 않으며 권태감을 느끼지 않게 된다.
  - · 직무순환: 한 직원이 여러 부서에서 순환근무하게 하는 방식이다. 예컨대, 영업부서에서 1년 간 일하던 직원을 다음연도에는 관리부서에 일할 수 있도록 직무배정을 해 주는 방식이다. 한 부서의 일에 매몰되지 않고 여러 가지 일을 순환하여 경험함으로써 다양한 직무기술을 배우고 발휘할 수 있다.
- 직무정체성: 정체성은 자신이 누구인가를 의미한다. 자신이 누구인가를 안다는 것은 어떤 행동을 해야할 지 안다는 것을 의미한다. 아들로서의 정체성을 인식하는 사람은

부모에게 어떤 행동을 해야 될지를 이해한다. 직무정체성은 자신의 일이 조직에서 어떤 의미를 가지는지를 인식하는 것을 말한다. 종업원들이 자신의 일이 조직 내에서 어떤 의미를 가지고 있는지를 알 수 있을 때 무슨 일을 해야 될 지를 이해하며 따라서 동기부여는 향상된다.

- **직무중요성**: 직원 자신의 일이 얼마나 중요한 지에 대한 정보를 제공하여야 한다. 직무정체성과 직무중요성은 다른 개념이다. 자신의 직무가 무엇인지 이해하더라도 자신의 업무가 조직에서 중요하지 않다고 인식하는 종업원들은 동기가 부여되지 않는다.

논의문제

1. 매슬로우의 동기부여이론과 이를 수정한 알더퍼의 동기부여이론의 차이점과 공통점이 무엇인지 설명하시오.

2. 위생요인과 동기요인의 차이점은 무엇이며 어떤 상황에서 각각의 요인이 직무동기부여를 결정짓는가?

3. 맥클러랜드의 성취욕구에 따르면 성취욕구가 높은 사람이 일반적으로 높은 성과를 내지만 상황에 따라 달라진다고 한다. 어떤 상황에서 성취욕구가 높은 성과를 가져오는지 설명하라.

4. 브룸의 기대이론을 통해서 직무동기부여를 최대화할 수 있는 방안은 무엇인가?

5. 분배공정과 절차공정성 중 어느 것이 더 직무동기부여에 큰 영향을 미치는가? 조직의 유형별로 각각의 공정성이 미치는 영향은 다른가?

6. 목표를 설정할 때 직무동기부여에 영향을 주기 위해서는 어떤 점에 주의해야 하는가?

7. 목표관리이론에서 왜 피드백이 중요한지를 설명하라.

PART 03

집단차원

팀과 집단 제7장

삼성증권, 팀제 실험의 성과

"PB 고객자산 1년반새 26조 늘었죠"

- 각자 주식·펀드 등 주특기 집중
- 실적부담 줄이고 고객만족 높여

"고객이 5000만원 정도를 파생상품에 투자하고 싶어하는데 구체적으로 어떤 상품이 좋을까요?"

11일 삼성증권 서울 명동지점. 입사 17년차인 이병권 PB(프라이빗 뱅커) 팀장이 자산관리 업무를 시작한 지 2년 된 팀 막내 이은미 주임의 질문을 받았다.

이 팀장은 파생상품 담당인 과장급 PB와 논의해 적절한 상품을 추천했다. 5명의 PB가 둘러앉아 4억원을 맡긴 한 고객의 자산 포트폴리오를 함께 짜주는 모습이다. 이 팀장은 "예전엔 PB 한 명이 보험부터 주식까지 고객 자산을 일괄 구성해줬지만 지금은 각자 주력분야를 맡아 포트폴리오를 짠다"며 "덕분에 나도 '주특기'인 주식과 펀드에 집중하고 있다"고 설명했다.

지난해 1월 삼성증권이 증권업계에서 최초로 PB를 팀제로 개편한 지 1년 반이 지났다. 고객과의 끈끈한 유대관계와 개인 실적이 중요한 PB 영역이다 보니 팀제 개편에 우려하는 목소리도 많았다. 이에 대해 이기훈 삼성증권 리테일사업본부 상무는 "증권사 영업이 단순 상품판매나 주식 중개를 뛰어넘어 종합자산관리 형태로 바뀌고 있는 만큼 변화가 불가피했다"며 "팀내에서 주식, 채권, 파생상품, 방카슈랑스 등으로 역할을 분담해 고객들이 더욱 폭넓은 자산관리를 받을 수 있도록 했다"고 설명했다.

시간이 지나면서 팀제의 성과가 속속 나타나고 있다. 우선 고객자산 관리 형태가 개선됐다. 과거 PB가 고객을 1 대 1로 상대할 때는 실적을 의식해 금융상품 가입 건수를 늘리는 데 치중, 결과적으로 고객 이익에 반하는 경우가 있었다.

하지만 팀제 아래선 성과가 팀 단위로 측정돼 가입 건수에 관계 없이 팀이 운용하는 자산이 얼마나 늘어났는지가 주요 평가기준이 됐다. 이는 고객만족도 제고로 이어져 팀제 도입 당시 62조원이던 삼성증권의 리테일 고객 자산이 지난달 말 88조로 42%나 급증했다.

아직 경험이 부족한 주니어 PB가 같은 팀 베테랑 PB들과 경험을 공유할 수 있는 것도 장점이다. 이 팀장은 "PB업무에는 금융지식 외에 다양한 영업 노하우가 필요한데 함께 일하면서 신입 PB들도 이를 자연스럽게 습득한다"고 설명했다.

물론 문제점도 있다. 다른 지점의 한 PB는 "개인의 성과를 팀원들이 공유하다 보니 소위 말하는 '선수'들이 불이익을 당한다는 불만이 있는 게 사실"이라며 "반대로 팀 실적에 '무임승차'하는 경우도 간혹 있다"고 귀띔했다.

● 출처 : 한국경제 / 노경목 기자, 2010.06.11

학습목표

1. 집단과 팀이 무엇인지 정의할 수 있다.
2. 팀의 유형들에 대해 쉽게 이해할 수 있다.
3. 효과적인 팀의 특징을 설명할 수 있다.
4. 팀 프로세스에서의 이득과 손실을 규명할 수 있다.
5. 팀의 발전단계에 따른 주요 이슈를 설명할 수 있다.
6. 팀 유지를 위한 방안을 강구할 수 있다.
7. 팀 및 집단 개념(역할, 규범, 응집력, 팀 몰입, 팀 에피커시)에 대해서 이해할 수 있다.

01 집단과 팀에 대한 소개

팀은 오늘날 많은 회사들의 조립라인에서부터 임원진에 이르기까지 그들의 업무를 달성하는 주요 수단으로서 자리매김하고 있다. 조직들은 팀과 팀워크를 비즈니스 수행의 효과적인 방식으로 인식하게 된 것이다. 최근 20년 동안 '상사'라는 용어는 '팀장'으로 많이 대체되어 온것을 보더라도 이를 짐작할 수 있다. 심지어 어떤 회사들은 각기 다른 나라에서 일하는 팀장과 팀원들로 구성된 글로벌 가상팀(global vitual team)을 활용하기도 한다. 과거에 지역별로 팀을 운영하던 것과는 달리 지리적 위치나 그 기능에 구애 받지 않고 온라인상에서 활발한 커뮤니케이션과 협력을 하기도 한다.

1.1 무엇이 팀인가?

우리는 일반적으로 집단과 팀을 혼용해서 사용한다. 그러나 공통된 관심사나 스킬, 특성 등으로 인해서 모인 개인들의 집합을 집단(group)이라고 지칭한다면, 팀(team)은 하나의 목표를 위해 조화롭게 통합된 노력 속에서 구성원들이 서로 결속된 보다 특별한 작업집단으로서 팀원들의 업무는 서로 의존적인 상호책임하에 이루어지는 특성이 있다. 이러한 팀의 이점들로는 다음과 같은 것들이 거론된다.

- 업무를 수행하는 당사자에게 업무수행을 위한 책임을 부여한다.
- 더 많은 권한과 의사결정권을 부여함으로써 개별 팀원을 동기부여 시킨다.
- 조직들이 개별 종업원들의 지식과 모티베이션을 활용하는 데 매우 유용하다.
- 조직이 관료제를 지양하고 유연성과 반응도를 높이도록 만든다.

다음은 Harvard Business Review에서 팀의 중요성을 설명했던 로버트 레이(Robert Reigh) 교수의 말을 인용한 것이다.

"오늘날과 같은 치열한 경쟁 속에서 우리 경제의 생존을 위해서는 이제 개개인의 능력을 합친 것 보다 더 큰 힘을 발휘하는 팀의 개념에 주의를 기울여야 한다. 그 동안 우리가 찬사를 보냈던 일부 특출한 경제영웅이나 기업경영의 귀재들보다도, 평범하지만 다양한 스킬을 지닌 조직의 구성원들이 공동의 목적을 위해서 헌신과 협력을 바탕으로 폭발적인 힘을 발휘하는 팀의 능력을 더 높이 평가해야 할 것이다."

팀들은 지식과 탤런트, 스킬, 능력이 조직의 구성원들 사이에 전파되도록 하는 데 알맞으며 과업 완수를 위해서 통합된 노력을 필요로 한다. 최근 강조되는 팀 중심의 업무환경에서는 권력의존과 경쟁이 아니라 협력을 위한 임파워먼트를 중시한다. 기존의 업무환경과 차이점을 비교하면 〈표 7-1〉과 같다.

표 7-1 새로운 팀 환경 VS. 기존의 업무 환경

기존의 업무환경	새로운 팀 환경
· 사람들은 명령을 따른다. · 팀은 방향을 잡기 위해서 부서장에게 의존한다. · 구성원들은 부서장에 의해 설정된 목표에 동조했기 때문에 한 팀이었다. · 아무도 개별행동을 하지 않는다. · 사람들은 생각과 감정을 억제함으로써 협력했다.	· 사람들이 대책을 제안한다. · 팀은 자신의 행보에 대해서 상당한 권한을 갖는다. · 구성원들은 자신들을 위한 권리로 협력을 통해 학습하기 때문에 팀을 구성한다. · 사람들은 개별적으로 그리고 공동으로 일하기도 한다. · 사람들은 자신의 생각과 감정을 이용해서 협력한다. 직접적인 커뮤니케이션을 통해 서로 연결된다.

출처: L. Hischhorn(2010)

표 7-2 집단과 팀의 차이

집 단	팀
· 지명된 강력한 리더가 존재 · 개별적 책임을 유지 · 집단과 조직을 위한 동일한 목적을 설정 · 개별적인 업무 성과물을 보유 · 효율적인 회의를 운영 · (재무적 성과처럼) 비즈니스에 대한 영향에 의해서 간접적으로 유효성을 측정 · 구성원들간에 토의, 결정 후 위양	· 리더십을 공유하거나 번갈아 발휘 · 서로에 대한 팀 책임을 유지 · 구체적인 팀의 비전과 목적을 설정 · 집합적 업무 성과물을 보유 · 자유로운 의견개진과 문제해결을 유도하는 회의를 운영 · 집합적 업무를 평가함으로써 직접적으로 유효성을 측정 · 토의, 결정 후 업무 공유

〈표 7-2〉는 집단과 팀간의 주요 차이를 보여준다. 따라서 하나의 집단이 다음과 같이 변모하게 되면 비로소 팀이 될 수 있을 것이다.

- 리더십이 하나의 공유 활동으로 될 때
- 엄격히 개인에게만 주어졌던 책임이 개인과 집단 양쪽 모두로 이동할 때
- 그룹이 자신들의 목적이나 미션을 개발하게 될 때
- 문제해결이 생활의 일부가 아니라 전부가 될 때
- 집단의 집합적 성과와 산물에 의해 유효성이 평가될 때

1.2 팀의 유형

조직은 팀들 간의 네트워크라 해도 과언이 아닐 정도로 수많은 공식적인 팀들(formal teams)이 조직에서 생성되어 특정의 목적 수행을 위해서 본격적으로 가동되고 있다. 팀들은 특정 문제해결을 위해서 또는 규정된 과업을 수행하기 위해서 조직된 다음, 그 목적을 달성하고 나면 해산되는

것이 일반적이다. 하지만 어떤 것은 한시적이지 않고 영구적인 것들로서 하나의 부서, 사업부 또는 팀으로 조직도상에 존재한다. 단지 몇 명으로만 구성된 매우 작은 팀에서부터 100명 가까이나 되는 팀원들로 구성된 팀까지 그 규모는 매우 다양하다.

조직은 매우 광범위한 비공식적인 집단들(informal groups)의 네트워크 또한 갖고 있다. 이것은 어떤 특정 목적이나 조직의 공식적인 인정없이 공식적 구조의 이면에 존재하게 된다. 이러한 비공식적인 집단들은 개인적인 관계들을 통해서 생성되어 조직내에서 자신들만의 연결망을 구성하게 된다. 가령, 친교집단들(friendship groups)은 서로 천성적으로 잘 맞는 사람들끼리 집단을 구성한다. 그들은 함께 일하기를 좋아할 뿐 아니라 늘 같이 있기를 좋아해서 휴식도 같이 하고 심지어 직장밖에서의 시간을 공유하기도 한다. 이외에도 관심사가 같은 사람들로 구성되는 각종 동호회와 같은 이해집단들(interest groups)이 있다. 때로는 동호회의 성격이 업무와 관련되는 경우도 있다.

기업에서 많이 볼 수 있는 업무 관련팀(work-related team)의 유형들로는 프로젝트팀 및 문제해결팀, 자율관리팀, 가상팀 등이 있다. 아마도 당신의 커리어과정에서 이러한 팀들을 모두 경험하게 될 것이다.

(1) 프로젝트팀 및 문제해결팀

프로젝트팀(cross-functional team)은 수평적인 협력을 위해서 서로 다른 기능부서로부터 온 인력들로 구성된다. 이러한 형태의 팀제는 기존 조직으로는 수용이 불가하거나 효율적인 수행이 어려운 목표 과제를 달성하기 위해서 관련부서의 전문가를 한군데 모아 놓은 것이다. 회사내 모든 조직을 전부 이런 식으로 운영할 수는 없고 일부 부서의 특정 프로젝트에 대해서만 운영한다. 특히 신제품개발의 경우, 제품개발기간을 단축하여 고객 니즈에 신속히 대응하고 시장을 선도함으로써 제품의 시장경쟁력을 확보하는 데에 매우 적합한 형태이다.

프로젝트팀은 1980년대 들어 유행하기 시작하였다. 대표적 예로서 크라이슬러의 Neon이란 이름의 승용차는 이러한 프로젝트팀을 통해 출시되었다. 또한, 모토롤라(Motorola)의 이리듐(Iridium) 플랜은 결과적으로 시장에서 실패하고 말았지만, 운영을 위해서 프로젝트팀이 가동되었다. 77개의 인공위성을 이용하는 대규모의 복잡한 이리듐 서비스를 상용화하기 위해서 모토롤라는 본사의 20여명 정도의 종업원과 Raytheon, 러시아의 Khrunichev enterprise, Lockheed Martin, Scientific-Atlanta, GE 등 다른 기업의 해당 분야 전문가들까지 포함된 프로젝트팀을 구성하였다.

조직들은 또한 다수의 문제해결팀(problem-solving team)을 운영하기도 한다. 문제해결팀은 특정 이슈에 대하여 해결책을 개발하고 정해진 시간 내에 조치까지 취하는 사람들로 이루어진 팀을 말한다. 이러한 팀들은 대개 품질이나 비용의 문제를 다룬다. 문제해결팀은 조직 내에서 비교적 장기간 유지되는 경우가 많다. 거의 대부분의 조직이 이러한 문제해결팀을 이용하고 있는데 팀원들은 원래의 직무에 부가하여 문제해결팀의 일원이 되어 복수직무를 수행한다.

(2) 자율관리팀

자율관리팀(Self-managed Team)이란 고객들을 위한 완성된 제품을 제조하거나 완벽한 서비스를 제공하기 위해서 상호의존성이 높은 팀원들로 구성된 팀을 일컫는다. 자율관리팀은 팀의 업무에 대한 책임감을 갖는 것, 의사결정을 하는 것, 성과를 검토하는 것, 그리고 문제를 해결하고 목표를 달성해서 변화하는 환경에 적응하는 것 등이 모두가 부서장이나 관리자가 아닌 팀 스스로 주체가 되어야 한다는 의미를 내포하고 있다. 이러한 팀에서는 팀원들에 의한 업무 및 휴가 일정수립, 팀원들 간의 과업과 책임의 순환, 원재료의 주문, 팀 리더의 선정, 조직 전체 목표 내에서의 팀의 핵심목표 설정, 예산계획수립, 새로운 팀원의 선발, 팀원들 간의 상호평가와 같은 전형적인 관리업무까지 수행하기도 한다.

오늘날 많은 기업들은 자율관리팀에 눈을 돌리고 있다. 이러한 추세는 자율관리팀이 조직의 목표를 달성하고 변화하는 노동력 수요를 충족시킬 수 있는 방안을 제공해준다는 사실 때문이다. 특히, 공장이나 병원, 서비스 조직을 비롯한 산업계 전반이 효율성을 추구함에 따라 잘 훈련되고 유연성과 다기능을 자율관리팀이 제공하는 여러 장점들을 간과할 수는 없을 것이다. 한편, 종업원들도 자율적인 작업환경이 가져다주는 이익들, 즉, 참여할 수 있고 다양한 직무기술을 학습할 수 있으며 자신이 속한 조직의 가치 있는 한 부분이라고 느낄 수 있는 기회를 잘 인식하고 있다.

(3) 가상팀

흔히 말하는 팀들은 서로 대면해서 일하는 형태이지만, 물리적으로 서로 떨어져 있으면서 조직의 목표를 위해서 발달된 컴퓨터 기술을 활용하여 함께 일하는 팀도 있다. 즉, 가상팀(virual team)은 팀원들이 네트워크, 화상채팅, 이메일 등을 사용하여 온라인상에서 일을

하는 것이다. 가상팀은 보편적인 다른 팀들이 하는 정보공유, 의사결정, 업무처리 등 모든 일을 수행할 수 있으며 같은 조직의 구성원뿐 아니라 다른 조직의 구성원들과도 함께 일할 수 있다.

가상팀의 장점으로는 한자리에 쉽게 모일 수 없는 사람들의 모임을 가능케 한다는 것이다. 비용을 줄일 수 있는 것은 물론이고 무엇보다도 프로젝트의 완수, 특정문제의 해결 또는 전략적 기회를 탐색하기 위한 가장 최적의 사람들을 신속히 모을 수 있는 것이 가장 큰 장점이다. 반면 가상팀의 단점 역시 쉽게 찾아볼 수 있다. 아무래도 대면의 부족이 커뮤니케이션에 있어서 감정과 비언어적 단서의 역할을 제한할 수밖에 없을 것이다. 이로 인해 가상팀의 팀원들 사이에 원만한 관계를 맺는 것이 어려운 일이 될 수도 있다.

1.3 팀의 기능과 유효성

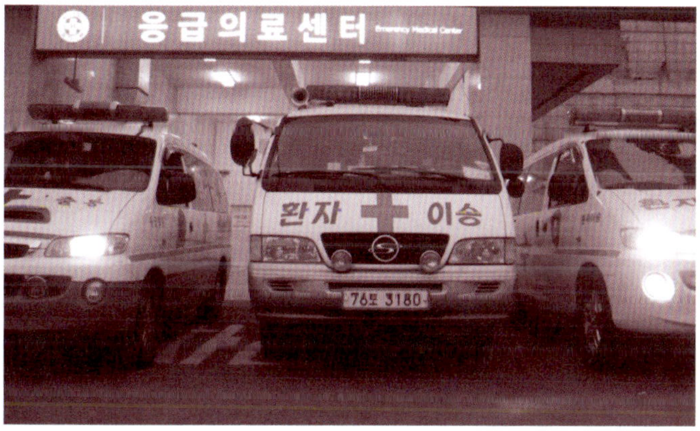

효과적인 집단이나 팀일수록 성공적인 업무완수를 위해서 여러 가지 다양한 과업기능(task functions)과 유지기능(maintenance functions)을 수행하게 되고 팀원들은 그 안에서 개인적인 만족과 팀 스피릿의 느낌을 경험하게 된다. 과업기능은 팀업무의 효과적인 완수와 직접적으로 관련되는 활동들이라고 할 수 있다. 예를 들어, 어떤 활동을 주도한다는 것은 아이디어 제안, 문제 정의, 그리고 이에 대한 접근법이나 해결책을 제시하는 것을 포함한다. 과업기능의 효과적인 사용은 집단의 성공을 가져오지만 그 반대의 경우라면 재앙을 불러올 수 있다. 예를 들어, 전문수련의들로 구성된 응급실팀 업무의 효과적 구성과 조정은 부상자의 생명을 구한다. 심장근처를 찔린 부상자가 오면, 응급실팀이 재빨리 출혈을 저지하고 정맥수액을 시작하며, 부상자의 혈압, 체온, 호흡을 모니터 한다.

유지기능은 팀이나 집단 내에서 효과적이고 만족스런 대인관계를 위해 필수적인 활동들이다. 예를 들어, 집단 내 다른 구성원의 지휘에 따르는 것은 자신이 다른 이들을 이끄는 것만큼이나 중요하다. 과업활동이 팀이나 집단에 긴장감을 유발할 수 있기 때문에, 부정적이고 파괴적인 해소를 방지하기 위해서라도 긴장완화활동은 중요하다. 5년 이상 된 25개의 집단을 대상으로 한 연구에서 유머와 농담은 사회적 관계를 증진시키는 것으로 밝혀지기도 했다. 이처럼 유지기능은 팀이 성공으로 나아가는 동안 심리적 친밀감을 얻게 해주는 동시에 일체감, 협동심, 팀워크도 향상시킨다.

팀은 고유의 과업기능과 유지기능을 통해서 팀원들의 심리적 친교(psychological intimacy)와 통합적 몰입(integrated involvement)을 이룰 수 있게 해준다. 전자는 팀내 다른 구성원과의 감정적 또는 심리적인 친밀함을 말하며, 후자는 과업과 활동 등을 통해 얻는 친밀감을 의미한다. 만약 팀원으로서 심리적 친교와 통합적 몰입을 이루는데 실패한다면 어떨까? 감정적 소외와 더불어 심각한 사회적 고립감마저 느끼게 될 것이다. 심리적 친교와 통합적 몰입은 모두 성공적인 집단이나 팀 멤버십으로부터 기대할 수 있는 사회적 이익들로서 이는 건강을 위해서도 바람직한 것이다. 하지만 이 두 가지를 반드시 한팀 안에서 경험해야 하는 것은 아니다. 통합적인 몰입은 직장내 소속팀에서 추구하면서도 심리적 친교는 직장 외부에서 동호회나 사적인 모임을 통해 찾으려는 직장인들을 주변에서 볼 수 있다.

위의 두 가지 기능은 팀의 여러 가지 상황이나 여건에 의해 영향을 받게 되고 결국에는 이로 인해 팀의 유효성이 결정된다. 팀 유효성은 주로 생산적인 결과(productive output), 팀원들의 만족(satisfaction), 그리고 적응 및 학습력(capacity to adapt and learn)에 근거해서 평가된다.

생산적인 결과란 팀 목표에 의해 정의된 과업 산출물의 양이나 질에 관한 것이다. 만족은 팀원들의 개인적 니즈를 충족시키고 그들의 멤버십과 몰입을 유지강화시키는 팀의 능력과 관련된다. 그리고 적응 및 학습력은 팀이 더 많은 지식과 스킬을 직무상에서 불러일으키고 조직이 새로운 기회와 위협에 대응할 수 있게 하는 잠재력을 강화시키는 능력이다. 앞서 언급한 팀의 유형, 그리고 구조나 구성 등과 같은 중요한 팀의 특성들이 팀의 내부 프로세스(2단락에서 설명)에 영향을 미치고, 이것은 다시 생산적인 결과, 팀원들의 만족, 그리고 적응 및 학습력에 영향을 준다. 〈표 7-3〉은 제기능을 다하지 못하는 팀의 주요 원인

표 7-3 효과적인 팀과 역기능적인 팀 특성간 비교

역기능적인 팀	효과적인 팀
· 신뢰의 결여 : 실수를 두려워하고 관심이나 아이디어를 표명하는 것을 꺼린다. · 갈등에 대한 두려움 : 조화를 위해 타인과 잘 지내지만 갈등을 불러올만한 의견은 표현하지 않는다. · 몰입의 부족 : 진정한 의견을 개진하는 것을 꺼리므로 결정사항에 대한 몰입이 사실상 어렵다. · 책임의 회피 : 결과에 대한 책임을 지지 않으려 하면서 일이 잘못되었을 때는 비난에 동참한다. · 결과에 태만 : 팀 공동의 성과보다 개인적 야망이나 개별 부서의 니즈를 우선한다.	· 신뢰 : 가슴깊이 서로를 신뢰하고 서로를 위한 일에 거리낌이 없다. · 건설적인 갈등 : 최상의 해결책을 찾는데 있어서 상호간의 불일치나 도전을 편하게 받아 들인다. · 몰입 : 모든 아이디어를 공유함으로써 중요한 목표나 결정에 있어서 성실한 노력으로 임한다. · 책임 : 책임의 원천으로 관리자에 의존하기 보다 는 팀원 서로가 책임감을 가진다. · 결과 지향 : 사익을 제쳐두고 팀에 바람직한 것에 초점을 둔다. 공동의 성과가 곧 성공이다.

들을 효과적인 팀 특성들과 비교한 표이다. 만족은 팀원들의 개인적 니즈를 충족시키고 그들의 멤버십과 몰입을 유지 강화시키는 팀의 능력과 관련된다.

02 팀 프로세스와 팀워크 프로세스

조직의 유효성은 상당부분 팀내에서 발생하는 활동들과 상호작용의 정도에 달려있다. 왜냐하면 이들은 모두 팀의 과업관련 목표들과 연관되기 때문이다. 팀 프로세스(team process)는 이와 같이 궁극적인 최종목표에 기여하는 팀내에서 발생하는 서로 다른 유형의 활동과 상호작용들을 반영하는 용어다. 사실상 상호작용의 행동적 측면뿐 아니라 좀처럼 파악이 어려운 상호작용으로 인한 감정과 사고까지도 포함한다. 팀원들의 다양성, 과업간의 상호의존성, 팀 규모 등과 같은 팀 특성들이 팀 프로세스에 영향을 주게 되고, 다시 팀 프로세스는 그 팀의 유효성에 영향을 미치게 된다.

2.1 팀은 언제나 개별 팀원들의 합 그 이상일까?

업무의 난이도가 높고 문제해결을 위해서 팀원들의 지식과 스킬, 노력을 요하는 과업에 당면한 상황에서 요구되는 것이 바로 우리가 익히 알고 있는 시너지(synergy)이다. 이것을 다른 말로 프로세스 이득(process gain)이라고도 한다. 이것은 본질적으로 팀이 생성되기 이전에는 존재하지 않았던 유용한 자원과 능력을 가져오게 되므로 매우 중요하다. 사실상 팀으로 일하는 주요 이유이기도 하다. 하지만 아무리 우수한 팀원들로 구성된 팀이라 할지라도 항상 프로세스 이득을 경험하는 것은 아니다. 이와 관련하여 자주 예로 드는 것이 2004년 올림픽에 출전했던 미국 국가대표 농구팀의 이야기다. 당시 미국 대표팀을 이룬 선수들은 팀 던컨, 알렌 아이버슨 등을 포함하여 그야말로 꿈의 무대인 NBA리그에서 개별 능력이 최고로 입증된 선수들이었다. 하지만 그러한 드림팀은 스페인과 그리스에 이어 3위의 성적을 거두었다. 기대되었던 개개인의 능력의 합보다도 저조한 결과였다. 즉, 프로세스 손실(process loss)에 따른 실망스런 결과를 내고 말았다.

과연 어떤 요인들이 프로세스 손실을 가져오는 것일까? 팀에서 개인은 자신의 과업 완수를 위해서 일하는 것 뿐만 아니라 팀 내 다른 동료들의 활동과도 조화를 추구해야만 한다. 과외 노력일 수도 있는 이것은 자신의 일에 몰두해야 하는 시간과 에너지를 분산시키기 때문에 협동손실(coordination loss)이라고 말한다. 다른 사람과 한번이라도 협업을 해본 사람이라면 이해가 쉬울 것이다. 많은 시간을 불필요하다고 생각되는 회의로 허비하고 나면 다시 다른 팀원들이 요구하는 정보를 제공하는데 또 다시 시간을 할애하고, 그들이 과업을 마무리해서 내게 넘겨줄 때까지 기다리다 보면 혼자서 내 업무를 처리하는 편이 더 낫겠다는 생각이 들었던 적이 있을 것이다.

팀에서 프로세스 손실을 가져오는 또 다른 원인이라 한다면 팀으로 일할 때 사람들은 대부분 자신이 할 수 있는 최선의 노력보다 열심히 일하지 않는다는 것이다. 이것은 모티베이션의 손실(motivational loss)이라고 할 수 있다. 사실상 팀 성과에 대하여 개별 팀원들의 기여를 정확히 측정하기란 어려운 일이다. 이 때문인지 몰라도 개인들은 팀으로 일할 때 결과에 대한 책임감을 적게 느낄 뿐만 아니라 혼자서 일 할 때보다도 더 적은 노력을 기울이는 경향이 있다. 이러한 현상을 사회적 편승(social loafing)이라고 부른다.

팀에서 프로세스 손실을 최소화하면서 프로세스 이득을 증가시키는 데 기여하는 팀 프로세스가 팀워크 프로세스(teamwork process)이다. 이것은 과업완수 그 자체와 직접적으로 관계되는 것은 아니지만 팀의 업무완수를 용이하게 하는 대인간의 활동들을 일컫는다. 이와 관련된 활동들로 전환 프로세스, 조치 프로세스, 그리고 이들을 포괄하는 팀원 상호간의 대인프로세스가 있다.

① 전환 프로세스

본격적으로 업무를 시작하기에 앞서 향후 업무의 준비에 초점을 두는 팀워크 활동들이다. 팀의 미션을 분석하기, 전략을 수립하고 목표를 구체화하기 등이 이에 해당된다.

② 조치 프로세스

과업이 완수되어감에 따라 점차 중요해지는 것으로서 조치 프로세스 가운데 하나는 목표에 대한 모니터링을 들 수 있다. 이것은 팀이 목표로 하는 것에서 벗어나지 않도록 해준다. 이러한 과정에서 팀원들은 다른 팀원의 과업과 책임을 직접적으로 지원하는 것뿐만 아니라 피드백과 코칭의 형태로 간접적인 도움을 줄 수도 있다.

③ 대인 프로세스

이 프로세스는 과업을 수행하는 도중이나 이전 할 것 없이 모두 중요하다. 팀원들 간에 동기를 북돋는 것과 신뢰를 구축하는 것이 우선 필요하다. 효과적인 팀은 그들 자신에 대한 확신이 있다. 즉, 그들이 팀으로서 반드시 성공할 것이라는 믿음을 가지고 있다. 이것이 팀 에피커시(team efficacy)이다. 사소한 성공들이 점차 누적되어 팀에게 자신감을 심어주게 된다. 팀이 증가하는 성과목표를 달성하면 할수록, 이는 미래의 노력 역시 성공을 가져다 주리라는 집단적 믿음을 증가시키게 된다. 또 다른 중요한 대인프로세스로는 갈등관리(conflict management)가 있다. 갈등은 팀에 부정적인 영향을 준다. 하지만 그 영향은 갈등 자체가 아니라 그것을 어떻게 관리하느냐에 따라 달라진다. 팀에서 발생되는 갈등에는 팀 과업에 대한 팀원들 간의 의견불일치로 인한 과업갈등과 개인적인 가치 및 선호와 관련된 불일치에서 비롯되는 관계갈등이 있다. 관계갈등은 팀원들의 불만족을 초래하고 팀성

그림 7-1 팀워크 프로세스

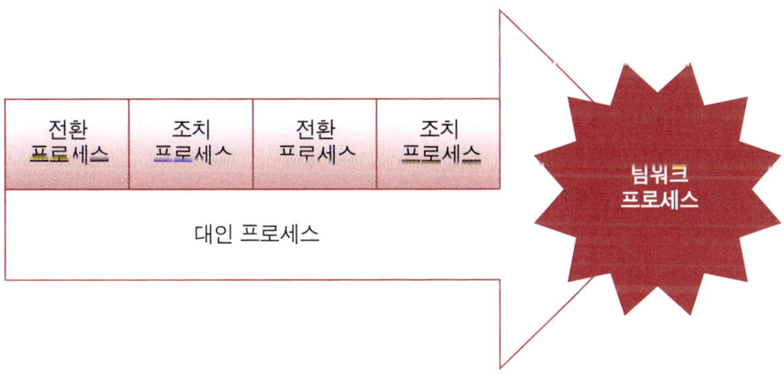

과에 지장을 가져온다. 하지만 일반적으로 반복적인 일을 수행하지 않는 팀이라면 과업갈등이 반드시 해로운 것은 아니다. 과업갈등은 팀원들 상호간의 토의를 진작시키고 해당 문제와 그 문제의 해결책에 대한 비판을 증진시킴으로써 집단사고(groupthink)의 부작용을 줄여줄 수 있다.

2.2 팀의 발전단계

팀이 일단 생성되면 형성기(forming) → 격동기(storming) → 규범기(norming) → 성과기(performing) → 해체기(adjourning) 의 전형적인 다섯 단계를 거치며 발전해 나간다. 팀의 발전단계에 따라 개인과 팀의 균형에 관한 이슈는 전반적인 팀 성과에 중대한 영향을 미칠 수가 있다. 따라서 각 단계를 이해하고 팀이 제 기능을 하도록 각 단계마다 알맞은 조치를 취하는 것은 리더들에게 매우 중요한 과제이다. 〈표 7-4〉는 이와 관련하여 각 단계에서 개인과 집단의 이슈를 나타내고 있다.

- **형성기**: 새로운 팀을 구성하거나 현 조직을 팀 체제로 전환하는 것을 모색하는 시기로서 구성원들 간에는 서로 처음 대면하면서 어떻게 행동해야 되는지를 시험해 보는 단계이다. 서로 일치되는 면이 적고 불분명한 목적과 방향성이 특징이다.
- **격동기**: 성공적인 전환을 위해서 계획과 설계 및 준비작업을 하는 단계이다. 하지만 팀원들 간에 갈등이 표출되고 권력다툼도 발생하는 단계이다. 목적은 분명해지지만 불확실성은 여전히 남아있는 단계다.
- **규범기**: 조직, 규칙, 정책 및 절차, 실적평가제도, 정보전달 매커니즘 등이 변경되고 개발되어가는 단계다. 팀원들간에 일치와 합의가 주요 특징이다.
- **성과기**: 팀이 스스로 발전하며 책임을 감당할 수 있는 단계다.
- **해체기**: 팀 목표가 완전히 달성된 후 스스로 해산되는 단계다.

자신이 속한 팀은 지금 어느 단계에 있는지 생각해보자. 격동기에는 무엇보다 경쟁이 발생하는 단계로 팀워크를 이끌기 위한 노력이 요구되며, 또한 주요 부산물로 응집성이 생성되는 규범기에는 집단의 하나 된 노력이 올바른 방향으로 나갈 수 있도록 하는 것이 중요할 것이다. 이런 식으로 팀이 현재 머무르고 있는 단계를 이해하고 그 개발을 촉진함으로써 성과에 보다 빨리 도달함은 물론 오래지속까지 할 수 있게 된다.

표 7-4 팀 발전단계에 따른 주요 이슈들과 접근법

단 계	발생 가능한 이슈들	접근방식
형성기	· 서로를 알기 · 공동의 목적과 목표의 개발 · 몰입을 이끌어 내기	· 서로가 친밀해짐으로써 팀이 얻는 기회들이 무엇인지 이해한다. · 팀을 위한 명확한 목적을 개발한다. · 팀과 팀원들을 위한 목표와 성과에 대한 합의에 이른다.
격동기	· 다소 불분명한 역할 · 상호 역할과 접근법에 대한 갈등과 오해 · 모호한 팀 리더십 · 의사소통과 정보공유에 관한 이슈들	· 잠시 중단하고 함께 일하고 있는 방식과 관련된 프로세스를 검토한다. · 신뢰와 이해를 구축하는데 치중한다. · 갈등을 인식하고 관리한다.
규범기	· 역할 및 일하는 방식과 관련하여 동의를 구하기 · 기대와 그 가능성에 대한 구체화 · 모두가 동의할 수 있는 업무방식을 채택	· 명확한 검토 프로세스들을 개발한다. · 팀의 선언문을 만들고 공동업무에 대한 합의된 방식을 작성한다. · 팀원들이 서로를 이해할 수 있도록 팀개발 활동에 착수한다.
성과기	· 자만하게 되는 것 · 창의성이 유지되도록 하기 · 팀 외부로부터의 변화와 아이디어에 잘 반응하기 · 팀내 혹은 환경으로부터의 변화에 의해서 팀이 이전 단계로 퇴보될 수 있다는 위기의식	· 지원적이며 도전적인 환경을 유지시킨다. · 도전적이고 새로운 아이디어를 위해서 외부 인력을 참여시킨다. · 팀이 업무를 수행하는 방식과 관련된 프로세스를 지속적으로 검토한다.
해체기	· 팀의 분열 · 다음 과제와 관련된 근심과 혼돈 · 팀의 성공을 인식시키기 · 팀원에게 자신들의 개별성과를 인식하게 만들기	· 외부 이해관계자들과 함께 팀 차원에서 성과에 대해 기념하고 축하한다. · 개인별 그리고 팀별로 학습과 성취를 검토하고 필요하면 다른 부문들에까지 피드백을 제공한다. · 다음 커리어를 준비하는 팀원들을 위한 지원을 제공한다.

출처: Jones (2007).

2.3 팀을 유지하기 위한 HR노력

효과적인 팀 프로세스를 지속적으로 유지하기 위해서는 전통적인 HR방식에서 개선이 요구된다. 이러한 노력은 주로 다음의 영역들에서 이루어질 필요가 있다. 즉, 모집과 선발, 과업설계, 교육훈련, 그리고 평가와 보상이다.

(1) 모집과 선발

팀 환경에서 효과적이기 위해서는 전통적인 조직에서는 중요하지 않았던 갈등해소, 공동의 문제해결, 의사소통, 목표설정과 성과관리, 그리고 계획수립과 과업조정 등과 같은 특정한 영역에서의 KSA(knowledge, skill, & ability)를 필요로 한다. 향후 효과적인 팀원들을 얻고자 하는 조직이라면 분명 이러한 요건들의 중요성에 대해 모집 시기 내내 소통해야 할 것이다. 이는 현실적인 직무소개(realistic job preview)를 제공함으로써 이직을 감소시키는데 유용하다. 뿐만 아니라 팀워크에 대한 구성원들의 선호가 팀의 효과성과 관련이 있으므로 이들 활동들을 선호하는 지원자들을 모집하는 것은 너무도 당연하다.

모집 외에도 선발과정에서 팀워크 KSA를 고려하는 것은 중요하다. 대부분의 선발시스템에서 KSA의 측정을 포함하는 것은 쉬워보일 수 있지만, 대부분의 선발도구들은 기본적인 학습능력 (예: 수학, 언어, 지각 관련 스킬)이나 특정한 기술적 능력(예: 기계적인 또는, 전기전자적인)에만 초점을 맞추고 있다. 그동안 팀워크 KSA측정을 위한 채용시험이 개발되어 왔고, 이러한 테스트는 다수의 전통적인 선발 적성시험에 의한 예측수준을 넘어서 미래성과를 예측할 수 있다. 인터뷰 역시 팀워크에 공헌하는 사회성 및 대인관계와 관계된 속성들을 평가할 수 있는 좋은 방법이다. 사회적인 KSA를 측정하기 위해 고안된 구조화된 인터뷰가 미래의 팀 효과성을 측정하는데 유용하다는 증거는 이미 많이 있다.

(2) 과업설계

효과적인 팀은 그 팀이 수행하는 과업과 관련해서 설계된다. 중요한 것은 팀이 독립성을 유지하도록 하는 것과 여러 가지 기능적 측면까지 스스로 다룰 수 있게 설계되어야 한다는 것이다. 팀은 조직의 구체적인 업무와 관련해서 공동의 책임이 있다. 팀원들 대부분이 다기능자(multiskilled)가 되어야 함으로 업무의 우선순위 결정에서 의견이 분열되지 않는다. 또한 팀 단위로 보고토록 함으로써 팀원들이 서로 상반되는 방향성으로 인해 갈등을 겪지 않도록 해야 한다. 팀들은 그들 자체의 기능적인 면에 대해서도 책임이 있다. 예를 들면, 팀 자원의 투입, 업무수행 전략, 품질관리를 적용하는 방법 등을 결정할 수 있어야 하며, 더 나아가 내/외부 고객들과 함께 협력하여 일하는 것에도 책임이 있다.

위의 두 가지 기본적인 설계원칙 외에도 특정 기능 위주로 팀을 설계할 것인지 혹은 여러 기능이 함께 모인 형태로 설계할 것인지도 하나의 이슈가 된다. 기능적 조직들은 사람들을 전문분야별로 그룹화한 후 다시 개인별 임무에 따라 기능적인 단위로 쪼갠다. 그러나 프로젝트 조직들은 전체 프로젝트를 수행하기 위해 필요한 서로 다른 전문성을 결합하지만 그 안에서 팀원별 기능으로 다시 업무를 쪼갠다. 팀을 특정 기능 위주 또는 다기능 위주로 설계하는 것은 업무의 프로세스 분석에 따른다. 만약 다른 기능영역에 걸쳐 협동이 발생해야 한다면, 팀은 사실상 다기능 위주로 구성되어야 한다. 반면에, 프로세스 분석 결과 하나의 기능적인 영역 안에서 업무가 이루어진다면, 팀은 단일 기능 위주로 설계되어야 한다.

(3) 교육 훈련

전문성을 지닌 사람들은 대체로 개인으로 일하는 데만 익숙하고 협업에 필요한 기본적인 대인관계 스킬이 부족하기 쉽다. 따라서 직접적인 팀 역량 개발에는 다소 취약하더라도 대인관계 스킬의 향상을 위해서 전통적인 교실교육의 형태를 벗어난 팀빌딩(team building) 활동들이 적용된다. 이밖에도 훈련은 자율관리(self-management)를 위해 요구되는 스킬을 정립하는 데에 초점을 두어야 한다. 최적의 자율성이 어느 정도인지를 결정해야 하는 것이 우선인데, 팀규모가 크고 다양한 기능이 필요하며 신생팀의 경우라면 자율관리가 적절치 않을 수 있다. 자율관리를 위해 요구되는 KSA를 모든 팀원들이 갖출 수 있게 만드는 훈련과 개발에는 비용이 많이 든다. 어떤 팀에서는 팀원들이 다른 동료들의 훈련과 개발을 직접 수행하기도 한다.

팀제에서는 기능과 수준에 제한받지 않는 다각적인 학습(multidirectional learning)이 요구되는데, 이것은 전통적인 조직과는 매우 다른 규범을 요한다. 실험과 혁신을 장려하고 이로 인한 공유학습 메카니즘을 설정하는 조직은 이런 학습의 잠재력을 활용할 수 있다. 수평적인 학습은 대화와 협력을 통해 발생되어야 하고 수직적인 학습은 조직에서 다른 수준에 있는 팀 간에 일어나야 한다. 한 부분에서의 학습과 혁신은 시행착오로부터 발생하지만, 광범위한 학습은 조직이 다양한 경험으로부터 학습을 포착하고 이를 반영하기 위한 메카니즘의 정립여부에 따라 결정된다.

(4) 평가와 보상

만약 조직들이 팀워크를 진작시키고 싶다면 팀워크 KSA를 평가시스템에 포함시켜야 한다. 팀 차원의 이익분배제(profit sharing)나 수익분배제(gain sharing)를 시행하는 조직들은 이것들이 개인목표와 팀목표를 모두 반영하는 것이라고 주장하기도 한다. 그러나 이런 유형의 팀평가는 개인적 목표에 의해서 종종 그 효과가 반감될 수 있다. 또한 각 팀은 성과 평가를 위해 결과와 과정을 모두 고려해야 한다. 오로지 매출 이익이나 성장률과 같은 결과에만 집중하는 것은 정작 팀이 어떤 행동을 수정할 필요가 있는지 알려주지 못한다. 팀이 지나치게 많은 평가지표를 개발하는 것도 피해야 한다. 대부분의 전문가들은 팀이 6~10가지의 성과영역을 유지할 것을 추천한다. 이밖에도 어떤 한 부분에서 최적화된 평가는 다른 수준에서의 성과에 지장을 줄 수 있기 때문에 평가시스템은 조직 내에서 다른 단위나 수준의 성과에 기여하는 행동들까지 고려할 필요가 있다.

팀원들은 단지 경영자로부터만이 아니라 많은 다양한 원천으로부터 피드백을 받아야 한다. 작은 팀에서는 각자가 모든 동료들로부터 피드백을 받을 수 있을 것이다. 피드백이 여러 수준에서 얻어질 수 있다는 것은 중요하다. 피드백은 개인의 성과, 팀에서의 개인의 공헌, 팀으로서의 종합성과, 그리고 전체 조직에 대한 팀의 공헌에 대하여 각각 제공되어야 한다. 특히 조직에서의 기여도 평가를 위해서는 고객으로부터의 피드백과 경쟁자에 대한 비교도 중요하다. 가능하다면 팀들이 스스로 그들의 성과를 기록하게 하는 것이 바람직하다. 이러한 기록이 팀 미팅에서 정기적으로 토론할 필요가 있다.

팀으로의 전환여부를 판단하는데 있어 마지막 요소가 보상이라고 할 정도로 팀에서의 보상은 중요하고도 어려운 일이다. 팀 보상은 개발자체가 어렵고 해당 조직의 특성에 맞춰져야 하는 문제를 가지고 있다. 팀 성과를 보상하기 위해서는 성과가 무엇인지 정의하고 이를 측정하고 평가하는 과정이 요구된다. 조직이 팀 워크를 각 개인의 성과평가에서 가장 중요한 지표로 설정하는 것이 좋을 것이다. 개인보상은 이러한 지표의 달성에 기반해야 한다. 이것은 팀 보상이 정착되기 위한 중간과정으로서 팀 워크에 대한 인식을 강화시킨다. 다음으로 인적자원 전문가들은 조직적인 보상관행을 바꾸는 일을 하게 된다.

03 집단 및 팀의 중요 개념들

앞에서 우리는 집단과 팀의 개념을 구분하는 것으로 본장을 시작했지만, 사실상 팀과 집단들은 많은 특성들을 공유하고 있다. 우선 둘 또는 그 이상의 사람들이 상호작용함으로써 형성될 수 있다는 점을 비롯해서 이들은 업무를 위한 구조와 팀원들 간의 상호작용을 모두 제공한다는 공통점도 가지고 있다. 이밖에도 집단과 팀의 구성원들은 공동의 목표를 가지고서 특정의 기술적 역할, 리더십 역할, 문제해결의 역할, 그리고 감정적인 역할까지지도 수행할 수 있다.

3.1 역 할

역할(role)이란 한 사회적 단위에서 특정직위에 있는 구성원에게 기대되는 일련의 행동양식을 말한다. 개개인에게 요구되는 역할이 더욱 분명해진 팀제가 보편화됨에 따라 예전보다 직장에서 역할로 인한 스트레스가 증대된 것이 사실이다. 팀이 과업기능과 유지기능을 함께 가지고 있듯이, 팀원들도 과업역할과 정서적 역할을 팀에서 수행한다. 어떤 유능한 팀원은 팀과업은 물론 정서적인 니즈에까지 기여함으로써 이중역할(dual role)을 훌륭히 수행한다. 이러한 사람은 대개 팀의 리더가 될 가능성이 크다. 반면, 양쪽에서 모두 제 역할을 하지 못하는 사람도 있다. 이들이 바로 무임승차자(free rider)다.

"내 역할은 대체 어디까지야?" 개인이 수행해야 하는 역할이 그의 능력을 훨씬 벗어날 정도로 클때 발생하는 현상이 역할과다(role overload)이다. 예를 들어 갑자기 팀원들 중의 한 명이 이직을 해서 다섯 명이 하던 일을 네 명이 해야 할 경우라면 나머지 팀원들 모두가 역할과다를 경험할 수 있다. 혹은 결혼으로 인해 갑자기 늘어난 가정일 때문에 충분한 시간과 노력을 직장업무에 투입할 수 없게 된 여직원은 업무와 관련한 역할과다를 경험할 수 있다. 역할과다를 경험하는 사람은 흔히 그 결과로 역할무기력도 함께 경험하게 되는데, 스트레스 경험과 좌절감, 의욕상실, 탈진 등을 초래한다.

어떤 사람이 자신의 역할에 대해서 잘 알지 못하는 상황에서 초래되는 것이 역할모호성(role ambiguity)이다. 개인에게 역할을 부여하는 역할집단의 구성원들이 그에게 기대하는 것들을 제대로 알려주지 않거나 그 역할을 수행하는 데 필요한 정보를 제공하지 않음으로써 그러한 상황이 발생하는데, 그 이유는 필요한 지식이나 정보를 가지고 있지 않거나, 또는 일부러 그러한 정보와 지식을 감추고 알려주지 않았을 수도 있다. 흔히들 많은 신입사원들이나 신입회원들은 초기에 역할모호성을 경험한다.

개인에게 기대되는 역할들이 서로 다른 상황에서는 역할갈등(role conflict)이 발생한다. 즉, 개인이 어느 한 역할을 수행하는 과정에서 다른 역할의 수행이 방해를 받게 된다면 갈등을 경험하게 된다. 예를 들어, 최근 관심을 받고 있는 직장과 가정의 갈등은 직장에서의 역할과 가정에서의 역할을 서로 양립시킬 수 없음으로써 발생하는 대표적인 역할갈등이다. 또 하나의 예로, 팀장은 팀원들의 기대와 상부로부터의 기대가 서로 다를 때 역할갈등을 경험한다. 전자를 역할 간 갈등(interrole conflict), 후자를 역할 내 갈등(intrarole conflict)으로 구분하기도 한다.

3.2 규범

팀을 포함한 모든 집단에는 구성원들에 의해서 공유되며 그들의 행동을 가이드하는 기준인 규범(norm)이 존재한다. 일반적으로 규범은 문서화돼서 존재하는 것이 아니므로 공식적인 것이라고 하기는 어렵다. 하지만 규범은 특정상황에서 구성원들에게 "이러이러해야 한다" 혹은 "어떠어떠하지 말아야 한다"와 같이 수용될 수 있는 행동의 범위를 정해주기 때문에 중요하다. 무엇이 과연 옳은 것인지 혹은 그른 것인지에 대한 기준을 규범을 통해 알 수 있게 되므로 팀구성원들의 직장생활에 편리함을 주는 것이 사실이다. 규범은 핵심가치를 규명하고, 역할에 대한 기대를 분명히 해주며, 팀의 성장을 수월하게 한다. 이러한 규범은 팀 구성원들 간의 초기 상호작용에서부터 개발되기 시작한다. 그래서 팀의 성공에 도움이 되는 규범을 이끌기 위한 초기 상호작용을 조성하려는 리더의 노력이 매우 중요하다. 규범이 개발되는 방식으로는 다음의 네 가지가 있다.

- **중요한 사건**: 팀의 역사에서 결정적인 사건은 하나의 선례가 된다. 우리나라 해병대는 6.25동란 때 수많은 기록적인 전과를 올린 것으로 유명하다. 지금까지도 이러한 전통을 계승해서 남다른 성과기준과 전투력을 강조하고 있다.
- **첫 번째 행동**: 팀에서 처음으로 있었던 행동이 종종 선례가 되기도 한다. 한 미팅에서 리더가 자기소개와 더불어 의제를 영어로 사용해서 발의함으로써 회의를 주도했다고 하면, 이러한 패턴이 굳어져서 이 팀은 영어 미팅을 계속해서 이어나가게 될 수 있다.
- **계속 이어지는 행동**: 팀 미팅시에 금연을 정해 지키게 되면 퇴근 후 회식때에도 금연이

적용되는 곳으로 장소를 정하게 될 수 있다. 이러한 패턴은 비흡연자들에 대한 배려 차원으로 발전해서 팀의 모든 활동과 관련하여 금연은 당연시될 것이다.

- **명확한 선언**: 리더나 팀 구성원들이 선언을 통해 규범을 만들기도 한다. "앞으로는 이러이러 하자!"식으로 명백히 선언하는 것은 특히 리더가 팀 구성원들에게 영향을 미칠 수 있는 매우 효과적인 방법이다.

이렇게 개발된 규범들은 구성원들로부터 다음과 같은 기능을 수행한다고 여겨질 때 더욱 강화되어 존속되게 된다. 즉, 팀의 생존(성공)에 대한 기회를 증진시키는데 도움이 된다고 여겨질 때, 팀원들의 행동을 예측하는데 도움이 될 때, 팀원들간의 문제를 해소하는데 도움이 될 때, 그리고 팀원들에게 팀의 핵심가치를 이해시키고 팀 정체성을 명확하게 해줄 때 등이다.

3.3 응집력

팀(집단)과 관련해서 또 다른 중요한 측면이 응집력(cohesiveness)이다. 응집력은 팀에 매료되고 그 안에 성원으로 남으려는 정도로서 정의된다. 구성원들간에 접촉이 많고 같이 보내는 시간이 길수록 팀의 응집력은 높아진다. 빈번한 상호작용을 통해 구성원들은 서로에 대해 알게되고 팀에 몰입하게 되는 것이다. 팀 목표에 동의할수록 더욱 높은 응집력을 갖게 되기도 한다. 목표와 방향성이 팀원들을 한데 묶는 역할을 하기 때문이다. 세 번째로는 개인적으로 느끼는 팀에 대한 매력, 즉, 유사한 태도나 가치 등도 팀 응집력을 높이는데 일조한다. 이러한 팀의 구조적 요인 외에 팀의 환경요인이라 할 수 있는 경쟁과 외부평가가 응집력을 높이는 역할을 한다. 다른 팀과 어느 정도 경쟁관계에 있을 때 팀의 응집력이 높아진다. 팀의 지속적인 성공과 외부로부터의 긍정적인 평가도 구성원들로 하여금 팀에 몰입하게 만든다.

팀 응집력이 결과로는 사기와 성과라는 두 가지 면을 고려해 볼 수 있다. 일반적으로 응집력이 높은 팀에서 사기가 높게 마련이다. 그것은 팀원들간의 증가된 커뮤니케이션, 우호적인 팀 분위기, 팀몰입으로 인한 멤버십 유지, 팀 활동과 결정에 대한 충성심과 참여 때문일 것이다. 높은 응집력은 거의 공통적으로 구성원들의 만족과 사기에 긍정적인 영향을 미친다. 반면 응집력과 팀성과와의 관계는 이것 보다 다소 더 복잡한 면이 있다. 핵심조절 변수는 집단의 태도와 공식적 목표 혹은 더 큰 조직의 목표와 일치하는 정도이다. 응집력이

그림 7-2 응집력과 생산성의 관계

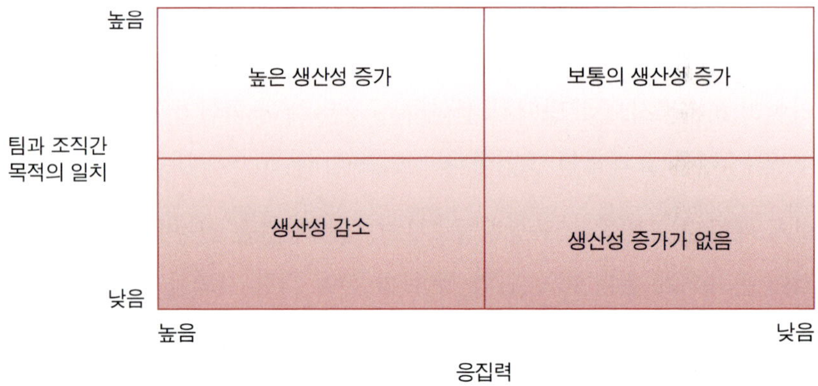

강한 집단은 목표를 더욱더 잘 따를 것이다. 만약 이러한 목표가 유리한 것이라면(예를 들어 높은 결과물, 양질의 작업, 집단 외부의 개인들과의 협력), 응집력 있는 집단이 그렇지 않은 집단보다 더 생산적일 것이다. 하지만 응집력이 높고 태도가 비우호적이라면, 생산성은 감소할 것이다. 만약 응집력이 낮고 목표가 지지된다면, 생산성은 증가하지만 응집력과 지지 두 가지가 높을때 만큼은 아니다. 응집력이 낮고 목표도 지지되지 않는다면, 응집력은 생산성에 아무런 유의미한 영향을 미치지 않는다. 이러한 결과는 [그림 7-2]에 정리되어 있다.

3.4 팀 몰입

팀 몰입(team commitment)은 개인이 어느 특정집단에 대해서 동일시하고 참여하고자 하는 상대적 강도로서 정의될 수 있다. 팀 몰입은 응집성과도 유사해 보이지만 이보다 더 광범위한 개념으로 이해 할 수 있다. 응집력이 개인을 집단으로 이끄는 개념이라면, 팀의 목표를 수용하고 팀을 위해 기꺼이 최선을 다하려는 것이 팀 몰입이다. 최근의 연구들은 조직 내에서 구성원들의 다중몰입 가능성을 인정하는 가운데 팀이 조직과 차별화되는 몰입 대상임을 제시하고 있다. 팀 몰입은 팀 목표와 가치에 대한 신뢰와 수용, 팀을 위한 노력 및 멤버십 유지욕구로서 나타나므로 구성원들의 역할외 행동이나 팀 성과와 같은 유효성 변수들과의 상관관계가 높은 것으로 알려져 있다.

3.5 팀 에피커시

팀 에피커시(team efficacy)는 "소속 팀이 직무관련 활동들을 성공적으로 수행할 것이라는 팀 능력에 대한 팀 구성원의 평가"를 일컫는 것으로서, 에피커시의 대상이 팀 수준으로 확대된 것이다. 하지만 팀 에피커시가 단순히 개별적인 팀 구성원들의 에피커시의 합을 의미하는 것은 아니다. 어떤 일을 "내가 할 수 있는가?"에 대한 인식과 "우리가 할 수 있는가?"에 대한 인식은 서로 다를 수 있다는 점에 기초하여 발전된 개념이다. 팀 에피커시는 팀의 성과뿐 아니라 팀의 정보추구나 목표 몰입과도 유의한 상관이 있음을 실증연구들은 밝히고 있다.

CASE 한중일 프로젝트, 즉흥연주 '달인'들의 만남

'한중일 프로젝트: 허윤정, 민 샤오 펑, 사토시 타케이시, 젠슈', 이 멤버들의 공통점은 하나같이 자신의 분야에 있어 달인이라는 것이다. 자신이 연주하는 악기에 있어서는 그 누구도 이의를 제기할 수 없는 존재말이다. 사실 이들 중 국내에서 잘 알려진 것은 거문고 연주자 허윤정뿐이지만 사실 전 세계적으로 인정을 받으며 두각을 드러내는 명인들이다.

'한중일 프로젝트'라는 이름으로 팀을 꾸린 이들은 각각의 국가에서 즉흥연주에 일가를 이룬 아티스트들이다. 그런 이들이 참여하는 이번 공연은 아시아 시나위의 접점을 만나는 무대가 될 것이다. 다양한 장르를 넘나드는 거문고 연주자 허윤정과 뷰욕, 존존 등 최고의 아티스트와 협연 경력이 있는 비파 연주자이자 보컬리스트인 중국의 민 샤오 펑, 버클리 음대 출신으로 뛰어난 재즈 연주자들과 함께 활동한 일본의 타악 연주자 사토시 타케시, 재즈 보컬리스트일 뿐만 아니라 여러 악기를 다루는 전위적인 아티스트 '젠슈'까지. 이들의 만남은 전 세계 음악인들의 관심을 모으고 있다.

2013광주월드뮤직페스티벌 무대 위에서 펼쳐진 이들의 공연은 환상적이었다. 세계 각국을 대표하는 악기들의 사운드가 어우러지며 우리나라를 비롯해 중국과 일본, 인도네시아 등의 전통음악을 연주한 무대는 관객들에게 새로운 경험을 선사했다.

한중일 프로젝트의 공연은 놀라움의 연속이다. 특히 마치 모든 합을 맞춘 듯 정확히 들어맞는 이들의 연주는 단연 일품이었다. 서로 다른 국가의 악기들이 한데 어우러지는 공연은 평소 접하기 힘든 모습이기에 더욱 그러했다. 게다가 첫 무대 이후 이 모든 것들이 즉흥연주였다는 사실이 공개되면서 관객들의 놀라움은 더욱 컸다. 공연에 대한 큰 구상만 세울 뿐 모든 연주가 즉흥적으로 이뤄진 것이다. 놀라움은 여기서 끝나지 않는다. 이날 공연되는 이들의 모든 연주가 즉흥연주로 이뤄질 것이라는 것이 밝혀지자 관객들의 놀라움은 더욱 커졌다. 이들의 공연에서 단 한 번도 같은 음악이 진행되지 않았다. 각 국가의 전통음악이 연주될 때마다 그 나라의 악기가 공연을 주도해 나갔다. 하지만 공연은 상상 이상이었다. 주도하는 악기가 즉흥연주로 공연을 이끌어 나가면 이를 다른 악기들이 또다시 즉흥연주로 보조해 나간다.

연주는 어느 악기 하나 뒤쳐지는 모습을 찾아볼 수 없었다. 마치 처음부터 함께 해온 듯 완벽한 호흡을 자랑하며 하나의 연주로 거듭났다. 연주는 시간이 흐를수록 점점 격렬해지며 극으로 치달았다. 하지만 이들의 완벽한 연주만은 변함이 없었다. 다른 악기들이 어떠한 즉흥연주를 선보이던 빈틈없이 완벽한 연주를 완성해 나갔다. 아니 오히려 연주가 진행되면 진행될수록 화려한 즉흥연주로 관객들의 박수를 이끌어냈다.

● 출처 : 민중의 소리 / 윤정헌 기자, 2013.09.08

논의문제

1. 오늘날 많은 기업들이 팀제를 도입하는 이유는 무엇일까?

2. 어떤 형태의 팀이 조직에서 가장 보편적으로 활용되는가?

3. 조직이 구성원들을 팀플레이어로 만들 수 있는 방법은 무엇일까?

4. 개인이 수행하는 작업이 팀이 수행하는 것보다 더 효과적인 때는 언제인가?

5. 어떤 조건이나 정황요인들이 팀의 효과성 여부를 결정짓는가?

6. 사회적 태만을 해소할 수 있는 팀 보상방식에는 어떠한 것들이 있는가?

제8장 커뮤니케이션

01 커뮤니케이션과 관리자
02 개인간 커뮤니케이션
03 조직에서의 커뮤니케이션

[달라지는 기업문화]바뀌는 기업문화 현장 4 :

의사소통… 사원이 질문하면 사장이 직접 댓글

수평적 조직문화 사례

기 업	제 도	효 과
카카오	직급 대신 영어 이름 부르기	회의 시간에 직급 상관없이 자유롭게 토론
CJ	'님'으로 호칭 통일	엔터테인먼트 사업 진출에 필요한 아이디어 활성화
KT	인트라넷 익명게시판	사원부터 사장까지 자유롭게 대화
신세계	사내 SNS 자체 개발	사원의 성공 경험 전 직원이 공유
SK증권	주니어보드	주임급 직원들이 모은 의견을 경영진에 전달

"비노(VINO), 그건 아닌 것 같은데요."

얘기한 사람은 20대 초반 신입직원, 신입직원이 부른 비노란 사람은 이 회사 사장의 영어이름이다. 카카오톡으로 대한민국 대표 벤처 반열에 오른 카카오 이석우 공동대표를 전 직원이 비노라 부른다. "이석우 공동대표님'이란 호칭이 오히려 낯설다. 카카오는 회사가 설립된 2007년부터 전 직원이 서로를 영어이름으로 불렀다. 수평적인 의사소통을 위해서다.

이수진 카카오 홍보팀장은 "카카오 기업문화의 세 가지 원칙은 신뢰, 헌신, 그리고 "충돌'이다. 서로 다른 아이디어가 충돌하면서 더 나은 아이디어가 도출된다고 믿기 때문이다. 수평적 조직문화는 이런 충돌을 많이 발생시키기 위해 필수적"이라고 설명했다.

기업들이 수직적인 직급과 호칭을 파괴하거나 대리 · 주임의 아이디어를 정책에 반영하며 직원들 간의 "평등'을 강조하기 시작했다.

CJ는 2000년부터 업계 최초로 전 계열사가 직원 호칭을 "님'으로 통일했다. 심지어 그룹 회장도 "이재현님'이라 부른다. 이재현 회장이 신입사원을 부를 때도 어김없이 "000님'이란 호칭을 사용한다. CJ그룹 관계자는 "2000년 당시 식품사업 위주의 사업구조를 미디어 · 엔터테인먼트라는 문화사업으로 확장하려 했는데 그러기 위해선 유연한 조직문화가 필수적이었다. 호칭을 수평적으로 바꾼 후 구체적 콘텐츠나 서비스에 필요한 아이디어가 활성화됐고 결국 성공적으로 신사업을 안착시킬 수 있었다"고 밝혔다.

직급을 뛰어넘는 사내 열린 소통을 위해 인트라넷에 익명게시판을 운영하거나 소셜네트워크서비스(SNS)를 활용하는 기업들도 늘고 있다.

KT는 지난해 6월 초 사내 인트라넷망에 "kate2.0 열린 토론방'이라는 익명게시판을 개설했다. 처음에는 "정말 이런 얘기까지 해도 되나'하며 망설이던 직원들이 실제로 익명성이 보장되고 제기된 내부 문제에 해당 부서가 빠르게 피드백하는 사례를 본 후 마음 놓고 글을 올리기 시작했다.

◆ 사장 의견에 사원이 "No!"

지난해 말에는 입사 후 "건배사' 때문에 항상 고민이라는 한 직원(사원으로 추정)의 게시글에 "건배하는 취지의 스토리와 결론을 후창(後唱)하는 "스토리 건배사'도 좋다"는 댓글이 달렸다. 나중에 댓글의 주인공은 정성복 KT 윤리경영실장(사장)으로 밝혀져 주위를 깜짝 놀라게 했다.

신세계그룹은 지난 2010년 12월 사내통신망 "신세계 블라섬(Blossom)'을 개설하고 "신세계 네트워크'라는 사내 SNS 서비스를 시작했다. 이 SNS는 신세계그룹 계열사인 신세계아이앤씨(INC)에서 자체 개발한 것으로 사내 PC뿐 아니라 모바일 웹을 통해서도 이용할 수 있다. 신세계 관계자는 "전국 각지에 점포가 흩어져 있는 유통업계 특성상 타 업종에 비해 임직원들 간의 교류가 쉽지 않았는데 사내 SNS가 소통 창구 역할을 하고 있다"고 말했다.

일례로 이마트 진주점에 근무하는 백승렬 사원은 11월 4일 사내 SNS에 진주점 주말 이벤트 내용을 올렸다. "Wii 스포츠 볼링 100핀을 넘겨라'라는 디지털 게임 이벤트를 진행한 결과 2층 가전・문화매장으로 고객을 끌어들이는 효과가 좋았다며 현장 사진과 매출 성과를 소개한 것. 글이 올라온 지 2시간여 만에 이마트 사상점과 울산점에서 근무하는 직원들이 "벤치마킹해야겠다'는 의견을 달고 실제로 시행했다.

SK증권은 2005년 8월부터 "주니어보드(junior board)' 제도를 운영하기 시작했다. 주니어보드는 과장급 이하 직원들이 "이사회' 같은 회의체를 구성하고 여기서 나온 안건을 경영진에 전달, 실제 경영에 반영되도록 하는 "하의상달식' 의사결정제도다. 매년 주임급 직원 10~12명을 새로 뽑아 매달 1회씩 경영진에 회의 결과를 전달한다. SK증권이 시행하고 있는 전화표준응대 인사말과 "행복밥상(시내추첨을 통해 다른 부서 직원들과 함께 저녁을 먹으며 친밀도를 쌓는 것)' 제도도 주니어보드에서 나온 아이디어다.

강훈 SK증권 팀장은 "자신이 낸 아이디어가 실제로 제도화되니 직원들 사기가 높아지고 더 능동적으로 업무에 임하는 것 같다"고 전했다.

● 출처 : 노승욱 기자 / 2012.11.19

학습목표

1. 커뮤니케이션이 무엇인지 정의할 수 있다.
2. 커뮤니케이션 프로세스에 대해 쉽게 이해할 수 있다.
3. 관리자가 어떻게 커뮤니케이션을 해야 하는지 알 수 있다.
4. 커뮤니케이션 채널과 장애요소들에 대해 설명할 수 있다.
5. 지원적인 커뮤니케이션과 효과적인 피드백 스킬이 무엇인지 이해할 수 있다.
6. 조직 내 공식적 커뮤니케이션과 비공식적 커뮤니케이션을 비교할 수 있다.
7. 커뮤니케이션을 촉진시키는 새로운 기술에는 무엇이 있는지 설명할 수 있다.

01 커뮤니케이션과 관리자

조직 내에서나 또는 외부 사람들과의 효과적인 커뮤니케이션은 관리자들에게 중요한 과제이자 책임이다. 최고의 아이디어와 창의적인 제안, 혹은 아무리 훌륭한 계획도 커뮤니케이션 없이 일어날 수는 없을 것이다. 비록 서툰 커뮤니케이션으로 인해 그들이 건강을 위협받거나 생명에 중대한 지장을 가져오는 것은 아니지만 비효과적인 커뮤니케이션은 부하직원들의 사기저하나 성과저하, 환경의 기회와 위협에 대한 적절한 대응 실패 등을 불러일으키기 쉽다. 오늘날과 같이 직장에서 협업이 보다 요구되는 상황에서 커뮤니케이션의 중요성은 과거 어느 때 보다도 더욱 커지고 있다. 따라서 관리자들은 커뮤니케이션에 관한 지식과 스킬을 향상시키고자 부단한 노력을 한다.

1.1 커뮤니케이션이란 무엇인가?

언제부터인지 커뮤니케이션이란 용어는 일반인들에게도 자주 사용되고 있다. 하지만 사람들에게 커뮤니케이션의 의미에 대해 설명을 요청하면, '상사가 회의에서 업무지시를 전달하는 것', '스마트폰을 이용해 문자메시지를 전송하는 것' 등을 떠올려서 설명하는 경우가 대부분이다. 이와 같이 말하는 것, 쓰는 것은 커뮤니케이션에 대한 피상적인 설명일 뿐이다. '공유하다'라는 라틴어 'communicare'에서 온 커뮤니케이션의 본질은 다른 사람과 어떤 의미를 서로 공유하는 것이다. 따라서 커뮤니케이션은 둘 또는 그 이상의 사람들

에 의해서 정보가 교환되고 이해되는 프로세스로 정의될 수 있다. 이는 곧 공동의 이해를 위해서 개인이나 집단 간에 정보를 교환하거나 의미를 전달하는 과정으로 이해할 수 있을 것이다.

관리자들은 하루 중 업무시간의 80%를 다른 사람들과 직접적인 커뮤니케이션을 하는데 사용하고 있다고 한다. 쉽게 말하면 매시간 근무하면서 약 48분 가량은 회의를 하고 전화통화를 하며 또한 온/오프라인상으로 비공식적 대화나 교류를 갖는다는 것이다. 나머지 20%는 자리에 앉아 문서작업을 하는 것인데, 이 마저도 대부분은 읽고 쓰는 형태의 커뮤니케이션이라고 한다.

[그림 8-1]은 커뮤니케이션과 관련된 관리자의 역할을 보여준다. 관리자들은 조직의 안팎에서 중요한 정보를 얻어 이를 필요로 하는 사람들에게 제공한다. 그들의 커뮤니케이션은 목적 지향적(purpose-directed)이라서 팀이나 조직의 비전과 가치, 목표에 직원들이 집중하도록 만든다. 또한 개방적인 커뮤니케이션을 통해 관리자들은 직원들이 업무영역이나 직급에 구애받지 않고 팀이나 조직의 비전, 전략적인 주제, 목표달성을 위한 가치 등을 논

그림 8-1 관리자의 커뮤니케이션 역할

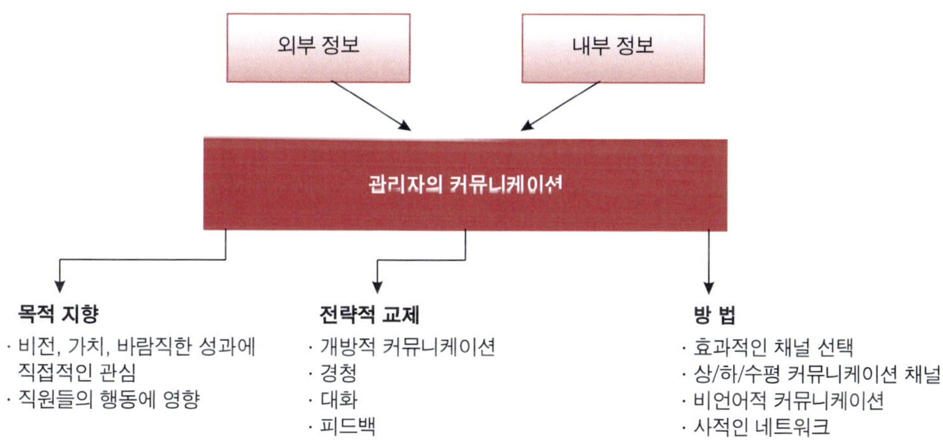

의하는 전략적 교제(strategic conversation)에 참여하도록 유도한다. 효과적인 관리자들은 알맞은 채널과 상/하/수평 커뮤니케이션 방향을 선택하고 비언어적 커뮤니케이션도 활용하는 등 다양한 방법을 활용한다.

팀이나 조직에서 커뮤니케이션은 통제, 동기부여, 감정표현, 정보전달의 기능을 한다. 일상적으로 집단이나 조직에서 발생하는 상호작용적인 커뮤니케이션은 이러한 네 가지 기능 중 어느 하나 또는 그 이상의 기능을 수행하고 있다고 할 수 있다. 우선 커뮤니케이션은 조직 구성원들의 행동을 통제하는 기능을 한다. 조직은 권한위계구조와 구성원들이 따라야 하는 공식적 가이드라인을 가지고 있는데 이를 충실히 이행하도록하는 기능이다. 그 예로서, 직무기술서를 이행하도록 하는것, 그리고 기업정책에 순응토록 하는것 등은 전형적인 커뮤니케이션의 통제기능이라 할 수 있다. 이밖에 비공식적 커뮤니케이션으로도 구성원의 행동을 통제한다. 가령, 한 작업집단에서 특정 개인을 괴롭히고 소외시키는 것과 같은 직장내 따돌림(workplace bullying)은 구성원들 간의 비공식적인 커뮤니케이션을 통해 어느 한 구성원의 행동을 통제하는 것이다.

커뮤니케이션은 성과목표를 구체화하고 그러한 성과를 낼 수 있는 방법과 성과를 개선시키기 위해서 어떻게 해야 하는지를 명확히 함으로써 동기부여를 촉진하는 기능을 한다. 목표설정이론과 강화이론에 의하면 구체적인 목표의 설정, 피드백과 바람직한 행동의 강화는 구성원들의 동기유발을 촉진하는데 이것은 결국 효과적인 커뮤니케이션에 의해서 가능해질 수 있다. 종업원들이 자신의 업적으로 인해 장차 어떤 보상을 받을 수 있는지를 미리 가늠해 볼 수 있도록 커뮤니케이션을 통해 매력적인 비전을 제시하는 것은 관리자의 리더십 스킬에서 매우 중요한 부분이다.

대다수의 종업원들에게 있어 작업집단은 사회적 상호작용의 원천으로서 작업집단 내에서 발생하는 커뮤니케이션은 그들의 만족감이나 좌절을 표현하는 기본적인 메커니즘일 수 있다. 따라서 커뮤니케이션은 구성원들의 사회적인 욕구충족과 감정표현을 가능하게 한다. 하루 일과 중 대부분을 직장에서 보내는 이들에게 직장에서의 원활한 커뮤니케이션은 동료나 상사와 인간관계를 유지하며 자신의 삶을 보다 윤택하고 행복하게 만드는 방법일 수 있다. 더구나 동료들 간의 업무 외적인 교류나 사내 동호회 활동들을 통해 보다 자유로운 감정표현의 기회를 가질 수도 있다.

마지막으로 커뮤니케이션은 정보전달의 기능을 수행한다. 정보전달은 주로 의사결정의 촉진과 관련된다. 의사결정의 문제를 식별하고 이를 해결하기 위한 대안의 평가과정에서 커뮤니케이션을 통해 개인이나 집단의 의사결정에 필요한 정보를 교류하게 된다. 이러한 정보가 업무와 관련된 정보이든 아니든 동료나 상사와 커뮤니케이션을 통해 주고받는 정보는 조직 안에서 공감대를 형성하는데 일조하고 의사결정시에도 또한 중요한 요소로서 작용하게 된다.

1.2 커뮤니케이션 프로세스

우리는 매일 누군가와 커뮤니케이션을 하며 살지만 이것이 생각만큼 간단한 것만은 아니라는 사실을 깨닫는다. 하루에도 수 십번씩 잘못된 메시지를 전달하거나 받을 때가 있기 때문이다. 잘못된 정보로 인하여 괜한 시간을 헛되게 낭비한 경험은 다들 있을 것이다. 커뮤니케이션의 복잡성을 이해하기 위해서는 [그림 8-2]에 제시된 핵심요소들에 주목할 필요가 있다.

모든 커뮤니케이션 상황에서 가장 기본적인 두 요소는 발신자(sender)와 화자와 수신자(receiver)이다. 발신자는 하나의 메시지를 다른 사람에게 전하고자 하거나 또는 사고와 감정을 표현하고자 하는 사람이다. 수신자는 이러한 메시지를 받는 쪽이다. 발신자는 하나의 생각을 여러 상징들로 부호화(encoding)하여 메시지를 만든다. 메시지는 수신자에게 제공되는 그 생각에 대한 명확한 어구를 말한다. 이러한 메시지는 하나의 운반책인 채널을 통해 보내진다. 이것은 공식적인 보고서나, 전화 통화, 전자메일 메시지 또는 면대면 회의 등이 될 수 있을 것이다. 이들 가운데 전통적으로 조직 내의 지휘 네트워크를 따르는 것으로

그림 8-2 커뮤니케이션 모델

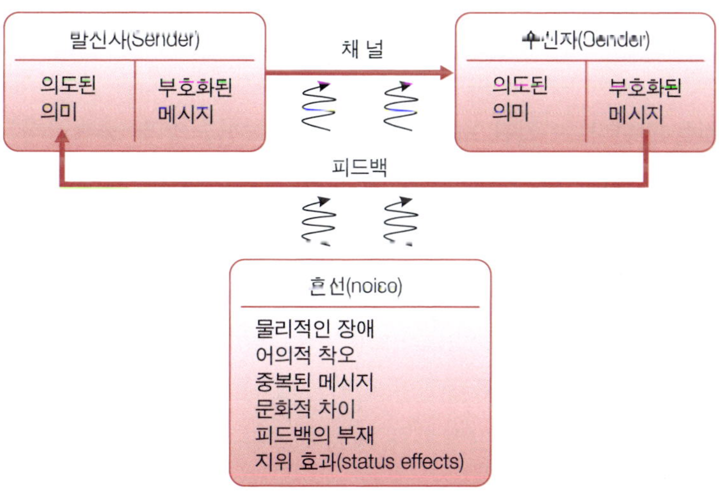

는 공식채널이 있으며 조직구성원의 직무활동과 관련된 메시지를 전달한다. 개인적이거나 친교성격의 메시지는 이와 다른 형태의 조직 내 비공식적 채널을 따른다.

수신자는 메시지의 의미를 해석하기 위해 상징들을 해독(decoding)하게 된다. 상징들이 의미로 변환될 때 여기서 수신자의 지식과 태도, 경험은 여과기능을 하게 됨에 따라 여러 가지 혼선(noise)이 야기될 수도 있다. 따라서 부호화뿐 아니라 해독은 커뮤니케이션 오류의 잠재적 원인이다. 커뮤니케이션의 마지막 과정은 피드백(feedback)이다. 피드백은 수신자가 발신자의 커뮤니케이션에 응답 메시지를 가지고 반응할 때 발생하는 것으로, 주로 의도한대로 메시지가 전달되었는가를 확인하는 것이다. 피드백은 수신자가 얼마나 발신자의 메시지를 이해하고 있는가에 따라 결정된다.

대부분의 직장에서 피드백이 많은 것보다 너무 적은 것이 문제다. 피드백이 부정적이어야 할 때는 더욱 그렇다. 정중하게 도움이 되기를 바라는 마음에서 하는 말도 불쾌하게 느낄 수 있으며 심지어는 적대적으로 받아들여지기 쉽다고 생각하기 때문이다. 특히 성과평가와 관련해서는 더더욱 민감해진다. 평가와 피드백은 분명 다르다. 평가가 개인의 기여도를 판단하는 것이라면, 피드백은 개인의 기여도에 관한 정보를 제공하는 것이다. 피드백은 판단적인 언어공격이 아니라 당사자가 이용할만한 정보를 제공함으로써 성과를 향상시키는 데 초점이 맞추어져야 한다.

1.3 효과적인 커뮤니케이션을 하는 관리자가 되기 위한 방법

상사와 부하의 의사소통에 대한 연구들을 종합 검토한 결과 '좋은' 상사와 '나쁜' 상사를 구분짓는 다섯 가지 커뮤니케이션 스킬이 입증된 바 있다. 이것은 다름 아닌 표현적인 화자, 공감적인 청자, 설득적인 리더, 타인의 감정을 헤아리는 것, 그리고 정보제공자로서의 상사가 되는 것을 말한다. 이러한 스킬들이 커뮤니케이션을 위해 중요하다는 것은 부인할 수 없는 사실이다. 하지만 무엇보다 가장 중요한 것은 상사와 부하간의 일대일 관계(dyadic relationships) 그 자체일 것이다. 이것은 조직 기반 커뮤니케이션의 핵심이기도 하다.

① 자신의 생각이나 아이디어, 그리고 느낌을 회의 등에서 잘 표현하며 사적인 자리에서도 터놓고 이야기하는 표현적인 화자가 부하직원들에게 훌륭한 상사로 인식된다. 그들은 자신을 편안하게 표현하기 때문에 의도한 메시지가 잘 전달되었는지 확인하기 위해서라도 수시로 대화한다. 또한 그들은 외향적인 성향이 있어서 터놓고 말하는 것

을 선호하여 자신의 입장과 신념, 느낌까지도 그때그때 숨김없이 부하직원들이 알 수 있게 한다. 바로 이것이 부하직원들이 자신의 생각을 궁금해 할 정도로 대화를 꺼리는 정보은폐형 상사들과는 다른 면이다.

② 표현하는 화자에 추가적으로 기꺼이 공감하는 청자가 훌륭한 상사이다. 그들은 사려깊은 경청 스킬을 사용하게 되므로 부하나 동료 등 타인이 가져오는 문제들에 대해 상당히 반응적이다. 공감하는 청자는 화자의 입장에 자신을 놓음으로써 상대방이 자신에게 보내는 메시지를 통하여 생각이나 이슈의 내용뿐만 아니라 느낌이나 감정차원까지도 이해하며 듣는다. 이와 같이 훌륭한 상사는 다가가기 쉽고 제안이나 불평들을 기꺼이 들으려 한다. 사실상 경청은 말하는 것보다 어렵다고들 하는데, 이는 일반적인 듣기와 달리 총체적인 집중을 요구하기 때문일 것이다.

③ 모든 상사나 관리자들은 조직 내에서 수행을 책임지고 결과를 성취하기 위하여 그들의 권력과 영향력을 행사해야 하는데, 바람직한 상사들은 그 영향력을 끼칠때 설득적인 커뮤니케이션을 사용한다는 차이점이 있다. 특히 그들은 해야 할 일을 명령하는 대신에 결과를 성취하기 위하여 부하직원들을 독려한다. 생명이 촌각을 다투는 병원 응급실과 같이 높은 위험상황에서 상사들은 지시적이고 독단적일 필요가 있지만 인내와 절제는 관리자들에게 언제나 필요한 덕목이다. 어떤 이슈에 대해 화가 난 관리자는 그가 받은 메시지를 잘못 해석하기 쉬울뿐 아니라 이를 정확하게 내보내지도 못하기 때문이다.

④ 훌륭한 상사들은 또한 부하직원들의 기분, 자아이미지(self-image), 그리고 심리적 방어에 민감하다. 비록 상사들은 종업원들에게 비판적이고 부정적인 피드백을 주어야 할지라도 그것은 사적이면서 건설적으로 이루어져야 한다. 부정적 피드백은 전혀 하지않거나 공개적으로 부하들에게 질책을 하는 것은 좋지 않다. 그러나 종업원의 성과, 성취, 그리고 업적에 대한 피드백은 공개적으로 해야 한다. 이렇듯 훌륭한 상사들은 타인들의 자존감(self-esteem)을 헤아릴 줄 안다. 이들은 부하의 재능과 능력을 인정함으로써 그들의 자존감을 향상시킨다.

⑤ 마지막으로 훌륭한 상사들은 부하들에게 필요한 좋은 정보를 꾸준히 제공해 준다. 이러한 역할에는 다양한 매체를 통한 대량의 정보수집은 물론 정보를 제공하기 전에 적절히 선별하는 작업이 포함된다. 너무 많은 정보나 복잡해서 다루기 힘든 정보는 개인에게 스트레스만 야기할 수 있다. 커뮤니케이션도 경우에 따라서는 직원들의 소진(burnout)의 원인이 되기도 한다. 이밖에 전반적인 팀의 학습능력을 개발하는 것도 훌륭한 상사들이 주로 효과적인 커뮤니케이션을 유도하기위한 환경을 촉진시키는 길이다. 지식경영(knowledge management)은 학습문화를 배양하기위한 하나의 방안으로서 그 성공은 효과적인 커뮤니케이션을 전제로 한다.

02 개인간 커뮤니케이션

개인간 커뮤니케이션의 중요성은 아무리 강조해도 지나치지 않다. 직장내에서 업무성과뿐만 아니라 원만한 인간관계를 형성하고 유지하는데 있어서 개인간 커뮤니케이션은 매우 중요한 역할을 하기 때문이다. 물론 커뮤니케이션 스킬만 능숙하다고 해서 직장생활에서 능사는 아니지만 효과적이지 못한 커뮤니케이션 스킬은 여러 상황에서 다양한 문제로 이어지기 쉽다. 가령 동료간의 커뮤니케이션상의 단순한 오해가 팀 성과저하에 주원인이 되거나 상사와의 불화가 직장을 떠나는 일로 귀결되는 것을 종종 볼 수도 있다. 따라서 이 장에서는 개인간 커뮤니케이션의 채널들과 장애요인들을 살펴보고 커뮤니케이션 스킬로서 중요한 경청기술을 개발하기 위한 방법들을 익히도록 한다.

2.1 커뮤니케이션 채널들

직장에서는 서면을 이용한 커뮤니케이션이 구두보다 더 빈번하게 이용되곤 한다. 구두보다 서면이 더 효과적이어서 일까? 서면커뮤니케이션은 메모, 편지, 이메일, 게시판과 기타 활자와 상징을 전달하는 다른 매체를 포함한다. 발신자가 서면커뮤니케이션을 하는 이유는 무엇일까? 형태를 가지며 증명할 수 있는데다 구두보다는 더욱 영구적인 다양성을 가지고 있기 때문일 것이다. 전형적으로 발신자와 수신자 모두 커뮤니케이션에 대한 기록을 가지게 되며 메시지는 무기한으로 저장될 수 있다. 메시지 내용에 대한 의문점이 제기될 때는 나중에 참조용으로 이용도 가능하다. 이러한 특징은 복잡하거나 장기간의 소통이 필요할 때 특히 중요할 것이다. 서면커뮤니케이션의 마지막 장점은 과정자체에 있다. 공식적인 연설과 같은 특별한 경우를 제외하고는 구어보다 문어에 사람들은 더욱 주의를 기울이게 된다. 글을 쓴다는 것은 사람들로 하여금 전달하고자 하는 것에 대해 다시 한번 더 신경을 쓰게 만든다. 그러므로 서면커뮤니케이션은 심사숙고하게해서 논리적이며 명확하게 만든다.

물론 서면메시지도 단점들을 가지고 있다. 우선 쓰기는 정교하지만 직접대면이나 전화통화보다 더 많은 시간을 필요로 한다. 사실, 기안하거나 작문하는데 1시간쯤 걸리는 것도 구두로는 10~15분 안에 내용을 다 전달하고 끝낼 수 있을 것이다. 또 다른 단점은 피드백 그 자체 혹은 피드백의 부족이다. 구두커뮤니케이션은 수신자로 하여금 듣고서 생각하는 것을 즉시 반응하게 해주지만 서면커뮤니케이션은 고유의 피드백 메커니즘을 가지고 있지 않다고 할 수 있다. 가령, 전자메일을 보내는 것만으로 이것이 반드시 읽힐 것이리는 보장이 없으며, 열어보았다 할지라도 수령인이 발신자가 의도한 대로 해독할 것이라는 보장도 없다. 따라서 어떤 메모가 상대방에게 잘 전달될 것을 가정하는 경우라면 수신자에게 정확한 요약을 요청하는 수밖에 없다.

어쩌면 가장 의미있는 개인간 커뮤니케이션 채널은 말이나 글이 아닐 수도 있다. 일대일 대면에 의한 커뮤니케이션에 있어서도 중요한 정보는 비언어적 단서에 의해 전달되는 경우가 많기 때문이다. 비언어적 커뮤니케이션(nonverbal communication)에는 얼굴표정, 목소리 톤, 물리적 거리와 침묵과 같은 것들이 포함된다. 가장 잘 알려진 것이 보디랭귀지와 억양이다. 손동작, 표정, 그리고 기타 신체의 다른 움직임을 말하는 보디랭귀지는 호전성, 공포, 수줍음, 거만, 즐거움과 노여움 같은 감정이나 성질까지 커뮤니케이션할 수 있다. 단어나 구를 강조하는 억양 역시 마찬가지다. 가령, 동료에게 팀장이 "그게 무슨 말이지?"라고 대답한다면 팀장의 억양에 따라 동료의 반응은 다를 것이다. 부드럽고 매끄러운 톤과 마지막 단어를 강하게 강조한 까칠한 톤은 분명 서로 다른 의미를 만들기 때문이다. 진심으로 설명을 원하는 경우라면 전자는 억양으로 볼 수 있으나 후자는 그 사람이 호전적이거나 방어적이라고 생각하기 쉽다.

비언어적 커뮤니케이션은 다음의 두 가지 면에서 언어에 의한 커뮤니케이션과 구분된다. 첫째, 언어에 의한 커뮤니케이션은 의식적인데 반해, 비언어적 커뮤니케이션은 습관적이고 무의식적이다. 우리가 말하고 쓰고 할 때는 생각을 많이 하지만 대화 중에 표출되는 제스처나 표정은 자연스럽게 나올 때가 많다. 둘째, 비언어적 커뮤니케이션은 이렇다 할

표 8-1 커뮤니케이션 채널: 정보의 풍부함과 데이터의 양

매 체	정보의 풍부함	자료의 양
면대면 대화	최상	최하
전화	상	하
전자메일	중	중
사적인 편지	중	중
개별적인 노트와 메모	중	중
서면 보고서	하	상
게시판	하	상
수치 보고서	최하	최상

출처 : Created by E. A. Gerloff from "Information Richness: A New Approach to Managerial Behavior and Organizational Design" by Richard L. Daft and R. H. Lengel in Research in Organizational Behavior 6(1984): 191~233. Reprinted by permission of JAI Press Inc.

형식이 없다. 따라서 말에 따라 나오는 비언어적 징후의 이해를 위해서 교육을 받는다는 것도 사실상 어려운 일이다. 경험이나 직관을 기초로 이것을 이해하기 때문에 비언어적 단서들을 잘못 이해할 가능성은 그만큼 높다. 한 연구에 따르면, 대부분 면대면 상황에서 발생하는 비언어적 커뮤니케이션은 각각 세 가지 커뮤니케이션 단서의 원천별로 언어적 영향 7%, 음성적 영향 38%, 그리고 표정적 영향이 55%나 됨을 밝혔다.

개인들은 저마다 커뮤니케이션을 위해서 적절한 채널을 선택할 수 있다. 메시지의 풍부함은 메시지를 전달하기 위해 선택하는 매체에 따라 달라진다. 즉, 여러 단서를 동시에 처리하는 능력, 신속한 양방향 피드백을 촉진하는 능력, 그리고 커뮤니케이션에 개인적인 초점을 두는 능력 등에 의해서 각 채널들의 정보 수용력은 달라지게 마련이다. 〈표 8-1〉은 다양한 매체별로 데이터의 양과 정보의 풍부함을 비교해서 보여주고 있다.

2.2 커뮤니케이션의 장애요인들

통신기술을 활용한 커뮤니케이션은 업무환경의 변화를 가져왔지만 개인들 사이에 그리고 개인 내에 존재하는 수많은 장애요인들을 완전히 극복한 것은 아니다. 우선, 최근 증가세에 있는 재택근무와 원거리 근무는 커뮤니케이션 장애를 유발하는 원인 가운데 하나이다. 물리적인 거리문제를 해결하기 위한 수단으로서 온라인상에서의 가상근무(virtual work)는 과다한 정보와 비언어적 단서의 부족이라는 커뮤니케이션 과정상의 문제뿐만 아니

라 대인관계에서도 사회적 고립과 고독이라는 문제를 야기하기 쉽다. 그들은 면대면(face-to-face) 대화만큼의 풍부한 정보를 제공해 주지는 못한다. 주기적인 면대면 상호작용은 가상직장과 관련된 물리적인 분리를 해결하는 한 가지 방법이다. 왜냐하면 앞서 언급한 것처럼 커뮤니케이션은 비언어적인 신호의 결과로서 더 풍부해지기 때문이다. 면대면 대화처럼 정보가 풍부한 커뮤니케이션은 혼란, 갈등, 그리고 오해를 줄여준다.

개인이 속한 문화권의 독특한 가치와 행동양식으로 인해 커뮤니케이션에 혼선이 야기되기도 한다. 개인주의에 가치를 두는 미국과 같은 나라와 집단주의를 강조하는 일본같은 나라를 비교해보자. 한 연구에 의하면, 미국관리자들은 어떤 이슈에 대한 자신의 입장을 말하기 위해 주로 공식적인 양식에 의존하는 반면, 일본관리자들은 면대면 커뮤니케이션을 선호한다. 일본인 상사를 두고 있는 미국인 직원들이라면 면대면 대화를 요구하는 상사가 처음에는 적응이 안 될 것이다. 한편 특정문화 내에서의 관례적인 상호작용 형식이 종종 커뮤니케이션을 대신하기도 하는데 이를 이해하지 못해서 혼란을 겪기도 한다. 특히 한국이나 중국과 같은 고관여 문화(high context culture)에서는 커뮤니케이션 내용 그 자체보다도 상황이 부여하는 의미가 더 중요한 경우가 많다. 모든 문화에서의 차이를 인정하고 다양성을 받아들이는 노력이 이문화간 교류에서는 반드시 요구된다.

커뮤니케이션의 장애는 남성과 여성의 대화방식 차이로도 발생될 수 있다. 여성의 사회참여가 증가하면서 다른 성별간의 효과적인 커뮤니케이션은 어떤 조직에서든 중요한 이슈가 되고 있다. 남성과 여성은 커뮤니케이션에서도 많이 다르다. 남성들은 허세를 부리고 심지어 거만해 보이는 언어들을 사용하는 경향이 있고, 여성들은 사람들을 배려하고 겸손해 보이는 언어들을 사용하는 경향이 있다. 한 연구에 따르면, 이러한 여성과 남성 사이에서의 대화방식의 차이는 유년시절부터 시작된다고 한다. 소년들은 대체적으로 계층적인 구조화된 그룹에서 놀이를 하며 그에 따른 독립적인 언어를 사용한다. 반면에, 소녀들은 소규모의 그룹이나 두 명이 한 쌍을 이루어 놀이를 하고 관계적이며 친밀한 언어를 사용한

그림 8-3 고관여 문화 vs. 저관여 문화

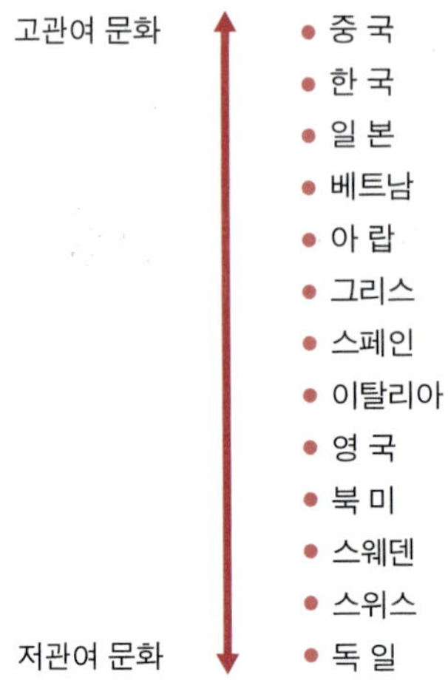

다. 이러한 양성간 대화방식에서의 성별 차이(gender differences)를 수용하고 이해하는 것은 커뮤니케이션에서의 성별 장벽을 해결하는 가장 중요한 방법일 것이다. 마치 '화성에서 온 남자 금성에서 온 여자'처럼 말이다.

메시지를 수신하였을 때의 수신자의 감정상태 또한 그 메시지를 해석하는 방법에 영향을 끼칠 수 있는 중요한 요인이다. 즐겁거나 우울함에 따라 같은 메시지도 다르게 해석되는 경험을 누구나 한번쯤은 해보았을 것이다. 어떤 감정은 사람들을 침묵하게 하거나 폭력적으로 만듦으로써 커뮤니케이션을 방해하기도 한다. 특히 극단적인 감정은 자기자신을 명확하고 조리있는 언어로 표현하지 못하도록 만든다. 이러한 감정은 더 나아가 상대방이 방어적인 자세를 취하도록 만들기도 한다. 극단적인 감정으로 인한 커뮤니케이션 장애의 해결방법 중 하나는 의도적으로 말을 멈춤으로써 시간을 가지고 화자가 침착함을 회복할 수 있도록 하는 것이다. 그리고 두 번째 방법이라면 안전하고 비위협적인 장소나 경로에서 격렬한 감정을 발산하고 표출하여 해소하는 것이다.

다음은 마지막 장애요인으로서 여과와 선택적 수용이다. 남을 잘 신뢰하지 않는 사람은 상대방이 거짓을 전한다고 가정하거나 또는 정확하지 않은 것을 듣고 있다고 믿는다. 가령, 평소 자신의 동료가 유능하지 못하다고 믿는다면 그가 주는 정보는 아무리 중요한 것이라도 무시하려 든다. 이와 같이 선택적인 수용을 하는 사람들은 또한 정보를 여과하여 일부만 상대방에게 전달하기도 한다. 이러한 여과가 실제 조직에서는 부정적인 정보는 제쳐두고 상사가 듣기 원하는 것만 추려서 전하는 식으로 많이 발생된다. 조직 내에서 수직적 계층이 많이 존재할수록 그 기회는 더욱 많아진다고 한다. 최근 조직 내에서 지속적으로 늘어나는 인트라넷과 전자메일의 사용은 차상위 상사와도 직접적인 접촉의 기회를 제공하고 있어서 여과의 폐해를 줄일 수 있게 해준다. 더구나 회람(참조) 기능은 발신자와 수신자 모두의 신뢰를 높임으로써 여과뿐 아니라 선택적 수용의 가능성까지 줄여준다.

2.3 지원적인 커뮤니케이션과 효과적인 피드백 스킬

조직에서 구성원들 또는 부서 간에 어떤 문제가 발생한다면 많은 사람들이 그것을 적극적으로 나서서 해결하려 하기보다는 그냥 덮고 넘어가려하는 경향이 있다. 왜 그럴까? 아마도 대화가 껄끄러울 것이라는 부담감과 문제를 더 악화시키게 될지도 모른다는 걱정이 앞서기 때문일 것이다. 1997년 발생한 대한항공 801편 비행기 추락사고는 커뮤니케이션 부재가 빚은 참사 중 하나로 기억되고 있다. 기장의 판단이 잘못됐다는 것을 알면서도 승무원들이 이를 지적하지 못해 200명이 넘는 승객이 목숨을 잃은 사건이다. 커뮤니케이션 부재가 낳은 이 사건의 원인을 어떤 학자는 '권력거리 지수(PDI)'를 가지고 문화적 유산 때문으로 귀결짓기도 했다. 하지만 문화적인 이유보다는 승무원들간의 지원적인 커뮤니케이션의 부족이 더 큰 원인일지 모른다.

지원적인 커뮤니케이션(supportive communication)이란 상호간의 관계를 구축하고 지속적으로 유지, 발전시켜 나가는데 초점을 두는 개인간의 커뮤니케이션을 의미한다. 불필요한 오해없이 정확하고 솔직한 커뮤니케이션을 위해서는 평소 조직 내에서 지원적인 커뮤니케이션 원칙을 따르는 것이 좋다. 즉, 상대방이 불필요한 방어행동(defensiveness)을 취하지 않도록 유의하는 것과 본인도 자존심 회복을 위해 오류입증(disconfirmation)에 열을 올리지 않는 것이다. 방어적인 커뮤니케이션(defensive communication)은 저돌적이고 공격적으로 화나서 하는 커뮤니케이션으로, 수동적이며 철회적인 의사소통까지도 포함한다. 조직에서의 방어적 커뮤니케이션은 감정의 상처, 커뮤니케이션의 단절, 작업관계에서의 소외, 파괴적이고 보복적인 행동, 그리고 비생산적인 효과와 문제해결의 실패 등 광범위한 문제를 초래한다.

방어적인 커뮤니케이션은 흔히 또 다른 방어적인 커뮤니케이션을 유발한다. 방어의 두 가지 기초적인 양식은 지배적인 것과 종속적인 것이다. 지배적 방어(dominant defensiveness)는 활동적이고 공격적이며, 침략적인 행동으로 특징지어진다. 즉, "최선의 공격이 최고의 수비이다"라는 식이다. 이것은 다분히 공격성향으로 지배적 방어성향의 사람들은 '내가 옳고 당신은 그르다'는 심리학적 특성을 보인다. 조직의 높은 계층에 있는 사람들뿐 아니라 자격지심에서 손상된 자존감을 보상받고자 하는 사람들은 대부분 이러한 유형의 방어태도를 보일 수 있다. 한편, 종속적 방어(subordinate defensiveness)는 수동적이고 복종적이며 철회하는 행동들에 의해 특징지어진다. 종속적 방어성향의 사람들은 '당신이 옳고 나는 틀렸어'라는 심리학적 태도를 보인다. 주로 조직의 낮은 위치에 있는 사람들과 자존감이 낮은 사람들이 이러한 방어태도를 보인다. 겉보기에는 순종적으로 보이지만 결코 바람직한 태도라고는 할 수 없다.

이러한 지원적인 커뮤니케이션 원칙과 긴밀한 관련성을 갖는 것이 바로 효과적인 피드백 스킬이다. 지원적인 커뮤니케이션은 당면한 문제를 이야기하는 동안 당사자끼리 긍정적인 관계를 지속적으로 유지할 수 있도록 하는 것이므로 피드백을 하는 상황에서, 특히나 부정적인 피드백을 해야 하는 상황에서는 더더욱 중요하다. 피드백을 주고 받는 것은 상사나 부하직원 양측에게 쉬운 일이 아니다. 그나마 긍정적인 피드백이라면 즉각적이고 열성적으로 응할 수 있지만 부정적인 피드백은 꽤나 다르게 다루어진다는 것을 알 수 있다. 대부분 수용되는 긍정적인 피드백과 달리 부정적인 피드백은 자주 저항에 부딪친다는 것을 알기 때문에 상대방의 감정을 해치는 것이 두려워서 종종 부정적인 피드백을 피하거나 지연시키거나 실질적으로 왜곡시키기까지 한다. 한 연구에서는 부정적인 피드백이 객관적이거나 또는 신뢰할만한 근거를 바탕으로 이루어지게되면 대부분 쉽게 받아들여진다고 했다. 이렇듯이 부정적 피드백도 지원적인 커뮤니케이션을 위해 다음에서 제시하는 것처럼 그 방법을 배울 필요가 있다.

- 특정 행동에 집중시켜라
- 피드백을 비개인적으로 유지하라
- 목적 지향적인 피드백이 되게 하라
- 피드백을 적시에 제공하라
- 확실히 이해시켜라
- 수신자가 통제 가능한 행동에 대해 피드백을 하라

조하리 윈도우(The Johari Window)

The Johari Window

	Known to self	Not Known to self
Known to others	Open	Blind
Not Known to others	Hidden	Unknown

조하리 윈도우는 이해와 활용이 쉬운 커뮤니케이션 모델로서, 자신과 타인이라는 두 정보 원천간의 상호작용을 반영하는 네 영역으로 이루어진다. 첫째, 공개적 영역(open area)은 나도 알고 있고 다른 사람에게도 알려져 있는 나에 관한 정보를 의미한다. 둘째, 맹목의 영역(blind area)은 나는 모르지만 다른 사람은 알고 있는 나의 정보를 뜻한다. 사람은 이상한 행동습관, 특이한 말버릇, 독특한 성격과 같이 '남들은 알고 있지만 자신은 모르는 자신의 모습'이 있는데 이를 맹목의 영역이라고 할 수 있다. 셋째, 숨겨진 영역(hidden area)은 나는 알고 있지만 다른 사람에게는 알려지지 않은 정보를 의미한다. 달리 말하면, 나의 약점이나 비밀처럼 다른 사람에게 숨기는 나의 부분을 뜻한다. 마지막으로 미지의 영역(unknown area)은 나도 모르고 다른 사람도 알지 못하는 나의 부분을 의미한다. 심층적이고 무의식의 정신세계처럼 우리자신에게 알려져 있지 않은 부분이 미지의 영역에 해당한다. 하지만 지속적인 관심과 관찰을 통해서 이러한 부분은 언젠가는 스스로 의식할 수 있게 된다.

사람마다 마음의 창모양이 다르다. 개인이 인간관계에서 나타내는 자기노출과 피드백의 정도에 따라 마음의 창을 구성하는 네 영역의 넓이가 달라지기 때문이다. 이렇듯 다양하게 나타나는 창모양은 어떤 영역이 가장 넓은가에 따라 크게 다음의 네 가지 유형으로 구분될 수 있다. 이 가운데 공개적 영역은 원활한 커뮤니케이션이 일어날 수 있는 조건을 제공하게 되므로 자기노출과 피드백 추구를 증진함으로써 이 영역의 크기를 가능한 넓히는 것이 요구된다.

- 공개적 영역이 가장 넓은 사람은 대체로 인간관계가 원만한 사람들이나. 이들은 적절하게 지기표현을 잘 할뿐만 아니라 다른 사람의 말도 잘 경청할 술 아는 사람들로서 다른 사람에게 호감과 친밀감을 주게 되어 인기가 있다. 그러나 지나치게 공개적 영역이 넓은 사람은 말이 많고 경박한 사람으로 비쳐질 수도 있다.
- 맹목의 영역이 가장 넓은 사람들은 자신의 기분이나 의견을 잘 표현하며 나름 자신감을 지닌 시원시원한 사람일 수 있다. 그러나 이들은 다른 사람의 반응에 무관심하거나 둔감하여 때로는 자기주장만 하는 사람으로 비추어질 수 있다. 다른 사람의 말에 좀 더 진지하게 귀를 기울이는 노력이 필

요하다.

- 숨겨진 영역이 가장 넓은 사람들은 다른 사람의 이야기는 잘 경청하지만 자신의 이야기는 잘 하지 않는 사람들이다. 이들 중에는 자신의 속마음을 잘 드러내지 않으며 계산적이고 실리적인 경향이 있다. 이들은 실수가 적고 적응력이 좋지만 내면적으로는 고독감을 느끼는 경우가 많다. 자기개방을 통해 다른 사람과 좀 더 넓고 깊이 있는 교류가 필요하다.
- 마지막으로 미지의 영역이 가장 넓은 사람들은 인간관계에 소극적이며 혼자 있는 것을 좋아하는 사람들이다. 다른 사람과 접촉하는 것을 불편해 하거나 무관심하여 고립된 생활을 하는 경우가 많다. 이러한 고립형은 인간관계에 좀더 적극적이고 긍정적인 태도를 가질 필요가 있다. 인간관계의 개선을 위해서는 일반적으로 미지의 영역을 줄이고 공개적 영역을 넓히는 것이 바람직하다.

03 조직에서의 커뮤니케이션

한 설문조사에 따르면 우리나라 직장인의 65.3%가 자신이 일하는 회사에서 커뮤니케이션이 잘 안된다는 평가를 내렸다. 직장인들은 커뮤니케이션이 잘 안되는 주요원인으로 위계적이며 경쟁지향적인 조직문화를 꼽았다. 구체적으로 '상명하복식의 위계문화'가 32.9%로 가장 많았고, '자기이익만 추구하는 개인 · 부서 이기주의(32.1%)', '지나친 단기 성과주의 강조(31.4%)' 등의 순이었다. 조직에서는 업무지시와 보고 등의 공식적인 커뮤니케이션과 업무외의 사적인 교류나 사교모임에서의 소통같은 비공식적 커뮤니케이션이 함께 존재한다. 기술의 발달과 함께 급속한 정보화와 네트워크화가 이루어짐에 따라 수평적 커뮤니케이션의 중요성이 한층 강조 되고 있다.

3.1 공식적인 커뮤니케이션과 비공식적인 커뮤니케이션

공식적 커뮤니케이션은 조직에서 정의하고 있는 책임과 권한에 따라 메시지의 전달이 일어나는 것을 의미한다. 이러한 커뮤니케이션은 그 방향에 따라 수직적이거나 수평적으로 흐를 수 있다. 더 나아가 수직적 커뮤니케이션은 다시 상향식과 하향식으로 구분할 수 있다. 한편 비공식적 커뮤니케이션은 조직내에서 자생적으로 형성된 커뮤니케이션 체계를 일컬으며 통상 그레이프바인으로도 지칭한다.

(1) 하향식 커뮤니케이션

전형적인 커뮤니케이션 개념으로 업무와 관련된 상급자의 의견이나 전달사항이 공식적인 경로를 거쳐 하급자에게 전달되는 것을 의미하며, 업무지시, 사내공지, 정책지시, 안내서 등이 포함될 수 있다. 집단이나 조직의 한 위계에서 보다 낮은 위계로 흐르는 이러한 커뮤니케이션을 흔히 지시적 커뮤니케이션이라고도 한다. 하향적 커뮤니케이션은 명령의 일원화와 책임소재의 명확성을 확보할 목적으로 매우 널리 사용되고 있지만 이 방법이 제대로 이루어지지 않았을때는 조직 구성원들 사이에 갈등을 유발하는 수가 있다. 따라서 상사는 하향식 커뮤니케이션을 이용할때 왜 그러한 의사결정이 이루어졌는지에 대한 이유를 반드시 함께 설명해야 할 필요가 있다. 또 다른 문제점은 하향식 커뮤니케이션의 일방적인 성격에 있다. 일방적이다보니 밑으로 내려갈수록 정확성이 떨어질 때가 있다. 게다가 일반적으로 상사들은 부하직원들에게 알리기는 해도 좀처럼 그들의 조언이나 의견을 수용하려하지 않는 경향까지 있다. 쌍방향적 커뮤니케이션이 상호이해와 정확도 면에서 일방적 커뮤니케이션보다 훨씬 효과적이란 사실은 누구나 잘 알 것이다.

(2) 상향식 커뮤니케이션

'bottom up' 커뮤니케이션이라고도 하는 상향식 커뮤니케이션은 제안제도나 상황적 보고가 전형적인 예라 할 수 있다. 의사나 제반정보가 하급자로부터 상급자에게로 흘러가는 상향식 커뮤니케이션의 목적은 부하직원들의 자발적인 의사전달과 그들의 현장경험을 통한 실무 아이디어의 창출이라고 볼 수 있다.

그러나 조직의 규모가 비대해지면서 상향식 커뮤니케이션이 제대로 활용되지 못하는 경우가 많다. 그 주된 이유로서 상사들은 때때로 부하들의 의견이나 아이디어를 무시하는 경우가 많다는 것이다. 더구나 상명하복의 위계질서 문화로 우리나라에서는 이런 것이 당연시되는 경향까지 있다. 부하들 역시 보고할 내용이 좋지 못하고 결점이 많을 때는 보고를 은폐하려 한다는 것도 원인 가운데 하나다. 그 중요성에 비해 상향적 커뮤니케이션이 충분히 활용되지 못하는 것이 현실이다. 상향식 커뮤니케이션은 상사로 하여금 부하직원들이 직무와 동료, 그리고 조직전반에 대하여 어떻게 느끼는지를 알 수 있게 해준다. 그렇기 때문에 상향식 커뮤니케이션은 원활한 팀 기능을 위해 필수적이다.

(3) 수평적 커뮤니케이션

조직 내에서 대등한 지위에 있는 구성원끼리의 커뮤니케이션을 수평적 커뮤니케이션이라고 한다. 팀제의 도입이 증가하면서 그 중요성이 보다 강조되고 있는 커뮤니케이션으로서 팀원들간의 교류나 동등한 부서간의 커뮤니케이션이 이에 속한다. 수평적 커뮤니케이션은 정보공유에 직접 관련되며 조정을 용이하게 해준다. 대부분의 고성과조직들에서는 수평적 커뮤니케이션이 원활하게 이루어져서 구성원들로 하여금 기업내부의 정보공유를 활성화시키고 있다. 비록 수직적인 커뮤니케이션이 조직 내에서 주요 커뮤니케이션으로 작용하지만 보다 효과적인 조직이 되기 위해서는 이 수평적 커뮤니케이션이 원활히 이루어져야 한다. 하지만 수평적 커뮤니케이션이 공식적인 경로를 위반하거나 특정동료를 괴롭히기 위해 사용된다면 역기능적인 갈등을 유발하게 될 것이다.

수평적 커뮤니케이션의 특수한 형태로서 팀 커뮤니케이션의 집권화 정도와 팀 과업의 성격간의 관계를 조사한 연구들이 있다. 집권화된 커뮤니케이션 네트워크는 중심이 되는 사람에게 관련정보를 잘 전달하여 단순한 문제에 대해서 신속한 해결에 이를 수가 있다. 반면 복잡한 문제와 관련해서는 분권화된 네트워크가 더 문제해결이 빠를 수 있다. 필요한 정보가 한 사람에게만 집중되지 않고 광범위한 커뮤니케이션은 유익한 인풋(input)이 되기 때문이다. 문제해결의 정확도에 있어서도 집중화된 네트워크는 단순한 문제와 관련해서 에러(error)가 적지만 복잡한 문제에서는 에러가 많을 수 있다. 반면 분권화된 네트워크는 단순한 문제에서 정확도가 적지만 복잡한 문제에서 정확도가 높을 수 있다.

(4) 비공식적 커뮤니케이션(그레이프바인)

조직에는 공식적인 커뮤니케이션 체계뿐만 아니라 자생적으로 형성된 비공식적 커뮤니케이션 체계도 존재한다. 이러한 비공식적 커뮤니케이션 체계를 포도넝쿨을 닮았다하여 '그레이프바인(grapevine)'이라고도 칭한다. 비공식적인 정보는 입에서 입으로 또는 전자매체를 통해서 퍼져 나간다. 공교롭게도 좋은 소식보다는 나쁜 소식이 더 빠르게 떠돌아다닌다. 가령, 대량해고와 공장폐쇄 등에 대한 소문은 누가 영향을 받을지, 언제 일어날지에 대한 부정확한 정보로 가득 채워져 있지만 뭔가 일어난다는 소문은 꽤나 정확한 게 사실이다. 다양한 산업에 종사하는 종업원들을 대상으로 한 조사에서 응답자의 과반수, 55%가 그레이프바인을 통해 주요 정보를 얻고 있다고 했으며, 또 다른 연구에서는 공식적인 커뮤니케이션 채널을 통해 얻는 정보 이상으로 그레이프바인을 통해 얻는 정보를 신뢰한다고 보고했다.

[그림 8-5]에서 보듯이 그레이프바인은 크게 두 가지 유형으로 구분된다. 메시지가 한 사람으로부터 다수의 사람에게로 전달되는 가십형(gossip)과 몇몇 소수의 사람들로부터 다수의 사람에게로 메시지가 전달되는 클러스터형(cluster)이 그것이다. 조직차원에서 보면 그레이프바인은 구성원들이 상황에 대한 이해뿐만 아니라 문제에 대한 신속한 반응을 하는 데에도 도움을 준다. 비공식적인 커뮤니케이션이 활발하다는 것은 그 만큼 조직이 건강하다는 증거이기도 하다. 하지만 그레이프바인을 공식적으로 통제하는 것이 어렵기 때문에 조직의 목표에 반하거나 부정적인 정보확산의 통로로 사용될 때는 이를 제어하는 것이 불가능할 때도 있다. 비공식적 커뮤니케이션 체계를 흐르는 정보는 대부분 소문의 형태이고 왜곡될 소지도 많아 그동안 소홀하게 다루었던 것이 사실이다. 관리자가 효과적인 업무를 위해 비공식적인 커뮤니케이션을 관리하려면 그 경로를 들여다볼 필요가 있다. 비공식적 커뮤니케이션의 역기능을 줄이고 장점을 이용하는 방안모색이 바람직하다고 할 수 있다.

그림 8-5 그레이프바인

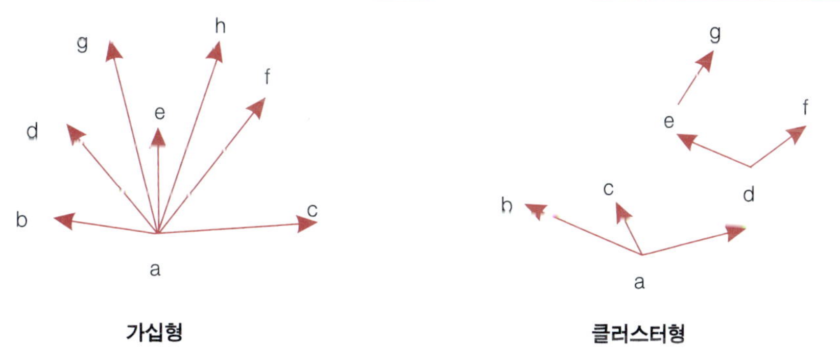

3.2 새로운 기술을 통한 커뮤니케이션

급격한 기술의 변화로 오늘날 기업들이 활용하는 커뮤니케이션 도구들은 매우 다양하다. 먼저 '인트라넷상의 게시판'으로 사보, 포스터 등과 함께 정보게시를 위해서 사용한다. 두 번째는 '가상회의'로 오디오 · 비디오 컨퍼런스나 위성 미팅 등이 여기에 포함된다. 세 번째는 '최고경영자(CEO)의 직접적인 커뮤니케이션'으로 CEO 월간레터, 신년사 등이 있다. 이 밖에도 기술기반의 커뮤니케이션 도구로 단문 문자 메시지(SMS), 음성 메시지, 인스턴트 메시지 등이 널리 활용되고 있다.

성공적인 사내 커뮤니케이션과 관련해서는 해외 기업들에서 더 많은 사례를 발견할 수 있는데 구글이 대표적이다. 구글은 사내 커뮤니케이션 활성화가 아이디어 창조에 기여하도록 인트라넷을 적극 활용한다. 모든 직원이 인트라넷에 자신의 아이디어를 게재하고 다른 직원의 아이디어에 댓글을 단다. 일정 수준 이상의 댓글을 얻게 되면 '20% 과제'로 등록되고 아이디어 제안자가 아이디어를 보다 구체화시키게 된다. 아이디어에 관심이 있는 다른 직원들 또한 소속부서와 상관없이 제안자와 함께 팀을 구성할 수 있다.

과거에 일대일 미팅이나 팀 미팅이 정보를 공유하는 하나의 방법이었다면 오늘날의 화상회의는 새로운 미팅방식으로 또 다른 기술을 보여준다. 사람들이 네트워크 컴퓨터시스템을 통해 전화나 이메일로 동시에 의논하는 것이 가능하게 되었으며 화면을 통해 회의 참가자들이 서로를 볼 수 있다면 이것이 곧 화상회의이다. 직원들은 스카이프와 같은 인기 웹사이트를 개별적으로 이용하기도 하지만 많은 회사들은 직원들이 사용할 수 있도록 인스턴트 메시지나 음성통화시설을 겸비하고 있는 경우가 많다. 서로 다른지역에 있는 크고 작은 작업집단들은 정보를 공동으로 활용하고 공유하는 이러한 커뮤니케이션 네트워크 툴을 사용해서 여러 지역의 구성원들을 직접 불러 모으는 수고없이 효율적인 회의를 하는 조직이 늘고 있다.

위의 예에서 보듯이 정보기술은 조직구성원이 커뮤니케이션하는 방법을 급진적으로 변화시켰다. 우선 정보기술은 관리자가 개인과 팀 성과를 감독하는 능력을 두드러지게 변화시켰으며 조직 구성원들로 하여금 더욱 빠른 의사결정이 가능하도록 보다 완벽한 정보를 제공해 주었다. 게다가 사무실에 있든지, 번화가에 있든지, 혹은 지구상의 어디에 있든지 조직 구성원들이 서로 커뮤니케이션 할 수 있고 새로운 정보를 공유할 수 있는 기회를 더 많이 제공했다. 이제는 스마트폰, 노트북, 다른 휴대용 커뮤니케이션 장치를 관리자가 항상 소지해야 하는 것으로까지 인식하고 있다. 하지만 기술의 발달로 시간과 거리의 전형적인 문제가 커뮤니케이션에서 덜 중요하게 된 것은 사실이나 커뮤니케이션 기술이 가져온 영향들로 다음과 같은 특성들은 특별히 경계할 필요가 있다.

- 컴퓨터 매개에 의한 커뮤니케이션은 비인간적 속성을 지닌다. 관리자들이 전자미디어를 사용할 때 사람이 아닌 기계와 상호작용을 함에 따라 재치나 상냥함 같은 대인관계에서의 스킬은 감소하고 더욱 둔감해진다. 대면상황에서 조용하고 예의바르던 사람들도 무례해지고 절제되지 않는 경우마저 생긴다. 또 다른 위험은 새로운 의사소통기술과 관련된 정보의 홍수이다. 정보가 좀더 빠르게 이용 가능하게된 반면 관리자가 다루어야할 정보의 양이 비대해진다는 것이다.
- 새로운 의사소통기술의 또 다른 부작용은 우리가 메시지를 해독할 수 있는 비언어적인 단서의 부재에 있다. 몸짓, 접촉, 안면 표현, 그리고 눈 맞춤을 사용할 수 없기 때문에 메시지의 정서적인 요소를 평가하는 것이 어렵다. 게다가, 조직에서의 직위나 업무상의 멤버십과 같은 권력단서들을 파악하기란 쉽지 않다. 그 결과 사회적 맥락에서의 교류방식이 변화되었다.
- 컴퓨터를 매개로 하는 집단에서는 특정 지배적인 사람으로부터의 영향이 적다. 기술변화에 따른 커뮤니케이션이 집단 상호작용까지 변화시킨 것이다. 카리스마적인 높은 지위에 있는 구성원이 적은 권력을 행사하게 되어 구성원들의 평등한 참여가 가능해졌다. 반면 컴퓨터를 매개로 하는 집단이 대면 집단보다 합의에 도달하는 데 더 오랜 시간이 걸린다는 연구결과도 있다.
- 관리자들은 통신의 발달로 인해 사장이나 부하, 동료들과 접촉이 쉬워져서 과거보다 훨씬 사무실로부터 벗어나지 못하는 상황이 되었다. 업무시간은 더 이상 오전 9시에서 오후 6시로 한정되어 있지 않다. 게다가, 새로운 기술의 사용은 다중활동(polyphasic activity)을 가능하게 만듦으로써 한 가지 업무보다 더 많은 주의를 요하는 업무과중을 가져와 실수의 가능성을 증가시키고 효율성을 감소시킬 수 있다.
- 마지막으로, 새로운 기술은 일상적인 대면 커뮤니케이션에서 사람들의 인내심을 부족하게 만들 수 있다. 전자 미디어의 이점인 속도는 모든 형태의 커뮤니케이션에서 좀더 빠른 속도를 기대하도록 우리를 길들이기 때문이다. 개인들은 다른 사람과의 사회적 상호작용 기회를 점차 놓치게 되고 그들의 사회적인 욕구가 결핍되어 간다는 사실에 우울해질 것이다.

3.3 매체보다 중요한 건 열린 마음

많은 기업들이 사내 커뮤니케이션을 글로벌 수준으로 활성화시키기 위해 전력을 다하고 있다. 한 리서치 회사가 98개의 세계적인 기업들을 대상으로 사내 커뮤니케이션 현황을 조사한 결과를 보면, 이들 기업의 절반이 커뮤니케이션을 관장하는 중앙조직을 갖고 있었으며 26%는 개별 단위조직에 의해서 운영되었다. 또한 약 81%의 기업들이 직원과의 커뮤니케이션에 적어도 4개 이상의 커뮤니케이션 채널을 활용하고 있고, 그 중 가장 효과적인 채널은 이메일과 타운홀 미팅(townhall meeting)으로 각각 87%와 84%를 나타냈다. 그리고 조사기업의 76%가 사내 커뮤니케이션의 성과를 지속적으로 측정하고 있었다.

기업들이 활용하는 커뮤니케이션 활성화 방안도 매우 창의적이다. 한솔그룹은 오래전부터 카드색깔로 자신의 기분을 알리도록 하는 '컨디션 알림 카드제'를 실시하고 있다. 이 제도를 통해 직원들은 서로 불필요한 마찰이나 스트레스를 없애고 있다고 한다. 현대카드는 임원실과 회의실 유리가 투명한 것으로 유명하다. 이는 모든 의사결정이 투명하게 이뤄지며 조직 내 의사소통이 활발해야 한다는 상징적 조치로 여겨진다. 이밖에도 미국계 제약회사인 한국 MSD는 한 부서가 다른 부서원들을 초대하는 '해피아워'를 개최한다. 한 달에 한 번꼴로 열리는 일종의 부서 간 회식을 통해서 부서 간의 벽 허물기를 하는 셈이다.

하지만 효과적인 사내 커뮤니케이션을 위해서는 어떤 제도를 도입하고 매체를 활용할 것인지 보다 전 조직원이 열린 마음으로 커뮤니케이션할 자세가 되어 있어야 한다. 무엇보다 모든 구성원으로부터 관심과 동의를 얻는 것이 가장 중요하다. 사내 커뮤니케이션은 모든 구성원이 주체와 객체로서 역할을 해야 하기 때문에 우선 소외 대상이 있어서는 안 된다. 이에 따라 전 과정에 걸쳐 모든 계층의 구성원 동의와 피드백을 얻는 절차가 반드시 필요하다. 이런 식으로 동의가 이루어지게 되면 기업의 비전과 전략은 당연히 공유될 수밖에 없으며 구성원들 간의 신뢰가 차츰 쌓여짐에 따라 서로 한 어느 제과업체 CM송처럼 "말하지 않아도 알아요~ 눈빛만 보아도 알아"와 같은 커뮤니케이션 단계에 이르게 될 것이다.

CASE 직장인 "상사와 말이 안통해요…" 기업문화 점수 50점대

우리나라 직장인들이 조직 내 불통과 경직된 상명하복의 의사소통체계 등으로 소속 기업의 문화점수를 매우 낮게 평가하고 있는 것으로 나타났다. 창조경제 구현을 위해 무엇보다 기업문화를 바꿀 필요가 있다는 지적이다.

대한상공회의소는 7일 전국의 직장인 500여명을 대상으로 '창조경제시대 기업문화 실태와 개선과제' 조사 결과를 내놨다.

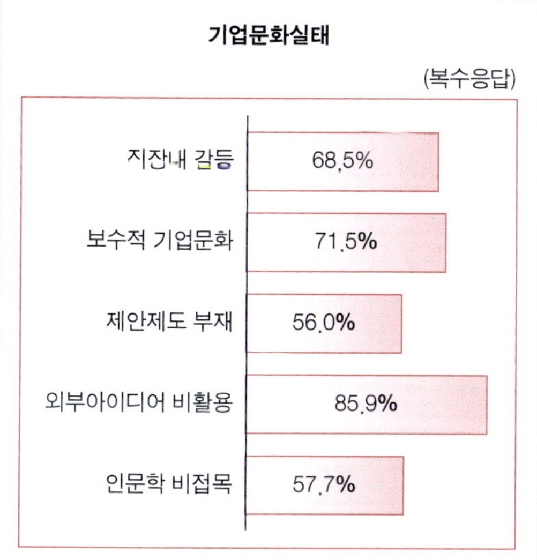

직장인 기업문화실태
(대한상공회의소)

해당조사에서 '기업문화가 창의적인 글로벌 기업을 100점이라고 할 때 귀사의 기업문화 점수는 얼마입니까'라는 질문에 대한 응답자 평균점수는 59.2점으로 나타났다.

대기업에 대한 기업문화 점수는 65.7점, 중견기업에 대한 점수는 63.1점으로, 중소기업 평점(57점)보다 상대적으로 높게 나타났다.

기업문화 점수를 낮게 책정한 것에 대해 응답자들의 61.8%는 '상명하복의 경직된 의사소통체계'를 첫 손가락에 꼽았다. 이어 ▲개인보다 조직 전체를 강조하는 분위기(45.3%) ▲부서 이기주의(36.7%) ▲지나친 단기성과주의(30.7%) 등이 문제점으로 꼽혔다.

직장 상사 및 선배와 갈등이 있냐는 질문에 69.5%의 응답자가 '그렇다'고 답했고, 갈등을 겪는 직장인들은 그 이유로 '업무와 관련해 의사소통이 되지 않아서'(67.2%)라고 말했다.

새정부 정책기조인 '창조경제'에 대해 직장인들의 대다수(87.8%)가 '우리 회사도 창조경제시대에 걸맞는 기업문화로 바뀌어야 한다'고 생각하고 있었다.

상의는 이에 대해 "워크하드(열심히 일하기)가 아닌 워크스마트(똑똑하게 일하기) 분위기가 기업 전반에 확산돼야 한다"며 "창조경제 시대를 맞아 기업문화의 중요성이 재인식되고 있는 만큼 '아이디어 제안제도'나 '창의적인 시·공간 활용' 등을 통해 창조적으로 일하는 분위기를 만들어야 한다"고 말했다.

박종갑 대한상의 상무는 "감성 등 소프트 요소가 중시되는 창조경제 시대가 본격화되고 있다"며 "차별화된 개성과 이미지를 창출하는 기업문화의 중요성이 날로 확대되고 있다"고 말했다.

이어 "한국기업 특유의 상명하복 보수적 문화를 벗어나 자유로운 의사소통과 개방적이고 수평적인 의견 개진이 필요하다"며 "실패에 대해서도 책임을 묻거나 비판하는 대신 새로운 도전기회를 주는 문화를 정착시켜 나가야 한다"고 강조했다.

● 출처 : 뉴스토마토 / 곽보연기자, 2013.05.07

논의문제

1. 일반적으로 어떤 형태의 커뮤니케이션이 조직이나 팀에서 가장 보편적이고 유용하게 활용되는가?

2. 소셜네트워크(SNS)를 커뮤니케이션에 활용할 때 상대적으로 덜 발생하거나 또는 생략되는 커뮤니케이션 프로세스는 어떤 것이 있는가?

3. 대학 강의실은 교수자와 학습자가 커뮤니케이션하는 공간이다. 이를 커뮤니케이션 프로세스 측면에서 단계별로 묘사해 보아라.

4. 부득이 부정적인 피드백이 필요할 때가 있다. 이럴 경우 상사 혹은 부하에게 부정적인 피드백을 효과적으로 할 수 있는 방법에는 무엇이 있을까?

5. 타인과의 커뮤니케이션을 보다 효과적으로 하기 위해서 유용하다고 생각되는 비언어적 행동에는 무엇이 있는가?

의사결정 제9장

01 결정의 상황과 의사결정모델

02 집단의사결정

03 의사결정에서의 창의성과 윤리성

LS 형제경영의 원천 '금요 회의'... 그룹 최고 의사결정 과정으로

▲LS그룹이 재계서 보기 드문 사촌 형제간 평화적 경영권 승계를 발표하자 LS 오너들의 의사결정 모임인 '금요 회의'에 대한 관심도 높아졌다.

12일 LS그룹 관계자에 따르면 LS가문 2세이자 사촌지간인 구자홍 LS회장, 구자열 LS전선 회장, 구자은 LS전선 사장 등은 한 달에 한 번꼴로 날짜를 정해 LS그룹 본사가 있는 서울 삼성동 아셈타워에서 모임을 갖는다. 주로 금요일에 날짜를 정하기 때문에 그룹 내에서는 금요 회의라는 이름으로 불린다.

금요 회의는 단순히 형제간 모임을 넘어 기업 인수합병(M&A) 같은 그룹의 중요한 의사결정이 필요할 때 '결론'까지 이끌어내는 최고 의사결정 과정인 것으로 전해졌다. 오너 2세 3명은 이달 초에도 모임을 갖고 경영권 승계 등 그룹의 중요 사안에 대해 논의를 가졌다.

앞서 2006년 국제상사(현 LS네트웍스) 인수 때나, 2008년 LS전선의 수페리어에식스 인수 결정 역시 금요 회의에서 최종 '컨센서스(협의)'를 도출한 것으로 알려졌다.

이 같은 LS그룹의 의사결정 방식은 재계, 특히 오너가 있는 그룹집단에서는 유례를 찾기 어렵다. 대부분의 기업들은 그룹 정보를 독점하고 있는 1인 오너가 혼자 최종 의사결정을 내린다. 삼성 · LG · 현대차 · SK 등도 의사결정에 도움을 주는 조직이 따로 있지만, 최종적으로는 오너 1인에 크게 의존하는 구조다.

LS의 경우, 2003년 LG로부터 분리할 때부터 형제경영 철학을 통해 이끌어 왔으며 지분 역시 지주회사인 LS의 특수 관계인 지분(33.43%)을 3형제가 4:4:2 비율로 각각 나눠 가지고 있다. 이 같은 구조가 그룹의 중요 변곡점마다 형제간의 협의를 최우선으로 하는 배경인 것으로 분석된다.

재계 관계자는 "분리 당시 철학도 그렇지만, 지분 구조상 오너 1인이 그룹 전체를 좌지우지 하기는 힘들다"며 "현재까지 '형제 경영'이라는 방식은 매우 성공적"으로 평가했다.

●출처 : 조선비즈 / 2012.11.12

학습목표

1. 의사결정 상황에 대해 이해할 수 있다.
2. 각각의 의사결정 모델들을 비교할 수 있다.
3. 집단의사결정의 장/단점을 논의할 수 있다.
4. 집단사고의 징후와 그것들을 예방하는 방법을 알 수 있다.
5. 집단의사결정을 개선시키기 위한 기법들을 설명할 수 있다.
6. 의사결정에 있어서 창의성의 역할에 대해 이해할 수 있다.
7. 윤리적 의사결정에 대해 설명할 수 있다.

01 결정의 상황과 의사결정모델

성공의 이면에는 매순간마다 현명한 결정들이 있었던 것처럼 어떤 조직이든 그 조직의 성공은 효과적인 의사결정으로부터 비롯된다고 할 수 있다. 조직에서의 결정은 조직의 전략적 방향과 관련된 매우 중요한 것에서부터 일상적인 업무활동에 관한 아주 사소한 것까지 다양하다. 때로는 수개월간의 정보수집과 분석을 거쳐 이루어지는 결정이 있는 반면, 신중하지 않게 즉각적으로 이루어지는 결정도 있다. 하지만 중요도와 결정방법을 떠나 주목할만한 것은 개인보다는 여러 사람이 팀으로 참여하는 의사결정이 증가하고 있고, 조직에서 더 효과적인 것으로 받아들여 진다는 사실이다. 이 장에서는 전형적인 결정의 상황들과 의사결정의 합리적 모델, 그리고 그 대안으로서의 제한된 합리성 모델, 직관모델, 쓰레기통 모델에 대해 살펴보도록 한다.

1.1 의사결정의 상황

효과적인 의사결정이란 타이밍이 적절하고 그 결정의 결과는 모든 개인들이 수용할만하며 원하는 목표를 달성할 수 있도록 하는 결정일 것이다. 그러나 아무런 가이드라인도 없는 상황에서 이러한 의사결정을 단독으로 하는 것은 쉬운 일이 아니다. 의사결정자들은 언

그림 9-1 조직에서의 의사결정 환경: 확실성, 위험, 불확실성.

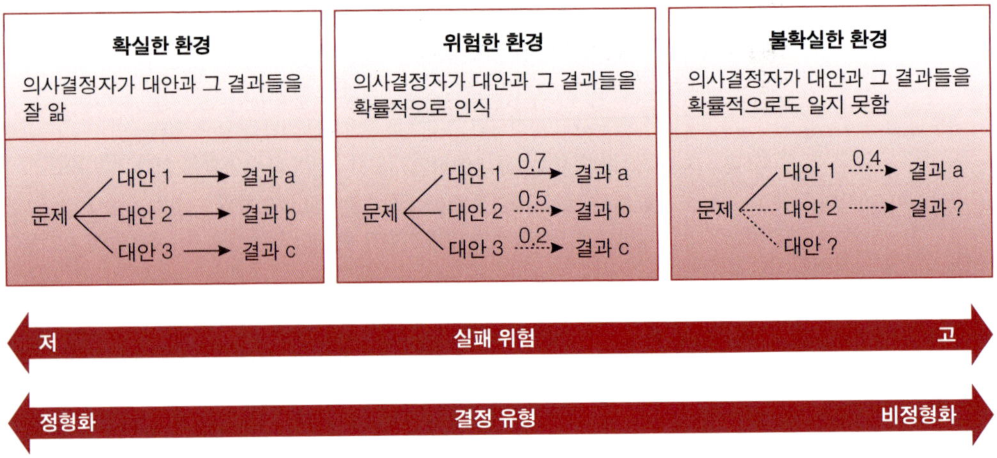

제나 위험과 불확실성을 느끼게 된다. 때로는 별다른 정보없이도 의사결정을 해야 할 상황에 놓이기도 한다. 조직에서의 의사결정은 대부분 [그림 9-1]에 제시된 세 가지 상황, 즉, 확실성, 위험, 불확실성하에서 발생한다. 조직에서는 높은 지위로 갈수록 위험과 불확실성은 더욱 증대되는 경향이 있다. 가령, 맥도날드와 롯데리아 같은 회사에서 신제품 출시를 계획하고 있다고 하자. 이들 회사의 경영진은 과연 신제품이 성공을 거두리라는 확신을 가지고 의사결정을 하는 것일까? 아니면 신제품이 소비자들의 긍정적인 반응으로 이어질지 불확실한 가운데 위험을 감수하는 것일까?

어떤 결정에 앞서 각 대안들의 결과를 예측하기에 충분한 정보가 주어진다면 확실한 환경(certain environments)이라고 할만하다. 은행에서 확정이자율이 명시된 저축상품에 투자하는 경우라면 확실성 하에서의 투자결정이라고 볼 수 있을 것이다. 확실성이란 의사결정과 문제해결을 위한 이상적인 상태로서 사실상 현실에서는 존재하기 어려운 상황이다. 결정의 결과가 불확실하고 다만 가능성 정도만 알고 있을 때는 위험한 환경(risk environments)이라 할 수 있다. 여기서 가능성은 통계적 분석절차에 의해 주어질 수도 있고 직관적으로 주어지기도 한다. 펀드매니저가 데이터 분석을 통해서 혹은 직관에 따라 투자시점을 결정하듯이 말이다. 사실상 위험은 보편적인 의사결정 환경이라고 볼 수 있다. 불확실한 환경(uncertain environments)은 너무 정보가 적어서 다양한 대안들과 결과에 대한 가능성조차 예측이 곤란한 경우다. 이러한 불확실성은 의사결정자로 하여금 매우 획기적인 대안을 개발하게 할 때도 있다. 이 경우에는 직관이나 학습된 추정 등에 의해 영향을 받게 된다.

1.2 합리적 모델

조직행동의 고전적 이론들에서 의사결정이란 완전히 합리적이고 논리적인 프로세스다. 조직 구성원들은 먼저 결정을 필요로 하는 문제에 주목하고, 그 문제를 세심하게 정의한 후에 문제와 밀접하게 관련된 모든 적절한 정보를 조사한다. 의사결정자는 몇 개의 대안들을 개발해서 결정의 효과성을 위해 개발된 기준에 따라 신중하게 평가한다. 의사결정 프로세스는 최선의 결정이 규명되고 실행이 시작될 수 있을 때 비로소 끝난다. 이러한 합리적이고 논리적인 의사결정모델은 매우 교과서적인 규범적 방법(normative method)으로 평가된다.

새로운 제조설비에 대한 구매의사결정을 해야 하는 경영진(팀)을 가정해보자. 공식화 단계(1단계)에서 해당 설비의 필요성과 기대효과를 우선 조사하는 것이 필요할 것이다. 컨셉개발 단계(2단계)에서는 경영진이 그 문제를 해결하기 위한 여러 가지 다른 대안들을 고려할 수 있다. 구체화 단계(3단계)에 접어들면서 관련 하위부서들을 통해 다양한 대안들에 대한 찬/반 정보가 보다 철저히 조사되게 한다. 앞서 얻어진 정보를 가지고 각각의 대안에 대한 이익과 손실을 계산하고 검증하는 평가단계(4단계)를 거치게 된다. 마지막으로 실행단계(5단계)에서는 경영진에 의해 그 결정이 이행되게 된다.

의사결정의 합리적 모델(rational model of decision making)은 고전적 경제이론에서 비롯되었으며 다음과 같은 중요한 가정들을 포함한다. ① 결과는 완전히 합리적이어야 한다. ② 의사결정자는 최상의 대안 선택시 자신만의 견고한 의사결정 체계가 있다. ③ 의사결정자는 가능한 대안들을 거의 모두 파악하고 있다. ④ 의사결정자는 각 대안의 성공가능성에 대해 정확히 예측할 수 있다. 합리성(rationality)이란 의사결정에 있어서 대안들과 그에 따른 결과들의 철저한 분석을 통해 논리적이며 단계적으로 접근하는 것을 의미한다. 합리적 모델에서 의사결정자는 최상의 대안을 선택하기 위해 노력하지만 위에 제시된 합리적 모델의 가정들은 다소 비현실적인 게 사실이다. 인간의 지식과 정보처리능력에는 시간적 제약은 물론 여러 한계가 있다. 게다가 의사결정 당사자의 선호도나 니즈가 종종 변하기도 한다. 그러므로 관리자를 포함한 개인들이 합리적 모델을 통해 의사결정을 하려는 것은 이상적이라는 비판을 받는다.

너트(Nutt)는 기본적인 규범적 모델(공식화, 컨셉개발, 구체화, 평가, 실행)을 가지고서 과연 조직의 의사결정자들이 실제로 이러한 합리적인 프로세스를 따르는지를 조사했다. 그 결과, 규범적인 모델의 다섯 가지 단계를 모두 고려하는 의사결정자는 생각보다 많지 않은 것으로 나타났다. 〈표 9-1〉에 묘사된 것처럼 그들은 주로 이러한 프로세스 중 일부

표 9-1 너트(Nutt)가 제안한 의사결정의 전형

프로세스 유형	빈도	단계	주제
전통형	41%	공식화, 구체화, 실행	다른 사람들의 방식을 적용
기성품형	30%	공식화, 구체화, 평가, 실행	적극적이며 확실한 탐구
평가형	7%	공식화, 평가, 실행,	정당성 추구
탐색형	7%	공식화, 실행	소극적이며 방어적인 탐구
노바형	15%	공식화, 컨셉개발, 구체화, 평가, 실행	새로운 아이디어 추구

만을 이용했고, 너트(Nutt)는 이러한 패턴을 의사결정의 전형(decisional archetypes)이라고 불렀다.

첫 번째 전형인 전통형은 41%의 의사결정자들이 사용했다. 여기서는 의사결정자들이 문제에 주목하고 다른 사람들이 사용했던 해결책을 적용한다. 문제의 해결 가능성에 대한 구체적인 논의나 그 해결책에 대한 평가는 없었다. 두 번째 전형인 기성품형(30%)은 적극적인 조사와 더불어 외부전문가로부터의 해결 가능성에 대한 평가를 수행했다. 세 번째 전형인 평가형(7%)은 평가 그 자체와 미리 선택된 해결책의 이행과 관계되지만 문제정의나 해결 대안에 대한 고려는 전혀 없었다. 네 번째 전형으로서 문제의 공식화와 이행만을 수행하는 탐색형(7%)은 상대적으로 사소하게 인식되는 문제를 다루는 관리자들에 의해 사용되었다. 마지막으로, 다섯 가지 모든 규범적인 의사결정단계를 포함하는 유일한 의사결정의 전형인 노바형(Nova)은 15%만 사용했다. 이와 같이 조직에서의 의사결정은 정보탐색과 결정선택이라는 완벽하고 합리적인 과정이 아님을 알 수 있다. 〈표 9-1〉에서 알 수 있듯이 컨셉개발은 특히 의사결정 프로세스에서 거의 생략되는 단계였다. 의사결정자들은 일반적으로 중간 중간 건너뛰는 의사결정 프로세스를 사용하고 직관과 만족할만한 해결책, 또는 문제와 해결책간의 맞대응에 의존한다.

1.3 합리적 모델의 대안

합리적 모델은 대안이 결정되는 방식을 보여주지만 경영상 의사결정의 현실성을 반영해주지는 못한다. 허버트 사이몬(Herbert Simon)은 이러한 합리적 모델의 단점을 시인하면서 조직에서의 의사결정을 보다 현실적으로 그저 만족스러움을 얻는 프로세스로 보았다. '관리자(administrative man)'이론으로 알려지기도 한 제한된 합리성 모델(bounded

rationality model)은 다음의 네 가지 가정을 포함한다. ①관리자들은 제일 만족스럽다고 생각되는 대안을 선택한다. ②관리자들은 자신들의 세계관이 단순함을 인정한다. ③관리자들은 가능한 모든 대안의 검토없이도 의사결정을 한다. ④관리자들은 주먹구구식이나 휴리스틱 방법을 이용하여 의사결정을 한다.

제한된 합리성(bounded rationality)은 정보를 처리하는 자신의 능력이 제한된 상태에서 되도록 합리적인 과정을 충실히 수행하는 것을 말하는 것이다. 최적을 찾기 위해서는 상당한 시간과 노력이 투입되어야 하기 때문에 관리자들이 최적 대신에 그저 만족할 만한(satisfice) 대안을 선택하는 것을 가정하는 것이다. 게다가 이 이론은 관리자들이 의사결정을 하는데 있어서 정신적인 활동을 줄일 목적으로 휴리스틱스(heuristics)라는 일종의 편법까지 개발한다고 가정한다. 휴리스틱스는 관리자들로 하여금 과거의 경험에 근거해서 주먹구구식 의사결정을 하게 만드는 방법이다. 과연 제한된 합리성 모델이 관리적인 의사결정프로세스를 보다 현실적으로 반영한다고 볼 수 있을까? 이와 관련된 연구결과들은 대개 그렇다고 보고한다. 그러나 합리성이 제한되는 원인 중 하나는 관리자들이 위험과 시간의 압박 속에서 의사결정을 해야 한다는 것이다. 그리고 관리자들이 처한 상황은 불확실성이 높으며 성공가능성 또한 잘 알 수가 없다.

보다 근래에 와서 조직에서 의사결정의 상당수는 직관적 프로세스(intuitive processes)에 따른 것이라는 연구결과가 보고되고 있다. 직관이 이성을 대체할 수는 없어도, 실제 한 조사결과에서처럼 관리자는 그들이 의사결정에서 직관을 사용하는지에 관한 물음을 받았을 때 응답자 중의 10%만이 직관을 거의 이용하지 않는다고 답했을 정도다. 헨리 민쯔버그(Henry Mintzberg)는 관리자의 역할에 대한 연구에서 관리자들은 의사결정을 할 때 체계적이고 단계적인 방식을 사용하지 않고 '직감'으로 결정을 내린다고 주장하였다. 직관은 관리자들의 의사결정에서 매우 광범위하게 사용되며, 특히 이미 내려진 의사결정을 보다 합리적으로 평가하기 위한 메커니즘으로써 유용하다고 한다.

그렇다면 직관(intuition)은 무엇일까? 상황의 잠재성을 신속하고 즉각적으로 파악하거나 인지하는 능력, 학습된 행동방식의 자연스럽고 자동적인 수행, 인식을 통해 단순분석을

그림 9-2 쓰레기통 모델

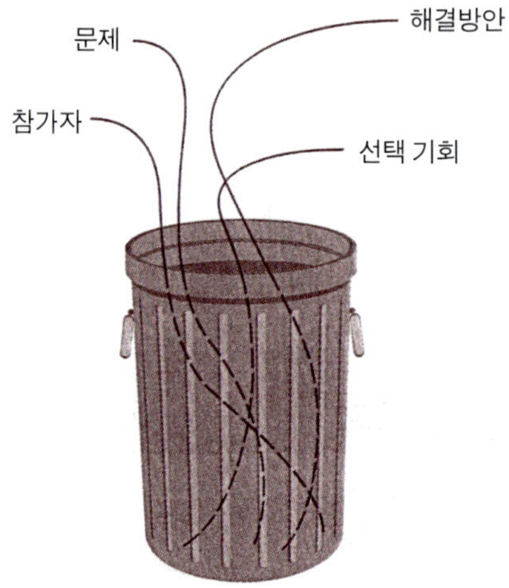

출처: M. D. Cohen, J. G. March, and P. Olsen, "A Garbage Can Model of Organizational Choice." Administrative Science Quarterly 17 (March 1972): 1-25.

습관화하는것 및 빠른 반응력 등으로 정의된다. 이러한 정의들은 다음의 공통적인 가정을 지니는데, 즉, ① 직관은 빠르다는 인식이 있다. ② 직관은 의식보다 하위수준에서 활용된다. ③ 직관은 정보에 대한 학습된 패턴과 관련된다. ④ 직관은 의사결정에서 긍정적인 추진력이 될 수 있다. 이러한 비논리적인 프로세스의 원천은 생리적인 조건이나 요소, 또는 대개 우리들로 하여금 별 의식적 노력없이 인상적이게 하는 물리적/사회적인 환경에 있다. 이것들은 어떤 사실, 패턴, 콘셉, 기법, 관념, 그리고 일반적으로 지식과 신념이라고 부르는 것들의 집합으로 구성된다. 그리고 직접체험과 연구, 교육을 통해 증진시키는 것이 비논리적인 멘탈 프로세스의 두 번째 원천이 된다. 직관에 기초한 의사결정은 비록 논리적이지 않지만, 그렇다고 비논리적이라 단정 지을 수도 없다. 관리자들은 많은 의사결정 상황에서 직관적인 방법을 필요로 하며 직관적인 의사결정은 신속한 결정과정의 처리, 결정의 질 향상, 개인적인 발전 도모, 그리고 조직의 문화와 양립될 수 있는 결정의 촉진 등을 포함해 여러 측면에서 유익할 것이라고 믿는다.

조직에서의 의사결정프로세스가 때로는 우연적이며 예측마저 쉽지 않다. 이처럼 결정이 무작위적이며 체계적이지 않다는 것을 강조하는 모델이 쓰레기통 모델(garbage can model)이다. 합리적인 의사결정의 또 다른 대안인 쓰레기통 모델은 마치(March)와 그의 동료들에 의해 제안되었다. 그들은 쓰레기통 모델에서 조직은 의사결정의 문제들, 해결책들, 참여자들, 그리고 선택 기회들이 비교적 독립적인 조건에서 모두 같이 내버려져서 표류하는 하나의 쓰레기통과 같다고 제안하였다. 따라서 이 네 가지 요인들이 서로 연결될 때 비로소 의사결정이 내려지게 된다. 의사결정의 질도 타이밍에 달려있다. 즉, 올바른 참여자가 올바른 문제에 대한 올바른 해결방안을 올바른 시간 내에 찾아내야 하는 것이다. 쓰레기통 모델은 조직에서의 모든 의사결정이 차근차근 체계적으로 이루어지는 것은 아니라는 것을 보여준다. 특히, 불확실성이 높은 환경에서의 의사결정프로세스는 질서정연하지 않으며 혼란스러워 보일 수도 있다. 어떤 의사결정은 심지어 운이 나빠서 발생한 것으로 보이기도 한다.

CASE 어떠한 일반적 오류들이 휴리스틱 의사결정과정에 개입되는가?

휴리스틱(Heuristic)은 과거에 비슷한 문제를 해결했던 경험을 바탕으로 해서 즉각적으로 추측하고 가설을 형성하여 해결하는 방법이다. 휴리스틱은 신속하고 간편한 문제 해결 방법이지만 합리적이지 못한 의사결정을 하게 마련이다. 관리자들이 자신들의 경험에 근거한 법칙을 사용한다면 그 결정은 신뢰할 만하다고 볼 수 없다. 휴리스틱에 의해 내려진 판단은 때때로 다음과 같은 편견(bias)을 동반해서 객관적인 평가와 상당한 거리가 있을 수 있기 때문이다.

의사결정자들이 실제로 자신이 알고 있는 것보다 더 많이 알고 있다고 생각하고 자기자신과 자신의 행동에 대해 비현실적으로 긍정적일 경우, 그는 자만적 편견(overconfidence bias)에 빠져 있다고 말할 수 있다. 첫인상, 첫 번째 아이디어, 1차 평가 등은 또한 하나의 기준으로서 의사결정자가 차후에 주어지는 정보에 대해 부적절한 가중치를 부여하게 만들기 쉽다. 닻 내리기 효과(anchoring effect)란 배가 닻을 내리면 한 곳에 머무는 것처럼 처음에 임의로 설정한 기준(닻)을 보는 관난의 출발점이라고 믿어 버리기 때문에 발생하는 바이어스를 말한다. 확증 편견(confirmation bias)은 자신이 가진 믿음을 확증하는 정보만을 찾아서 받아들이려는 성향을 의미한다. 한 마디로 믿고 싶은 것만 믿는다는 뜻으로 사전에 형성된 고정관점에 부합하는 정보는 액면 그대로 받아들이지만 이에 어긋나는 정보에 대해서는 비판적이고 회의적이다. 프레이밍 편견(framing bias)은 의사결정자가 상황의 다른 부분은 배제한 채 특정한 부분만 강조하는 것을 말한다. 다른 부분들을 경시하고 생략하면서 한편으로는 상황의 특정 부분에만 주의를 기울이고 강조하는 것은 자신이 보고 있는 것을 왜곡하고 옳지 않은 관점을 만들어 가는 행동이다. 가용성 편견(availability bias)이란 의사결정자가 가장 생생한 최근의 사건들만을 기억하는 것을 말한다. 그 결과는 어떨까? 객관적 태도를 갖고 상황을 회상해 내는 능력을 왜곡하여 그 결과의 가능성 판단에 문제가 생긴다. 의사결정자가 객관적인 확률을 무시하고 특정 사안의 정보가 해당 사항의 전형성을 얼마나 반영하는가에만 의존해서 판단하는 것을 대표성 편견(representation bias)이라고 한다. 관리자들은 자신에게 닥친 상황이 다른 사건과 실제로는 유사하지 않음에도 유사점을 찾고 동일하다고 판단한다.

관리자들이 휴리스틱을 이용한 의사결정을 하더라도 이러한 편견에 대해 알고 있다면 아마 부정적인 상황은 크게 줄어들 수 있을 것이다. 관리자들은 어떻게 의사결정을 내려야 하는지, 자신이 전형적으로 갖는 편견은 무엇인지 알고 있어야 한다. 자신의 의사결정 방법과 휴리스틱을 비판적으로 평가할 수 있을 때 휴리스틱의 이점을 누릴 수 있게 된다.

02 집단의사결정

집단들도 조직적으로 결정에 이르려 한다는 점에서 대부분의 집단의사결정모델은 일련의 단계들을 제안한다. 그 대표적인 것이 지향(orientarion), 갈등(conflict), 출현(emergence), 그리고 강화(reinforcement)의 4단계를 제안한 피셔(B. A. Fisher)의 모델이다. 지향단계에서 집단의 구성원들은 서로 친숙해지며 문제를 가까이 들여다보게 된다. 갈등단계 동안은 문제에 대한 가능한 해결책이 제시되며 논의된다. 이후 집단은 출현단계에서 어느 정도의 의견일치에 이르게 되며 결정은 마지막 단계인 강화과정에서 지지를 얻게 된다. 어떤 면에서 집단의사결정의 이러한 단계모델은 우리가 위에서 논의한 의사결정의 합리적인 모델을 반영한다. 하지만 다양한 결정경로들을 나타내는 다중연속모델(multiple sequence model)을 발전시켰던 풀(Poole)도 대부분의 단계모델들이 규정하는 합리적인 절차를 따르는 집단은 4분의 1도 채 안 되는 것을 발견했다. 집단들은 순환적이며 매우 복잡한 절차를 채택하거나(즉, 문제를 하위문제로 쪼개고 이것들을 하나씩 처리하는 것) 또는 문제의 정의나 토의없이 해결책에만 집중하는 것을 선택했다. 이것은 집단의사결정 역시 팀 구성원들이 일일이 대안들을 조사하고 평가하는 선형적이고 이성적인 프로세스가 아님을 나타낸다.

2.1 집단의사결정의 장 · 단점

집단의사결정은 장점과 단점 모두를 가지고 있다. 집단의사결정이 개인의사결정에 비하여 갖는 장점들을 우선 살펴보기로 하자.

첫째, 집단의사결정은 개인의사결정보다 더 완전한 정보를 제공한다. 개인 한 사람보다는 여러 명의 팀원들이 문제를 파악하는 방법이나 새로운 아이디어를 불러일으키는 데 더 유리할 수 있다. 혼자서 단독으로 결정할 때보다 창의적이고 다양한 대안들을 개발할 수 있으며 문제를 해결하는 데 있어서도 더욱 유연한 태도를 보이게 된다. 이는 다양성의 가치와도 관계된다. 집단은 문제해결의 상황에서 보다 많은 지식과 경험이 발휘되도록 만든다. 집단의 구성원들이 서로 다른 전문성을 가지고 있을 때는 정보의 양과 다양성이 최대화 된다.

둘째, 집단의사결정은 결정의 수용성을 증가시킨다. 최종 선택이 이루어진 이후에 의사결정들이 실패하게 되는 것은 사람들이 그 결정을 받아들이지 않기 때문이다. 그러나 의사결정에 의해 영향을 받게 되는 사람들이나 해당 의사결정을 실행할 사람들이 직접 그 결정 프로세스에 참여한다면 최종 결정된 사항은 이들에게 수용되기 쉬울 것이다. 이것은 참여의 효과를 의미한다. 참여는 종업원들을 변화에 덜 저항적이게 만든다는 것이 여러 연구들을 통해 이미 입증되었다.

세 번째로, 집단의사결정의 장점은 시너지(synergy)로서, 집단 내에서 구성원들 간의 상호 영향과 격려의 과정을 통해서 문제에 대한 새로운 해결책을 촉진할 때 시너지가 나온다. 시너지는 다양성의 가치와 참여의 효과를 더욱 활성화 시켜서 가치 있게 만드는 원동력이 된다.

집단의사결정의 단점으로는 무엇보다도 개인보다 집단이 의사결정을 더 천천히 내리기 때문에 상당한 양의 시간이 소모된다는 점을 들 수 있다. 구성원들 간의 상호작용이 비효율적인 경우에는 더더욱 그렇다. 다음은 의견을 강하게 주장하는 영향력 있는 특정 개인이나 권력을 장악한 소수자들에 의해 집단이 좌지우지될 수 있어서 구성원들 간에는 완전한 평등이 존재하기 어렵다는 점이다. 조직 내 서열이나 다른 구성원에 대한 영향력뿐 아니라 경험, 문제에 대한 사전 지식, 언어적 스킬, 주장의 강도 등에서의 불균형도 최종 의사결정에서 부당한 영향력으로 작용하기 쉽다. 또 다른 문제는 집단에서 발생하는 순응에 대한 압력이다. 특정 안건을 위한 회의에서 합의를 이룬 집단의 견해에 반대의사를 개진하고 싶었지만 침묵해야 했던 경험은 누구나 한두 번쯤은 있었을 것이다. 이것이 바로 집단사고

(group think)의 예이다. 집단사고는 집단 내에서 비판적인 사고를 약화시키고 결국 의사결정의 질을 떨어뜨리게 된다. 마지막으로 모호한 책임이 집단의사결정의 문제가 될 수 있다. 집단의 구성원들은 서로 목표를 공유하는것 같지만 사실상 누가 책임을 질 것인지가 불분명한 경우가 많다.

위와 같이 집단의사결정의 장 · 단점을 고려할 때, 개인이나 집단 중에 어느 쪽이 더 효과적인지는 그 효과성을 정의하는 기준에 달려있을 것이다. 정확도 면에서는 집단의사결정이 더 효과적이다. 비록 집단사고의 가능성은 있어도 집단은 구성원들이 지닌 다양한 지식과 경험의 폭으로 인하여 개인보다 더 나은 결정을 하는 경향이 있다고 보고되고 있다. 하지만 의사결정의 효과성이 속도라는 측면에서 판단된다면 개인들이 더 나을 수 있다. 창의성 측면 역시 집단이 개인보다 더 효과적이다. 구성원들이 집단에서 오랜 기간 상호작용을 가질수록 이러한 집단의사결정의 효과성은 더 나아질 수 있을 것이다. 한 연구에서도 오랫동안 호흡을 맞추었던 집단의 결정은 가장 유능한 구성원이 홀로 내린 결정보다 70% 정도 우월하였다고 밝혔다. 이러한 연구는 개인의 의사결정과 집단의 의사결정을 비교할 때 집단의 경험이 하나의 주요 변수가 될 수 있음을 시사한다.

직장에서 팀의 중요성을 고려하여 많은 관리자들은 집단이 개인보다 더 나은 의사결정을 내린다고 믿고 있지만, 이에 대해 연구들은 아직 일관되지 않는 결과들을 보고한다. 보다 신뢰할 만한 결과를 찾기 위해서는 더 많은 연구들이 수행될 필요가 있다. 다음은 집단사고와 집단극화라는 집단의사결정에서는 발생하기 쉬운 독특한 현상에 대해 살펴보도록 하겠다.

2.2 집단사고와 집단극화

집단사고(groupthink)란 팀내 압력에 의해 발생되는 정신적 효율성의 악화, 현실 및 도덕적 판단의 악화를 지칭한다. 특정상황들은 이러한 집단사고를 더욱 촉진시키게 되는데

높은 응집력이 바로 주원인이다. 응집력 있는 팀에서는 구성원들이 만장일치라는 과욕에서 다른 대안들에 대한 현실적인 평가의지를 억제시킬 수 있다. 응집력이 높은 팀에서 구성원들은 자신을 팀과 강하게 동일시하기 때문에 단결하려는 경향이 있기 때문이다. 특히 지금까지 성과가 좋았던 팀들이라면 이미 공유된 멘탈모델을 지니고 있어서 집단사고에 빠질 가능성이 크다.

구성원들 간에 다양성이 거의없거나 또는 전혀 없는 팀일수록 더욱더 집단사고를 할 위험에 놓이게 된다. 집단사고를 촉진하는 또 다른 두 가지 조건들로는 시간제약과 팀 리더십이 있다. 의사결정이 신속하게 이루어져야 할 때 집단사고가 일어날 확률은 더 높아진다. 팀 구성원들이 의사결정을 하는데 있어서 시간의 압박을 느낀다면 의사결정 프로세스를 서두를 수 있기 때문이다. 그리고 팀에서의 리더십 스타일에 따라 집단사고가 촉진될 수도 있으며(리더가 자신의 견해를 앞세울 때), 반대로 집단사고가 예방될 수도 있다(리더가 개방되고 솔직한 토론을 권장할 때). 팀내 리더십이 수평적으로 분배되어 있는 경우라면 집단사고의 가능성은 그만큼 줄어들 수 있을 것이다.

집단사고의 결과는 대안에 대한 불충분한 조사, 선호되는 대안의 위험성 평가의 실패, 편향된 정보처리, 그리고 비상사태를 대비한 계획의 부재 등을 포함한다. 집단사고는 결국 결함이 있는 불완전한 의사결정으로 이어져서 재앙을 초래하기도 한다. 우주왕복선 챌린저호(Challenger)와 콜럼비아호(Columbia) 사고가 이에 알맞은 사례가 될 것이다. 1986년 챌린저호의 폭발로 7명의 승무원 전원이 사망한 사건이 있었다. 이때 진상조사위원회는 사고의 근본적 원인이 잘못된 의사결정 때문이라는 결론을 내렸다. 의사결정 집단은 우주왕복선을 발사할 것인지 말것인지에 대한 두 가지 대안만을 고려했을뿐, 그들은 우주왕복선 발사에 따른 위험성을 정확하게 평가하지 않았고 비상사태를 대비한 어떠한 계획도 준비해 두지 않았다고 한다. 2003년에는 콜럼비아호가 이륙 후 73초만에 폭발하며 승무원 전원이 또 다시 사망하는 사고가 발생했다. 그 후, 우주왕복선의 이륙시 발생하는 손상을 가볍게 여기고 비행을 계속하도록 한 의사결정에 대한 의문이 제기되었다. 계속된 조사끝에 나사(NASA)의 의사결정프로세스가 1986년때와 마찬가지로 집단사고의 전형적인 특징을 보였다는 결론을 내놓았다. 의사결정에 있어서 위험을 간과하고 이의제기를 억압하는 나사의 문화를 비난하는 내용이 최종적인 사건 보고서에 포함되었다.

또 다른 집단현상으로서—혼자 독립적으로 결정할때 보다 집단으로 하는 결정에서 더 극단적인 결정을 내리게 되는 경향—집단극화(group polarization)가 있다. 한 연구에서는 집단과 각 개인들이 어떤 이슈에 대한 집단토론이 있고 나서 더 위험성이 큰 대안을 택하게 된다는 것을 입증했다. 다른 후속 연구들에서는 좀더 조심스런 방향으로도 비슷한 변화가 일어난다는 것이 발견되었다. 요컨대, 집단의사결정에서 구성원들은 보다 더 위험하거

표 9-2 집단사고의 징후와 그것을 예방하는 법

집단사고의 징후
· 자신들의 논리에 대한 반박은 있을 수 없다는 착각 : 자신들의 결정은 비판 받을 수 없을 정도로 완벽하다고 생각한다. 이것은 과도한 낙천주의와 위험감수를 유발한다.
· 자신들의 집단은 윤리적이라는 착각 : 자신들의 행동은 윤리적이기 때문에 비난 받을 이유가 없다고 생각한다. 이러한 징후는 집단이 의사결정을 할 때 윤리성을 무시하게 만든다.
· 만장일치의 착각 : 자신들의 의사결정이 만장일치로 결정되었다고 생각한다. 침묵이 곧 동의를 의미한다고 잘못 생각한다.
· 합리화 : 자신들의 의사결정이 합리적이고 옳은 것으로 보이게 하려고 말을 만들어 낸다. 그 결과로 다른 대안들이 고려되지 못하며, 이미 결정된 사안에 대한 재검토가 잘 이루어지지 않는다.
· 적에 대한 고정관념 : 경쟁자들은 악하거나 우둔하다고 고정관념화 시킨다. 이러한 고정관념은 상대를 과소평가하게 만든다.
· 자기 검열 : 결정된 사안을 시행하는데 있어서 의심과 염려를 하지 않는다. 이것은 의사결정에 대한 비판적 분석을 방해한다.
· 동료의 압력 : 의심이나 염려를 표명하는 다른 구성원들의 충성심을 의심한다.
· 정신적 수호자 : 일부 구성원들은 집단을 보호하기 위하여 집단에 대한 부정적인 피드백을 자신들이 떠맡는다. 이러한 점은 의사결정 사안에 대하여 의구심을 품을 수 있는 정보들을 다른 구성원들이 획득하지 못하게 된다.
집단사고를 예방하기 위한 가이드라인
· 모든 구성원들이 이의제기나 의심을 적극적으로 표명하는 비판적 평가자의 역할을 취할 수 있도록 한다.
· 집단이 의사결정을 내리기 전에는 자신의 의견을 주장하지 않는 사람을 리더로 세운다.
· 여러 집단이 해당 사안에 대한 의사결정을 동시에 내리게 한다.
· 집단의 의사결정 과정을 평가하는 외부 전문가를 초빙한다.
· 집단의 의사결정 과정을 검토하기 위하여 선의의 비판자(devil's advocate)를 세운다.
· 가능한 수많은 모티베이션과 의도들을 살펴보며, 경쟁을 신중하게 평가한다.
· 의견이 일치되면, 대안을 재검토하며 입장을 다시 생각해보도록 집단을 독려한다.

출처 : Janis(1982)

나 또는 보다 더 조심스러운 입장으로 변화된다는 것이다. 따라서 초기에 특정입장을 지니고 있는 집단이라면 상호작용을 거치면서 보다 더 극단적인 견해를 갖게 될 것이라는 예측이 가능하다. 초기에 반대 입장이던 사람들은 반대입장을 더 강력하게 고수하며, 찬성을 한 구성원들은 더 강력한 찬성 입장을 취한다는 것이다. 집단극화가 발생하는 원인은 무엇일까? 사회적 비교접근법에 따르면, 집단토론 이전에는 자신이 팀 동료들보다 더 나은 견해를 지니고 있다고 믿는 개인들이 토론을 거치면서 자신의 견해가 다른 동료들과 별 다를 바없다는 생각을 갖게 되면서 마침내 보다 더 극단적인 입장을 취하게 된다는 것이다. 다음은 설득적 논쟁관점으로써 이것은 집단토론이 설득적으로 작용해서 구성원들의 초기의 관점을 더욱 강화시킴으로써 구성원들의 극단적 태도가 유발된다고 설명한다. 두 의견 모두 연구를 통해서 검증되었으며, 실제로도 구성원들의 극단적 태도를 더욱 강화시킬것으로 예상된다.

〈표 9-2〉는 집단사고 예방을 위한 제니스(Janis)의 가이드라인을 제시하고 있다. 이 중 많은 제안들은 모든 구성원들에게 토론기회가 주어지는지와 의사결정이 완벽한 분석의 과정을 거쳤는지를 중요시한다. 이 전략은 구성원들이 서로의 의견을 분석적이고 비판적으로 평가하도록 촉진시킨다.

2.3 집단의사결정을 개선시키기 위한 기법들

집단을 비효과적인 의사결정에 이르도록 만드는 잠재적인 요소라고 하면 ① 선택상황에 대한 부적절한 평가, ② 부적합한 목표의 설정, ③ 다양한 대안들의 긍정적/부정적인 질에 대한 부적절한 평가, ④ 결함을 지닌 정보베이스의 구축, ⑤ 집단의 정보베이스를 바탕으로 한 잘못된 추론 등이 있을 것이다. 이 외에도 집단사고나 집단극화 역시 집단의사결정에서 극복해야 하는 장애물로서 이들을 예방하거나 통제하기 위해서 다음의 기법들이 활용될 수 있다. 브레인스토밍, 명목 집단기법, 델파이 기법, 선의의 비판자 그리고 변증법적 연구와 같은 다섯 가지 기법을 살펴보도록 하겠다.

브레인스토밍(brainstorming)은 모든 아이디어가 도출될 때까지 판단을 보류한채 가능한 많은 아이디어가 도출될 수 있도록 유도하는 기법이다. 특히 창의적인 대안개발을 저해하는 순응압력을 극복하는데 유용하다. 전형적인 브레인스토밍은 6명에서 12명의 사람들이 테이블에 둘러 앉고 집단의 리더가 나서서 모든 참석자가 이해할 수 있도록 문제를 정의하는 것으로부터 시작된다. 그러고 나서 사람들은 그들에게 주어진 시간 내에 가능한 많은 대안들을 자유롭게 개진한다. 개진된 대안들에 대해서는 어떠한 비판도 허락되지 않으며 모든 대안들이 이후에 이루어질 토론과 분석을 위해 기록된다.

최근에는 토론 브레인스토밍보다는 전자 브레인스토밍을 활용하는 추세이다. 전자 브레인스토밍은 생산저해(production blocking)와 평가우려(evaluation apprehension)를 극복할 수 있는 장점이 있다. 브레인스토밍에서 개인들은 다른 사람의 의견을 듣는 동안에 자신의 생각에 집중을 할 수 없으므로 방해를 받을 수 있다. 이것이 생산저해이다. 의견이 전자적으로 기록되면 참가자들은 이러한 방해로부터 자유로워질 수 있게 된다. 또한 다른 사람들이 자신의 아이디어에 부정적인 반응을 보일지도 모른다는 두려움을 갖는 사람들도 있다. 전자 브레인스토밍에서는 의견이 익명으로 제시되기 때문에 이러한 평가우려가 줄어들 수 있다. 연구결과들은 익명의 전자 브레인스토밍을 실시하는 집단이 제시된 아이디어의 수에 있어서 대면 브레인스토밍을 하는 집단보다 더 나은 결과를 나타낸다고 보고한다.

대안들을 개발하고 그 중 하나를 선택하는데 중점을 두는 구조화된 의사결정기법을 명목집단기법(nominal group technique)이라고 한다. 이 기법의 주요한 장점은 팀 구성원들이 공식적으로 서로 만나서 회의는 하지만 전통적인 상호작용 집단에서와 같이 각자의 독창적인 사고를 제한하는 경우가 발생하지 않도록 하는 것이다. 명목집단기법은 다음과 같은 네 단계를 필요로 한다. 즉, 개인 각자로 하여금 자신의 아이디어를 조용히 리스트로 만들게 한 다음, 모든 아이디어들을 하나의 도표에 다시 기록한다. 토론은 아이디어를 명백하게 설명해야 할 필요가 있을 때만 허용되고 브레인스토밍처럼 어떠한 비평도 용납되지 못한다. 마지막으로 투표를 통해 결정한다.

다음은 델파이기법(Delphi technique)으로서 전문가들의 평가를 수집하여 의사결정에 활용하는 기법이다. 한군데 모여 있지 않는 전문가들에게 질문지를 이용하여 답변을 받는다. 그 후 코디네이터가 그 질문지의 답변들을 요약해서 다시 각 전문가들에게 보낸다. 전문가들은 이러한 과정을 통해 개발된 대안들을 평가하고 조정자는 그 결과를 표로 만든다. 델파이 기법은 대면 회의를 거치지 않고서도 많은 독자적인 판단을 산출해낼 수 있다는 점에서 가치가 있다.

의사결정과정에서 특정그룹이나 개인이 비판자의 역할을 부여받는 선의의 비판자(devil's advocate) 역시 집단의사결정을 개선하는데 유용한 방식이다. 이 선의의 비판자는 제안된 의견이 함축하고 있는 잠재적인 문제점들을 파악해내야 한다. 이것은 의사결정시 미리 잠재된 문제점들을 확인하여 조직으로 하여금 향후 막대한 비용을 지출하지 않도록 실수를 예방해 주는 역할을 한다. CEO와 최고경영진에 대한 선의의 비판자로서의 역할을 하는 개인이나 집단은 고위 경영진들의 업무수행이나 지속성을 유지시키는데 도움을 제공할 수 있다.

변증법적 연구(dialectical inquiry)는 두 가지의 대립되는 제안들 사이에서의 논쟁을 의미한다. 이 방법은 갈등을 유발하지만, 두 제안의 장점과 단점을 모두 파악할 수 있게 해주기 때문에 건설적인 방법이 될 수 있다. 변증법적 연구를 활용할 때에는 승패의 테도를 벗어나, 관련된 모든 당사자들에게 가장 효과적인 해결책을 도출하는 것에 집중하는 것이 중요하다. 연구들은 의사결정이 진행되는 방식(즉, 양측 모두에게 도움이 되는 것인지 아니면 한쪽에게만 유리한 것인지)이 매우 중요하다고 밝히고 있다. 의사결정의 결과는 의사결정이 진행되는 방식에 따라서 이득으로 보일 수도 있고, 손실로 보일 수도 있을 것이다.

03 의사결정에서의 창의성과 윤리성

관리자가 보다 바람직한 의사결정을 위해서는 참신하고 고상한 아이디어를 제안하는 능력, 즉, 창의성(creativity)을 필요로 한다. 왜 창의성이 의사결정에서 중요한가? 그것은 의사결정이 하나의 창조적 활동이기 때문이다. 창의성은 의사결정자로 하여금 다른 사람들이 볼 수 없는 부분까지 볼 수 있게 하여 문제를 더 완전하게 평가하고 이해하는 것을 가능하게 한다. 창의성의 가장 명백한 가치는 결국 의사결정자로 하여금 모든 실행 가능한 대안들을 찾는 데 도움을 준다는 데에 있다. 창의성을 사고프로세스로 이해하는 월라스(Wallas)는 다음의 네 가지 과정을 통해 창의적 사고가 이루어진다고 했다.

- **준비단계** : 문제를 인식하고, 필요한 자료를 모으며, 원인을 찾는 등 문제탐구를 위한 준비상태를 말한다. 주어진 문제를 여러 각도에서 지각하고 이해해보려고 노력하는 단계이다. 길포드가 말한 확산적 사고가 활발하게 일어나는 단계이다.
- **부화단계** : 문제해결에 고심하지만 외견상으로는 다른 일을 하거나 휴식하고 있는 것처럼 보이는 정지상태이다.
- **조명단계** : 갑자기 새로운 아이디어가 떠오르면서 부화기를 종료하는 단계이다. 직관적 사고나 영감 등의 작용으로 지금까지 해결하지 못했던 문제에 대한 결정적인 단서

그림 9-3 창의성의 3원 모델

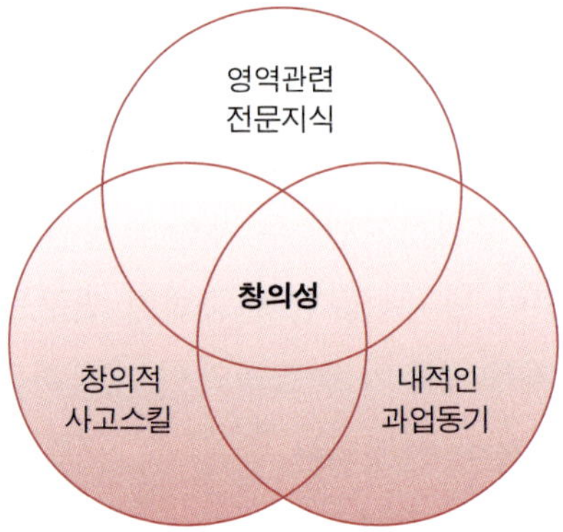

를 잡는 단계이다.

- **검증단계** : 직관이나 영감에 의해 제시된 아이디어를 논리적 사고에 의해서 확인하고 검증하는 단계이다. 최종산물에 도달하기 위한 수렴적 사고가 이루어지는 단계이다.

사람들은 선천적으로 타고나는 창의성에 있어서 차이가 난다. 그러나 한 연구에 따르면, 창의성이 높은 사람들은 약 10% 정도이고 우리들 대부분(약 60%)은 어느 정도의 창의적인 잠재력을 가지고 있다고 밝힌 바 있다. 개인과 조직들은 종업원들의 창의성을 자극하기 위해 무엇을 할 수 있을까? 이 질문에 대한 최선의 답변은 광범위한 연구를 기반으로 밝혀진 창의성의 3원 모델에 있다. 이 모델은 개인의 창의성이 본질적으로 특정영역에서의 전문지식, 창의적 사고스킬, 내적인 과업동기로 구성되어 있음을 보여 주고 있다. 이런 세 가지 요소들의 수준이 높으면 높을수록 창의성도 더 높아진다는 것을 보여준다.

전문지식은 창의성이 발휘되어야 할 각 영역에서 기본적으로 요구되는 지식을 말한다. 어느 한 분야에서 10년 이상 일을 하다보면 달인의 경지에 이를 수 있다는 소위 '10년 규칙(10 years rule)'이라는 것에 의해서도 잘 설명될 수 있는 부분이다. 전문성은 모든 창의적 활동의 기본이다. 달리(Dali)의 예술에 대한 이해와 아인슈타인(Einstein)의 물리학 지식은 그들이 자신의 분야에 창의적인 기여를 할 수 있도록 하는데 필수조건이었다. 우리는 프로그래밍에 대하여 최소의 지식만 가지고 있는 역사학 전공학생이 자동제어소프트웨어 설계에서 높은 창의성을 발휘할 것으로 기대할 수는 없을 것이다. 창의성을 위한 잠재능력은 개인들이 노력한 분야에서 능력, 지식, 숙달, 해당 영역의 유사한 전문지식을 가질 때 증가된다.

두 번째 요소는 창의적 사고스킬이다. 창의적 사고스킬은 창의성과 관련된 성격특성을 내포한다. 창의적인 사람들은 대개 개방성과 통합성을 모두 지니는 양면적 성격(marginal personality)을 가지며 내적인 통제의 위치를 갖고 있다. 이들은 또한 독립심과 인내심, 위험감수 성향이 높은 사람들이다. 알렉산더 그레이엄 벨(Alexander Graham Bell)이 바로 이같은 사람이었다. 그는 귀 내부의 작동원리를 이해하고 그것을 전화기에 적용했다. 그는 귀안의 뼈들이 민감하고 얇은 막에 의해 작동된다는 것에 주목했다. 그는 왜 더 얇고 강한 막이 철 조각 형태로 만들어질 수 없는지에 대해 의문을 가졌다. 그런 유추를 통하여 전화는 탄생되었다. 그의 성격에 기초한 창의적 사고기술이 이를 가능케 한 것이다.

마지막 요소는 내적인 과업동기인데, 이는 창의적 작업에 지속적으로 몰입하게하는 요인을 말한다. 이러한 동기요인은 창의적인 잠재능력을 실제의 창의적 아이디어로 전환시켜 준다. 내적인 동기가 높은 사람들은 자신의 일에 열정을 갖고 그 일에 빠져들어 헌신을 하며 또한 일을 곧 놀이라고 생각하는 경향마저 있는데, 창의적인 사람이 종종 강박적일 정도로 자신의 일을 사랑하는 것이 이와 관련된다. 물론, 개인의 과업환경과 조직의 문화와 같은 외적인 동기 역시 중요한 영향을 줄 수 있다. 개인 특성으로서의 창의역량을 정의할 경우 외적동기를 포함시키지 않지만 다음은 창의성을 방해할 수 있는 다섯 가지 조직요인들이다. ① 평가에 대한 기대–당신의 과업이 어떻게 평가될지에 초점을 두는 경우, ② 감독–일하는 동안 감독을 받는 경우, ③ 외부적 동기요인들–외적이며 눈에 보이는 보상을 강조하는 경우, ④ 경쟁–동료들과 패자/승자를 결정하는 상황이 발생한 경우, ⑤ 선택의 제한–자신의 과업을 어떻게 수행할지에 대해 자유로운 선택이 어려운 경우.

또한 의사결정을 할 때 고려해야 하는 중요한 기준이 바로 윤리성이다. 기업윤리의 실천이 곧 경쟁력이며 기업성과에 긍정적 영향을 미친다는 것은 여러 연구들을 통해 속속 입증되어 왔다. 불과 얼마전 미국의 최대 에너지회사 엔론(Enron)이 분식회계의 여파로 파산한 것은 윤리경영의 중요성을 일깨워 주는 사건이었다. 1985년 창립, 2000년에는 미국 포춘

지가 선정한 500대 기업 가운데 7위의 초우량 기업으로 선정되기도 했던 엔론이 짧은 기간에 주가가 폭락하고 310억 달러라는 천문학적인 빚을 내며 파산하게 된다. 분식회계와 경영자의 부정, 그리고 이를 은폐하기 위한 로비활동 등으로 80달러이던 주가는 40센트로 폭락하면서 2001년 파산에 이르렀다. 엔론의 회계감사를 맡았던 세계적인 회계법인 아서 엔더슨 마저도 한순간에 공중분해 되고 말았다.

관리자들은 어떤 의사결정에 앞서 다음의 세 가지 질문들을 숙고해 봐야 한다. 합법적인가?(내가 법이나 회사정책을 위반하는 게 아닌지?), 균형적인가?(단기적/장기적인 관점에서 관련된 모든 이해관계자들에게 공정한 결정인지, 모두에게 유익한 관계를 촉진시키는지?), 그리고 이 결정으로 인하여 나의 감정상태는 어떻게 될 것인가? (추후 나의 행동을 과연 자랑스럽게 여길 수 있을지, 다른 사람들이 이 결정에 대해 알게 되면 내 기분은 과연 어떠할지?) 기업이 생각보다 장수하지 못하는 이유에 대해 전문가들은 기업들의 경영방침과 방식이 지나치게 경제적인 사고에 의존하는 것을 문제로 지적한다. 만약 엔론의 의사결정자들이 그들의 결정에서 위의 세 가지 질문을 고려했다면 어떻게 됐을까?

그림 9-4 기업의 윤리강령

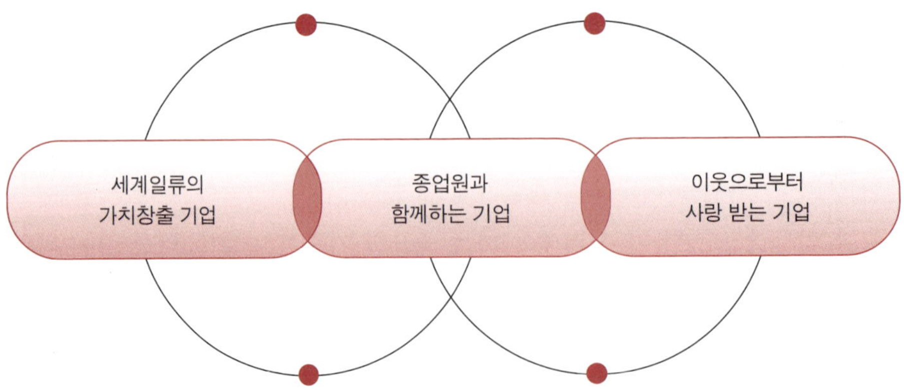

의사결정의 주체가 개인이든 집단이든 모든 의사결정은 윤리성을 고려해야 한다. 의사결정에서 효과성과 윤리성은 반드시 상호 배타적인 것은 아니다. 조직은 구성원들을 격려하고 적절한 보상을 해주며 윤리적인 조직분위기를 조성해야 한다. 조직에서의 사회화 과정에서부터 신입 종업원들에게 윤리적인 행동기준을 잘 전달할 수 있어야만 한다. 그리고 부서단위로는 집단사고의 잠재성과 비윤리적 의사결정을 줄이기 위해서 선의의 비판자와 변증법적 사고를 적극 활용하는 것도 필요할 수 있을 것이다.

CASE

PLM으로 의사결정 오류 줄이자

세계적인 자동차 업체들이 비즈니스 성공을 지켜 가는 비결은 무엇일까. 그들은 글로벌 생산체계를 유지하면서 각 개별 단계별로 가치를 창출하는 시스템을 가지고 있다는 것이 비결이라 할 수 있다. 즉, 제품 라이프사이클 전 과정을 통해 통합된 제품 개발 프로세스를 구현하고 있는 것이다.

정철 지멘스PLM소프트웨어 코리아 대표

글로벌 시장조사 기업인 IDC의 산자브 팔 분석가는 "자동차 산업은 기술과 경영혁신의 관점에서 거대한 변화를 겪고 있는데, 나날이 증가하는 자동차의 복잡성과 경제적 관점에 대한 환경의 변화로 자동차 생산 업체들로 하여금 제품 라이프사이클 관리시스템을 재평가해 시장에 최고의 제품을 선보여야 하는 상황에 놓여 있다"고 말한 적이 있다.

제품수명주기관리(PLM)는 제품 설계도부터 최종 제품 생산에 이르는 전 과정을 관리해 제품 부가가치를 높이고 원가를 줄이는 생산 프로세스다. 제품의 생명주기에는 초기의 제품의 요구사항부터 개념 정의, 개발 및 생산 그리고 유통과 서비스 마지막 단계인 운용 및 유지보수 그리고 폐기나 재활용까지를 의미한다. PLM에는 제품수명주기와 관련된 제품정보데이터 및 관리 서버시스템과 다수의 클라이언트 시스템의 네트워크 시스템 등이 포함된다.

앞서 말한 바와 같이 PLM은 기업의 경쟁력을 좌우하는 중요한 요인이 되고 있다. 여기서 짚고 넘어가야 할 것이 PLM 도입에 있어 가장 중요한 것 중 하나는 미래에 대한 예측을 고려해야 한다는 점이다. 미래를 분명하게 예측할 수 없더라도 보다 광범위한 관점에서 상황을 진단하고, 현재와 미래의 제품 요구사항을 최소한 PLM 시스템을 통해 이를 대비할 수 있도록 해야 한다. 하지만 많은 기업들은 단순히 당면 과제의 해결에 초점을 맞추고 있어 조직의 혁신을 구현하고 진일보된 제품의 경쟁력을 확보하겠다는 관점에서는 중요한 요소들을 간과하고 있다.

사실 모든 기업은 시장이 원하는 제품을 적합한 방식으로 생산하는데 초점을 맞추고 있다. 그 이유는 점차적으로 제품 개발 프로세스뿐만 아니라 제품 자체가 복잡해짐으로써 그 복잡성이 보다 다양해지고 점점 더 증가하고 있기 때문이다. 다시 말해 기업들은 제품과 프로세스 모두에 있어 보다 증대된 복잡성에 직면해 있는 것이다. 이 배경은 환경, 안전, 정부 규제, 글로벌 개발 절차와 다양한 글로벌 시장의 요구사항에 기인한다. 그래서오늘날 기업들에게 가장 중요한 질문 중의 하나는 이런 복잡성이 진보를 가져올 것인지, 혹은 시장에서의 퇴보를 가져올 것인지, 아니면 복잡성을 경쟁우위로 삼을 수 있는 지로 모아진다.

따라서 기업들은 보다 나은 제품을 공급하고 시장에서의 보다 높은 경쟁력을 확보하기 위해서 의사결정의 중요성을 인지하고 있다. 제품을 생산하기까지 제품의 모든 수명 주기 중에서는 수만 혹은 수십만의 의사결정이 내려져야 한다. 만일 의사결정이 신속하다면 그 프로세스도 빠르게 진행되고, 의사결정이 더 정확하다면 그 이하에서 문제점은 줄어들 것이다.

그러나 신속하고 정확한 의사결정은 결코 쉽지 않다. 모든 정보들이 고려돼야 함은 물론 정보와 지식들이 기업 전체와 공급망, 파트너와 함께, 고객들에게까지 펴져있다는 사실도 고려해야 한다. 그 대안이 모든 IT 혁신과 비즈니스 환경의 변화와 함께 채택되고 성장하는 HD-PLM(High Definition PLM)이다. 이는 필자가 몸담고 있는 지멘스PLM소프트웨어의 비전이기도 하며, PLM 데이터 인식과 보다 정확하고 신속한 의사결정을 지원해 준다.

오늘날과 같이 상호간의 연관성이 높고 경쟁적인 글로벌 환경에서 기업들은 더욱 혁신적이면서 고품질의 제품을 시장에 내놓아야 하는 부담을 갖고 있다. 여기에 더해 의사결정을 내려야 할 정보는 여러 조직에 분산돼 있다. 이런 기업 환경에서 신속하고 원활하게 의사결정을 내려 제품을 개발해야 하는 대기업이나 중소기업 모두가 적용할 수 있는 PLM이 무엇인지 생각해 봐야 할 것이다.

● 출처 : 디지털타임스 / 정철 지멘스 PLM소프트웨어 코리아 대표, 2013.10.20

논의문제

1. 쓰레기통 모델과 제한된 합리성 모델을 비교하고 경영조직들에서 이 모델들에 대한 실용성을 평가하라.

2. 집단의사결정에 대한 본인 경험을 묘사하고 이를 개선시키기 위한 최상의 기법을 제시하라.

3. 집단사고와 집단극화가 조직에 긍정적인 영향을 미치는 경우는 과연 없는 것일까?

4. 팀과 구성원들의 창의적인 의사결정을 촉진시킬 수 방법에는 무엇이 있는가?

5. 윤리성과 효과성이 대치되는 상황에서 의사결정자는 어느 쪽을 선택하는 것이 과연 옳은가? 그리고 오늘날 기업윤리와 기업의 사회적 책임(CSR)이 요구되는 이유는 무엇인가?

권력과 정치 제10장

01 권력의 개념

02 조직에서의 정치적 행동

03 정치적 스킬과 인상관리

직장 내 권력 잡기 위해서는 인맥 필수

직장인 10명 중 7명은 직장 내 권력을 가진 상사에게 그만한 능력이 있다고 평가하고 있었으며, 권력을 얻기 위한 가장 기본적인 조건으로 인적 네트워크를 꼽았다.

29일 취업포털 잡코리아가 최근 '권력의 기술'을 출간한 청림출판사와 함께 '직장 내 권력의 숨은 진실'에 관해 조사한 결과 밝혀진 사실이다.

이번 설문은 눈에 보이진 않지만 분명히 존재하는 사내 권력의 특징에 관해 알아보기 위해 지난 15일부터 23일까지 국내외 기업에 재직 중인 남녀 직장인 361명을 대상으로 진행됐다.

설문 참가자들에게 현재 직장에서 권력을 가진 직장상사가 그만한 실력을 갖췄는지 질문한 결과, 직장인10명 중 7명에 해당하는 74.0%가 '그렇다(실력이 있는 편이다 49.6%, 실력이 있다 24.4%)'고 답했고, 권력을 가진 직장 상사 중 그만한 실력을 갖추지 못했다고 답한 직장인은 26.0%(실력이 없는 편이다 20.2%, 실력이 없다 5.8%)에 불과했다.

그렇다면 직장인들은 직장 내에서 권력을 잡기 위해 어떠한 조건들이 있어야 한다고 생각하고 있을까? 조사결과, 성별과 소속부서(담당업무), 업무수행 능력보다는 사내정치 능력이 권력 획득에 더 큰 영향을 미친다고 생각하는 것으로 밝혀졌다.

각 조건들이 권력 획득에 미치는 영향 정도를 꼽아보게 한 결과, △업무수행 능력(35.7%), △소속부서(담당업무_35.2%), △성별(33.2%), △출신대학(32.4%), 조건들은 권력획득에 '40~60%' 정도의 영향을 미친다고 답한 응답자가 가장 많았던 반면, 사내정치 능력(29.1%)은 '60~80%' 정도 영향을 미친다고 답한 응답자가 가장 많았다.

실제로, 권력을 얻기 위해 가장 기본적인 조건에 관한 조사에서도 남녀 직장인들은 △인적 네트워크(25.8%)를 가장 많이 선택했고, 다음으로 △실제 업무 능력 및 전문성(25.5%), △좋은 이미지와 평판(21.3%), △자신감 넘치는 말과 행동(12.7%), △출신학교 및 집안배경 등 스펙(14.4%) 순으로 꼽았다.

또한 권력을 획득하는데 필요한 핵심자질이라고 생각되는 문항(복수응답)조사에서는 △전문성 및 집중력이 응답률 42.1%로 1위에 올랐고, 다음으로 △자신감(34.1%), △상대방에 대한 공감적 이해능력(29.9%), △야망(27.1%), △에너지(24.1%), △자기 이해와 반성능력(14.4%), △갈등을 인정하는 능력(6.9%) 등이 필요한 자질이라고 답했다.

직장 내 파워게임에서 승리하기 위해 가장 필요한 기술로는 남녀 모두 △명분 확보-사람들이 지지할 수밖에 없는 대의명분 마련(32.1%)이 필요하다고 응답했다.

하지만 차순위부터는 성별에 따라 생각하는 것이 달랐다. 남성들은 동시다발적 권력 전선 구축-영향력을 널리 확장(21.6%)이 필요하다고 답했고, 여성 직장인들은 햇볕정책-적을 동지로 만드는 능력(24.6%)이 필요 자질이라고 답했다. 이 외에도 남녀 직장인들은 △상과 벌-권력 행사에 방해가 되는 자들에게 벌을 내림(15.5%), △인내심-방해세력이 지칠때까지 굴복하지 않음(8.9%) 등을 뽑았다.

직장인들이 생각하기에 승진이 쉬운 직무 또는 부서(복수응답)로는 △기획직이 응답률 35.2%로 가장 높았고, 근소한 차이로 총무 · 인사(34.3%)가 뒤를 이었다. 반면, 기술직(8.0%)과 연구개발(6.1%)과 디자인(3.0%) 등은 승진이 상대적으로 어렵다고 평가하고 있었다.

● 출처 : NEWS WIRE / 2011.09.29

학습목표

1. 권력을 정의하고, 권력과 의존성의 관계를 이해할 수 있다.
2. 다섯 가지 권력유형을 비교할 수 있다.
3. 심리적 임파워먼트와 권력의 윤리적 사용에 대해 이해할 수 있다.
4. 조직정치를 정의하고, 조직에서 사용되고 있는 주요 영향력 전술을 설명할 수 있다.
5. 조직에서 발생하는 정치적 행동을 효과적으로 관리할 수 있다.
6. 정치적 스킬의 네 가지 차원과 인상관리 기법들을 이해할 수 있다.

01 권력의 개념

사내에서 정보나 지식의 공유를 그토록 강조하는데도 일부 종업원들은 왜 사소한 것조차 공유하기를 꺼리는 것일까? 정부의 독점규제에도 불구하고 왜 기업들은 소위 갑을 체계를 계속 유지하려하는 것일까? 개인이나 기업은 모두 권력을 행사함으로써 상대방의 행동을 조정하고 이를 자신의 목표달성에 활용하는 것이 유리하다는 것을 잘 알기 때문이다. 이와 같이 신념, 감정, 행동에 의도적으로 영향을 미치는 권력의 효과적인 사용은 경영에서 중요한 요소이다. 권력은 남을 통제하고 지배하려는 원초적인 성격과 남과 내 자신에게 자신감을 북돋는 사회적인 성격, 양면을 모두 가지고 있다. 베니스(Bennis)의 말처럼, 상사는 부하직원들이 권력을 지니고 있다는 느낌이 들도록 하는 것이 중요하다. 리더는 부하직원들이나 동료들이 성과를 낼 수 있도록 돕는데 자신의 권력을 사용함으로써 그들에게 영향력 있는 사람이 될 수 있다.

그림 10-1

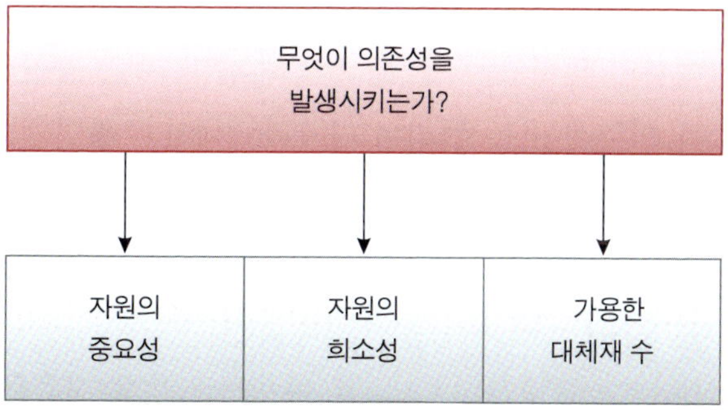

1.1 권력과 의존성

권력(power)이란 어떤 사람(행사자)이 자신이 원하는 것을 다른 사람(수용자)으로 하여금 행하도록 영향을 미칠 수 있는 능력이다. 이때 수용자가 행사자에 대한 의존성(dependancy)이 크다면 이러한 행사자의 권력은 더욱 크다고 할 수 있다. 의존성에 대한 일반적인 가정은 남들이 필요로 하는 어떤 것을 오직 나만 가지고 있다면 그들이 내게 의존하도록 할 수 있다는 것이다. 즉, 남들이 나에게 의존하도록 할 수 있을 때 나는 그들에게 권력을 행사할 수 있게 된다. 권력을 형성시켜 주는 의존성(dependancy)은 보유하고 있거나 다루고 있는 자원의 희소성과 중요성, 그리고 대체불가능성이 높을수록 증대된다. 경영전략분야에서는 이를 자원의존이론이나 전략적 상황이론을 통하여 설명하기도 한다.

- **보유자원의 중요성**: 의존성을 기대한다면 뭔가 중요한 것을 갖고 있거나 할 수 있다는 능력을 남들이 알고 있어야 한다. 예를 들면, 조직은 불확실성을 회피하기 위해서 적극적인 노력을 하게 되므로 불확실성을 다룰 수 있는 사람이 우선 중요한 인물로 파악될 것이다. 제품의 품질과 기술을 중시하는 마쓰시다와 같은 기술 지향적 조직에서는 엔지니어나 그들이 속한 부서가 상대적으로 많은 권력을 갖는다고 한다.
- **보유자원의 희소성**: 의존성을 유발시키기 위해서는 중요한 것 외에도 희소가치가 인식되어야 한다. 인력공급이 제한적인 펀드매니저 같은 특정 전문직에서는 일반 직장인들에 비해 훨씬 높은 임금을 기대할 수 있는데 이는 그들이 지닌 희소가치 때문이다. 사법고시제도가 법학전문대학원으로 대체되면서 수요공급의 불균형으로 로스쿨 졸업생들이 7급 공무원직에까지 지원하는 현상 역시 마찬가지로 해석될 수 있을 것이다.

- **대체불가능성**: 모방하거나 다른 것으로 대체하기 어려운 자원일수록 그 중요성과 희소성이 증대된다. 석유 산유국들의 국제적 위상이나 특허권과 독자적 기술을 보유한 기업들의 시장에서의 위치가 이를 잘 설명해 준다. 독보적인 존재이거나 유일한 대안으로 부각될수록 의존성이 높게 되며 양자관계에서 순종하게 되지만 이러한 블루오션을 대체할 수 있는 상황이 발생하면 언제든 의존관계가 약화되게 마련이다.

1.2 권력의 유형 및 원천

권력이 주로 의존성에 기인한다면, 그러한 의존을 발생시키는 원천은 무엇일까? 프랜치(French)와 레이븐(Raven)은 관리자들이 대인관계에서 사용하는 권력의 유형을 다섯 가지로 구분하였다. 강압적 권력, 보상적 권력, 합법적 권력, 준거적 권력, 그리고 전문적 권력이 그 다섯 가지에 해당한다.

- **강압적 권력**: 권력 행사자가 수용자에게 불쾌한 경험을 유발시킬 수 있는 능력에 기반을 둔다. 이는 수용자로 하여금 그의 의지에 반하여 무엇인가를 강제적으로 하게끔 하는 권력으로서 물리적이거나 언어적인 위협이 동반되기도 한다. 직장에서 강압적 권력은 징계처분, 강등, 해고 등의 형태로 나타난다. 강압적 권력은 영향력을 미치는 목적은 달성할 수 있을지언정 상처가 남을 수 있다. 특히 힘으로 위협을 하거나 별볼일 없는 일거리를 할당시키는 것 등은 오히려 권력을 현저히 감소시키게 될 것이다. 강압적 권력을 효과적으로 사용하는 가장 좋은 방법은 공평하고 기준에 맞춰 모순이 없도록하는 것이며, 또한 절대적으로 필요한 경우에 한하여 사용되어야 할 것이다.
- **보상적 권력**: 권력 행사자가 수용자가 원하는 보상을 통제할 수 있는 능력에 기반을 둔다. 보상에는 상품, 승진, 임금인상 등 여러 형태가 있을 것이다. 피드백이나 칭찬같은 것은 반드시 많은 비용이 드는 것도 아니고 조직 체계상 높은 지위가 아니어도 된다. 영향력을 발휘하고자 하는 사람에게 보상을 제공할 때 가장 중요한 점은 그들이 얻고 싶어 하는 것을 보상해 준다는 데 있다. 따라서 보상적 권력을 효과적으로 사용하기 위해서는 보상이 주어지는 행동을 관리자가 명확히 정해주고, 행동과 보상 간의 분명한 연계성을 확인시켜 주어야 한다.
- **합법적 권력**: 공식조직이나 집단에서 가장 흔히 나타나는 권력은 조직 구조상의 지위로부터 나오는 합법적 · 제도적, 그리고 합리적 차원의 권력이다. 권한(authority)과 유

사한 성격을 지닌 합법적 권력은 지위와 상호동의에 근간을 둔다. 합법적 권력이 효과적으로 발휘되기 위해서는 종업원들 또한 자신들이 해야 할 것에 대하여 관리자가 지시할 수 있는 권리를 지녔다고 생각해야 한다. 따라서 순응적인 행동을 이끌어 내기에는 충분할지 모르나 진정으로 어떤 일에 전념하도록 하는 데는 부족한 면이 있다. 합법적 권력은 조직계급 내에서의 직위에서 비롯되기 때문에 직위권력이라고 부르기도 한다.

- **준거적 권력**(referent power): 준거적 권력은 주로 매력에 기반을 둔 것으로서 상대방을 존경하고 흠모하여 그와 같은 인물이 되려 할 경우, 상대방이 나에게 행사할 수 있는 권력이다. 타이거 우즈나 배용준과 같은 유명인사에게 엄청난 대가를 지불하며 상업적 광고모델로 활용하는 이유도 여기에 있다. 일반적으로 모르거나 싫어하는 사람보다 좋아하고 존경하는 사람의 요구를 더 잘 들어주고자 한다는 사실로도 증명된다. 흔히 카리스마가 강한 개인은 준거적 권력을 지녔다고 여겨진다. 준거적 권력을 증가시키기 위해서는 신뢰와 존경을 받아야 한다. 친근함과 공정함, 친밀함과 유능함을 보여준다면 준거적 권력을 증가시킬 수 있을 것이고 이를 대인관계에서 효과적으로 이용할 수 있을 것이다.

- **전문적 권력**: 전문적 권력은 지식이나 경험 또는 특별한 기술을 보유하고 있는 사람이 이를 모르는 사람에 대하여 행사할 수 있는 권력이다. 어떤 사람이 다른 사람의 필요로 하는 지식과 기술을 보유하고 있다면 그 사람은 전문적 권력을 가지고 있는 것이다. 환자들이 병원에 갔을 때 의사의 처방을 믿고 따르는 것도 그가 전문가이기 때문이다. 전문적 권력을 키우기 위한 가장 일반적인 방법은 교육을 받는 것이다. 또한 교육의 범위를 넘어 희소성 있고 특수한 지식을 습득하는 것도 한 방법이다. 종사하는 업무영역에서 전문성을 높일수록 조직 내에서 전문적 권력은 상승할 것이다.

그림 10-2 상사의 권력유형과 부하의 만족도

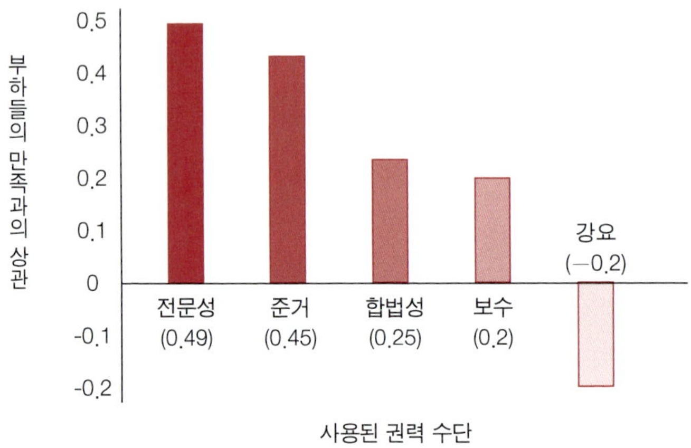

출처: Schriesheim(1989)

[그림 10−2]는 상사의 권력유형과 부하의 만족도 간의 관계를 나타낸 표이다. 이 밖에도 오늘날과 같은 정보화시대에서 정보에 대한 개인의 접근과 타인에게 정보를 분배하는 것에 대한 통제가 의존성의 원천 중 하나로 포함될 수 있을 것이다. 중요한 정보에 대한 접근성을 갖고 해당 정보를 통제할 수 있는 권력이 바로 정보권력(information power)이다. 가령, 중역회의에서 내린 결정을 중간관리자가 부하나 동료들에게 선택적으로 해석해 줌으로써 그들에게 영향을 미칠 수 있다. 외부에서 일어나는 중요한 정보의 유입을 통제하는 위치에 있는 리더는 그러한 정보들을 부하들에게 해석해 주는 과정에서 부하들의 인식과 태도에 영향을 줄 수 있다. 리더는 특정한 방향의 행동이 바람직하다는 것을 부하들에게 설득하기 위하여 정교하게 정보를 왜곡 전달할 수도 있다. 정보에 대한 통제는 리더의 전문성을 제고시켜 리더로 하여금 부하들보다 더 많은 전문적 권력을 갖게 하는데 이용된다.

1.3 임파워먼트와 권력의 윤리적 사용

참여적 리더나 자유방임적 리더들은 임파워먼트(empowerment)라고 불리는 의사결정 권한을 부하들과 공유하는 기법을 사용한다. 현대사회에서 조직이 점차 수평화되고 과거에 비하여 관리자의 수가 줄면서 임파워먼트가 점차 중요시되고 있다. 임파워먼트는 종업원들 스스로 의사결정을 내릴 수 있도록 자율성과 결정성을 더 많이 줄 뿐 아니라 이러한 결정을 실행하는데 필요한 자원에 대한 통제력도 함께 부여한다는 뜻이다. 보다 근래에는 임파워먼트를 심리적 차원에서 '개인의 자기 효능감을 개발시켜서 모티베이션이 강화될 수 있는 상황을 만드는 것'이라고 정의하기도 했다. 이것은 개인이 직무를 수행하는 자신의 능력을 믿게 되는 것과 같은 방식으로 권력을 공유하는 것을 의미한다. 임파워먼트의 전제는 업무 및 고객과 가장 밀접한 관계에 있는 개인이 의사결정을 해야 하며 이것이 곧 종업원들의 기술과 재능을 가장 잘 활용할 수 있다는 것이다.

심리적 임파워먼트는 의미감, 역량감, 자기결정, 영향력이라는 네 가지 차원으로 구성된다. 의미감은 직장에서 부여받은 역할과 종업원으로서의 가치 및 신념 간의 적합성을 말한다. 이것은 종업원들이 업무를 활력적으로 하게 되는 임파워먼트의 엔진과도 같다. 역량감은 자신이 맡은 업무를 잘 해낼 수 있다는 능력에 대한 믿음이다. 이러한 자신감이 결여된 종업원들은 자신이 업무처리에 부적합하다고 느끼며 임파워먼트를 지각하지 못할 가능성이 크다. 자기결정은 업무처리 방식에 대한 자율통제권을 갖는 것이다. 부여받은 지시사항만을 수행하고 있다고 여긴다면 이들 역시 임파워먼트를 지각하지 못할 것이다. 영향력은 조직 내에서 자신의 업무는 차별화되어 있다는 확신이다. 종업원들은 자신의 업무가 목표달성에 기여하지 않는다고 느끼면 임파워먼트를 지각하지 못하게 된다. 진정으로 임파워먼트를 느끼기 위해서는 위에서 언급한 네 차원을 모두 경험할 필요가 있으며, 그 결과 조직 유효성의 증가, 직무만족의 증가, 스트레스의 감소와 같은 성과를 기대할 수 있다.

임파워먼트는 주장하는 것은 쉬워도 그것을 실행에 옮기는 것은 매우 어려운 일이다. 콘거(Conger)는 리더가 다른 사람들에게 어떤 방식으로 임파워먼트를 해야 하는지에 대한 가이드라인을 다음과 같이 제시한다.

첫째, 관리자는 종업원들에 대한 신뢰를 표현하고 성과에 대한 높은 기대감을 가져야 한다.

둘째, 관리자는 종업원들이 의사결정에 참여할 수 있는 기회를 만들어줘야 한다. 이것은 종업원들이 자신의 의견을 표명하며 그에 대해 선택까지도 할 수 있는 형태로의 참여를 의미한다.

셋째, 관리자는 자율권을 억압하는 관료주의적인 제약을 없애야 한다. 종업원들의 자율적인 관리를 방해하는 오래된 규칙과 정책들을 가지고 있다면 이를 제거해야 한다.

넷째, 관리자는 종업원들에게 영감과 의미감을 줄 수 있는 목표를 설정해야 한다. 자신에게 적합하고 도움이 되는 목표를 지녔다고 느끼는 종업원은 목표달성을 위한 개인적 책임감을 더 많이 갖게 될 수 있기 때문이다.

그림 10-3 임파워된 적정 권력

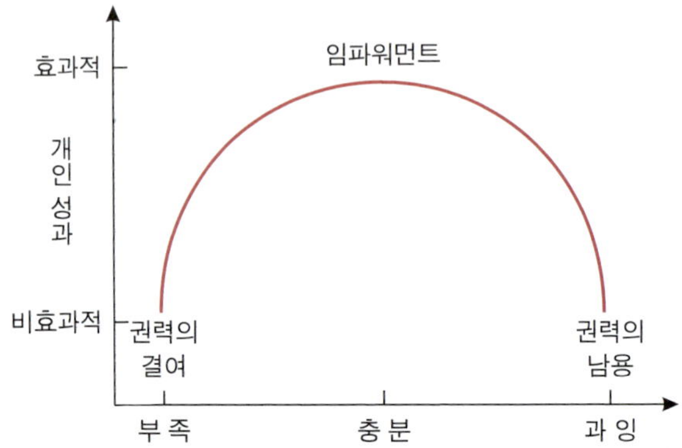

[그림 10-3]은 임파워된 적정 권력의 중요성을 보여준다. 우리가 권력의 남용을 비판할 때 제일 먼저 들고 나오는 것이 윤리적인 평가이다. 단순히 권력을 소유하고 있는 자는 이를 남용하지 않을 윤리적인 의무를 동시에 지고 있다고 생각하기 쉽다. 하지만 권력과 관련된 관리자들의 행동이 윤리적인지 아닌지를 결정하는 문제는 그리 단순하지 않다. 다음의 세 가지 질문을 통하여 권력의 사용과 관련된 행동의 윤리성 여부를 검토할 수 있을 것이다.

- 과연 그 행동이 조직 내부 뿐만이 아니라 외부 사람들에게도 모두 긍정적인 결과를 만들어 주었는가? 이 질문은 공리적 결과에 대한 기준을 나타낸다. 그 행동은 최대한 다수의 사람들이 가장 좋다고 여기는 결과를 발생시켜야 한다. 만일 권력과 관련된 행동이 개인의 이기심만을 채워주고, 조직의 목표를 달성하는 데 기여하지 못한다면 그것은 비윤리적인 행동이라고 할 수 있다.
- 그 행동이 관련된 모든 사람들의 권리를 존중하는가? 이 질문은 개인적 권리에 대한 기준을 강조한다. 표현과 사생활의 자유 그리고 정당한 절차는 언제나 존중받아야 할 개인적 권리이다. 그러므로 이에 위반되는 권력과 관련된 행동들은 비윤리적으로 여겨질 수 있다.
- 그 행동이 관련된 모든 사람들을 공정하고 공평하게 대우하였는가? 이 질문은 분배적 공정성에 대한 기준을 나타낸다. 제멋대로 일을 처리하거나 다른 사람의 비용을 발생시켜 특정인이 이익을 얻을 수 있도록 하는 것은 비윤리적이다. 바쁜상황에서 특정 종업원의 휴가를 인정하여 다른 종업원들에게 일의 부담을 가중시키는 것이 비윤리성의 대표적인 예이다.

02 조직에서의 정치적 행동

조직에서의 정치적 행동은 다른 사람이나 조직의 안녕(well-being)을 고려하지 않고, 자신의 이익만을 목표로 삼는다고 여겨질 수 있는 개인행동과 관련된다. 실제로 정치적 행동은 그 상황에 따라 기능적이거나 또는 역기능적일 수 있지만, 조직에서의 정치적 행동에 대한 지각은 일반적으로 부정적인 영향이 있다고 밝혀져 왔다. 이러한 조직정치에 대한 바람직하지 못한 이미지는 비즈니스 사회에서 대두되고 있는 윤리적인 이슈에 대한 관심과 연관이 있을 수 있다.

2.1 조직정치의 지각

조직에서의 정치적 행동은 매우 일상적이어서 조직생활의 일부라고도 할 수 있다. 조직의 특성상 개인은 조직에서 자원의 분배, 정책결정, 그리고 제한된 승진을 둘러싼 경쟁과 갈등의 상황에서 자신의 이익을 지키고 확보하기 위해서 정치적 행동을 하게 된다. 조직정치(organizational politics)는 이처럼 자기이익을 극대화하기 위해 전략적으로 의도된 행동으로 정의된다. 조직에서의 정치적 분위기를 이해하는 것이 쉬운 일은 아니지만 하나의 조직을 보다 더 잘 이해하기 위해서는 매우 중요할 것이다.

대부분의 사람들이 직급에 상관없이 조직에서의 정치적 행동을 잘 인식한다. 같은 직급 사람들의 정치적 행동을 예민하게 인식할 뿐만 아니라 자신의 상사나 임원들의 정치적 행동까지도 잘 파악한다. 조직정치의 지각(perception of organizational politics)은 객관적 실제이기 보다는 업무현장에서 주관적으로 인식되며, 이로인해 개인의 태도와 행동, 나아가 조직의 효과성에도 잠재적인 영향을 미칠 수 있다. 이러한 점에서 과거 연구들이 조직 구성원들의 정치적 행동에 초점을 두었던 것과는 달리, 최근에는 조직정치 지각에 관한 연구가 보다 활성화되고 있다.

조직정치에 관한 문헌들은 대부분 조직정치의 지각이 개인들로 하여금 직무에 대한 불만족이나 불안감을 느끼도록 하고, 조직에 대한 만족감도 떨어뜨리며 상사의 직무수행에 대해서도 비효과적으로 인식하게 만든다고 보고한다. 뿐만 아니라 조직정치의 지각은 자신에 대해서도 좋지 않은 평가를 내리게 하며, 스트레스, 탈진, 불확실성을 가중시킨다고 보고되고 있다. 이와 같이 지각된 조직정치는 직무, 상사, 조직 및 구성원들 자신에 대한 부정적인 태도형성에 중요한 영향을 준다.

만일 조직에서 사람들이 자신의 이익만을 추구한다면 직장은 더 이상 유익하지 않으며 오히려 위협적이고 예측하기 어려운 곳으로도 보일 수 있다. 따라서 종업원들이 조직분위기를 매우 정치적이라고 지각한다면 그들은 조직의 목표보다는 오히려 자신의 관심사에만 중점을 두게 될 것이고 이러한 과정에서 분노, 긴장감, 피로, 그리고 탈진까지도 경험할 수 있다. 종업원들은 직무에 대해서 불만족을 느끼고 직장을 떠나려는 마음을 가질 수도 있다. 하지만 일부 사람들은 정치적 행동에 대하여 호의적 태도를 보인다. 그들은 정치적인 전술의 사용을 보다 만족스러워하며 정치적 행동을 할 때 더 큰 직무 만족도를 나타낸다. 그래서 어떤 사람들은 정치적인 환경에서 더욱 성공할 수 있는 반면, 또 다른 사람들은 조직정치를 불쾌하고 스트레스를 유발하는 것으로 여긴다. 〈표 10-1〉을 참고하여 나의 정치적 성향을 알아보도록 한다.

표 10-1 나는 정치적인가?

특 성	순진파	현실파	정치파
정치행동에 대한 기본적 생각	· 정치행동은 나쁜 것이다.	· 정치행동이 필요는 하다.	· 정치행동은 기회다.
정치행동의 사용의도	· 항상 피해야 한다.	· 조직의 목표나 임무완수를 위해 가끔 사용한다.	· 자신의 이익을 위해서도 사용할 수 있다.
정치적 사용기술	· 있는 그대로 말한다.	· 사람들과 연결 · 주고 받는 시스템 활용 · 친교범위를 넓힌다.	· 필요하다면 내용과 사실을 조작한다.
즐겨쓰는 책략	· 정치적 책략은 사용안한다. · 정직과 진리만 사용한다.	· 타협하고 교류한다.	· 정보의 변칙 사용한다 · 친구나 인간관계를 이용한다.

출처: Pinto & Kharbaabda(1995)

2.2 영향력 전술

영향력은 다른 사람의 생각과 행동, 감정에 영향을 주는 과정이다. 다른 사람에게 영향력을 발휘하기 위해서는 다양한 종류의 전술이 이용된다. 유클(Yukl)은 선행연구들이 제시한 영향력 전술들을 고찰한 후 이성적 설득, 교환, 합법적 요구, 압력, 그리고 개인적 또는 상향적 호소라는 다섯 가지의 영향력 전술들을 제시하였는데, 이 다섯 가지 영향력 범주는 프렌치와 레이븐에 의해 제안된 권력의 다섯 가지 원천과도 거의 일치하는 것으로 나타났다. 이후 유클과 팔베는 새로운 차원으로 영감적 호소와 상담전술을 추가했고(〈표 10-2〉 참조), 상담, 이성적 설득, 영감적 호소, 호의 전술이 가장 자주 사용된다는 것을 밝혔다.

어떤 영향력 전술이 가장 효과적일까? 그것은 영향력 행사의 목적과 영향력을 행사하고자 하는 목표물에 따라 달라진다. 개인은 여러 목표들에 대해 서로 다른 전술을 사용하며, 상대가 누구인지에 따라서도 전술을 달리한다. 예를 들어, 부하직원에 대한 영향력 행사는 그들에게 임무를 부여하거나 행동을 변화시키려는 것을 수반한다. 동료에 대한 영향력 행사의 목적은 도움을 요청하고자 하는 것이다. 상사에 대한 영향력 행사는 요청사항 승인, 자원 분배, 정치적 후원 또는 개인적 이익을 얻고자 하는 것이 그 목적일 것이다.

유클과 트레이시(1992)의 주장에 따르면, 상대(상사, 부하, 동료)가 누구냐에 따라 개인이 사용하는 영향력 전술에서 차이가 있다. 이성적 설득은 상사에게 가장 많이 사용하고, 다음은 동료, 부하 순이었다. 호의와 영감적 호소는 부하에게 사용하는 경우가 동료와 상사에게 사용하는 경우보다 더 많았다. 교환, 개인적 호소, 합법성은 동료, 부하, 상사의 순으로 사용하였다(〈표 10-2〉 참조).

성별에 따라 영향력 전술을 다른 시각으로 본다는 연구 결과도 있다. 남성들은 여성보다 정치적 행동을 더 호의적으로 보는 경향이 있다고 한다. 남성과 여성 모두가 정치적 행동을 목격했을 때 행위자가 자신과 같은 성별이고, 목표대상이 자신과는 다른 성별일 경우에는 정치적 행동을 긍정적으로 보았다. 여성 임원들은 정치를 혐오스러운 것으로 보기도 하고, 오직 직무성과만으로 인정받으며 승진하기를 원한다. 조직정치에 대한 이해의 부족은 여성들이 중역으로 승진하는데 있어서 걸림돌이 되기도 한다. 여성들은 멘토와 역할모델이 부족하며 공식적 네트워크에서 제외되는 경우도 있기 때문에, 정치적 기술을 개발시키기 위한 기회가 남성들보다 적을 수 있다.

관리자는 어떻게 하면 영향력 전술을 잘 사용할 수 있을까? 먼저, 위, 아래, 그리고 옆쪽까지 모든 방향으로 개방적 의사소통 경로를 개발시키고 유지해야 한다. 그리고 영향력 행

표 10-2 조직에서 사용되는 영향력 전술

전 술	설 명	예 시
압 박	당신의 요구사항에 순응하거나 제안에 협조하도록 요구, 위협, 협박한다.	"당신이 만일 이것을 하지 않는다면 해고시킬거야!" "만일 5시까지 마음을 바꾸지 않는다면, 당신을 제외시키고 일을 진행하겠어!"
상향적 호소	상위 관리자들이 해당 요구사항을 승인할 것이라고 말하며 당신을 설득하려고 한다. 당신이 요구사항에 순응하도록 높은 관리자들에게 호소한다.	"상사에게 보고할게." "상사도 이 생각에 동의할 거야."
교 환	요구 사항이나 제안에 순응하면 보상이나 무형의 이익을 얻게 될 것이라고 암묵적이든 명시적이든 약속한다. 이전에 있었던 호의를 상기시켜 호혜적 행동을 보이게 한다.	"과거에 내가 당신에게 호의를 베푼 일이 있잖아." "이번 일에 있어서 나를 지지해준다면 내가 저녁 근사하게 살게."
연 합	당신을 설득하기 위해서 다른 사람의 도움을 구한다. 당신이 의견에 동조하도록 다른 사람의 후원을 활용한다.	"모든 관리자들이 나에게 동의했어." "전체 위원회에서 당신에게 물어볼게."
아 부	당신에게 어떤 요청을 하기 전에, 당신이 그 사람을 호의적으로 생각하도록 노력하거나 당신이 기분 좋은 상태에 있도록 여러 방법을 강구한다.	"이 일을 똑바로 처리할 수 있는 사람은 오직 당신뿐이야." "항상 당신을 생각해왔기 때문에 당신에게 부탁을 하는 거야."
이성적 설득	당신에게 제안이나 요구사항이 실행가능하고 성공할 수 있다고 논리적인 요점과 사실적 증거를 사용하여 설득한다.	"새로운 절차가 간접비 15억을 절감시켜 줄 거야." "경험이 풍부하니까 그를 고용하는 것이 맞아."
영감에 호소	당신의 가치나 생각에 호소하거나 당신은 해낼 수 있을 것이라고 자신감을 심어줌으로써 당신의 열정을 자극하는 정서적인 요청이나 제안을 한다.	"환경을 중요하게 여기는 것은 옳은 일이 분명해." "설명하긴 좀 어렵지만, 나는 네가 그것을 해낼 수 있다고 믿어."
상 담	정책, 전략, 변화를 실행하는 법을 계획하거나 의사결정을 하는데 있어서 당신의 참여를 이끌어낸다.	"새로운 서비스계획은 논란의 여지가 많은데 어떻게 하면 그 계획이 수용될 수 있을까?" "생산라인에 새로운 로봇을 투입하는 것에 대해 근로자들이 위협을 덜 느끼게 하려면 어떻게 하는 것이 좋지?"

사의 대상이 되는 사람이 관리자이든, 부하직원이든 아니면 동료든지 기본적으로 그들을 존중하는 마음을 가져야 한다. 마지막으로, 영향력 행사관계는 양방향적 관계로서 호혜적인 특성을 지닌다는 것을 이해해야 한다. 영향력 행사가 조직의 목표와 부합하는 한, 영향력 행사 프로세스는 관련된 모든 당사자들에게 도움이 될 수 있다.

2.3 조직에서의 정치적 행동관리

조직에서 정치는 없을 수도 없고, 없어서도 안 된다. 하지만 관리자들은 앞을 내다보는 태도를 지녀야 하며 불가피하게 발생하는 정치적 행동을 효과적으로 관리할 수 있어야 한다. 개방적인 의사소통, 성과 및 보상에 관한 명확한 기대, 참여적 의사결정 절차, 집단간 협동, 부족한 자원의 효과적인 관리, 그리고 후원적인 조직 분위기는 관리자들이 정치적 행동의 부정적인 결과를 예방하는 데 도움이 될 수 있을 것이다.

- 불확실성이 높은 환경에서는 정치적 행동이 많이 일어나는 경향이 있기 때문에, 불확실성을 감소시킬 수 있는 의사소통이 중요하다. 이에 도움이 되는 의사소통의 한 가지 형태는 조직에서 인정되는 행동과 그렇지 않은 행동을 명확히 하는 것이다. 예를 들어, 사적인 권력과 대립되는 것으로서 사회적 권력을 장려할 수도 있다.
- 다음으로 중요한 요소는 성과에 대한 기대치를 분명히 하는 것이다. 이것은 명확하고 정량화시킬 수 있는 목표를 세우고, 목표달성과 보상 간의 연계를 분명히 함으로써 이루어질 수 있다. 직장에서의 보상이 성과보다는 인맥의 영향을 받는다고 지각할 때 불만족을 느낄 수 있다.
- 참여적 경영 또한 정치적 행동을 관리하는 핵심요소가 된다. 사람들은 종종 조직에서 자신이 의사결정과정에서 배제되었다고 느낄 때 정치적 행동을 하려고 한다. 의사결정과정에 사람들을 참여시킴으로써 긍정적인 노력의 투입을 장려하고 은밀한 술수와 책략을 제거할 수 있다.
- 집단 간의 협동을 장려하는 것도 정치적 행동을 관리하는 전략이 될 수 있다. 조직은 공동의 목표를 위하여 협력적 행동을 보상하고, 각 집단들의 노력의 통합을 강조하는

활동을 시행하여 목표를 중심으로 한 단결의 중요성을 강조해야 한다.

- 부족한 자원을 관리하는 것 또한 중요하다. 이 문제에 대한 확실한 해결책은 자원의 양을 늘리는 것이지만, 대부분의 조직환경에서 그것은 쉬운 일이 아니다. 자원분배절차를 명확히 하고, 성과와 자원간의 연계성을 확립함으로써 역기능적인 정치적 행동을 감소시킬 수 있다.
- 후원적인 조직 분위기를 형성하는 것도 정치적 행동을 효과적으로 관리할 수 있는 방법이 된다. 후원적인 분위기는 종업원들로 하여금 논란의 소지가 있는 이슈들을 적절한 시기에 솔직하게 논의할 수 있도록 해준다. 또한 문제가 악화되는 것을 막아주며, 종업원들 간의 잠재적인 마찰가능성이 줄어들게 예방해 준다.

직장에서 정치적 행동을 관리하는 것은 중요한 문제이다. 역기능적인 정치적 행동의 지각은 불만족을 유발할 수 있다. 만일 종업원들이 직장에서 강한 영향력을 행사하는 집단이나 파벌을 지각하게 되면 임금과 승진에 대해 불만족스러워 할 것이다. 더욱이 자신의 동료가 정치적 행동의 모습을 보이면 동료에 대해서도 불만족을 느낄 수 있다. 정치적 행동을 관리자로서 관리하기 위해서는 이러한 행동을 유발하는 개인적 요인과 조직적 요인에 대해 이해하는 것도 필수적이다(〈표 10-3〉 참조).

표 10-3 정치적 행동을 유발하는 개인 및 조직 요인

개인 차원	조직 차원
· 셀프모니터링(self-monitoring) 수준	· 낮은 신뢰수준
· 권력욕구	· 조직내 의사결정 관행(민주 혹은 강압)
· 내적 통제위치(locus of control)	· 성과에 대한 압박 정도
· 조직에 대한 투자 정도	· 자원부족, 특히 제로섬(zero-sum) 상황
· 대안의 많고 적음	· 역할 모호성
· 성공에 대한 기대	· 불명확한 성과 시스템

03 정치적 스킬과 인상관리

리더가 특별한 행위를 표현하는 방식은 곧 리더의 스타일로서 그(녀)의 유효성을 결정하는 잠재적이고 중요한 요인이라고 할 수 있다. 이와 관련하여 리더의 정치적 스킬은 팀 성과, 리더에 대한 종업원들의 신뢰와 후원에 긍정적인 영향을 미친다고 보고되어 왔다. 게다가, 정치적 스킬은 직장에서 역할갈등과 같은 스트레스 요인들의 부정적 효과를 완화시켜 주는 것으로 밝혀졌다. 이러한 연구결과들은 성공적인 경영을 위해서는 정치적 스킬을 개발시키는 것이 중요하다는 점을 지적한다.

3.1 정치적 스킬

정치적 스킬(political skill)은 함께 일하는 다른 사람들을 효과적으로 이해하고, 이러한 지식을 활용해서 자신의 개인적인 목표나 조직의 목표를 향상시키기 위한 방식으로 행동하도록 그들에게 영향력을 행사하는 능력을 말한다. 암메터(Ammeter)와 동료들은 리더십의 정치적 모델을 제시하면서 리더의 대인관계 스타일, 특히 리더의 정치적 스킬을 강조하였다. 그들은 정치적 스킬이 조직환경에서 사회적 영향력 기술을 명확하게 설명하기 위해 개발된 구성개념 중의 하나라고 주장하였다. 정치적 스킬을 갖고 있는 사람들에게는 몇 가지 특징이 있다.

첫째, 그들은 사회적 신호를 쉽게 이해하고 다른 사람들을 잘 관찰해서 그들의 욕구와 동기를 정확히 파악한다.

둘째, 정치적 스킬이 뛰어난 사람들은 다른 사람들에게 진실되고 성실하다는 모습을 보여주기 위해서 자신들의 진정한 의도를 숨기거나 가장된 행동을 할 수도 있다.

셋째, 정치적 스킬을 많이 갖고 있는 사람들은 그렇지 못한 사람들보다 네트워크 형성 능력이 매우 뛰어나고 더 쉽게 관계를 형성한다.

지난 수십 년 동안 학자들과 경영실무자들은 조직 내에서 정치의 존재와 중요성을 인정하고, 이론과 연구, 그리고 실무적인 측면에서 사람들이 정치적으로 행동하기 위해서 사용하는 전략과 전술의 형태에 대해서 연구해 왔다. 그러나 조직 내에서 개인이 성공을 이끌기 위해서 영향력을 행사하는 특성들에는 무엇이 있는지 거의 아는 바가 없다. 다만 몇몇 연구자들은 이러한 특성을 대인관계 스타일, 요령, 풍부한 경험 및 정치적 스킬이라고 언급하였지만, 이러한 특성에 대한 개념을 측정하기 위한 노력이 거의 없었다. 그러다가 페리스(Ferris)와 동료들은 정치적 스킬을 측정하기 위한 단일차원의 도구를 개발하였다. 다음과 같이 정치적 스킬의 네 가지 차원, 즉, 사회적인 예민성, 대인관계 영향력, 네트워킹 능력 및 명확한 성실성에 대해 살펴보자.

- **사회적인 예민성**: 사회적인 예민성은 다른 사람들을 주의 깊게 관찰하고 다양한 사회적 상황에 민감하게 대응하는 능력과 관련된다. 사회적 예민성을 높게 갖고 있는 사람들은 사회적인 상호작용을 이해하고 사회적 환경에서 자신의 행동뿐만 아니라 타인의 행동도 정확히 파악한다. 그리고 그들은 다른 사람들을 상대할 때도 매우 뛰어나다. 사회적으로 예민한 사람들은 사회적 환경에서 자기인식을 매우 잘하고 대단한 안목을 갖추고 있다. 이러한 특성을 갖는 사람들은 페퍼(Pfeffer)가 주장하듯이, 다른 사람들을 이해하는데 매우 민감하다. 정치적 스킬의 네 가지 하위차원에서 사회적 예민성이 상사 평점과 리더 유효성을 예측하는데 매우 좋은 변수임이 확인되기도 했다.
- **대인관계 영향력**: 대인관계 영향력은 다른 사람들에게 강력한 영향력을 발휘하는 예리하면서도 설득력 있는 개인의 스타일을 말한다. 대인관계 영향력이 높은 사람들은 다른 사람들로부터 특정한 반응을 끌어내기 위해서 각각의 상황에 맞게 적절한 행동을 취하며 대응할 수 있다. 다시 말해서, 대인관계 영향력은 개인이 함께 일하는 사람들에게 영향력을 행사하는 능력이다. 대인관계 영향력이 높은 사람들은 다른 사람들을 설득하는 능력이 탁월하고 영향을 주려는 대상에 따라서 서로 다르게 이러한 스킬을 적용한다. 페퍼(Pfeffer)는 이러한 스킬을 유연성이라고 표현했다. 그리고 대인관계 영향력을 많이 발휘하는 사람들은 서로 다른 환경에서 여러 다양한 사람들에게 맞게 자신의 행위를 전략적으로 조절할 수 있다.
- **네트워킹 능력**: 네트워킹 능력은 다른 사람들과 다양한 인적관계를 개발하고 형성하는 능력을 의미한다. 네트워킹 능력이 뛰어난 사람들은 개인적인 삶이나 직장생활에 필요하면서 가치있는 인적자원을 보유하고 있다. 그들은 다른 사람들과 쉽게 우호적 관계를 개발하고, 강력하면서도 도움이 되는 연합체 또는 네트워크를 형성한다. 사회적 네트워크는 의도적으로 구성된 구조이기 때문에, 네트워킹 능력이 탁월한 사람들은 기회를 만들거나 이용하기 위해서 좋은 입지를 만들려고 한다. 네트워킹 능력이 뛰어

난 사람들은 업무와 관련된 사람들과 효과적이고 유리한 파트너십을 성공적으로 구축할 수 있다. 그들은 목표를 달성하기 위한 지원을 받을 수 있도록 하기 위해서 폭넓으면서 다양하고 영향력이 있는 인맥을 유지한다.

- **명확한 성실성**: 명확한 성실성은 진실성, 정직성 및 진정성 등을 의미한다. 명확한 성실성이 높은 사람들은 정직하고 개방적이며 솔직하다. 정치적 스킬의 하위차원으로서 명확한 성실성은 행위자가 영향력을 행사할 때 그 영향력이 성공적인지 또는 아닌지를 알 수 있는 중요한 요인이다. 왜냐하면 영향력을 행사하는 사람의 행위를 통하여 영향력을 받는 사람들은 그 행위의 의도를 인식하기 때문이다. 실제로 지각된 의도나 동기는 중요하며 영향력을 행사하는 사람의 행위를 해석하고 규정짓는데 사용된다. 존스(Jones)의 주장처럼, 영향력을 받는 사람들이 행위자의 이면에 숨겨진 의도가 없다고 지각할 때 행위자의 영향력 행사는 성공적이 될 것이다. 따라서 명확한 성실성이 높은 사람들은 강압적이거나 조작적이지 않다고 생각되기 때문에 다른 사람들로부터 신뢰를 받는다. 이 기술은 정치적 스킬의 네 가지 차원들 중에서 영향력을 성공적으로 발휘하기 위해서 가장 좋은 잠재력을 갖고 있다. 만약 영향력을 받는 대상자가 영향력을 행사하려는 사람이 숨은 의도를 갖고 있거나 정직하지 않다고 생각한다면, 영향력을 행사하려는 사람이 설득하려는 행위는 효과적이지 못할 것이다.

정치적 스킬의 이러한 네 가지 차원은 학습을 통해 개발될 수 있다고 한다. 미국의 한 기관에서 임원들이 실패하는 원인에 대하여 조사한 결과, 가장 유력한 원인은 사회성의 부족이었다. 높은 셀프모니터링과 정치적 수완이 좋은 개인들은 높은 수준의 정서지능(emotional intelligent)을 보였으며 또한 정치적 스킬에 관한 항목에서도 높은 점수를 받았다.

3.2 인상관리

사람들은 다른 사람들과 비슷한 행동을 하거나 여러 상황에 있어서 그에 맞는 규범에 동조하려고 하거나, 행동과 태도가 일치하는 모습을 보여주며, 타인을 칭찬하려고 하는 등 일반적으로 타인에게 긍정적인 인상을 전달하려고 하는 경향이 있다. 이와 같이 타인이 자신에 관해 생각하는 방식에 영향을 주기 위한 개인의 의식적 노력이 인상관리(impression management)이다. 즉, 타인이 자신을 어떻게 인지하고 평가하는지에 대한 지속적인 관심을 가지고 자신에 대해 형성되는 인상을 통제하려는 것이다. '인상'의 사전적 정의란 어떤 대상을 보거나 듣거나 하였을 때, 그 대상이 사람의 마음에 주는 느낌이다. 따라서 인상관리의 핵심은 자기표현(self-presentation)을 통제하는 것이다. 자기표현에는 언어적인 행위와 비언어적인 행위, 그리고 의복과 공간 장식 등과 같은 인공적인 꾸밈도 포함되어 있다. 행위자는 자기 정보를 노출하고 때론 숨기거나 특정 부분을 강조하는 등의 자기표현을 통해 자기에 대한 정보를 조작하고 정의하여 자신이 바라는 이상적 자아(ideal self)와 공적 자아(public self)를 일치시키려 노력한다. 이는 개인이 바람직한 사회 이미지를 창조하고 원만한 대인관계를 개발하며 자아 정체를 형성하는데 매우 중요한 일종의 정치적 스킬이다.

인상관리는 일반적으로 적극적, 방어적 인상관리로 크게 분류된다. 적극적인 인상관리는 상황적 요구에만 반응하는 것이 아니라, 타인에게 특정한 정체성을 형성하고자 하는 행위자의 의지가 반영되어 행해지는 것이고, 방어적 인상관리는 단지 상황에 반응하여 전형적으로 행위자가 곤란에 처했을 때 부정적 인상의 형성을 막기 위해 행해지는 노력이자, 치유적 자기표현행위이다. 적극적 인상관리전략에는 크게 환심사기(ingratiation)전략과 자기촉진(self-promotion)전략이, 방어적 인상관리전략에는 변명, 합리화 등이 포함된다.

환심사기전략은 지금까지 가장 많이 연구된 인상관리전략으로서 타인으로부터 대인 매력이나 선호를 불러일으키고자 하는 전략이다. 구체적인 형태로는 언어적으로 상대방을 칭찬하는 타인강화(other-enhancement), 상대방의 가치나 태도에 대한 언어적 지지를 뜻하는 의견동조(opinion conformity), 상대 조직의 가치나 태도와 자신의 가치나 태도가 유사함을 표현하는 조직과의 부합(fit-with-organization)이 있다. 자기촉진전략은 유능함과 같은 바람직한 자질을 가지고 있다고 보여주는 것이다. 가령, 긍정적인 결과를 낳은 일에 대한 책임이 나에게 있다고 주장하는 것(entitlement), 자신이 책임을 맡아서 일이 전보다 더 호전되었다고 주장하는 것(enhancement), 목표를 성취하는 데 있어 난관을 어떻게 극복했는지를 말하는 것(overcoming obstacle) 등도 자기촉진전략에 포함된다.

한편, 변명은 부정적인 행동에 대해 자신은 책임이 없다고 주장하는 것을 말하고, 합리화는 자신이 책임을 맡고 있는 행동이 보이는 것보다는 그리 나쁘지 않다고 주장함으로써, 인상관리 대상자가 그 행동의 의미를 해석하는 데 영향을 미치려는 것이다. 대표적인 방어적 인상관리 방법인 이들 외에도 불이행(non-compliance)은 자신의 의견이나 태도 혹은 가치와 맞지 않는 것에 대해서 분명히 자신의 뜻을 밝히는 것을 말하며, 사과(apology)는 부정적 결과에 대한 자신의 책임을 인정하고 후회하는 것을 말한다.

이러한 인상관리를 이용하는 종업원들이 그렇지 않은 사람들에 비해 성과평가에서 유리하게 평가받는 경향이 있다. 특히 면접상황에서 인상관리를 사용하는 지원자는 높게 평가된다고 한다. 하지만 과유불급(過猶不及), 과도한 인상관리는 진정성을 떨어뜨려 위선적이라는 시각을 이끌 수 있다.

CASE

승진 누락은 '미숙한 사내정치' 때문?

직장인의 절반 이상이 '만년 과장'들의 승진 누락 이유로 '미숙한 사내 정치'를 꼽았다. 근무연수가 쌓이면 자동 승진을 보장해야 한다는 의견을 가진 직장인도 40%나 됐다.

시장조사업체 엠브레인이지 서베이가 직장인 629명(남성 373명 · 여성 256명)을 대상으로 지난 6일부터 9일까지 벌인 설문조사에서 '직장에 만년 과장이 있다'고 답한 475명 중 54.7%는 만년 과장들이 승진을 못하는 원인으로 '사내 정치를 못해서'라고 꼽았다. '일을 못해서'라는 응답은 30.3%였다. 9.7%는 '사생활 등 다른 문제가 있어서'라고 대답했다.

전체 응답자 629명 중 60.4%(380명)는 직장에서 입사동기나 후배가 먼저 승진한 경험이 있는 것으로 조사됐다. 380명 중 40.3%는 먼저 승진한 동기나 후배를 볼 때 서러웠던 경험으로 '자괴감(스스로 부끄러워하는 마음)이 들 때'라고 말했다. '업무지휘를 받을 때'(31.1%)와 '호칭 문제'(19.2%)를 언급한 사람의 비중도 높았다.

그 림 '만년과장'들이 승진 못하는 이유

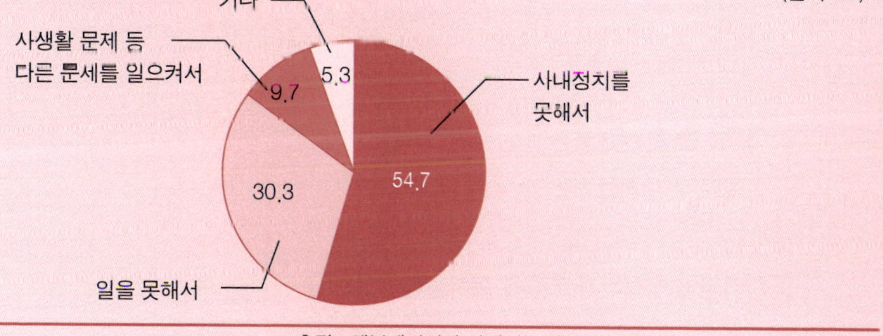

출전 : 엠브레인이지 서베이(※직장인 475명 대상, 9월 6~9일 설문조사)

'승진에서 누락됐을 때 어떻게 대처했느냐'는 질문엔 380명 중 25%만이 '더 열심히 일해야겠다고 다짐했다'고 응답했다. 66.6%는 '기분이 나쁘지만 할 수 있는 게 없었다'고 대답했다. 전체 응답자 629명 중 41.7%(262명)는 '연차가 쌓이면 자동으로 승진해야 한다'고 봤다. 자동 승진이 합리적이라고 답한 사람의 70.6%는 그 이유로 '오래 일한 만큼 업무 역량이 축적됐기 때문'이라고 답했다.

한편 전체 응답자의 50.1%(314명)는 입사 동기나 선배보다 먼저 승진해본 적이 있는 것으로 나타났다. 이 중 71.7%는 조기 승진했을 때 기분은 좋았지만 미안한 마음이 들었다고 답변했다.

● 출처 : 한국경제 / 황정수 기자, 2013.09.09

논의문제

1. 권력의 다섯 가지 원천 중에서 리더의 다양성관리 역량을 촉진시키는데 가장 적절한 것은 무엇일까?

2. 권력이 윤리적으로 사용되고 있는지를 판단하기가 어려운 이유는 무엇인가?

3. 문화는 정치에 대한 인식과 권력 및 영향력 전술에 대한 선호도나 효과성에 어떠한 영향을 미치는가?

4. 업무수행 시 사람들에게 임파워먼트를 하는 방법에는 무엇이 있으며, 임파워먼트가 잘 일어나게 하려면 어떻게 해야 하는가?

5. 지각된 조직정치가 조직에 순기능적인 영향을 미치는 경우는 언제인가?

6. 개인이 효과적으로 인상관리를 하는 방법은 온라인과 오프라인상에서 어떻게 다른가?

갈등과 협상 제11장

01 갈등관리 스킬의 중요성
02 조직 내 갈등의 진단과 관리
03 협상에 대한 이해와 전략

현대차가 잔인한 4월을 맞이하고 있다.

현대자동차 노조의 주말 특근 거부가 지난 주말로 7주차에 접어들며 현대차가 떠안은 손실액이 1조원에 육박했다. 설상가상으로 사내하청 정규직화 문제로 노사갈등까지 빚어지고 있다.

22일 현대차에 따르면 국내 공장은 노조의 거부로 20일에도 주말 생산라인이 가동이 멈췄다. 이로 인해 현대차는 4만 8000여대의 차량을 제때 만들지 못해 9500억원의 생산차질액이 발생한 것으로 추산하고 있다. 여기에 현대차에 부품을 납품하는 1 · 2차 협력업체들의 피해액도 점점 늘어나고 있는 실정이다.

앞서 현대차 노사는 지난 달 평일 밤샘근무를 없앤 주간 연속 2교대제를 도입했다. 하지만 주말 근무방식과 임금문제를 두고 노조와 결론을 내지 못한 채 협상을 진행 중이다. 주말특근이 실시되지 않으며 기존 그랜저와 싼타페를 비롯해 최근 출시한 맥스크루즈 등 인기 차종의 판매와 수출마저 악영향을 받고 있다.

특히, 해외에서 판매되는 그랜저와 맥스크루즈는 전량 국내 생산분으로 수요를 감당하고 있고 엑센트, 에쿠스 등은 미국 시장에 수출하는 차량들도 공급부족으로 판매를 하지 못해 수출 실적에 직접적인 타격이 가해졌다.

실제로 주말특근 거부가 5주차로 접어든 지난 달, 현대차 생산은 14만 2895대로 지난 해 같은 기간보다 20.7% 줄었다. 수출도 29.4% 급감했다. 이렇다보니 일각에서는 국내 공장의 자동차 생산물량을 줄일 것이라는 의견도 제시되고 있는 상황이다.

현대차 측은 전혀 그럴리 없다는 입장이지만 최근 정의선 부회장이 4박 5일간 유럽 출장을 다녀오며 터키 등의 생산 공장을 방문한 것을 두고 국내 생산 부족분을 해외 공장으로 돌리기 위한 가능성 여부를 확인하기 위한 것이 아니냐는 얘기도 나오고 있는 실정이다. 지난 달 말에는 과장급 이상 간부들을 중심으로 한 노조까지 만들어지며 현대차를 더욱 곤란케 하고 있다.

현대차 생산직 노조에 따르면 간부노조는 정년연장, 간부사원 취업규칙 폐지, 조합원 범위 확대 등의 요구안을 올해 6대 사업목표로 정하고 자신들의 요구안을 노조의 올해 임 · 단협 요구안에 포함시켜 줄 것을 집행부에 요청했다.

여기에 사내하청 정규직화 문제도 다시금 불거지고 있다. 금속노조는 현대차의 모든 사내하청 비정규직의 정규직화를 주장하며 이 날부터 서울 양재동 현대차그룹 본사 앞에서 노숙농성을 계획하고 있다. 기아차도 최근 광주공장의 비정규직 노조원의 분신을 시도한 사건을 계기로 노조와의 갈등이 빚어지고 있다.

하지만 이마저도 빠르게 해결이 될 가능성은 낮다. 이미 현대·기아차는 비정규직 문제를 둘러싸고 회사측과 노조측이 의견을 나누고 협상을 벌였지만 그때마다 서로간의 의견이 상이해 뚜렷한 해결책을 내놓은 바가 없기 때문이다.

●출처 : 아주경제 / 유태구 기자, 2013.04.22

학습목표

1. 조직에서의 여러 가지 갈등 국면들을 제시하고, 갈등수준을 설명할 수 있다.
2. 순기능적 갈등과 역기능적 갈등을 비교할 수 있다.
3. 갈등의 초점과 원인에 대해 규명할 수 있다.
4. 갈등을 관리하는 효과적인 전략과 비효과적인 방법들을 이해할 수 있다.
5. 갈등인식과 협상의 주요단계에 대해 논의할 수 있다.
6. 분배적 협상과 통합적 협상에 대해 설명할 수 있다.
7. 협상인센티브와 협상가능영역에 대해 알 수 있다.

01 갈등관리 스킬의 중요성

효과적인 팀 관리를 위해 필요한 스킬 가운데 갈등을 관리하는 것보다 더 중요한 것은 없다고 할 정도로 조직내 불협화음의 제거는 바람직한 리더십의 핵심요소이다. 관리자들은 갈등을 관리하는데 일과시간의 약 21%를 할애한다는 보고도 있다. 이는 일주일 중의 약 하루에 해당하는 시간이다. 갈등(conflict)은 어느 일방이 상대방의 의도나 목표를 차단하려 하는 가운데 발생하는 적대적인 상호작용이다. 개인이나 조직이 가지고 있는 가치관과 이해관계가 다양해질수록 갈등과 분쟁이 발생할 가능성은 더욱 커진다. 언제 어디서나 존재하는 갈등은 부정적인 면뿐만 아니라 동시에 긍정적인 역할도 수행하므로 갈등관리의 스킬을 통해 관리적 성공을 예측해볼 수 있다.

1.1 조직에서의 다양한 갈등 국면들

조직에서 개인들은 어느 날 갑자기 평화로운 분위기에서 갈등국면으로 돌입하는 것이 아니다. 갈등은 〈표 11-1〉에서 제시된 바와 같이 서서히 발전되면서 여러 국면을 거치게 된다. 즉, 조직에서의 갈등은 상호작용에서 커뮤니케이션을 통해 명확히 드러나기 전까지 잠재적 갈등, 인식된 갈등, 감지된 갈등, 표면화된 갈등, 갈등의 여파와 같은 과정을 겪는다. 먼저, 잠재적 갈등(latent conflict)은 쌍방 간의 상호의존과 불일치 때문에 갈등이 무르익기 시작하는 상황을 의미한다. 두 번째 국면으로서 인식된 갈등(perceived conflict)은 어느

표 11-1 갈등의 다양한 국면

국 면	설 명
잠재적 갈등	쌍방이 서로 불일치가 있는 가운데 상호작용 하기 때문에 갈등의 씨앗이 존재한다.
인식된 갈등	어느 한쪽 또는 양쪽 모두가 자신들의 상황을 불일치와 상호의존의 상황으로 지각한다.
감지된 갈등	쌍방은 각자 갈등이슈에 집중하고 갈등관리전략을 계획함으로써 지각된 갈등을 개인화한다.
표면화된 갈등	갈등이 커뮤니케이션을 통해 뚜렷해진다. 다양한 전략이 사용됨에 따라 상호작용은 강해지기도 하고 약화되기도 한다.
갈등의 여파	갈등은 개인 당사자들과 그들 간의 관계, 그리고 조직에까지 장/단기적인 영향을 준다.

한쪽 또는 쌍방이 불일치와 상호의존성이 존재한다고 믿을 때 발생한다. 갈등의 인식없이도 잠재적 갈등은 존재할 수 있다. 가령, 업무처리 방식에서 쌍방이 차이를 보이지만 이러한 차이가 양측 모두에게 중요한 이슈가 아닌 경우라면 그럴 수 있다. 반대로 업무방식이 달라도 쌍방이 동일한 가치를 가지고 있다면 인식된 갈등은 있어도 잠재적 갈등이 없는 경우다.

한편, 감지된 갈등(felt conflict) 국면에서는 갈등으로 인해 긴장을 경험하게 되고 이로 말미암아 쌍방이 갈등을 어떻게 처리할 것인지에 대한 전략을 수립하고 또 수용할 수 있는 것과 수용할 수 없는 결과들에 대해 생각한다. 이러한 전략과 목표가 비로소 표면화된 갈등(manifest conflict) 단계에 이르러 커뮤니케이션을 통해 혹은 행동으로 표현됨으로써 뚜렷해지는 것이다. 여기서 갈등의 원인이 제거되거나 조정되면 갈등은 해소되지만, 실패하는 경우에는 갈등상태에 놓이게 되는 것이다. 마지막으로 갈등은 그것이 곧 진정되더라도 갈등의 여파(conflict aftermath)로 개인의 성격과 쌍방 간의 관계, 그리고 조직에서의 기능들이 변화될 수 있다.

1.2 갈등의 종류

우리에게 익숙한 개인간 갈등(interpersonal conflict)은 주로 쌍방 간의 성격차로 인해 발생되는 것으로 사람들이 목표, 태도, 가치관, 또는 행동에서 상대방과 상반됨을 지각할 때 발생하는 갈등이다. 소설이나 드라마에서 흔히 등장인물들 간에 그려지는 갈등양상 대부분은 여기에 해당된다. 고부간의 갈등, 부모와 자식간의 갈등, 연인간의 갈등, 그리고 상사와 부하간의 갈등이 대표적이다. 그들은 한결같이 "너는 늘...", "당신은 결코...", "이것을 해야만 해, 그렇지 않으면..."과 같이 갈등을 유발하는 말을 많이 사용하는 것을 알 수 있다. 요즘은 직장이나 가정 이외에도 아파트 생활이 보편화되면서 층간소음의 문제나 주차공간의 부족으로 인한 주차시비 등 이웃 간의 갈등도 발생빈도가 증가하는 현실이다.

일반적으로 갈등을 두 사람 사이에만 발생하는 것으로 생각하기 쉽다. 하지만 개인내 갈등, 집단간 갈등, 그리고 조직간 갈등 등 많은 형태로 존재한다. 우선 개인의 내부에서 갈등이 일어날 때, 그것을 개인내 갈등(intrapersonal conflict)이라고 한다. 개인내 갈등은 주로 한 개인에게 동시에 여러 가지 역할상의 요구가 주어졌을 때나 또는 내적 가치와 역할요구 간 충돌이 일어날 때 발생한다. 예를 들어, 고객과 중요한 미팅을 갖기로 한 날 공교롭게도 딸의 유치원 졸업식이 예정될 수도 있다. 긴축예산의 압박은 또한 충성심 많고 성실한 종업원을 해고하도록 요구할 수도 있다. 이러한 갈등 속에서 최선의 결과를 가져올 결정, 피해를 최소화할만한 결정, 그리고 장 · 단점의 양면을 모두 가진 결정 사이에서 선택을 해야만 한다. 유일한 정답이라는 것은 있을 수 없다. 우리가 믿는 둘 이상의 것 중에서 정답을 구하려 하기보다는 책임 있게 행동할 준비가 우선되어야 할 것이다. 우리는 선택이라는 결정적인 순간을 통해 자신만의 가치관을 형성하게 되고, 그것은 개인의 성장을 위한 기회로 삼아야 할 것이다.

조직내에서 집단이나 팀 사이에 갈등이 일어나는 것을 집단간 갈등(intergroup conflict)이라고 한다. 가장 전형적인 예는 마케팅이나 생산부서 같은 기능이나 부문 간의 갈등일 것이다. 마케팅부서가 주로 수익측면에 집중하는 반면 생산부서는 원가절감과 효율성을 강조하다보면 의견충돌이 발생되기 쉽다. 집단들 사이의 갈등은 내부적으로는 집단 응집력을 높이고 과업에 집중하게하며, 집단에 대한 충성심을 높이는 등의 긍정적인 효과가 수반될 수 있다. 하지만, 이에 대한 부정적 효과 역시 뒤따르기 마련이다. 집단간 갈등이 있을 때 집단의 구성원들은 상대 집단을 적으로 간주하고 '그들에 반대하는 우리'라는 심리

를 발전시켜 그들과의 소통을 점차 줄이게 된다. 집단은 종종 개인보다 더 경쟁적이며 서로 협력하지 않는다. 특히 기능간 갈등보다 계층간의 갈등일 경우에 이러한 현상이 더욱 두드러진다. 집단간 갈등은 역기능적인 갈등으로 심화될 수 있으므로 반드시 신중하게 관리되어야 한다.

둘 이상의 조직 사이에서도 갈등이 발생할 수 있다. 조직간 갈등(interorganizational conflict)은 KT와 SKT처럼 동일한 시장을 놓고 경쟁하는 기업들이나 인수합병을 추진 중인 기업들에서 흔히 발생할 수 있다. 조직간 갈등은 생각보다 꽤 다양하다. 규제를 담당하는 정부기관과 기업간의 갈등, 환경보호단체와 기업들의 갈등도 조직간 갈등에 해당된다. 또 다른 조직간 갈등의 예로서, 산업별 노조와 기업 경영진 간의 조직 갈등은 어떠한 양상을 보이는가? 임금인상 등 처우개선을 요구하며 이를 관철시키기 위해 동맹파업을 주도하는 산업노조의 행동에 대해 기업들은 급기야 사업장 폐쇄로 맞서기도 한다.

1.3 순기능적 갈등 VS 역기능적 갈등

갈등이 전부 나쁜 것만은 아니다. 적정 수준의 갈등은 오히려 팀에서 반대의견 개진을 어렵게 하는 집단사고 예방에 도움이 된다. 하지만 너무 강한 갈등, 업무보다는 개인적인 것에 대한 갈등, 그리고 적절히 관리되지 못한 갈등은 팀의 사기나 생산성에 해를 끼치게 된다. 팀의 리더는 갈등과 협동 간에 균형을 찾아야 한다. 잘 관리된 적정수준의 갈등이 팀의 성과를 최고로 가져오기 때문이다. 어떤 갈등들은 때때로 팀에 이로워서 새로운 해결책을 제안해주며 창의력을 향상시켜 준다. 따라서 순기능적 갈등은 촉진시키되, 역기능적 갈등은 예방하거나 해결하는 것도 갈등관리의 핵심이 된다. 〈표 11-2〉에 제시된 바와 같이 갈등의 결과는 그 관리 여하에 따라 긍정적일 수도 있으며, 부정적일 수도 있다.

순기능적 갈등(functional conflict)이란 조직의 성과를 높이는 데 기여하는 갈등으로서 사람들 사이의 건전하고 건설적인 불일치를 말한다. 순기능적 갈등은 새로운 생각과 학습,

표 11-2 갈등의 결과

긍정적 결과	부정적 결과
새로운 생각이 유도된다.	업무에 투입되어야 하는 에너지가 분산된다.
창의성이 고무된다.	심리적인 웰빙(well-being)에 위협이 된다.
조직에 활기를 불어 넣어준다.	자원을 낭비할 수 있다.
변화에 대한 동기가 부여된다.	부정적 분위기가 형성된다.
개인이나 집단의 정체성 확립에 도움이 된다.	집단 응집력이 떨어진다.
문제점을 보여주는 안전장치로서 작용될 수 있다.	적개심이나 공격적 행동이 증가할 수 있다.

그리고 개인의 성장을 제공해 줄 수 있다. 개인은 건설적인 갈등을 통하여 자신과 다른 사람들에 대한 더 나은 인식을 개발할 수 있다. 게다가 순기능적 갈등은 업무상 관계를 향상시킬 수 있다. 예를 들면, 두 명의 당사자가 의견 차이를 해결했을 때 그들은 과업을 함께 완수하였다는 성취감을 느낄 수 있다. 그리고 관련된 당사자들이 일을 할 때 긴장을 풀고 문제를 함께 해결함으로써 사기가 높아지게 된다. 순기능적 갈등은 조직의 혁신과 긍정적인 변화를 이끌어 낼 수 있다. 순기능적 갈등이 개인들의 창의성을 촉진시킨다는 점에서, 이러한 긍정적 형태의 갈등은 생산성의 향상으로 이어질 수 있다. 순기능적 갈등을 인식할 때 중요한 점은 갈등의 원인부터 정확하게 파악하는 것이다.

역기능적 갈등(dysfunctional conflict)은 조직의 성과를 저해하는 불필요한 갈등으로서 사람들 사이의 건전하지 못하고 파괴적인 불일치를 말한다. 역기능적 갈등이 위험한 이유는 갈등의 초점이 업무에 있지 않고, 갈등 자체나 갈등에 관련된 당사자들에게 있기 때문이다. 지나친 갈등은 생산적으로 사용될 수 있는 에너지를 불필요하게 소모시킨다. 역기능적 갈등을 인식할 때 중요한 점은 갈등의 원인이 정서적이거나 혹은 행동적인 측면에 있는 것은 아닌가를 파악하는 것이다. 특정 아이디어가 아닌 특정인물에 대한 개인적인 분노 및 원한과 관련된 논쟁은 역기능적 갈등이라고 할 수 있다. 역기능적 갈등에 연관된 개인들은 생각보다 행동이 앞서는 경향이 있고 종종 협박이나 속임수를 쓰며 커뮤니케이션을 할 때는 공격적인 언어를 사용하기도 한다. 역기능적 갈등을 경험하는 두 당사자는 모두 이익이 아닌 손실만을 입게 된다.

02 조직 내 갈등의 진단과 관리

관리자들은 갈등을 효과적으로 관리하기 위하여 갈등의 여러 원인들을 이해해야 한다. 갈등이 발생하기 위해서는 기본적으로 상호의존성, 정치적 비결정성, 다양성이 충족되어야 한다. 상호의존성은 여타의 협력적인 행위를 수행하는 쌍방 간의 관계를 말하며, 당사자 간의 정치적 서열이나 우선순위가 불확정적이고 문제가 있는 상태로서 정치적 비결정성과 당사자 간의 차이와 불일치를 의미하는 다양성이 그 나머지 조건들이다. 이러한 전제조건을 바탕으로 갈등의 원인을 규명하고 이에 따른 직 · 간접적 대응전략을 살펴보기로 한다.

2.1 갈등의 초점과 원인

조직에서는 흔히 갈등을 관리하기 위한 목적으로 우선 그것이 사람과 관련된 것인지 아니면 이슈와 관련된 것인지 구분한다. 이것은 갈등의 성격이 논쟁적인지 혹은 협상적인지 파악하기 위해서다. 사실상 거의 모든 갈등이 사람과 관련된 갈등들이다. 피해 고발, 억울함의 호소, 적개심 등이 전형적인 개인 분쟁에서 발생되는 모습들이라 할 수 있다. 이러한 사람 위주의 갈등(people-focused conflicts)은 해결하는 데 어려움이 따를뿐만 아니라 장기적인 영향으로 인해서 상호간의 관계를 황폐화시킬 수도 있다. 한 연구에 따르면 조직에서는 연평균 약 9주, 즉, 2달 이상의 시간을 이러한 갈등을 관리하는 데 허비한다고 한다.

관계를 해치는 사람 위주의 갈등(people-focused conflicts)과 다르게 이슈 위주의 갈등(issue-focused conflicts)은 잘 관리될 경우에 관계를 더욱 강화시킬 수 있다. 따라서 우리가 '생산적인 갈등'이라고 한다면 비로 이슈 위주의 갈등을 지칭하는 것이다. 이슈위주의 갈등은 합리적인 협상을 유도할 수 있다. 당사자 양측은 서로가 수긍할만한 우호적인 협의를 이끌어냄으로써 상호발전을 도모하게 된다. 실제 이슈위주 갈등 비율이 높은 팀이 성공적이라는 연구 결과들이 일관되게 보고되고 있다.

조직 안에서 갈등은 어떤 식으로든 항상 존재하기 마련인데, 그러한 갈등의 원인은 어디에 있을까? 조직에는 다양한 성격이나 가치관, 능력 등을 지닌 서로 다른 개인들이 상호작용을 하고 있다는 점을 우선 들 수 있다. 뿐만 아니라 조직의 특성 및 직무가 조직화되는 방식 또한 중요한 갈등 유발요인들로서 배제할 수 없는 부분이다.

개인들 간의 차이로 인해 발생하는 갈등의 원인에는 성격 및 가치관의 차이에서부터 지각과 감정, 스킬과 능력, 문화적인 차이, 그리고 커뮤니케이션 장벽 등이 있다.

① 성격 및 가치관의 차이

개인들은 직장에서도 자신의 개성을 쉽게 드러내게 된다. 어떤 상사가 항상 팀을 최고의 성과로 이끌지만, 지나치게 완벽주의적이고 비판적이라서 다른 사람들의 감정을 별로 중요하지 않게 여기는 경향이 있다고 하자. 팀원들에게 이것은 스트레스와 피곤으로 작용할 수 있다. 이외에도 사람마다 서로 다른 가치체계가 갈등의 원인이 되기도 한다. 예를 들면, 상대적으로 나이가 많은 팀장 직급에서는 되도록이면 변화가 적은 의사결정을 선호하게 되고, 반면 젊은 팀원들은 혁신을 선호할 수 있다. 이러한 예가 모든 직원들에게 적용되는 것은 아니지만, 결국 성격과 가치관의 차이가 갈등으로 이어질 수 있다는 점을 보여준다.

② 지각과 감정의 차이

지각의 차이 또한 갈등을 유발할 수 있다. 예를 들면, 팀장과 팀원들이 조직내 서로 다른 위치에 있기 때문에 성과수준에 대한 지각이 서로 다를 수 있다. 만일, 팀장이 기대했던 것이라고 생각하여 달성한 성과가 실제로는 팀장이 원했던 것이 아니었을 때 팀장과 팀원들간에는 갈등이 발생될 수 있다. 갈등은 본래 정서적인 상호작용의 특성을 지녔기 때문에 갈등을 겪게될 때 양측 당사자의 감정은 각 당사자가 상대방에 반응하는 방식에 중대한 영향을 미친다. 따라서 사람들마다 감정이 다르다는 점이 직장에서 갈등의 원인이 되기도 한다.

③ 스킬과 능력의 차이

다양한 수준의 스킬과 능력을 지닌 개인들이 조직에 도움이 되기도 하지만, 이들의 지나친 격차는 갈등을 유발하기도 한다. 특히, 상호의존성이 높은 직무 프로세스라면 이것은 더욱 심해질 수 있다. 유능하고 숙련된 직원들은 일이 익숙하지 않은 신입직원과 함께 일을하면 속도가 더디거나 실수가 잦아 어려움을 겪을 수 있다. 또 다른 예로는 사람관리 능력에는 별 문제가 없는 상사지만 그의 업무관련 전문성이 부족하다고 느끼는 경우다. 부하직원들은 다른 부서의 상사나 이전 상사와 비교해서 이에 불만을 가질 수 있다.

④ 문화적인 차이

다른 문화권에 대한 이해의 부족으로 종종 갈등이 발생하기도 한다. 예를 들어, 무슬림 종교를 가진 동료여성이 팀 회식때마다 가벼운 음주는 물론 음식으로 고생을 한다면 과연 팀 회식의 의미가 있을까? 오히려 팀워크를 저해하는 일이 될지도 모른다. 인도출신 동료가 냉방용 에어컨 바람이 너무 차다고 삼복더위에 냉방기의 가동 중지를 요구한다면 어떤 반응을 보여야 하는지 난감할 수도 있을 것이다. 문화적 차이에 대한 교육을 강조하는 다양성 훈련은 상호간의 오해를 막을 수 있는 의미있는 방안이 될 수 있다.

⑤ 커뮤니케이션 장벽

물리적인 거리나 언어와 같은 커뮤니케이션 장벽은 메시지의 왜곡을 유발할 수 있고 이것이 곧 갈등으로 이어지기도 한다. 또 다른 커뮤니케이션 장벽으로는 메시지가 도달하기 전에 미리 자신이 메시지의 가치를 판단하는 것을 들 수 있다. 예를 들어, 상사가 평소 표현이 좀 과장적인 사람이라고 가정해보자. 그가 무슨 이야기를 하든 부하직원들은 정확한 진위판단 이전에 언제나 그의 이야기를 평가절하하여 대응할 수 있다. 결국, 이러한 점은 갈등으로 이어질 수 있다.

구조적 요인과 관련된 갈등의 원인은 목표의 차이, 지위의 차이, 책임소재의 모호, 제한된 자원을 포함한다.

① 목표의 차이

목표가 다르면 인식의 방향과 내용도 달라진다. 업무 부서마다 혹은 개인과 조직 간에 서로 양립할 수 없는 다른 목표를 가지고 있는 경우가 있다. 가령, 어느 한 케이블 TV 회사에서 실적당 일정률로 커미션을 받는 설치기사는 가능한 많은 가입자를 모집해서 설치실적을 올리는 것이 그의 목표다. 하지만 회사의 서비스 부서목표는 적시에 설치하여 고객의 불만이 나오지 않도록 하는 것이기에 설치기사의 실적 목표가 이 부서에서는 문제로 작용할 수 있다. 실적이 증가하면 작업부담도 증가해서 결국 제때에 설치하는 것이 지연되면 서비스부서의 책임이 증가할 수밖에 없기 때문이다. 목표가 다른 개인이 유관부서의 목표를 고려하지 않을 때 이런 형태의 갈등이 종종 발생한다.

② 지위의 차이

팀제의 도입과 더불어 전문화가 보편화되었다 하더라도 일반적으로 팀장은 팀원들이 해야 할 일에 대해 지시할 수 있는 권리를 지녔기 때문에 개별 팀원들의 입장에서 편안한 입장이 되지 못한다. 어떤 조직에서는 간부사원과 일반 종업원들 사이의 지위 격차가 더 심할 수 있다. 간부사원들은 일반 직원들에게는 해당되지 않는 다양한 의사결정의 참여기회, 법인카드 결제권, 그리고 유동적인 업무스케줄 등의 특권을 누릴 수 있다. 이러한 점은 불만과 갈등으로 이어질 수가 있다. 특히 지위차이에서 비롯되는 정보의 불균형에 어떤 사람들은 보다 예민하게 반응하며 갈등을 유발할 수 있다. 게다가 독재적 성향이 다른 상사들에 비해 유독 강한 상사는 부하직원들과의 관계에서 갈등을 더욱 악화시킬 수 있다.

③ 책임소재의 모호

애매하고 불명확한 책임소재가 갈등의 중요한 원인이 되기도 한다. 어떠한 문제로 인하여 관공서에 전화를 걸게 되었을 때 요구사항이 특정부서에서 바로 처리되지 않고 여러 사람이나 부서로 돌아가며 연결된 적이 한번쯤은 있을 것이다. 이러한 상황이 바로 조직에서 책임에 대한 경계가 분명하지 않을 때 존재하는 책임소재의 모호(jurisdictional ambiguity)라고 할 수 있다. 이것은 개인 간에도 해당된다. 특히 팀 프로젝트의 경우 역할과 한계를 처음부터 분명하게 해두지 않으면 갈등이 발생할 수밖에 없다.

④ 제한된 자원

조직에서는 여러 사람들이 자원을 서로 공유해야 할 때가 있는데 이 점 역시 갈등을 야기할 수 있다. 특히 부족한 자원을 공유해야 할 때는 경쟁과 갈등이 더욱 심해질 수 있다. 예를 들면, 한 대의 업무용 차량을 여러 명의 부서장들이 공유하는 경우가 있다. 여러 명의 부서장들은 모두 자신의 일이 가장 중요하다고 생각한다. 이것이 운전기사에게 압력으로 작용할 수 있으며 운행스케줄 조정에 있어 갈등이 발생할 수도 있다. 부서별로 차량이 배정되었다면 아무런 갈등 없이 순조롭게 일처리가 이루어질 수 있을 것이다.

2.2 갈등관리전략

갈등을 유발하는 문제를 당사자들이 어떻게 인식하는지에 따라 갈등의 진행 양상은 달라질 수 있다. 갈등을 유발하는 문제를 경쟁적으로 인식한다면 당사자들은 과업달성에 있어서 적대적 이해에 중점을 두고서 상대방 세력을 약화시키려 할 것이고, 다행히 문제를 협력적으로 인식한다면 상대방의 요구에 지원적인 반응을 보임으로써 개방적이고 정직한 커뮤니케이션이 뒤따르게 될 것이다. 당사자의 입장에서 본 개인간 갈등의 해소방안은 [그림 11-1]에서 보는 바와 같이 자신의 입장만 고수하는 단호함(assertiveness)과 타인의 입장도 고려하는 협력(comparativeness)의 두 차원을 결합해서 경쟁, 수용, 회피, 협력, 타협의 다섯 가지 방법을 도출할 수 있다.

① 경 쟁

자신의 입장을 굽히지 않으면서 협력도 하려고 하지 않는 방법으로서 전형적인 윈-루즈 전략(win-lose strategics)인 셈이다. 갈등관계에 있는 상대방을 힘이나 우월한 스킬로 이기려하는 것이므로 일종의 전쟁상황이다. 상대방의 분노와 원망을 초래한다는 점에서 단점을 가지고 있다.

② 수 용

자신의 입장에서 한발 양보하여 상대방에게 협조함으로써 갈등을 해결하는 수동적인 방법이다. 배려를 해준 후 무엇인가를 보답 받을 수 있다는 기대를 가질 때 적절하지만 이미

그림 11-1 개인간 갈등 해소 방안

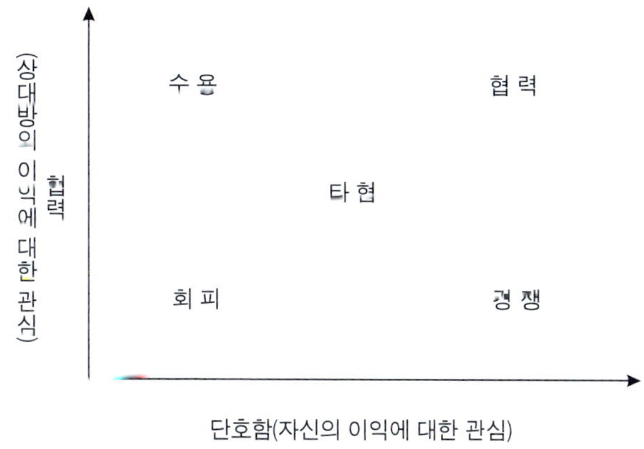

악화된 문제에 있어서는 부적합하고 단지 일시적인 대안이 될 수 있다는 것이 단점이다.

③ 회 피

자신의 입장을 내세우지도 않고 협조의사도 없는 것으로서 마치 갈등이 존재하지 않는 것처럼 행동하며 갈등이 사라지길 바라는 방법이다. 문제가 사소하다든지 상대방보다 자신이 열세에 있다고 판단될 때 주로 사용된다. 자연스런 방법이기도 하지만 꼭 다루어져야 하는 중요한 문제마저 회피할 가능성이 있다.

④ 협 력

자신의 입장을 고수하면서도 상대방에게 협조적으로 갈등을 해결하는 방법으로서 자신과 상대방이 모두 이득을 보게 되는 윈-윈 전략(win-win strategies)에 해당된다. 문제가 중요하고 복잡할 경우에 유용한 방법이 될 수 있지만 장기적 관점으로 접근하기 쉬우므로 단시일 내에 해결에 이르는 것은 어렵다.

⑤ 타 협

갈등 당사자가 서로의 입장을 조금씩 양보하여 부분적인 만족을 얻고자 하는 방법이다. 쌍방이 서로 다른 목표를 가지고 있거나 비슷한 힘을 가지고 있을 때 유용하다. 하지만 잦은 타협은 우유부단한 결과를 초래하고 창조적인 활동을 통한 해결방안을 도출하는데 방해가 되기도 한다.

한편, 갈등관계에 있는 당사자가 아닌 관리자(제3자)의 입장에서 본 간접적인 갈등관리 방안들로는 다음과 같은 것들이 있다. 갈등의 원인을 잘 파악하고 상황에 알맞은 방법을 적용하는 것이 곧 관리자의 리더십 역량이 될 것이다.

◆ 상호의존성의 조정

작업흐름과 관련하여 갈등이 존재할 때, 관리자들은 팀이나 개인 간의 상호의존성 정도를 재조정할 수 있다. 가장 간단한 방법으로는 갈등 당사자 간의 연계를 제거(decoupling)하는 것이다. 그들 사이에 완충역할(buffering)을 신설하거나 연결자(linking-pin role)를 배치하는 것도 또 다른 방법들이다.

◆ 상위 권력의 이용

일반적으로 하위부서들은 명령계통의 상급자에게 복종한다. 따라서 갈등을 해결하기 위해 상급자의 권한을 이용하는 것이다. 하지만 이러한 방법은 갈등의 원인을 해결한다기보다 그 결과만을 해결하려는 방법이기 때문에 갈등이 재발할 가능성이 높다.

◆ 공동목표의 도입

갈등을 겪고 있는 개인이나 팀 간에 공동의 목표를 설정함으로써 자신들에게 바람직한 결론에만 집중할 수 있게 하는 것이다. 공동의 목표를 중요시하게 되기 때문에 부서 간에 갈등이 있다하더라도 서로 의논하고 소통하게 되어 갈등이 해소될 수 있다는 것은 기존 연구들을 통해서 입증되고 있다.

◆ 직접대면

갈등 당사자 간에 직접 대면시킴으로써 서로의 입장과 갈등의 원인을 밝혀 해결하고자 하는 방법이다. 실제로는 전문상담역의 도움을 받아 당사자 간의 대화를 이끌어가는 과정자문(process consultation)을 주로 사용하고 있다. 갈등 당사자 간의 가치관이 크게 다를 경우에는 갈등을 오히려 심화시킬 수 있는 단점을 가지고 있다.

◆ 자원의 확충

부족한 자원이 갈등을 야기할 수 있다고 위에서 언급한 바 있다. 이러한 상황에서는 어떤 팀에게 자원을 제공하는 것이 곧 다른 집단은 그만큼 받지 못하는 상황으로 이어져 갈등이 발생하곤 한다. 파이의 크기를 키운다는 말처럼 자원자체의 규모를 확충해서 갈등을 해결하는 것이다.

〈표 11-3〉은 위에서 설명한 갈등관리 방안들을 종합적으로 재분류한 것이다. 이것들이 주로 역기능적 갈등을 해소하기 위한 방안이었다면 순기능적 갈등을 의도적으로 자극하는 것도 갈등관리의 한 방법이다. 이러한 갈등촉진은 그동안 잘 인식하지 못했던 조직 내 문제점들에 대해 관심을 기울이도록 만들고 사태가 더 진전되기 전에 문제를 잘 해결할 수 있는 방법을 제공해준다.

표 11-3 갈등관리 방안의 분류

루즈-루즈(lose-lose)	윈-루즈(win-lose)	윈-윈(win-win)	기 타
회 피 타 협 3자 개입	경 쟁 수 용 상위 권력의 이용	협 력 공동목표의 도입 자원의 확충	직접대면

① 외부인사 영입

배경, 가치관, 태도, 업무 스타일 등이 다른 사람을 영입함으로써 갈등을 촉진할 수 있다. 완전히 새로운 인력을 끌어들이는 것은 부정적인 결과를 초래할 위험도 있지만 느슨해진 조직의 분위기를 쇄신하는 데 있어서는 긍정적인 효과를 기대할 수 있다. 조직문화를 변화시키기 위해 기업들이 외부 전문가를 영입했다는 기사를 볼 수 있다. 폐쇄적인 조직일수록 그 효과는 생각보다 클 것이다.

② 리스트럭쳐링

작업집단의 재배치, 규칙과 규율의 변경, 상호의존성의 증가, 변화를 위한 구조변경 등을 통해 순기능적 갈등을 유발시킨다. 이는 역기능적 갈등을 해소하는 방법인 동시에 순기능적 갈등을 이끌어내는 방법이기도 한다. 다기능팀을 활용하는 것도 조직구조를 변경시키는 좋은 예가 된다. 다양한 부서의 구성원들로 이루어진 다기능팀은 많은 활동들 간의 조정작업을 수월하게 하고, 활동들이 순차적으로 이루어지기보다 동시에 수행되게 하여서 지연을 줄일 수 있다.

③ 경쟁심리 자극

한 취업포탈이 시행한 설문조사에서 '현재 직장에 경쟁심리를 자극하는 동료'가 '있다'고 답한 응답자가 84.4%에 달했다. '직장인들은 동료를 통해 경쟁심리를 자극받으면 어떻게 할까?'라는 질문에도 '다른 방식으로 동료를 앞서려 노력한다(46.8%)'에 이어 '해당 동료를 따라해 본다(22.2%)'는 답변을 보였다. 경쟁은 기능적인 갈등을 초래하여 조직 전반에 걸쳐 성과의 수준을 높이는 효과를 가져 올 수 있다는 것을 나타내는 결과다. 하지만 직장 동료 사이의 적당한 경쟁심리는 상호발전의 기회를 마련하는 긍정적인 영향을 가져오나 지나친 경쟁의식은 조직의 분위기를 와해시킬 수 있으므로 주의해야 한다.

2.3 비효과적 기법

갈등이 거의 없어 보이는 집단이 오히려 상호간의 무관심, 창의성 결핍, 우유부단, 그리고 매너리즘 등의 문제에 시달리는 경향이 있다. 이로인해 관리자들은 그들이 주로 취하는 여러 조치들이 갈등관리에 그리 효과적이지 못하다는 섣부른 판단마저 하게 된다. 이는 갈등관리전략의 문제보다는 비효과적인 관행을 아직까지 근절하지 못하는 데 더 큰 원인이 있다고 할 수 있다. 여기서는 관리자가 유념해야하는 갈등관리에 비효과적인 방법들을 소개한다.

- 무조치(nonaction)는 어느 정도의 갈등은 당연한 결과이고 곧 갈등이 없어질 것이라고 희망하면서 당사자들 간에 알아서 하라는 식으로 아무런 조치를 취하지 않는 것이다. 일반적으로 대부분의 갈등은 쉽사리 사라지지 않는다. 따라서 방치는 좋은 방법으로 볼 수 없으며 무책임한 것이다. 이것은 갈등에 연관된 개인들에게 냉소적 태도를 갖게 만들거나 좌절감을 가져다 줄 수도 있다.
- 대부분의 다른 사람들에게 갈등을 보이지 않으려 은폐(secrecy)하는 것은 하나의 미봉책으로서 더 큰 갈등의 씨앗이 될 수 있다. 갈등에 연관된 개인들에게 문제가 개선되고 있다고 이야기하거나 상사가 아직 그 문제를 고민 중이라고 말하는 등 시간을 벌어서 갈등에 관한 조치를 의도적으로 지연시키는 것이 흔한 예다. 무조치와 마찬가지로 개인들에게 좌절감이나 분노를 야기할 수 있다.
- 비방(character assassination)은 자신이나 자신의 집단에 대해 반대하는 사람에 대한 평판을 나쁘게 하는 것을 의미한다. 한쪽 편에서의 비방은 애당초 의도한 대로의 결과가 나오지 않을 수 있으며, 비방하는 사람만 사악하고 정직하지 못한 사람으로 보일 수 있다. 경우에 따라서는 당사자들 간의 욕설과 비난으로 사태가 악화될 수 있으며, 갈등과 무관한 사람들로부터 비난을 받게 된다.

03 협상에 대한 이해와 전략

갈등이 악화되어 분쟁으로 표출되는 경우 협상은 갈등을 진정시키는 역할을 한다. 갈등의 당사자들이 협상을 통해 자신이 얻고자 하는 것을 상대방에게 잘 이해시킬 수 있을 뿐만 아니라 동시에 상대방의 이익이 무엇인지도 더 잘 이해할 수 있게 된다. 이러한 과정에서 상대방을 얼마나 많이 이해할 수 있느냐에 따라 협상의 진행양상과 그 결과에 대한 만족도도 달라질 것이다.

3.1 갈등인식과 협상

협상(negotiation)은 쌍방이 서로 다른 입장에 있을 때 합의된 결정을 만들어가는 프로세스이다. 협상은 이미 일상생활 속에 깊숙이 들어와 있지만 다만 협상이란 말을 평소 잘 쓰지 않고 그러한 상황에 임하고 있어서 생소하게 생각될 뿐이다. 사실 우리가 사는 세상은 아주 큰 협상테이블이라고 해도 과언이 아니다. 돈과 사랑, 정의, 그 무엇이든 우리가 누리고자 하는 온갖 것들은 협상을 통해 얻고 있기 때문이다. 요즘 사회적으로 이슈가 되고 있는 아파트 이웃주민들 간의 갈등을 예로 들어 협상에 이르는 과정을 살펴보도록 한다.

어느 아파트의 위 아래층에는 각각 A씨와 B씨의 가족이 거주하고 있다고 하자. A씨는 어느날 밤 아래층 B씨 가정에서 들려오는 피아노 소리는 소음수준이라며 연주를 중지해줄 것을 주장하고, B씨는 자녀가 예술계 고등학교 진학을 준비하고 있어서 이를 중단할 수 없다고 말하고 있다. A씨가 B씨에게 "아무리 자녀교육이 중요하지만 공동주택에서 이웃주민도 생각해야 하는 것이 아니냐?"고 따지자 B씨는 "9시는 요즘 초저녁인데 내 집에서 왜 피아노도 맘대로 못치게 하느냐?"고 격분하게 되었다. 이 때문에 B씨는 다른 집들은 괜찮은데 유독 당신만 예민하냐고 따지며 위층에 사는 A씨에게 그동안 참아오던 층간소음을 문제 삼아 비난을 퍼붓게 되었다. 고성이 오가는 사이 이러한 광경을 지켜보던 다른 이웃들이 관리사무소에 민원을 제기하고 급기야 안내방송에서까지 자제해 달라는 멘트가 나오자 다툼은 그치게 되었다. 이후 한동안 또다시 다툼은 없었지만 B씨 가정에서는 낮에도 피아노 연습을 하는 것이 엄두가 나지 않았으며, A씨 가정에서도 손주들이 놀러오면 예전처럼 자유롭게 놀 수가 없었다. 어느 날 우연히 엘리베이터에서 마주치게 된 두 사람은 어색하지만 서로 화해를 하게 되었다. B씨는 자녀의 진학문제로 마음의 여유가 부족했다고 말하고 앞으로 시간을 정해서 그 시간에만 연습하게 하겠다고 말하자, A씨도 손주들이 소음을 일으킨 것은 모르고 지나치게 예민하게 행동한것을 사과하면서 갈등은 해결되었다.

이러한 사례처럼 악화되는 갈등을 협상으로 해결하게 되는 과정을 다음과 같이 단계화시켜 볼 수 있다.

- 최초단계에서는 당사자들의 갈등이 증폭되어 나타난다. 상대방의 주장이나 공격에 대해서 한층 수위를 높여 강하게 대응하게 된다. 이러한 과정에서 특정한 문제에 대한 다툼이 다른 문제로까지 확산되기도 한다. 사례에서 보면 늦은 시간 피아노 연주소리에 대한 항의는 그동안 참아오던 층간소음을 문제 삼는 것으로까지 증폭되었다.
- 두 번째 단계에서는 당사자들이 더 이상 갈등을 증폭시켜 득이 될 것이 없다는 생각을 하게 된다. 따라서 당사자들은 일종의 휴전상태에 도달하게 된다. 앞의 예에서 다른 주민들의 관심이 집중되고 소란에 대한 민원이 발생하자 A씨와 B씨는 다투는 것을 자제하게 되었다.
- 세 번째 단계는 갈등 당사자들이 대립을 하면서 어느 한 쪽도 이길 수 없다는 점을 인식하는 단계이다. 이러한 상황이 지속될수록 본인들이 갈등으로 인해 결국 피해를 보게 된다는 것을 인식하게 된다. 즉, 어린 손주들과 즐거운 시간을 보내는 것이 오히려 불편함으로 바뀌고 진학 준비생은 연습에 차질을 가져오게 된다. 뿐만 아니라 다툼으로 인한 소음에 따른 민원은 A씨와 B씨가 서로 해결해야 하는 과제가 되었다.
- 네 번째 단계는 갈등이 지속되면서 입게 되는 피해 때문에 갈등 당사자들이 협상을 하지 않을 수 없게 된다. 위의 사례에서 보면, A씨가 자신의 생활패턴과 기대 등을 B씨와 서로 논의한 후 해결방안을 모색하게 되었다.

임률책정, 과업목표설정, 성과평가, 직무배치, 작업 스케줄 등 다양한 문제들에 대하여 불일치의 가능성이 매우 높은 팀 또는 직장 상황에서 협상은 특히 중요하다. 어떠한 협상이라 하더라도 반드시 고려되어야만 하는 두 가지 목표라면 바로 실질목표(substance goals)와 관계목표(relationship goals)일 것이다. 실질목표는 현재 협상 중인 이슈의 결과에 관한 것으로서 흔히 연봉협상에서 인상액이나 삭감액이 얼마인지가 바로 당사자들 간의 실질목표에 해당된다. 이에 반해 관계목표는 협상이 끝나고도 쌍방이 얼마나 잘 지낼 수 있느냐에 관한 결과를 일컫는다. 노사협상이 타결된 이후에도 노조간부들과 경영진이 서로 잘 지내느냐의 여부는 바로 관계목표의 좋은 예가되며 이는 전적으로 그들의 협상능력에 달려있다.

효과적인 협상이란 실질적인 이슈가 해결되고 기존의 당사자들 간의 관계 또한 유지되거나 보다 향상될 수 있는 경우일 것이다. 이러한 맥락에서 '입장에 의한 협상'이 아닌 '원칙에 의한 협상'이 요구된다. 이를 위해서는 먼저, 사람과 문제의 분리가 필요하다. 서로 당사자들 간에 불신하고 공격하기보다는 성공적인 협상을 위해서 문제와 갈등의 원천에 보다 집중하는 것이다. 한배에 탄 사람들처럼 상대와 함께 문제를 해결해 나가는 동료로 생각하고 문제에만 집중해야 한다. 둘째, 입장이 아닌 이해 관심사를 분석해야 한다. 입장은 협상으로부터 얻기를 원하는 것이라고 한다면, 이것들을 얻어야만 하는 이유가 관심사인 것이다. 가령, 하나의 임원 승진기회를 놓고 경쟁(입장)하는 두 명의 부장에게 승진하려는 이유(관심사)를 물었을 때, 한명은 높은 지위에 대한 열망이라고 답한 반면 나머지 한명은 더 나은 보수라고 했다고 하자. 이러한 관심사에 초점을 둔다면 승진없이도 임금인상을 통해 갈등을 해결할 수 있게 된다. 셋째, 상호이익이 되는 여러 방안들을 새롭게 만드는 것이다. 성급한 판단과 함께 한 가지 방안만을 고집하는 것은 자신의 문제만이 해결되어야 하는 문제라고 인식하는 것과 같다. 양측은 문제해결을 위한 다양한 대안들을 마련하고 어느 것이 서로를 위해 유익한지 논의를 주고 받는 것이 필요하다. 넷째, 결과가 객관적인 기준에 근거한다는 것을 강조해야 한다. 협상에 임하는 쌍방이 자신의 관심사를 가지고 이를 극대화하려하는 것은 당연하다. 그러므로 성공적인 협상은 주관적인 판단보다는 객관적인 기준에 초점을 두고 공정한 기준을 유지하는 것을 요구한다.

3.2 분배적 협상과 통합적 협상

협상은 그 성격에 따라 분배적 협상(distributive negotiation)과 통합적 협상(integrative negotiation)으로 나누어볼 수 있다. 앞서 설명한 원칙에 의한 협상이 사실상 통합적 협상을 위한 전략이다. 통합적 협상은 협력적으로 공동의 이익을 위해서 문제를 풀어가려고 노력하는 협상이다. 즉, 한정된 크기의 파이를 어떻게 나눌지 고민하기보다는 파이의 전체 크기를 키워서 서로에게 나눠지는 몫도 크게 할 수 있는 방법을 논의하는 것이다. 이 경우에는 한쪽의 이익을 얻기 위해서 다른 상대방의 손실을 요구하는 것이 아니라 양측의 니즈와 이익을 모두 충족시켜 줄 수 있는 방법을 추구하는 것이다. 장기적인 관계를 형성할 수 있고 장차 협력을 촉진시킨다는 점에서 통합적 협상은 분배적 협상보다 바람직한 것으로 여겨진다.

분배적 협상은 한정되어 있는 파이를 어떻게 나눌지에 관한 협상으로서 일종의 제로섬 게임(zero sum game)이다. 즉, 내가 더 많이 얻는 만큼 상대방의 몫은 더욱 작아지고 상대방의 몫이 커지면 그만큼 내가 얻는 것이 작아지는 것이다. 따라서 이러한 상황에서 어느 일방의 목표는 상대방의 목표와 경쟁적이며 갈등관계에 있게 된다. 분배적 협상의 흔한 예라면 임금과 종업원 복지에 관한 전통적인 노사협상을 들 수 있다. 전형적으로 노측 대표들은 사측으로부터 가능한 많이 그들의 요구사항을 관철시키고자 노력한다. 노사분규에 따른 손실은 일반적으로 사측에게 큰 부담이 되지만 분규가 길어지면 결국 양측 모두에게 득이 없기 때문에 양측은 공격적으로 협상하고 이따금 상대방을 반드시 물리쳐야만 하는 적으로 간주하기도 한다.

협상에서 상대방이 내게 유리한 방향으로 의사결정을 내리도록 영향을 미칠 수 있는 능력이 협상력이다. 합의에 도달하지 못하면 쌍방 중 누가 더 손실이 큰지에 따라 대개 협상력의 크기는 달라진다. 자신의 이익에만 집착하고 상대방의 이익은 일반적으로 무시하게 되는 분배적 협상에서는 협상력의 크기가 고스란히 협상의 과정과 결과에 반영될 수 있다. 하지만 통합적 협상에서는 쌍방 간의 협상력의 차이가 갖고 있는 중요성은 상대적으로 적다. 협상력을 이용해서 상대방에게 양보를 요구하기보다는 상대방이 인식을 바꿀 수 있는

표 11-4 분배적 협상과 통합적 협상의 비교

	분배적 협상	통합적 현상
목 표	개인의 이득을 극대화하고 손실을 극소화	공동의 이익을 주로 극대화
이 슈	제한된 자원 하에서 한 측의 손실이 다른 한 측의 이익	상호 노력에 따른 공동 이익의 양 증대
결 과	타협, 거래, 윈-루즈 결과	특정 양보에 국한 되지 않는 창의적인 해결
커뮤니케이션	정보 탐색, 자료 확보, 기만적인 폭로	정보 공유, 니즈와 목적에 대한 정확한 공표

여건을 조성한다. 따라서 상대방에 대한 리더십이나 영향력, 설득력이 곧 협상력이며 자기의 욕구를 조절하는 능력 또한 협상력을 위해 중요하다.

3.3 협상인센티브와 협상가능영역

협상을 통해서 자신의 이익을 증대시킬 수 있을 때 당사자들은 서로 협상을 하게 된다. 협상을 통해서 이익을 얻을 수 있는 여지가 클수록 협상을 하고자하는 동기도 커지게 된다고 할 수 있다. 협상에 대한 인센티브와 그 크기는 협상가능영역(contact zone)으로 설명될 수 있다. 협상가능영역은 협상당사자들이 합의하지 않기보다 차라리 합의하는 편이 유리한 영역이다. 따라서 협상에 대한 인센티브는 협상가능영역의 크기와 비례한다고 할 수 있다.

하나의 예로, 출시된 지 1년 미만의 외제 중고차를 싸게 사려고 하는 매수자와 가급적 보유한 차를 비싸게 팔기를 원하는 매도자를 생각해 보자. 매도자인 L씨는 시세대로 5천만 원을 요구하고 있지만, 사업에 필요한 자금이 급해서 4천 3백만 원 이상이라면 팔 의사가 있다. 매도자에게는 이것을 팔지 않고 보유하기 보다는 차라리 파는 것이 나은 최저가격 수준인 것이다. 중고차 중개상을 하고 있는 K씨는 외제 승용차의 수요가 증가하면서 외제차에 대한 투자 전망을 낙관적으로 보고 있지만 아직은 경기가 좋지 않기 때문에 구매를 서두르지 않고 시세보다 낮은 4천 5백만 원 이하라면 차를 구입하려 하고 있다. 이 가격은 매수자가 역시 구매하지 않고 기다리기보다는 차라리 구매하는 것이 나은 그러한 최고가격 수준이다. K씨는 L씨의 자금사정이 매우 급하다는 이야기를 지인들로부터 듣고 4천 1

그림 11-2 협상가능영역의 예

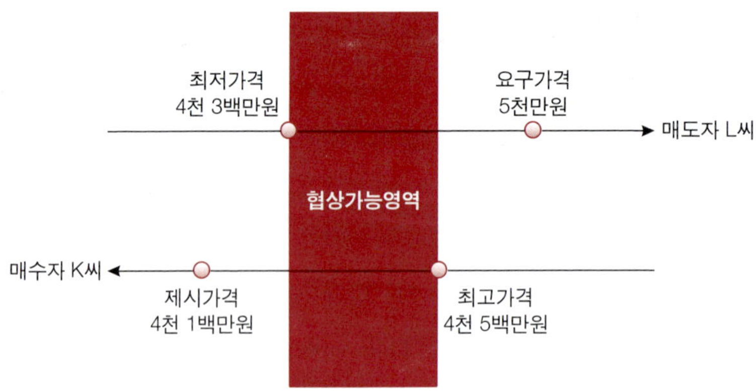

백만 원을 제시하게 되었다. 이들의 중고차 매매 협상에서 협상가능영역은 매도자 L씨가 요구하는 최저수준인 4천 3백만 원과 K씨가 제시하는 최고수준인 4천 5백만 원이 된다. 협상을 통해서 매매가 실제로 이루어지는 가격수준과 매수자가 생각하는 최고 가격수준의 차이는 매수자의 협상이익이 되고, 매도자가 생각하는 최저 가격수준과 매매가 이루어지는 실제 가격수준의 차이는 매도자의 협상이익이 된다. 이 경우 4천 4백만 원에서 실제로 매매가 이루어지게 되었다면 L씨는 협상을 통해 1백만 원의 협상이익을, 그리고 K씨도 1백만 원의 협상이익을 거두게 된다.

협상의 인센티브가 크다고 해서 반드시 협상당사자들이 합의에 도달할 수 있는 것은 아니다. 협상가능영역이 넓고, 협상을 통해서 얻을 수 있는 이익도 크다고 하더라도 합의에 도달하지 못해서 협상의 이익을 실현할 수 없는 경우가 종종 발생한다. 타협이 가능한데도 협상이 실패로 돌아가거나 갈등이 해결되기 어렵게 만드는 이유는 크게 보면 다음의 세 가지로 설명할 수 있다.

- 협상당사자가 가지고 있는 심리적인 문제이다. 협상당사자가 갈등이나 분쟁의 상황을 사실보다 어렵게 보며 협상가능영역과 협상의 이익을 실제보다 작다고 느끼는 등 심리적인 문제가 합의의 장애요인으로 작용하여 합의에 도달하지 못하는 문제가 발생할 수 있다.
- 협상당사자들 사이에 정보의 비대칭성 문제가 작용한다. 정보의 비대칭성 문제는 협상당사자가 자신이 알고 있는 정보를 상대방이 정확하게 알 수 없고 거꾸로 상대방이 가지고 있는 정보를 협상당사자 자신은 잘 모르는 데서 발생한다. 이런 경우 협상당사자들은 합의할 수 있는 최고수준이나 최저수준 등에 대한 정보를 정확히 알 수 없기 때문에 합의에 도달하지 못하는 문제가 발생하기도 한다.
- 협상당사자나 분쟁의 이슈가 가지고 있는 제도적 문제이다. 협상을 통해서 합의에 도달할 수 있다고 하더라도 협상당사자가 속해 있는 조직의 문제 때문에 합의에 도달하기 어렵거나, 분쟁 이슈가 가지고 있는 법적 성격 때문에 분쟁당사자간의 합의로 해결하는 데 한계가 있는 경우 협상을 통해서 분쟁을 해결하지 못하는 문제가 발생한다.

이러한 세 가지 협상의 장애요인은 복합적으로 작용하게 된다. 특히, 정보의 비대칭성 문제와 심리적 문제는 밀접한 관계를 갖는다. 즉, 협상당사자가 가지고 있는 심리적 문제는 정보의 비대칭성 문제를 악화시키고, 정보의 비대칭성 문제는 심리적 장벽을 키운다.

CASE 美셧다운 · 디폴트 사태 "끝나도 끝난게 아냐"

· 상하원, 위원회 발족...예산안 및 부채감축안 논의
· 12월 13일까지 의회에 권고사항 전달해야
· 합의실패시 사태 되풀이 시장 우려 다시 고조될 수 있어

미국 정치권이 17일 시한을 목전에 두고 초유의 미국 국가부도 사태(디폴트)를 방지하기 위한 합의안에 극적 타결을 봄에 따라 시장은 일단 안도의 한숨을 내쉬었다.

여야가 연방정부의 차입 허용 권한연장과 함께 임시예산안에도 일괄 합의함으로써 지난 1일부터 이어져온 연방정부 부분 폐쇄(셧다운)도 16일만에 일단락됐다.

미 현지언론들은 막판 합의에 대해 "11번째 시간(11th Hour)"이라고 기술했다. 즉, 최후의 순간에 이뤄진 극적타결이라는 뜻이다. 그러나 실제 합의내용을 들여다 보면 이 말은 무색해진다. 위기의 영구 봉인이 아닌 연기내지 연장이라는 미봉책에 불과한 때문이다. 특히 야야 대립의 근본적 문제였던 부채감축의 세부 내용은 오는 12월 중순까지 합의하기로 했다. 언제든 재발화될 위기의 불씨가 남아 있는 셈이다.

◆ 특별예산 위원회 설립, 예산안 및 부채감축 방안 논의

16일 양원을 통과하고 17일 새벽 버락 오바마 대통령의 서명을 받은 상원 초당파 법안에 따라 공화당과 민주당 양당은 위원회를 설립, 오는 12월 13일까지 예산 수치에 합의하고 장기 부채감축 문제를 해소하기 위한 방안을 내놓아야 한다.

민주당이 다수 의석을 차지하는 상원과 공화당이 주도하는 하원은 지난 3월에 2014회계연도 예산안을 각각 통과시켰지만 예산 논의는 더 이상 진전을 보지 못했다. 민주당은 이후 20여 차례 하원에 예산 확정을 위한 위원회 발족을 요청했지만 공화당은 이를 거부했다. 하지만 이날 합의로 양당은 머리를 맞댈 수 있게 됐다.

'예산 컨퍼런스 위원회'는 현재 민주당 소속의 예산위원장 패티 머레이와 공화당 하원 예산위원장 폴

라이언이 이끌게 된다. 머레이와 라이언을 포함, 상원에선 민주당 의원 12명과 공화당 의원 10명이 참여한다. 하원에서도 민주당 의원 3명과 공화당 의원 3명이 지명됐다.

머레이는 이날 상원 표결에 앞서 "미국을 지난 몇 주 전처럼 되돌려 놓길 원하는 의원은 아무도 없을 것으로 생각한다"며 협상에 대한 기대를 나타냈다. 머레이와 라이언은 17일 아침 식사를 함께 하며 비공식적으로 협상을 시작한다는 방침이다.

양당은 다만, 부채한도 증액문제는 논의하지 않기로 합의했다고 미국 정치전문 매체 '폴리티코'는 전했다. 오바마 대통령의 건강보험개혁안(오바마케어)에 강력하게 반대해오며 필리버스터를 통해 이번 사태를 촉발시킨 테드 크루즈 상원의원 등이 이를 완강하게 반대했다고 매체는 전했다.

위원회는 또 세법과 지출 관련 법안을 수정하는 권한을 갖고 있지는 않다. 대신에 세금과 지출 정책 목표를 정한 뒤 이를 양당에 권고하게 된다.

◆ 예산을 바라보는 상이한 시선…'세수 확충' vs '지출 삭감'

양당이 위원회를 통해 차이를 좁힐 수 있을지는 미지수이다. 크게 보면, 민주당은 부채감축을 위해선 세수 확대가 필요하다는 입장인 반면 공화당은 추가적인 세수 확충을 반대하고 지출 축소를 주장하고 있다.

예를 들어, 비영리 · 비정부 기구인 책임연방예산위원회(CRFB)에 따르면 상원 안이 앞으로 10년 동안 세금으로 1조 달러에 가까운 돈을 걷어들이는 반면, 하원 안은 세금을 늘이지 않는다.

지출 부문에서의 차이도 크다. 하원 예산안은 메디케어(노령층 의료지원), 메디케이드(저소득층 의료지원) 등 프로그램에 의한 지출을 10년 동안 9620억 달러 줄이도록 했다. 상원 예산안은 이 기간 동안 이들 프로그램에 의해 단지 760억 달러가 줄도록 했다.

미국 의회예산국(CBO)는 장기적으로 볼 때 미국 부채를 안정화시키기 위해선 10년 동안 2조 달러의 추가 감축이 필요하다고 지적했다.

◆ '시퀘스터' 및 '오바마케어' 둘러싸고 갈등 커질수도

부채감축을 넘어 양당이 사활을 걸고 있는 문제는 해결이 만만치 않다. 공화당 측은 이울러 연방정부 대규모 예산 자동삭감, 이른바 '시퀘스터'는 그대로 유지시키려고 할 것이다. 반면, 민주당은 이에 대한 조정을 요구할 수 있다.

'시퀘스터'는 2011년 예산조정법안에 의거한 것으로 당시 오바마 대통령은 부채한도를 인상하는 대신에 이에 합의했다. 예산안 마련에서 합리적인 재정적자 감축안을 도출하지 못하면 예산에서 향후 10년간 1조 2000억 달러가 자동 삭감되게 한 것이다. 지난 3월 처음으로 발동됐다.

아울러 일부 공화당 의원들은 이번 협상을 통해 '오바마케어' 시행을 늦추거나 지원 규모를 낮추려고

시도할 수도 있다. 공화당의 톰 그레이브스 하원의원은 로이터에 "국가의 이목이 워싱턴의 전략에서 '오바마케어' 재앙으로 방향을 바꾸고 있다"며 "민주당은 '오바마케어'를 늦추기 위한 공화당의 합리적 제안을 고려할 수밖에 없을 것"이라고 말했다.

더욱이 미국 정치권은 갈등을 해소하기 위해 위원회 구성을 해보기도 했지만 전적은 좋지 못하다. 로이터는 워싱턴 정가에는 다수의 재정감축 위원회와 협상 조직이 있었지만 실패했다고 지적했다. 민주당 의원 그레고리 믹스는 로이터에 "진실을 시간이 말해줄 것이다"며 "이번 위원회가 다를지는 잘 모르겠다. 그러길 희망한다"고 말했다.

위원회가 의견을 좁히지 못하면 어떤 일이 벌어질지도 아무도 모른다. 다만, 분명한 점은 이날 합의에 따라 연방정부는 내년 1월 15일까지 현재 수준에서 예산을 집행할 수 있고, 연방정부 부채도 긴급 조치를 통해 내년 2월 7일까지만 끌어 쓸 수 있다는 점이다. 셧다운과 디폴트 우려가 다시 불거질 것인지는 누구도 장담할 수 없는 것이다.

●출처 : 뉴스1 / 최종일 기자, 2013.10.17

논의문제

1. 관리자들이 조직에서의 갈등을 이해해야 하는 이유는 무엇인가?

2. 개인들이 다양성 관리역량에 대한 속성은 갖추고 있으나 그러한 속성들을 동료들과 공유하지 못하는 경우에 나타날 수 있는 갈등의 수준은 무엇인가?

3. 사람들이 자주 사용하는 방어기제는 무엇인가? 그리고 그러한 방어기제를 왜 자주 사용한다고 생각하는가?

4. 직장에서 또는 학교에서 갈등관리를 위한 가장 효과적인 기법은 무엇일까?

5. 협상테이블에서 분배적 협상전략을 사용하는 상대를 만났다면, 어떠한 상황이 전개되며 당신은 어떤 전략으로 대응하겠는가?

6. 세계화시대인 지금 범문화 간의 협상에서 나타나는 특징에는 무엇이 있겠는가?

리더십 제12장

01 리더십이란 무엇인가?

02 전통적 리더십

03 현대 리더십 이슈

켈러허의 펀(fun) 리더십

켈러허는 사우스웨스트 항공사의 창업자이며 펀 리더십을 몸소 실천한 리더이다. 켈러허는 '미국에서 가장 웃기는 경영자'로 불릴 정도로 펀(fun)경영을 중시했다. 그는 1978년부터 2001년까지 사우스웨스트 항공사의 최고경영자를 맡았다.

사우스웨스트 항공은 1971년 허브 켈러허(Herb Kelleher)와 롤린 킹(Rolling King)에 의해 설립된 회사이다. 일하기 좋은 기업(GWP: Great work Place) 연속 선정, 46분기 연속 흑자, 30년 평균 주가수익률 1위, 세계에서 가장 존경받는 기업 2위 등은 모두 사우스웨스트 항공사를 수식하는 말이다. 이러한 성과는 허브 켈러허 전 회장의 펀 리더십에 힘입은 바 크다.

켈러허의 재임기간 동안 사우스웨스트는 연속 흑자를 기록하였다. 직원들의 연봉이 업계 평균보다 30% 가량 낮은 수준이었지만 포춘(Fortune)이 선정하는 '일하고 싶은 직장' 상위 10위 안에 빠진 적이 거의 없다. 기업의 생산성도 높았을 뿐만 아니라 노사분규는 거의 없었다.

그는 '일은 즐거워야 한다'고 주장했다. 점잖은 행사장에 엘비스 프레슬리 복장으로 나타나는가 하면, 청바지 입고 이사회에 참석하고, 토끼 분장을 하고 출근길 직원 놀라게 하기 등 직원들을 재미있게 하고 유연한 조직문화를 만들기 위한 그의 행동은 셀 수 없을 정도로 많다. 그는 리더로서의 권위를 내세우기보다 직원들을 즐겁게 하기 위한 방법을 끊임없이 고민하는 리더였다.

켈러허의 펀 리더십이 사회의 이목을 끌게 된 사건이 있었다. 광고 때문에 상대 회사와 법적 분쟁이 발생하였을 때 켈러허는 상대 회사 사장과 팔씨름 경기를 제안하였다. 팔씨름에서 이긴 사람의 회사가 광고 슬로건의 권리를 차지하는 것으로 하자는 제안이었다. '델러스에서 열린 팔씨름 경기'에서 켈러허가 졌지만 즐거움을 중시하는 켈러허의 펀 리더십과 조직문화가 널리 알려지게 되었다.

켈러허는 '현장 중시형 리더십'을 실천하였다. 켈러허는 작업복을 입고 다른 직원들과 함께 청소를 하였으며, 비행기 수하물을 직접 옮기기기도 하였고, 승무원들과 함께 기내 서비스도 하였다. 그는 눈에 띄지 않는 곳에서 일하는 직원에게 '마음의 영웅상(Hero of the Heart Award)'을 시상하였다. 러브필드 공항 격납고에서 화려하게 시상식을 개최하였는데, 켈러허 자신이 직접 상을 주었다. 새로 도입한 보잉 737기에 수상자 명단을 새겨 넣기도 하였다. 이러한 사례는 모두 캘러허의 펀 리더십이 드러난 것이다.

학습목표

1. 리더십이란 무엇인지 개념과 특징을 학습한다.
2. 리더십 특성이론에 대해 살펴본다.
3. 리더십 행동이론에 대해 살펴본다.
4. 리더십 상황이론에 대해 살펴본다.
5. 새로운 리더십 개념과 다양한 신조류 리더십을 학습한다.

01 리더십이란 무엇인가?

1.1 리더십 개념

리더십은 조직이 생겨나고 조직의 우두머리가 필요할 때부터 존재해 왔다. 실제로 이집트의 상형문자로 된 리더십(seshemet), 리더(seshemu), 그리고 부하(shemsu)등은 5000년 전에 쓰인 것으로 추정되고 있다. 영국의 옥스퍼드 백과사전에 따르면 리더개념은 12세기에, 리더십 개념은 19세기 초에 등장한 것으로 보고 있다. 하지만 본격적으로 리더십에 대한 체계적인 연구가 이루어진 것은 그리 오래되지 않았다.

리더십 학자인 스톡딜(Stogdill)은 리더십 관련문헌들을 포괄적으로 검토한 후, 리더십의 정의는 리더십을 연구한 사람의 수만큼 많다고 하였다. 실제로 리더십을 연구하는 사람들의 관점과 관심사항에 따라서 리더십에 대한 개념정의가 상이하다.

대표적인 리더십 학자들의 리더십 개념정의를 살펴보면 다음과 같다. 카츠(Katz)와 칸(Kahn)에 따르면 리더십이란 조직의 일상적 명령을 기계적으로 수행하는것 이상의 결과를 가져올 수 있게 하는 영향력이다. 허시(Hersey)와 블랜차드(Blanchard)에 따르면 리더십이란 주어진 상황에서 개인이나 집단의 목표달성을 위한 활동에 영향력을 행사하는 과정이다. 자고(Jago)에 따르면 리더십이란 구성원들에게 방향을 제시하고 활동을 조정하는 것으로 강제성을 띠지 않는 영향력 행사과정이다. 배스(Bass)에 따르면 리더십이란 상황이나 집단구성원들의 인식과 기대를 구조화, 또는 재구조화하기 위해서 구성원들 간에 교류하는 과정이다. 이때 리더는 변화의 주도자 역할을 한다.

이상의 다양한 개념정의에서 공통적으로 나타나는 중심개념은 목표지향성과 영향력 행사이다. 리더십은 조직이 지향하는 가치를 향해 리더가 구성원들에게 행사하는 영향력 행사과정이라고 할 수 있다. 최근 리더십은 일방적인 지시나 통제위주의 개념에서 벗어나 구성원들이 서로 협력하고 조직에 지지를 보내도록 비전을 제시하고 스스로 기꺼이 목표를 지향하도록 영향력을 행사하거나 변화를 주도하는 개념으로 변화하고 있다.

1.2 리더십의 유사 용어

리더십과 유사하게 사용되지만 실제로는 의미상 차이가 있는 용어에는 관리, 영향력, 권력, 권한 등이 있다.

(1) 리더십과 관리

리더십과 관리를 구분하는 관점은 크게 네 가지로 구분된다. 첫째, 관리와 리더십은 전혀 별개라는 관점, 둘째, 관리가 리더십을 포함한다는 관점, 셋째, 리더십이 관리를 포함한다는 관점, 넷째, 관리와 리더십은 다르지만 중복되는 내용도 있다는 관점이 있다([그림 12-1] 참조).

리더십과 관리가 질적으로 다르며 완전히 배타적인 것이라는 주장이 있다([그림 12-1], a). 이는 관리와 리더십이 동일한 개인에게서 일어날 수 없다고 가정하는 것이다. 관리자

그림 12-1 관리와 리더십 비교

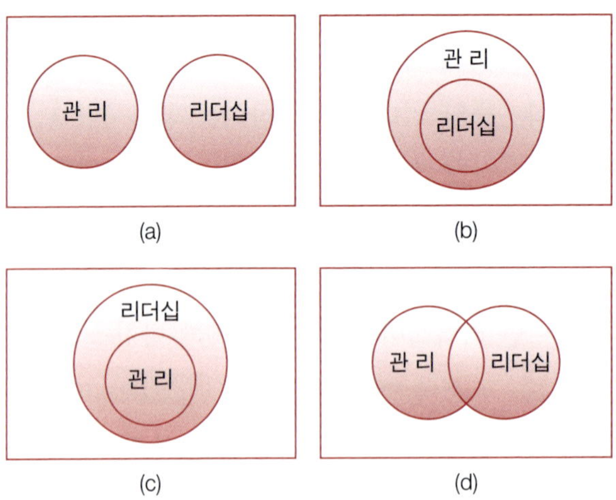

이지만 리더라고 할 수 없는 사람이 있다. 그는 바람직하고 효과적인 리더십을 발휘하지 못하는 상사이다. 그렇다면 리더십과 관리는 무엇이 다를까? 관리자들은 안정, 질서, 효율성, 통제를 중시하는 반면에 리더는 유연성, 혁신, 적응, 동기부여를 중시한다. 관리자들은 일을 수행하는 방식에 관심을 가지며, 사람들에게 일을 더 잘하도록 만들려고 노력한다. 반면에 리더는 일이 사람들에게 어떤 의미를 가지는지에 관심을 가지며, 무슨 일을 해야 하는지를 중요하게 생각한다. 관리자는 일을 옳게 하는 사람들이며, 리더는 옳은 일을 하는 사람들이라고 할 수 있다.

반면에, 리더십과 관리가 완전히 다른 유형이 아니라는 관점이 있다. 이 관점은 사람들을 두 가지 극단적인 유형으로 구분할 수 없다고 본다. 민쯔버그(Minzberg)는 리더십을 열 가지의 관리역할 중 하나로 보았다. 리더십을 관리의 하위개념으로 본 것이다([그림 12-1], b). 이와는 반대로 해리스(Haris)는 관리를 리더십의 하위개념으로 보았다. 리더십의 의미를 좀 더 포괄적으로 해석한 것이다([그림 12-1], c).

유클(Yukl)은 리더십과 관리, 그리고 리더와 관리자 간에 명백한 차이가 있기는 하지만, 역시 겹치는 부분이 있다고 주장한다([그림 12-1], d). 어떤 관리자가 리더십을 발휘하여 조직의 목표를 달성하기 위하여 영향력을 행사할 수 있다. 때로는 어떤 리더가 계획, 조직화, 지휘, 조정, 통제활동 등 관리자로서 제 역할을 수행할 수 있다.

(2) 리더십과 권력, 권한, 영향력

리더십과 권력은 영향력 행사과정이라는 점에서 유사한 개념이다. 어떤 사람이 다른 사람의 신념, 태도, 행동을 바꿀 수 있는 능력이나 잠재능력을 가지고 있다면 그는 권력을 가지고 있다고 할 수 있다. 리더를 표현할 때 권력을 휘두르는 사람이라고 묘사하는 경우가 있다. 이때 권력은 자기자신의 개인적인 목적을 달성하기 위해 사용하는 수단을 의미하며, 이러한 권력을 휘두르는 리더는 바람직한 리더십을 행사한다고 볼 수 없다.

권력은 리더가 영향력을 행사하는 원천을 제공한다. 일반적으로 권력의 원천은 지위권력(position power)과 개인권력(personal power)으로 구분된다. 지위권력이란 조직 내 어떤 직위나 역할을 맡음으로써 공식적으로 얻게 되는 권력을 가리킨다. 개인권력이란 조직으로부터 주어진 권력이 아니라 개인의 특성이나 능력에 의해 부여되는 권력을 말한다.

권한은 조직으로부터 주어진 행위자의 권리를 합법적으로 행사하는 것을 말한다. 권한은 한 조직에서 공식적 직책(혹은 직급)들 사이의 관계로 정의된다. 하나의 직책을 맡은 사람은 다른 직책을 맡은 사람의 행동에 영향을 줄 수 있는 권리를 가지고 있다. 그 권리는

그림 12-2 권력, 권한, 영향력 관계

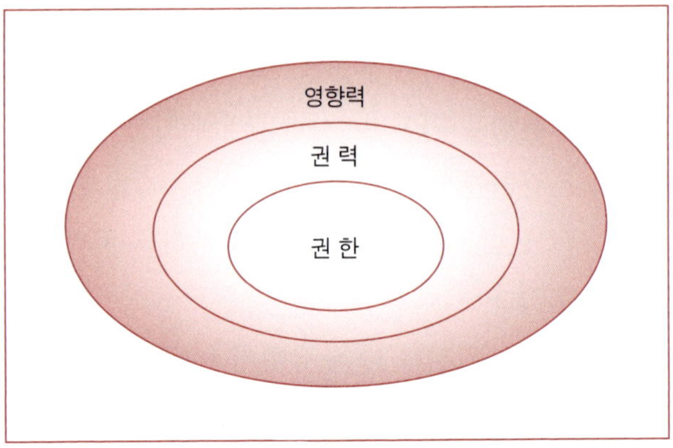

조직이 부여한 합법적이고 윤리적인 정당성을 내포하고 있다.

권력과 권한을 비교하면, 권력은 다른 구성원 행동에 영향을 줄 수 있는 잠재능력을 뜻하며, 권한은 영향력 행사과정의 하나라고 할 수 있으나 합법적인 권력에 국한된다. 권력이 부하로 하여금 순종하도록 만드는 직 · 간접적인 영향 잠재력이라면, 권한은 부하로부터 순종을 강요할 수 있는 공식적인 통제 권리를 말한다.

권력과 유사한 개념으로 영향력이 있다. 영향력도 권력처럼 구성원의 행동을 변화시키는 능력이 있다. 하지만, 권력보다는 영향력이 보다 광범위하게 사용되고 있는 개념이며, 권력과는 달리 영향력은 다른 사람의 행위뿐만 아니라 심리적이고 주관적인 만족에도 영향을 미치는 것이라고 구분할 수 있다. 영향력은 권력뿐만 아니라 권한을 포괄하는 개념으로 보는 것이 타당할 것이다.

02 전통적 리더십

전통적인 리더십 이론은 리더십 특성이론, 리더십 행동이론, 리더십 상황이론으로 구분된다. 리더십 특성이론은 리더는 독특한 특성을 갖춘 사람이라고 가정하고, 리더가 갖추고 있는 독특한 특성이 무엇인지 규명하고자 하였다. 리더십 행동이론은 리더의 행동을 유형화하고 가장 바람직한 리더십 행동이 무엇인지 살펴보았다. 리더십 상황이론은 상황적합적 집근방법을 중시하여 바람직한 리더 특성과 행동이 존재한다고 보지 않고, 상황에 따라 효과적인 리더십 유형이 다르다고 보았다.

2.1 특성이론

리더십 특성이론의 기본 가정은 리더는 아무나 될 수 없으며, 리더는 독특한 자질(traits)을 갖추고 있다는 것이다. 그렇다면 리더가 갖추어야 하는 독특한 자질 혹은 특성은 무엇일까? 여기에는 리더의 신체적 특징, 능력, 성격, 사회적 배경 등이 포함된다. 예를 들어 신체적 특징에는 키, 몸무게, 용모, 에너지, 건강, 외모, 나이 등이 포함되며, 리더의 능력은 사회적 스킬, 지능, 학식, 언변, 협동성, 통찰력 등과 같은 개념들을 포함한다. 특성이론의 대표적 학자인 스톡딜(Stogdill)은 1949년부터 1970년 사이에 이루어진 163편의 연구를 통하여 리더의 특성을 조사하였다. 스톡딜이 제시한 리더의 주요 특성요인들을 분류하면 크게 여섯 가지 특성으로 요약된다.

① 신체적 특성
② 사회적 배경
③ 지적 능력
④ 성격적 특성
⑤ 과업관련 특성
⑥ 사회적 특성

리더십 특성이론에 따르면 리더가 보통의 다른 구성원들보다 지능, 언변, 협동성, 학식이 더 높다. 더 나아가 책임감이 강하고, 목표달성에 대한 열성과 인내심이 있어야 하며, 대인관계능력과 자신감이 높다. 리더십이 효과성을 결정하는 요인들을 요약하면 〈표 12-1〉과 같다.

특성이론은 보편적이면서도 차별화된 리더의 속성을 설명하는네 있어서 많은 제한점을 지니고 있다. 특히, 초기특성이론에서 이야기하는 "리더란 원래부터 태어나는 것이다"(Leaders are born)는 주장에 대해 비판적인 의견이 제기되었나. 오늘날 상황에 따라 리더십은 달라질 수 있으며, 리더십은 개발될 수 있다는 관섬이 더욱 지지를 받고 있다.

표 12-1 리더십 특성

자 질	능 력
상황적응력	지 능
사회적 환경에 대한 민감성	창의력
성취지향성	사교능력
협동성	판단력
독립성	결단력
자신감	화 술
스트레스 내구력	과업에 대한 지식
책임감	설득력
성실성	사회관계능력

2.2 행동이론

리더십 특성이론은 주로 리더들이 어떤 특성을 가지고 있는지를 다루었지만, 리더의 유형이나 리더의 어떤 행동이 효과적인가에 대해서는 밝히지 못하였다. 행동이론은 특성이론이 설명하지 못한 부분을 찾아내고자 하는 취지에서 등장하였다. 많은 현대 리더십 이론들의 기초가 되는 리더십 행동이론에는 레윈(Lewin)의 연구, 오하이오(Ohio)주립대학의 연구, 미시간(Michigan)대학교의 연구 등이 있다.

1. 레윈의 연구

레윈이 제안한 세 가지의 기본적인 리더 십스타일은 독재형, 민주형, 방임형으로 구분된다. 독재형(autocratic style) 리더는 규칙과 규제를 사용하여 영향력을 행사한다. 민주형(democratic style) 리더는 협조적이고 감각적이며 양방향적인 모습을 보인다. 민주형 리더는 독재형 리더보다 규칙과 규제를 덜 강조한다. 방임형(laissez-faire style) 리더는 자신의 지위에서 나오는 권한과 책임감을 행사하지 않는다.

2. 미시간대학교의 연구

1947년 리커트(R. Likert)를 중심으로 미시간대학교에서 이루어진 리더십 연구에서 리더십은 직무중심과 구성원 중심으로 나뉘어진다. 직무중심은 업무처리에 중점을 두면서 종업원들에게 규칙과 규율을 중시하여 지속적으로 영향력을 행사하는 리더행동을 말한다.

구성원 중심은 상대방과의 관계에 중점을 두면서 직접적인 감독이나 규칙과 규율을 덜 강조하며, 부하들의 니즈를 파악하기 위해 노력한다. 미시간대학교의 연구에서는 어느 한 명의 리더가 직무중심형과 구성원 중심형을 동시에 추구할 수 없다고 본다. 즉, 리더는 직무중심형에 가깝거나 구성원 중심형에 가까울 뿐이지 직무와 구성원을 동시에 중시하는 리더는 존재할 수 없다.

3. 오하이오 주립대학교의 연구

리더십 행동이론의 대표적인 연구가 오하이오 주립대학교에서 실시되었다. 항공 조종사와 승무원을 대상으로 한 연구에서 구조주도와 배려라는 두 가지 리더의 행동차원이 밝혀졌다. 구조주도(initiating structure)는 리더가 목표달성을 위해 자신의 역할과 부하의 역할을 명확하게 정의하고 구조화하는 것을 말한다. 이를 위하여 리더는 계획수립, 업무처리방식, 조직화, 의사소통방식을 명확히 한다. 배려(consideration)는 리더가 상호신뢰와 존경심을 촉진하고, 구성원의 아이디어를 존중하며, 우호적이고 온화한 직무관계를 형성하고자 하는 리더의 행동이다. 구조주도가 과업 중심적이라면, 배려는 인간 중심적이다. 이러한 두 가지 리더행동은 상호독립적이며 별개의 차원이다. 즉, 리더는 구조주도와 배려 둘 다 높거나, 둘 다 낮거나, 또는 둘 중 하나만 높은 모습을 보인다.

이상의 리더십 행동이론들은 리더의 행동을 각각 과업에 중점을 두는 유형(독재형, 직무중심, 구조주도)과 사람에 중점을 두는 유형(민주형, 구성원중심, 배려)으로 나누면서 두 가지의 기본적 리더십 유형을 규명하였다는 공통점을 갖는다.

그림 12-3

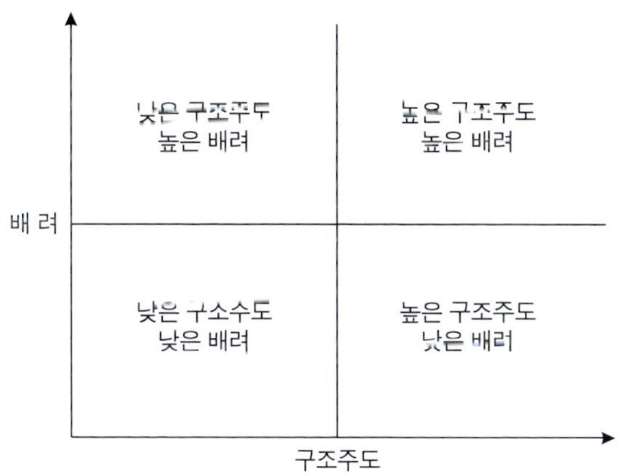

2.3 상황이론

리더십 상황이론에서는 주어진 상황하에서 리더에게 가장 효과적일 수 있는 특성, 기능, 행동을 결정해주는 상황의 여러 측면을 확인하는 데 관심을 두고 있다. 이하에서는 리더십 효과성에 영향을 주는 다양한 상황변수들을 다룬 상황이론을 검토하려고 한다. 각 이론들은 '상황적합적 이론'(contingency theory)이라고 부르는데, 그 이유는 부하에 대한 리더의 영향력 정도는 상황에 따라 다르다고 가정하고 있기 때문이다.

1. 피들러의 상황적합적 리더십론

리더십 상황이론 중에서 가장 최초로 널리 알려진 것은 피들러(F. Fiedler)의 연구이다. 1953년 일리노이대학교 교수인 피들러는 대규모의 다양한 집단의 리더를 대상으로 연구를 시작하였는데, 연구의 대상집단에는 공군장교, 포병장교, 기갑사단장교, 학사장교(ROTC), 간부후보생, 철강공장의 감독자, 농기계 제조업체의 부장, 고교농구부 단장 등이 포함되어 있다. 피들러는 리더의 효과성을 예측하기 위하여 LPC점수를 측정하였다. LPC란 '가장 싫어하는 동료작업자(least preferred coworker)'를 말한다. LPC점수는 설문지를 통해 측정된다. 먼저 과거와 현재의 동료작업자들 중에서 가장 싫어하는 사람을 한 명 선정한다. 그리고 LPC척도의 각 항목에 대해 그 사람을 평가한다. 각 항목은 1에서 8가지의 범위내에서 코딩되어 각 항목의 점수를 합산한 것이 리더의 LPC점수가 된다. 피들러의 상황모형에서 LPC점수와 리더의 효과성과의 관계는 아래에 제시하는 몇 가지 상황변수에 의해 달라진다.

그림 12-4 피들러의 상황이론

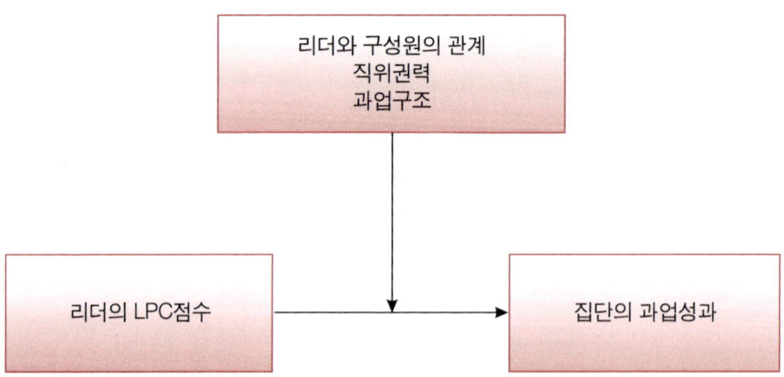

- 리더와 구성원의 관계

  구성원들이 리더를 신뢰하면 부하에 대한 리더의 영향력이 매우 커질 것이다. 지위권력이나 강압적인 힘에 의해 리더를 따르는 것이 아니라 부하들이 리더를 기꺼이 따르고자 하는 마음이 있다면 리더는 부하에게 상당한 영향력을 행사할 수 있을 것이다.

- 직위권력

  부하가 리더의 직위권력을 높게 인정한다면 리더의 의견이나 방침에 순응할 것이다. 만약 부하가 리더의 직위권력을 인정하지 않는다면 리더는 부하에 대하여 다른 리더십 원천을 활용하여야 한다. 즉, 리더의 부하에 대한 영향력은 직위권력이 높을 때 더욱 강해질 것이다.

- 과업구조

  과업수행 과정과 절차가 정해져 있다면 과업의 구조화 정도가 높다고 한다. 과업의 구조화가 높다면 리더가 부하의 과업수행에 대하여 지시하거나 통제하기 쉬운 반면, 과업의 구조화가 낮다면 부하의 자유재량권이 높아지지만 리더의 부하에 대한 영향력은 상대적으로 낮아진다. 왜냐하면 과업수행 방식에 대한 리더의 요구나 통제에 대하여 부하가 그대로 따르지 않고 자신만의 새로운 방식으로 처리할 수 있기 때문이다.

피들러에 의하면 리더의 영향력이 가장 강해질 때는 리더와 구성원의 관계가 양호하고 과업의 구조화 정도가 높으며 리더가 실질적인 직위권력을 갖고 있을 때이다. 반대로 리더와 구성원의 관계가 좋지 않고 과업의 구조화 정도가 낮으며 리더가 직위권력을 가지고 있지 못한다면 리더의 영향력은 가장 낮은 수준이 될 것이다.

2. 하우스의 경로 – 목표이론

경로–목표이론(path goal theory)은 원래 에반스(M.G. Evans)에 의해 창안되었으나 나중에 하우스(R.J. House)가 에반스의 이론에 상황변수를 추가하여 보다 정교한 이론으로 발전시켰으며, 1970년대 이루어진 많은 실증적 연구의 대상이 되었다. 경로–목표이론은 리더의 행동이 부하의 직무만족과 동기유발에 어떠한 영향을 미치는가를 설명하기 위하여 개발된 이론이다. 경로–목표이론은 동기부여이론 중 하나인 기대이론(expectancy theory)에 기반하여 만들어졌다. 기대이론에 따르면 동기부여는 노력을 통해서 얻게 되는 1차적 결과물의 유의성과 기대감에 의해 결정되며, 1차적 결과물의 유의성은 개인의 궁극적인 바람(2차적 결과물)의 중요성과 1차적 결과물이 2차적 결과물을 가져올 것이라고 믿는 수단성에 의해 결정된다. 경로–목표이론 역시 리더가 부하를 동기부여하기 위해서는 그들의 목표성취를 위한 지원을 하여야 하며, 목표성취에 따른 보상을 연결시켜 주어야 한다. 즉, 리더가 해야 할 역할은 부하가 목표 달성을 통해서 얻게 되는 보상을 증가시키는 것과 부하가 목표를 향해 어려움이 없이 나아갈 수 있도록 장애물을 제거해 주는 것이다.

(1) 리더의 행동

경로–목표이론의 초기연구에서는 리더의 행동을 구조주도와 배려 등 두 개의 차원으로 보았으나, 최근의 연구에서는 다음과 같이 네 개의 범주로 구분하였다.

① **지시적 리더십(directive leadership)** : 구조주도 행동과 유사하며, 부하들에게 구체적으로 지시하고 통제하며, 규칙과 절차를 따르도록 요구한다.

② **지원적 리더십(supportive leadership)** : 부하들의 요구와 욕구가 무엇인지 파악하고 그들이 원하는 것을 얻을 수 있도록 적극적으로 돕고, 우호적인 분위기를 조성한다.

③ **참여적 리더십(participative leadership)** : 의사결정과정에 부하들과 협의하고 부하들과 정보를 공유하며, 그들의 의견을 적극적으로 반영한다.

④ **성취지향적 리더십(achievement–oriented leadership)** : 부하들에게 도전적인 목표를 설정해 주고, 높은 성과를 달성할 수 있도록 개선향상을 도모하며, 목표 달성 할 수 있다는 자신의 확신을 부하들에게 전달한다.

(2) 상황변수

경로–목표이론에서는 리더의 행동유형과 부하의 행동과의 관계를 조절하는 두 개의 상황변수가 있는데, 하나는 부하의 특성이고 또 하나는 작업환경의 특성과 관련된 것이다.

1) 부하의 특성

① **능력** : 부하의 능력이 높고 낮음에 따라 리더십 행동이 효과적일 수도 있고 그렇지 않을 수 있다. 부하가 자신의 능력을 높게 평가한다면 부하는 상사의 지시적 리더십을 덜 수용할 것이다.

② **통제의 위치** : 통제의 위치란 자신에게 일어나는 일들을 스스로 통제할 수 있다고 믿는 정도이다. 내재적(internal) 통제성향을 가진 사람은 자신에게 일어나는 일들이 스스로 통제할 수 있

다고 생각하는 반면, 외재적(external) 통제성향을 가진 사람은 자신에게 일어나는 일들이 행운이나 운명 때문이라고 보며 대부분 자신의 통제범위 밖에 있다고 믿는다. 일반적으로 외재적 통제성향의 부하는 상사의 지시적 리더십에 의해 크게 영향을 받는 반면, 내재적 통제성향의 부하는 참여적 리더십을 더 선호한다.

③ **욕구 및 동인(needs and motives) :** 부하의 내면에 있는 지배적인 욕구는 리더의 행동에 영향을 미친다. 예를 들면 안전욕구가 강한 부하는 지시적인 리더행동을 수용하겠지만 자존의 욕구가 강한 부하는 지원적인 리더행동에 대하여 더 호의적으로 반영할 것이기 때문이다.

2) 작업환경의 특성

① **부하의 과업특성 :** 부하가 수행하는 과업의 특성은 리더십 행동의 효과성에 영향을 준다. 과업에서 요구하는 역할과 책임이 명확하지 않고, 과업수행방법이 모호하여 과업 구조화가 낮을수록 리더가 명확하게 알려주는 지시적 리더십이 효과적일 것이다. 반면에 과업의 구조화 정도가 높고 일상적인 과업이라면 지시적인 리더행동은 불필요한 경우가 많다. 오히려 작업수행의 외부 환경이 안정적인 경우에는 내재적 만족을 높여주는 지원적인 리더행동이 더 효과적이다.

② **작업집단 특성 :** 집단의 발전단계나 특성에 따라 리더십 효과성이 달라진다. 집단이 형성된 지 얼마 안 된 초기 집단인 경우, 리더의 지시적 리더십이 효과적이다. 하지만 집단의 역사가 오래 되고 안정화된 경우에는 참여적 리더십과 지원적 리더십이 바람직하다.

③ **조직특성 :** 조직특성이란 조직의 공식적인 규칙, 절차 등이 종업원의 행동을 통제하는 공식화 정도나 작업상의 스트레스가 높은 상황, 시간적 압박이 존재하는 정도나 불확실성이 높은 상황 등을 말한다. 공식화 정도가 높은 조직에서는 지시적 리더십의 효과성이 감소될 수밖에 없지만, 시간적 압박이 강한 조직에서는 지시적 리더십이 바람직할 것이다.

(3) 매개변수

경로-목표이론에서 매개변수는 리더십 행동이 어떠한 과정을 거쳐서 부하들을 동기부여 하는지를 설명해 준다. 동기부여의 기대이론에서와 마찬가지로 경로-목표이론 역시 구성원의 동기부여에 대한 합리적 선택과정을 제시하고 있다. 부하가 노력하면 성과를 얻을 수 있다는 믿음이 있고, 성과가 보상으로 연계되며, 보상에 대해 부하가 중요하게 느낄 때 리더십이 효과적이 된다. 경로-목표이론에서 리더의 역할은 부하의 성과에 대한 기대를

그림 12-5 경로-목표이론의 인과관계 모형

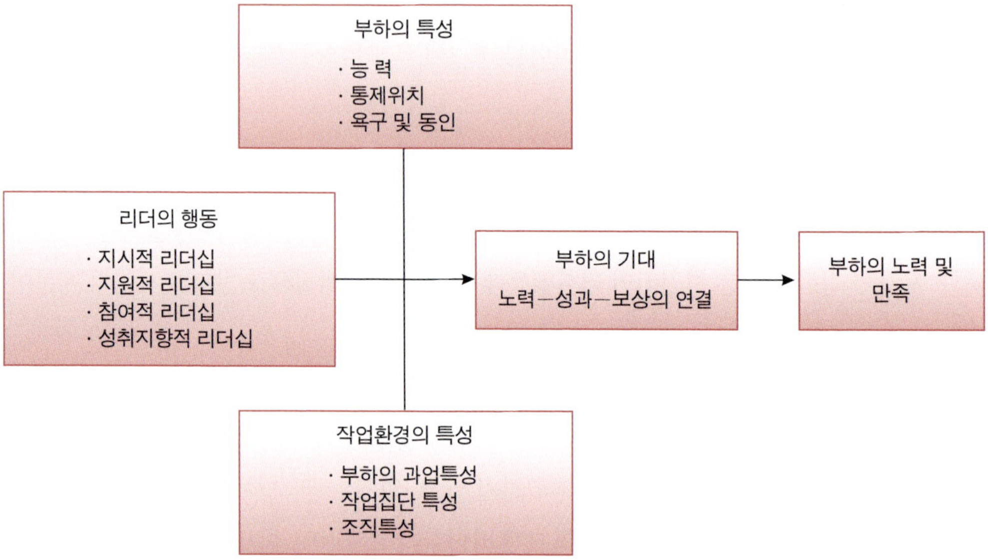

높이고, 성과와 보상간의 연계성을 높이는 것이며, 궁극적으로 부하가 가치있게 여기는 보상을 제공하는 것이다.

3. 허시와 블랜차드의 상황적 리더십이론

허시와 블랜차드(Hersey and Blanchard)는 1969년 상황적 리더십이론을 발표하였다. 이 이론은 리더가 동일한 특정 행동을 보이지 않고, 상황에 따라 다른 리더십 행동을 한다고 전제한다. 허시와 블랜차드는 리더십 행동을 좌우하는 상황으로 부하의 성숙도(maturity) 또는 준비정도(readiness)를 제시하였다. 부하가 성숙한지, 아닌지에 따라서 효과적인 리더십 행동은 달라져야 한다는 것이다.

(1) 부하의 성숙도 분류

구성원들의 성숙도는 네 가지로 구분된다. 구성원들의 성숙도는 능력과 의지를 기준으로 분류된다. 첫째, 준비정도가 매우 낮은 수준으로 무능력하고 의지가 부족한 경우이다. 둘째, 준비정도가 중간수준으로 무능력하지만 의지가 있는 경우이다. 셋째, 준비정도가 중간수준으로 능력이 있으나 의지가 부족한 경우다. 넷째, 준비정도가 매우 높은 수준으로

표 12-2 종업원 성숙도

높 음	중 간		낮 음
M4	M3	M2	M1
능력과 의지가 모두 있음	능력이 있으나 의지가 부족	무능력하지만 의지가 있음	무능력하고 의지가 부족함
종업원지향		리더지향	

능력과 의지가 모두 있는 경우이다.

(2) 리더의 행동

상황적 리더십 이론에 따르면 부하의 성숙도에 따라서 리더의 행동은 그때 그때 달라져야 한다.

첫째, 부하가 특정과업을 수행할 능력과 의지가 모두 없어서 성숙도가 가장 낮은 경우(M1), 지시형 리더십을 발휘하여야 한다. 대부분의 의사소통은 과업수행방식과 목표에 초점을 두어야 하며, 지속적인 모니터링이 필요하다.

둘째, 부하가 능력은 없지만 하고자 하는 의지가 있는 경우(M2), 설득형(코치형) 리더십을 발휘하는 것이 바람직하다. 리더는 부하에게 업무수행방식에 대해 자세하게 설명해 주고, 구성원이 명확하게 이해할 수 있도록 도와주어야 한다. 아울러 부하의 정서적 지원에 초점을 맞추고 참여와 아이디어 제안을 유도하되 최종 결정은 리더가 한다.

셋째, 부하가 능력이 있으나 의지가 부족한 경우(M3), 참여형 리더십을 발휘할 필요가 있다. 부하가 이미 업무의 목표나 수행방법을 잘 알고 있기 때문에 과업관련 행동은 줄이는 대신 의사결정과정에 참여시키고, 동기유발을 위한 대화와 지원행동을 강화하는 것이 바람직하다.

넷째, 부하가 능력과 의지 모두 높은 수준인 경우(M4), 위임형 리더십을 발휘한다. 지시나 통제 등 리더의 관여도를 최대한 줄이고, 업무수행의 자율성과 책임을 부하에게 위임함으로써 부하 스스로 성과를 창출하도록 유도한다.

그림 12-6 허시와 블랜차드의 상황적 리더십 모델

높 음	중 간		낮 음
M4	M3	M2	M1
능력과 의지가 모두 높음	능력이 있으나 의지가 부족	능력은 없지만 의지가 있음	무능력하고 의지가 없음

03 현대 리더십 이슈

현대 리더십 이론이 등장한 이래 전통적으로 리더십에 대한 논의는 특성이론, 행동이론, 상황이론을 중심으로 이루어졌다. 21세기에 들어서면서 기존의 전통적 리더십 이론에서 다루지 않았던 새로운 리더십 개념들이 등장하고 있다. 아직 충분히 검증된 이론으로 자리잡지는 못했으나, 다양한 리더십 현상을 개념화하는 데 도움이 될 수 있는 현대적인 리더십 이슈들을 소개한다.

3.1 변혁적 리더십

변혁적 리더십(transformational leadership)은 부하의 노력과 성과에 상응하는 보상을 주는 거래적 리더십(transactional leadership)과 구분되는 개념이다. 변혁적 리더십은 부하들에게 높은 수준의 성과창출을 위하여 호소력 짙은 비전을 분명히 보여주고, 부하들이 목표를 향하여 나아가도록 고무시키고, 그들의 흥미를 일깨우며, 동기부여시키는 행동을 말한다. 변혁적 리더십의 하위차원에는 카리스마, 개별적 배려, 영감적 동기부여, 지적 자극 등이 있다. 카리스마는 비전을 명확하게 제시하고, 부하들에게 강력한 역할모델이 되는 것으로, 때로는 부하들이 리더와 동일시하기도 하며, 부하들로 하여금 리더에게 기꺼이 희생하도록 만드는 영향력이다. 개별적 배려는 부하 개개인이 가진 고충과 관심사항, 능력을 파악하고, 그들이 성장할 수 있도록 멘토나 코치 역할을 하는 것이다. 영감적 동기부여는 부하들에게 열정을 불러일으키고, 업무에 매진하도록 유도하며, 부하 스스로 업무수행에 대한 강한 열망과 자신감을 가지도록 한다. 지적 자극은 부하가 현재의 상황에 안주하기보다 문제점을 파악하여 더 나은 개선대안을 찾도록 지원해 준다. 리더는 부하가 새로운 변화를 모색할 수 있도록 끊임없이 각성시키는 역할을 한다.

3.2 감성지능과 감성리더십

지능과 능력의 중요성 못지않게 감성지능(emotional intelligence)의 중요성이 커지고 있다. 감성지능은 자신과 다른 사람들의 감정을 인식하고 조절할 수 있는 능력이다. 인간관계와 사회적 기술(social skill)이 중요한 상황이나 직무에서 감성지능의 중요성은 더욱 크다. 다니얼 골먼(D. Goleman)은 감성지능을 네 가지 영역으로 구분하였다.

첫째, 자기인식 능력으로 자신의 감정상태를 파악하고, 자신의 한계와 가치에 대해 깊이 이해하는 능력이다.

둘째, 자기관리 능력으로 자신이 원하는 바와 현재의 감정상태를 명확히 이해하고 표현하는 능력이다.

셋째, 사회적 인식 능력으로 다른사람과의 대화나 얼굴 표정을 통해서 상대방의 감정상태를 파악하고 동조하는 능력이다.

넷째, 사회적 기술은 상대방으로 하여금 상위의 목표나 바람직한 방향으로 유도하는 능력이다. 감성지능이 높은 리더가 감성적 리더십을 발휘한다. 불확실성이 높고 위기상황에서 감성지능이 높은 리더는 침착하게 더 나은 의사결정을 내리겠지만, 감성지능이 낮은 리더는 바람직하지 않은 의사결정을 할 가능성이 높다.

3.3 서번트 리더십

산업구조 개편 및 인적자원의 중요성이 커지면서 조직 경쟁력의 원천이 사람이라는 인식이 확대되고 있다. 고객의 접점에 있는 말단 직원을 위한 전사적 지원과 관심이 중요한 시대이다. 리더는 부하가 자발적으로 활기차게 일할 수 있도록 도와야 한다. 이제 리더는 조직 내 사람들 위에 군림하는 존재가 아니라 그들을 위해 봉사하는 존재이다. 서번트 리더는 자신의 이익과 이해에 앞서 부하의 입장을 먼저 고려하는 리더로서 존중, 봉사, 정의,

정직, 공동체 윤리 등의 원칙을 지키기 위해 노력하는 사람이다. 서번트 리더십(servant leadership)에 대한 개념정의나 하위 요소에 대한 합의가 이루어지지 않았으나, 서번트 리더십에 대한 관심이 지속적으로 높아지고 있다.

3.4 셀프리더십과 수퍼리더십

셀프리더십(self-leadership)은 타인에 대한 영향력 행사가 아니라 자기 자신이 스스로 나아갈 방향을 정하고 스스로 자신을 이끌어 나가도록 동기부여하는 과정을 말한다. 셀프리더가 되기 위해서는 자기 관찰을 통해서 변화의 필요성과 방향성을 파악한 뒤, 변화에 따른 보상을 스스로 약속하는 등 자기관리(self-management)를 통해 스스로 동기부여 한다.

수퍼리더십(super-leadership)은 부하가 셀프리더가 될 수 있도록 영향력을 행사하는 과정이다. 전통적인 리더십이론은 리더에 초점을 맞추지만, 셀프리더십과 수퍼리더십의 경우에는 부하에 초점을 맞춘다. 수퍼리더가 되기 위해서는 스스로 셀프리더십을 갖추어야 한다. 셀프리더십을 갖춘 수퍼리더는 부하가 자기 자신을 리드할 수 있는 역량과 기술을 갖도록 유도하여야 한다. 자신이 뛰어난 리더가 되는것 못지 않게 중요한 것은 부하들을 뛰어난 리더로 육성하는 것이며, 이러한 역할을 하는 리더가 바로 수퍼리더이다.

논의문제

1. 리더와 관리자를 다른 개념이라고 보는 관점이 있다. 이 관점에 의하면 리더와 관리자는 어떤 차이점이 있는가 설명하시오.

2. '리더는 아무나 되는 것이 아니며, 타고나는 것이다'라는 주장이 타당한지 찬성과 반대의 입장에서 토론하시오.

3. 미시간대학교의 연구와 오하이오 주립대학교의 연구의 공통점과 차이점을 설명하시오.

4. 다양한 리더십 상황이론에서 제시한 상황요인을 정리한 뒤 그 중 가장 의미있는 상황요인이 무엇인지 각자의 생각을 비교, 논의하시오.

5. 거래적 리더십과 변혁적 리더십이 기업에서 구체적으로 어떻게 나타날지 예를 들어 설명하시오.

6. 감성리더십이 특히 효과적인 상황에 대해 토론하시오.

PART 04

조직차원

조직구조 제13장

01 조직구조란 무엇인가?

02 조직구조의 설계

03 조직구조 결정요인 :
조직규모, 기술, 환경, 권력통제

04 조직구조의 유형

네트워크 조직구조를 활용한 '보잉 787'개발

보잉사는 전세계에서 가장 큰 항공우주 기업이자, 상용기와 방위, 우주, 안보시스템을 제조하는 기업이다. 보잉은 787 비행기를 개발하고 생산하기 위하여 네트워크 조직구조를 활용하였다. 즉, 세계 각 곳에 있는 다양한 기업들이 함께 개발 및 생산 과정에 주도적인 역할을 하였다.

여러 국가에 있는 회사들이 각자 보잉 787을 구성하는 모든 부품들을 공급하였다. 보잉 본사에서는 최종적인 결합과정만 이루어졌다. 보잉의 이러한 작업방식은 일반적인 아웃소싱과는 완전히 달다. 과거에 보잉이 취했던 작업 방식은 보잉이 사양을 설계하고, 공급업체는 설계에 맞추어 구현을 하는 역할이었다. 일단 부품이 워싱턴의 보잉 공장에 들어오면, 이를 조립하고 맞지 않으면 다시 제작을 한다. 과거 보잉이 777 비행기를 만들 때 부품업체에 보낸 요구명세서의 분량이 2500 페이지에 이르렀는데, 공급업체들이 자신들의 노하우와 창조성을 발휘할 기회는 전혀 주어지지 않았다. 하지만 보잉 788 프로그램은 설계과정 초기부터 파트너들이 참여하였다. 787의 요구명세서는 단 20페이지로 공급업체의 창조성을 접목하고자 하였다.

보잉 787 프로그램은 전 세계 50곳 이상의 우수한 공급 파트너들과 함께 혁신적이고 전문성 있는 프로그램을 위해 노력하고 있다. 보잉은 세부 디자인 개발의 초기단계부터 787프로그램의 주요 파트너사들과 긴밀히 협력하고 있으며, 보잉과 이들 파트너사들은 전세계 135여 곳에서 가상으로 연결되어 있다. 이렇게 개발된 보잉 787은 2011년 9월 ANA에 첫 인도가 이루어 졌다.

실제로 보잉사는 신형 787 Dreamliner를 개발하는 과정에서 보잉은 다양한 기업들과 협력하였다. 이탈리아 기업인 Alenia Aeronautica가 비행기의 뒤쪽 동체와 수평안전판을, 일본 기업인 Mitsubishi Motos가 날개를 공급하였다.

보잉이 787 프로젝트를 진행하면서 너무 많은 외부 파트너와 함께 하다 보니까 문제점이 발생하기도 하였다. 세계 각지의 파트너사에서 어떤 일이 일어나는지 알수 없었으며, 그들과 의견을 조율하는 것이 쉬운 일이 아니었다. 비행기를 조립하기 위한 마지막 통합 과정은 너무나 복잡했다. 신소재로 만든 날개와 동체를 서로 연결할 수 없는 문제 등이 발생하여 끊임없는 수정이 필요했다. 프로젝트를 정상적으로 마무리하기 위해 보잉은 멀리 떨어진 각 파트너사가 한곳에 모일 수 있도록 해야 했는데 이를 위해 6개월의 시간이 걸렸다. 최종 제품은 성공적이었으나 계획보다 3년이나 더 걸렸고 이 때문에 보잉은 많은 주문을 에어버스(Airbus) A350에 내줘야 했다.

학습목표

1. 조직구조의 세 가지 구성요소를 이해한다.
2. 조직구조를 설계할 때 고려해야 할 요소(분업, 권한위양, 부문화, 통제의 폭)를 파악한다.
3. 조직구조 결정요인(조직규모, 기술, 환경, 전략)을 이해한다.
4. 기계적 조직구조와 유기적 조직구조의 차이를 파악한다.
5. 다양한 조직구조 유형을 학습한다.

01 조직구조란 무엇인가?

1.1 조직구조 개념

조직에는 목표달성을 위해 많은 활동들이 존재한다. 이러한 활동이 효과적으로 수행되도록 활동을 조정하고 구성원의 행동을 통제하기 위해서는 조직의 기본적 골격을 마련해야 하는데, 이와 같은 골격이 바로 조직구조이다. 따라서 조직구조란 조직의 목표를 달성하기 위해 조직구성원 및 집단의 행동에 영향을 미치는 직무와 부서의 운영방법을 정한 프레임웍이라고 할 수 있다.

1.2 조직구조 구성요소

조직구조는 일반적으로 공식화(formalization), 집권화(centralization), 복잡성(complexity)과 같은 세 가지 요소로 구성되며, 조직에 따라 구성요소별로 차이가 있다.

(1) 공식화

공식화는 조직내의 직무가 표준화되어 있는 정도로서 정책, 규칙 및 절차가 명문화된 형태로 존재하는 정도를 말한다. 만약 직무가 고도로 공식화되어 있다면 언제, 무엇을, 어떻게 해야 하는지를 미리 규정해 두었으므로 규정에 따라 직무를 수행하면 된다. 고도로 공식화된 조직은 수많은 조직의 규칙, 직무기술서, 그리고 분명하게 정의된 절차 등이 존재하지만, 공식화의 수준이 낮은 조직은 직무의 수행활동이 상대적으로 정형화되어 있지 못하며 종업원들도 직무수행에서 자신들의 의사대로 재량권을 행사할 수 있다.

공식화의 정도는 조직마다 다르며 동일한 조직내에서도 직무의 성격에 따라 다르다. 일반적으로 단순하고 반복적인 직무일수록 공식화의 정도는 크며, 고도로 전문화된 직무일수록 공식화되기 어렵다. 또한 조직내의 계층이나 활동부서에 따라서도 공식화의 정도는 다르다. 조직의 상위계층에 속하는 사람일수록 비반복적이며, 특별한 결론을 필요로 하는 활동과 관련되므로 재량권이 증가한다. 관리자가 보유한 재량권의 정도는 조직내의 계층이 상위수준으로 올라감에 따라서 커지고, 공식화의 정도는 조직의 계층 수와 반비례하는 경향을 보인다. 뿐만 아니라 사람들이 종사하는 직무의 유형도 공식화의 정도에 영향을 미친다. 생산부서의 직무는 판매부서나 기획부서의 직무보다 일반적으로 훨씬 더 공식화되어 있다. 왜냐하면 생산부서는 안정적이고 반복적인 활동과 관련된 것이 많기 때문에 표준화되기 쉬우며, 반대로 판매부서는 고객의 욕구변화에 대응하기 위해 유연해야 하기 때문이다.

(2) 집권화

집권화는 조직계층 내에서 의사결정권이 어디에 존재하느냐에 관한 것으로 의사결정권이 조직내의 한 지점에 집중되어 있는 정도를 말한다. 최고경영층이 조직에 관한 주요 결정을 내린다면 이 조직은 집권화되어 있으며, 반대로 하위계층의 관리자에게 의사결정의 재량권이 주어질수록 조직은 분권화되어 있는 것이다.

집권화된 조직은 분권화된 조직과는 구조적인 차이점을 보이고 있다. 분권화된 조직은 문제의 해결을 위해 필요한 조치가 신속하게 취해질 수 있으며, 보다 많은 사람들이 의사결정에 참가하여 종업원들이 자신의 직무에 영향을 미치는 결정을 내리는 사람들에 대해 소외감을 느끼지 않게 된다. 반면에 집권화된 조직에서는 다음과 같은 세 가지 이유 때문에 집권화가 발생한다.

첫째, 동일한 계층에 있는 사람들이라도 상이한 의사결정권을 가질 수 있다.
둘째, 모든 의사결정의 중요성이 조직 내에서 동일한 것은 아니다.
셋째, 사람들은 직무기술서에 자신들이 권한을 보유하는 것으로 되어 있다고 하더라도 이를 자각하지 못할 수 있다.

(3) 복잡성

복잡성은 조직내에 존재하는 분화의 정도에 관한 것으로 과업을 분할하고 통합시키는 정도를 말한다. 수평적 분화, 수직적 분화, 그리고 지역적 분화 중 어느 하나의 증가도 조직의 복잡성을 증가시키는 원인이 된다.

① 수평적 분화

수평적 분화는 동일한 수준에서 상이한 부서의 수를 의미한다. 즉, 구성원의 오리엔테이션, 과업의 성격, 그리고 구성원의 교육과 훈련에 근거를 둔 부서간의 분화의 정도를 말한다. 일반적으로 전문적인 지식과 기술을 필요로 하는 조직내의 상이한 직종의 수가 많으면 많을수록 조직은 수평적으로 더욱 복잡해진다. 왜냐하면 직종이나 직군이 다양해지면 조직의 구성원이 의사소통을 하는 것이 점점 더 어려워질 뿐만 아니라 관리층에서 구성원들의 활동을 조정하는 것도 더욱 어려워지기 때문이다.

② 수직적 분화

수직적 분화는 조직내의 계층의 수, 즉, 조직계층의 깊이와 관련된 것으로 최고경영층과 종업원간에 계층이 많으면 많을수록 조직은 더욱 복잡해진다. 이는 의사소통의 왜곡이 생길 수 있는 잠재적인 원인이 될 수 있으며 관리자들간 의견조정을 점점 더 어렵게 한다. 그리고 수직적인 계층이 많을수록 최고경영자가 종업원들의 행동을 세밀하게 감독하는 것이 점점 더 불가능해지기 때문이다.

③ 지역적 분화

지역적 분화는 조직의 물리적인 시설과 인력이 지역적으로 분산되어 있는 정도를 말한다. 지역적 분산이 점점 더 확대될수록 의사소통, 조정 및 통제가 더 어려워지기 때문에 복잡성도 증가하게 된다.

복잡성의 세 가지 측면을 종합해 보면 통제의 폭이 일정하다고 하면 수평적 분화가 클수록, 계층의 수가 많을수록, 조직의 부서가 지역적으로 분산되어 있을수록 조직은 점점 더 복잡해진다.

02 조직구조의 설계

조직구조 설계란 조직내 업무들을 집단과 연결시키는 것으로 조직구조를 설계할 때 고려해야 하는 요소에는 분업, 권한위양, 부문화, 통제의 폭 등이 있다.

2.1 분 업

분업(division of labor)이란 전체 과업을 보다 작은 직무로 어떻게 분할할 것인가 하는 것이다. 즉, 전체 과업을 유사한 것끼리 묶는 방법에 관한 것이다. 분업에 관한 기원은 아담스미스까지 거슬러 올라갈 수 있으며, 전문화를 통한 분업의 가장 큰 이유는 경제적, 사회적 이유 때문이다. 사회가 점점 산업화되고 도시화됨에 따라 가내수공업 생산방식에서 거대한 공장에 의한 대량생산방식으로 변해 갔다. 대량생산은 전문화에 따른 경제적 이점에 근거를 둔 것이며, 조직은 전문화된 노동력을 획득할 수 있는 가장 효과적인 수단인 것이다.

2.2 권한의 위양

권한의 위양(delegation of authority)은 직무에 따라 권한을 어떻게 배분할 것인가 하는 문제이다. 권한은 합법적인 권력으로서 상급관리자의 승인없이 결정을 내릴 수 있으며 부하로부터의 복종을 강요할 수 있는 권리이다. 모든 직무에는 사전에 정해진 범위 내에서 결정할 수 있는 권리가 수반되며, 모든 직무에 대해 부하들의 복종을 강요할 수 있는 권리가 따르는 것은 아니다.

권한의 위양이 전문적인 관리자의 육성에 도움이 될 수 있다. 또한 권한의 위양이 많이 이루어질수록 조직내에 경쟁풍토를 조성할 수 있다. 왜냐하면 권한의 위양이 되기 전에는 상급관리자의 지시에 따르기만 하면 되었지만 권한위양으로 인해 자율적으로 임무를 수행하게 됨으로써 동료들과 비교가 되기 때문이다.

2.3 부문화

부문화(departmentation)는 직무를 어떻게 집단화해야 하는가에 관한 것으로 직무를 집단화하는 이유는 직무를 조정해야 할 필요성 때문이다. 즉, 조직내에서 직무의 수가 계속 증가함에 따라 한 사람의 관리자가 효과적으로 직무를 조정하는 것이 점점 어려워지기 때문에 부문을 나눌 필요가 있다. 직무의 집단화 기준에는 여러 가지가 있다. 예를 들면 직무를 생산, 재무, 인사 그리고 마케팅으로 분류하는 기능별 부문화, 전체과업을 지역에 따라 분류하는 지역별 부문화, 제품을 기준으로 하는 제품별 부문화, 그리고 고객의 특성에 따라 분류하는 고객별 부문화 등이 있다.

2.4 통제의 폭

통제의 폭(span of control)이란 한 사람의 관리자가 효과적으로 지휘할 수 있는 구성원의 수이다. 회사 구성원 수가 같을 때 통제의 폭이 좁으면 수직적 분화가 많아져서 계층이 많아지고, 통제의 폭이 넓으면 수직적 분화가 적고 계층이 줄어든다. 계층이 많은 조직은 명령이 전달되는 단계가 많기 때문에 조정과 의사소통이 복잡한 대신 다수의 관리자가 세밀하고 치밀하게 관리할 수 있다. 반면, 계층이 적은 조직은 지시 전달단계가 적어서 비교

그림 13-1 통제의 범위

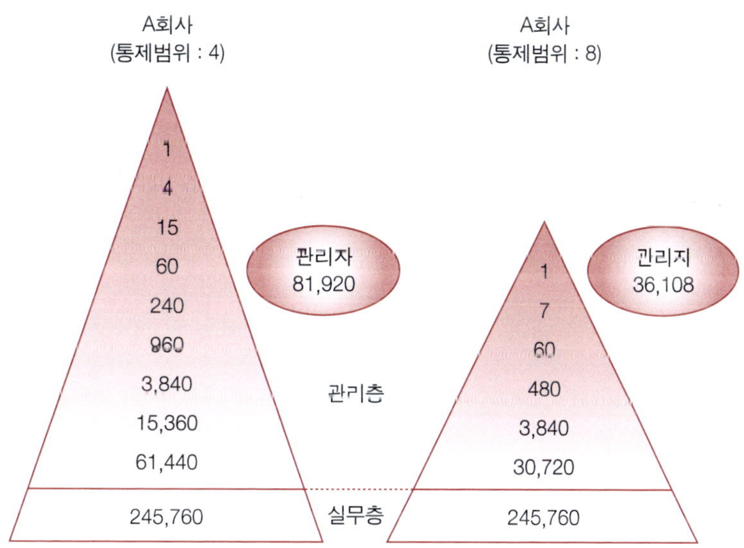

적 단순한 의사소통체계를 갖추고 있다. 고객과 시장에 빠르게 대응하기 위하여 계층을 줄이는 경우가 있다. 실제로 최근에 사장, 팀장, 팀원의 3단계 또는 사장, 부문장, 팀장, 팀원의 4단계로 계층을 줄이는 팀제 조직들이 늘고 있는데, 이러한 계층 축소를 통해서 신속한 의사결정이 가능하다. 계층의 수가 적다는 것은 수평적 의사소통을 높이고, 권한위임을 중시한다는 의미가 있지만 동시에 승진의 기회가 줄어드는 것을 의미한다.

03 조직구조 결정요인 : 조직규모, 기술, 환경, 권력통제

3.1 규 모

조직규모가 크고 작음에 따라서 조직구조는 달라진다. 예를 들어 대규모 조직은 소규모 조직에 비해 직무전문화와 수평적 · 수직적 분화 정도가 높아진다. 소규모 조직이었을 때에는 한 사람이 여러 가지 일을 동시에 수행하는 경우가 많지만, 대규모 조직은 기능 분화가 많고 전문화된 업무처리를 하는 것이 일반적이다. 대규모 조직에서는 수직적 계층 역시 확대되어 중간관리계층이 많아질 뿐만 아니라 조직운영에 필요한 규칙과 규정이 많다. 조직규모가 커짐에 따라서 조직구조는 보다 기계적 조직구조를 갖추게 되지만, 조직규모의 증가와 조직구조간의 관계가 선형적이지는 않다. 일단 조직이 2,000명 정도의 수준에 다다르면 이미 어느 정도는 기계적 구조이다. 추가적으로 500명의 종업원이 증가한다고 해서 그만큼 조직구조의 변화가 일어난다고 볼 수 없다. 하지만 300명 규모의 회사가 500명의 구성원을

표 13-1 조직 규모와 조직구조 설계요인과의 관계

조직구조 설계요인	소기업	대기업
공식화	낮음	높음
집중화	높음	낮음
전문화	낮음	높음
표준화	낮음	높음
복잡성	낮음	높음
권한계층	수평적	수직적

더 늘림으로써 조직규모를 확대한다면 훨씬 더 기계적인 조직구조로 이동할 것이다.

3.2 기 술

모든 조직은 기술을 이용하여 투입물을 산출물로 전환시킨다. 어떤 기술을 사용하느냐에 따라서 조직구조가 달라진다. 구조에 대한 기술의 영향을 가장 먼저 연구한 사람은 영국의 경영학자인 우드워드(Joan Woodward)이다. 우드워드는 조직에서 사용하는 기술을 세 가지로 구분하였다.

첫째, 소규모 묶음으로 생산하는 단위생산(unit production) 기술로 주문생산에 주로 활용된다. 예를 들면 고급가구 제조기술이나 무기 제조기술이 여기에 해당한다.

둘째, 대량생산(mass production) 기술로 자동차 조립과 같은 대규모 제조공정에서 나타난다.

셋째, 기술적으로 가장 복잡한 방법인 프로세스 생산(process production)은 연속공정기술을 의미하는데, 화학제품 생산기술이 여기에 포함된다.

생산기술에 따른 분류와 이에 따른 조직구조 사이에는 명백한 관계가 있는 것으로 알려져 있다. 대량생산기술을 사용하는 기업들은 고도로 분화되고 공식화되어 있으며, 권한위양은 상대적으로 거의없다. 반면에 단위생산기술과 연속공정 생산기술을 사용하는 기업은 보다 덜 구조화되어 있었다. 낮은 수직적 분화, 낮은 분업화, 보다 많은 집단활동, 폭넓은 역할책임, 그리고 분권적 의사결정을 행하고 있었다.

단위생산기술을 사용하는 기업은 문서를 통한 의사소통이 적은 대신 구두 의사소통이 높은 편이다. 공식적 통제와 보상시스템이 낮은 수준이지만, 숙련근로자의 수가 많은 것이 특징이다. 대량생산기술을 사용하는 기업은 공식적이고 표준화된 직업규칙과 규정이 많기 때문에 구두의사소통이 적고 문서에 의한 의사소통이 많다. 일선감독자와 경영층이 엄격히 분리되는 경우가 많으며, 통제와 보상절차가 공식화되어 있다. 다른 기술을 사용하는 기업에 비해 숙련근로자의 수가 상대적으로 적은 편이다. 연속공정기술을 사용하는 기업들은 변화와 예외가 많기 때문에 구두 의사소통이 많은 대신, 문서 의사소통이 상대적으로 적은 편이다. 통제와 보상절차의 공식화 정도가 낮은 편이고, 숙련근로자의 수가 많다.

3.3 환 경

조직이 환경을 어떻게 인식하고 있느냐에 따라서 조직구조는 달라진다. 안정적인 환경에서 조직활동을 한다고 인식한다면 상대적으로 규정과 규칙을 엄격히 정하고 이를 따르도록 구성원들에게 요구할 것이다. 하지만 시시각각 변화하는 환경에 놓여있다면 조직은 구성원들에게 신속하고 신축적인 의사결정을 하도록 권한위임할 것이다. 번스(Burns)와 스톨커(Stalker)는 조직의 외부환경을 안정성과 복잡성, 불확실성으로 구분하였다. 환경이 정태적이고 단순하며, 불확실성이 낮은 경우에는 명확한 규정과 절차를 정하고 각자 맡은 일을 책임지고 수행하도록 역할을 명확하게 정하는 것이 바람직하다. 여기에 어울리는 조직구조는 기계적 조직구조이다. 반대로 환경이 동태적이며 복잡하고, 불확실성이 높을 때에는 직무의 공식화 정도가 낮고, 엄격한 상하간 명령체계보다 협의를 통해서 유연하게 의사결정할 수 있는 유기적 조직구조가 바람직하다.

3.4 전 략

조직전략은 조직구조에 영향을 준다. 챈들러(Alfred Chandler)는 미국 대기업을 중심으로 조직전략과 구조와의 관계를 최초로 연구하였다. 그 결과 기업의 전략이 변화하면 전략을 지원하기 위한 조직구조의 변화가 이어진다는 사실을 발견하였다. 조직이 단일제품이나 단일라인으로 사업을 하고 있다면 조직전략 역시 상대적으로 단순할 것이다. 이때 조직구조 역시 단순한 형태로 설계된다. 소수의 의사결정에 의해 권한이 집중되고 복잡성과 공식화의 정도는 낮다. 하지만, 조직이 다양한 시장을 목표로 다양한 제품을 생산한다면 조직전략은 보다 정교해 질 것이며, 조직구조 역시 보다 공식화와 복잡성이 높아지는 형태가 될 것이다.

조직전략이 조직구조에 영향을 준다는 주장과 함께 조직구조가 전략에 영향을 준다는 주장도 있다. 예를 들어 공식화 정도가 높고 부서의 역할이 엄격히 구분되어 역할수행에 대한 책임감을 강조하는 조직구조에서 혁신적이고 유연하고 변화지향적인 전략이 수립될 수 없다. 반대로 현장에 권한위임이 되어 있으며, 상명하복의 문화가 아니라 수평적인 상호토론을 중시하며, 엄격한 규정적용보다 유연하고 신속한 문제해결을 중시하는 조직구조를 가지고 있다면, 조직전략 역시 보수적이기보다 혁신지향적이 될 것이다. 조직구조와 조직전략 중 무엇이 원인이고 무엇이 결과이냐의 논의보다 중요한 것은 조직구조와 조직전략의 적합성이 조직성과에 영향을 줄 수 있다는 사실이다.

04 조직구조의 유형

4.1 기계적 조직과 유기적 조직

기계적 조직(mechanistic organization), 혹은 관료제는 높은 복잡성, 높은 공식화, 그리고 의사결정과정에서 구성원의 낮은 참여 등을 특징으로 한다. 명령계통의 원칙을 고수하면서 공식적인 권한계층이 존재하고, 개인은 1명의 상사에게 통제와 감독을 받는다. 조직의 상위 계층으로 올라갈수록 통제의 폭이 줄어들며, 수직적인 '키 큰 조직'이 된다. 조직의 최상위와 최하위 사이의 단계가 많아질수록 최고경영자는 규칙과 규정을 강조한다. 최고경영자는 하위직급의 활동을 직접 확인할 수 없으므로 관리의 어려움을 느끼게 되고, 표준관행의 사용과 규칙 및 규정을 통한 관리를 하려고 한다. 초기 경영학자들은 고도의 직무전문화에 대한 신념을 가지고 있었기 때문에 단순하고 표준화된 직무를 만들것을 주장하였다. 부문화 활용을 통한 전문화는 비인간성을 높였고, 전문화된 부서들을 조정하기 위해 계층을 늘리는 결과를 가져 왔다.

기계적 조직이 경직되고 안정적인 구조인 반면 유기적 조직(organic organization)은 느슨하고 유연한 조직구조이다. 유기적 조직의 느슨한 구조는 표준화된 직무와 규정을 보유

표 13-2 기계적 조직과 유기적 조직

설계 고려요인	기계적 조직	유기적 조직
공식화	높음	낮음
집중화	높음	낮음
전문화	높음	낮음
표준화	높음	낮음
복잡성	낮음	높음
권한계층	수직적	수평적
환경에의 대응속도	느림	빠름

하는 것보다 필요할 때 빠르게 변화하는 것에 초점을 둔다. 이 구조에 분업의 원리가 적용된다. 하지만 직무가 표준화되어 있지는 않다. 종업원은 기술적으로 능숙하고, 다양한 문제를 다루도록 훈련되어 있는 전문가이다. 그들에게 공식적인 규칙은 필요없고, 직접적인 감독 역시 많이 받을 필요가 없다. 왜냐하면 그들은 이미 전문가로서의 행동표준을 교육받았기 때문이다. 예를 들어 석유산업의 기술자에게 어디에서 어떻게 오일을 채취해야 하는지 알려 줄 필요가 없다. 그 기술자는 대부분 문제를 혼자서 해결하거나 동료와 의논한 후에 해결한다. 그의 행동은 전문적 표준에 의해 이루어진다. 유기적 조직은 전문가가 문제에 신속하게 대응할 수 있게 하기 위해 집중화의 정도를 낮춘다. 그 이유는 최고경영진이 중요한 의사결정을 하는 데 필요한 전문성을 가지고 있지 않기 때문이다.

4.2 전통적인 조직구조

(1) 단순조직구조

새로운 기업이 창업되고, 규모가 적은 소규모 사업체에서는 주로 단순조직구조(simple structure)의 형태를 갖는다. 단순조직구조는 주로 한 사람에 의해 권한이 집중되기 때문에 통제의 폭이 넓다. 부서가 적기 때문에 부문화 정도가 낮으며, 공식화 역시 낮다. 단순구조로 운영되던 기업도 조직발전단계상 성장단계에 진입하면 조직구조 형태가 바뀔 수밖에 없다. 구성원이 많아지고 기업활동에 필요한 기능 역시 복잡해지면서, 조직구조는 점점 전문화되고 공식화되는 경향이 있다. 규칙과 규정이 중시되고, 새로운 부서들이 만들어지며, 경영계층이 추가된다. 단순조직구조로 시작되었던 소기업은 기업규모 확대에 따라 점차 관료제화되며, 기능식 조직구조 등 새로운 조직구조로 성장한다.

장 점

단순조직의 가장 큰 장점은 의사결정이 빠르고 책임소재가 명확하다는 것이다. 한 두 사람에 의해 회사의 중요한 의사결정이 이루어지기 때문에 구심점이 명확하여 일사분란한 업무처리가 가능하다.

단 점

한 명의 경영자가 모든 결정을 한다는 것은 그만큼 위험이 크다는 것을 의미한다. 만약 소유경영자에게 무슨 일이라도 생기면 기업 의사결정은 마비가 될 것이며, 지속가능한 경영은 불가능해 질 것이다. 무엇보다 단순구조는 소규모 기업에서만 효과적이다. 조직규모가 커져서 업무와 의사결정이 복잡해졌을 때에도 단순조직구조를 유지하려고 한다면 기업은 어려움을 겪을 것이다.

(2) 기능식 조직구조

기능식 조직구조(functional structure)는 기능을 기준으로 조직 내 서로 유사하거나 연관된 기능을 묶어서 나누는 조직이다. 예를 들면 운영, 재무, 인적자원, 제품연구개발 등 기능을 중심으로 부서를 만드는 것이다. 각 기능부문을 책임지는 관리자는 해당 부문의 업무활동을 최고경영자에게 보고한다. 기능식 조직구조는 가장 흔하게 사용되는 조직설계방식으로, 비교적 일상적인 기술이 활용되고, 부서간의 기술적 상호의존성이 낮을 경우에 활용된다.

장 점

기능식 조직구조의 장점은 직무전문화에서 비롯된다. 유사한 기능들을 하나의 부서로 결합함으로써 인력과 장비의 중복을 최소화하고 규모의 경제를 얻을 수 있다. 또한 같은 기능을 수행하는 사람들끼리 근무하기 때문에 해당 기능의 습득과 전파가 빠르다. 서로의 관심사가 비슷하고 사용하는 용어도 비슷하기 때문에 부서 구성원들간 소통이나 만족도 측면에서 긍정적이다.

단 점

기능식 조직구조는 타 기능부서와의 소통이나 협업에 어려움을 겪을 수 있다. 조직내 부

그림 13-2 기능식 조직구조

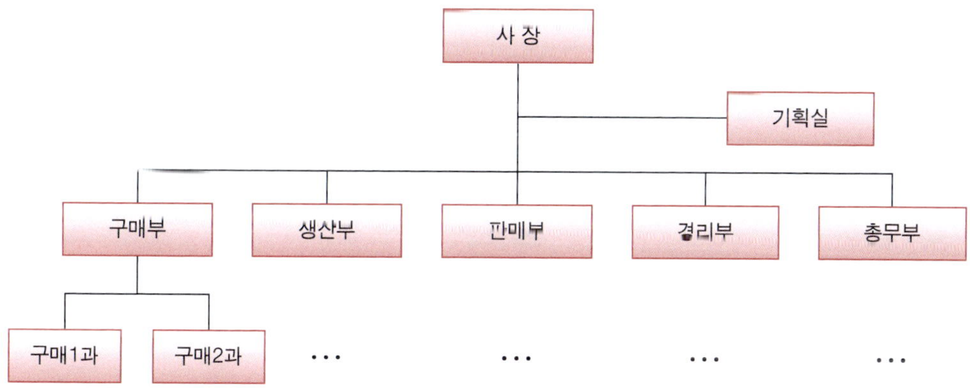

서들이 기능별 목표를 추구한다면 조직 전체의 관점을 잃기 쉬우며, 전사적 목표나 고객중심의 업무처리보다 기능부서 이기주의에 빠질 수 있다. 어떤 기능도 전적으로 사업의 책임을 지지 않으며, 다른 기능에서 일하는 사람이 어떤 일을 하는지 제대로 이해하지 못하는 문제점이 발생할 수 있다.

(3) 사업부제 조직구조

사업부제 조직(divisional structure)은 일반적으로 제품별 혹은 지역별로 조직구조를 설계한다. 비슷한 제품끼리 묶어서 한 사업부를 편성하거나 동일한 지역 내 고객의 니즈에 대응하기 위해서 사업부제 조직구조를 설계한다.

사업부제 조직구조는 이미 오래전부터 기능식 조직구조의 대안으로 제안되었다. 1920년

그림 13-3 사업부제 조직구조

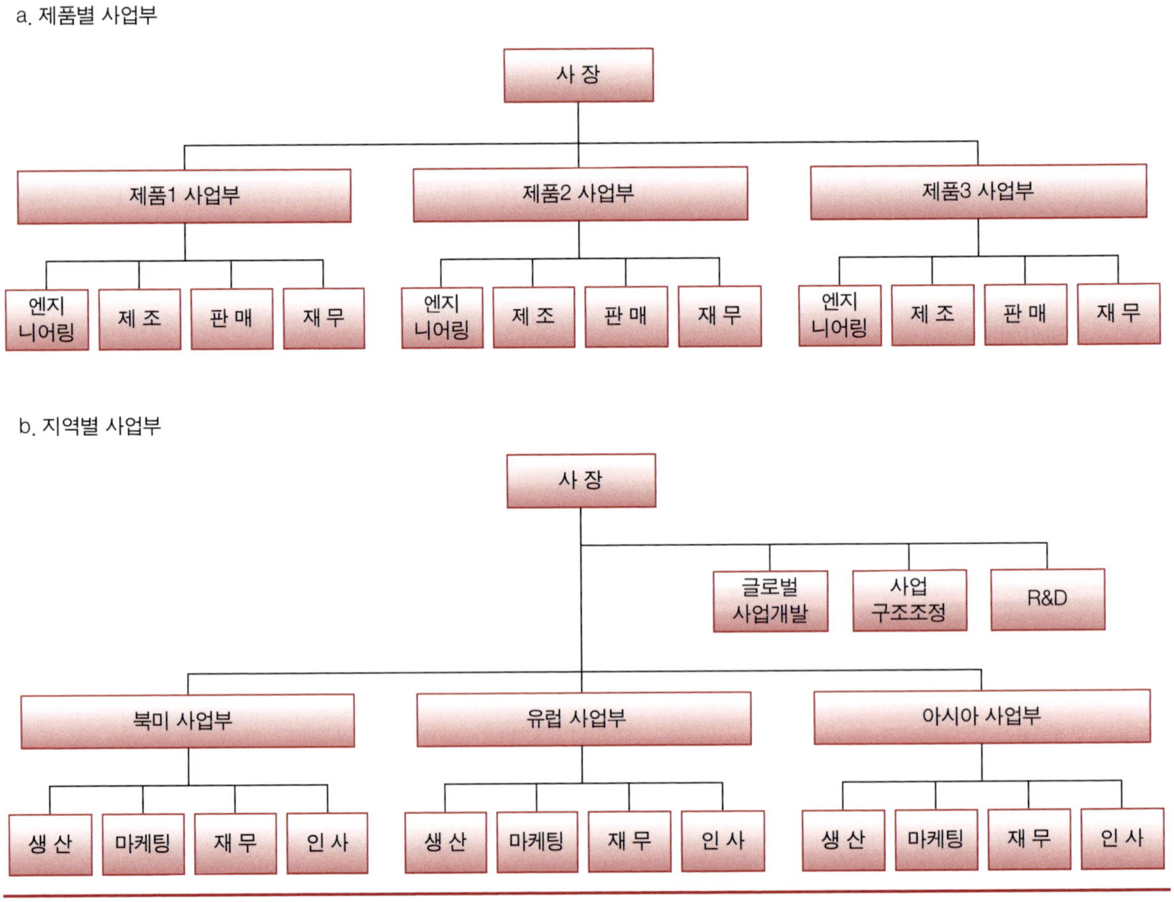

대에 이미 미국 GM과 듀폰(DuPont)사에서 사업부제 조직구조를 채택하였다. 사업부제 조직은 제한된 자율성을 기반으로 1명의 사업부 관리자가 자신의 부문에 대한 권한과 성과에 대한 책임을 가진다.

장 점

사업부제 조직의 장점은 결과에 초점을 맞춘다는 것이다. 사업부 조직의 리더는 제품별 혹은 지역별 사업의 결과물에 대한 명확한 책임을 진다. 사업부별 권한과 책임을 부여함으로써 책임경영을 구현하고 사업의 성공을 위해 부문별로 자발적인 노력을 기울일 수 있다. 사업부를 둘러싼 도전적인 환경의 변화에 민감하게 대응함으로써 고객만족을 높일 수가 있다. 또한 개별 사업부문내 독립부서들간 조정이 원활하게 이루어질 수 있으며, 각 사업부가 전사 경영방침 내에서 활동하지만 나름대로의 독립성을 가지고 있기 때문에 해당 사업부문의 중장기 전략계획을 수립하여 사업을 추진할 수 있다.

단 점

사업부제의 가장 큰 단점은 자원 및 기능의 중복성 문제이다. 개별 사업부마다 동일하거나 유사한 기능을 가지고 있기 때문에 전사적인 비용을 증가시키고 효율성을 낮추는 문제점이 있다. 예를 들어 경영지원 부서가 전사적으로 구성되어 있는 조직에 비해 각 사업부별로 독립적인 경영지원 부서가 운영된다면 비용증가와 효율성 감소가 불가피하다. 또한 사업부별 독립성이 크면 클수록 사업부 간의 조정이 어려워진다. 시스템적 접근에서 하위시스템은 상위시스템의 목적달성에 기여하여야 한다. 즉, 하나의 회사라는 상위시스템 밑에 있는 개별 사업부들은 전사적인 통제와 조정에 의해 전사적 시너지 창출에 기여하여야 한다. 그럼에도 불구하고 사업부제의 지나친 강조는 전사적인 사업조정 및 통제를 어렵게 만드는 문제점을 가지고 있다.

4.3 현대적인 조직구조

(1) 매트릭스 조직구조

매트릭스 조직구조는 구성원이 속해 있는 기존의 기능부서에 그대로 속해 있으면서 동시에 특정 프로젝트나 사업팀에 배치되어 근무하는 형태이다. 신제품을 개발하는 프로젝트를 수행한다거나 기능간 협업을 통해서 창의적이고 혁신적인 기술을 개발할 때 매트릭스 조직구조가 활용된다. 그동안 서로 다른 부서에 속해 있던 구성원들이 모인 조직에서 1명

그림 13-4 매트릭스 조직구조

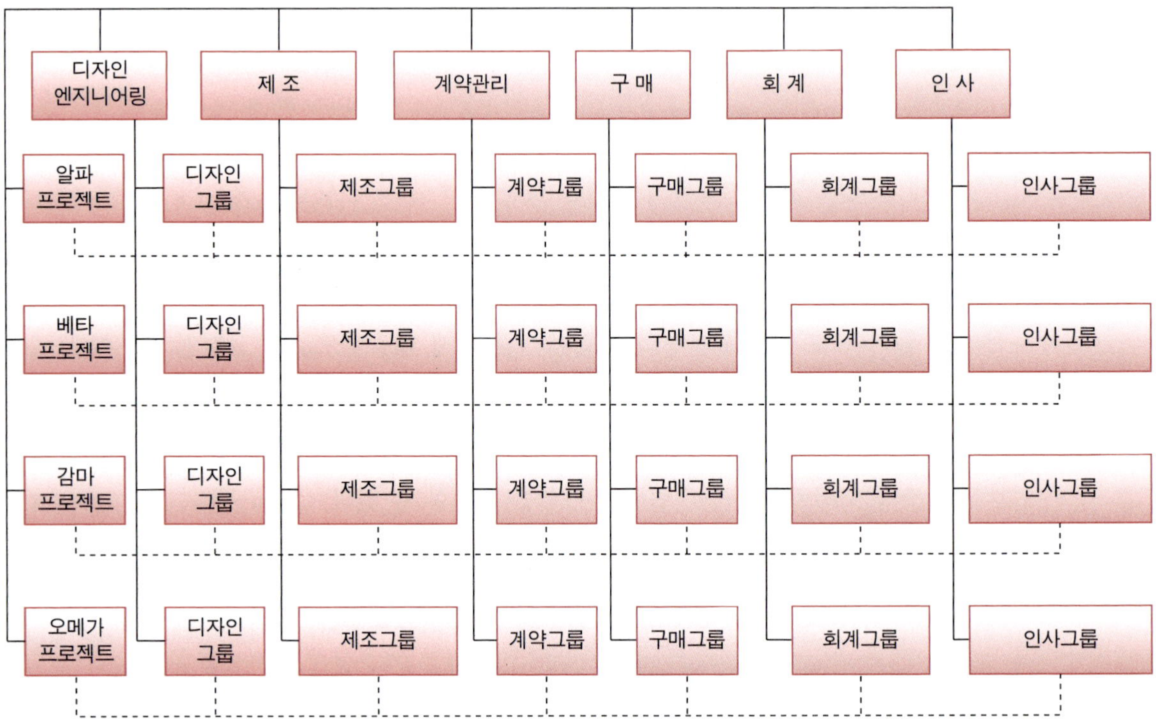

의 프로젝트 관리자가 이끄는 프로젝트를 수행한다. 구성원은 할당된 프로젝트를 마치면 자신의 기능부서로 되돌아간다. 매트릭스 구조에 속한 구성원은 2명의 관리자로부터 이중 명령을 받는다.

장 점

매트릭스 조직구조는 환경변화에 대응할 수 있는 유동적이고 유연한 조직설계 방법이다. 급변하는 환경변화에 신속하게 대처하기 위해 부문간에 원활한 의사소통을 가능하게 해준다. 또한 다수의 기능전문가들이 함께 일함으로써 복잡한 다수의 프로젝트를 효율적으로 추진할 수 있다. 즉, 적은 인력으로 그때 그때 필요한 사업이나 프로젝트를 수행하기 위한 유기적인 조직형태라고 할 수 있다.

단 점

매트릭스 조직구조는 전통적인 관리원칙인 명령통일 혹은 명령일원화의 원칙에 어긋난다. 구성원은 기능분야의 관리자와 제품이나 프로젝트 관리자로부터 동시에 명령과 통제를 받기 때문에 서로 상충되는 명령이나 지시가 내려질 경우, 업무담당자는 역할갈등을 느낄 수 있다. 또한 잦은 이동으로 인하여 지속적인 인간관계가 형성되기 어렵다는 점에서 대인관계 스트레스를 겪을 수 있다.

(2) 벽없는 조직구조 : 가상조직과 네트워크조직

전통적인 조직구조가 부서별 경계를 중시하는 데 반해 벽없는조직(boundaryless organization)은 조직으로부터 정해진 조직경계가 없는 조직을 말한다. 이 용어는 전 GE 회장이었던 잭 웰치(Jack Welch)가 제안한 것으로 GE내의 경계뿐만 아니라 회사와 고객 및 공급업체간 벽을 없애자는 것이다. 엄격한 규정과 경직성은 오늘날의 불활실성이 높은 환경하에서 고객과 시장의 요구에 신속히 대응하는데 장애가 될 수 있다. 실제로 오늘날 성공적인 기업들은 대부분 유연함과 비구조화를 통해 조직을 효과적으로 운영할 수 있는 방법을 찾고 있다. 벽없는 조직을 구현하는 조직구조 형태로는 가상조직이나 네트워크조직이 있다.

가상조직(virtual organization)은 지리적으로 멀리 떨어져 있는 여러 조직의 구성원들이 정보통신기술을 활용하여 의사소통 할 수 있도록 팀을 구성하는 것이다. 가상조직의 대표적인 예를 들면 영화산업을 들 수 있다. 감독, 배우, 의상, 분장, 세트설치 등 영화에 참여하는 사람들은 한 영화가 끝나면 다른 영화로 옮겨간다. 어느 글로벌 광고대행사의 사무실은 암스텔담, 뉴욕, 서울, 상파울로 등 전 세계에 흩어져 있지만, 특정 광고개발을 위하여 이들 사무실이 유기적으로 정보를 교류하고 업무를 분담한다.

네트워크조직(network organization) 역시 조직장벽을 제거하거나 최소화하는 조직구조 유형이다. 조직의 핵심역량을 남겨두고 그 외의 기능은 외주화(outsourcing)하기도 하고, 때로는 내부화하기도 한다. 항공업체는 모든 항공기 부품을 스스로 생산하지 않고, 특정부품만 생산하고 나머지 부품은 전 세계의 부품회사들로부터 공급받는다.

장 점

벽없는 조직은 무엇보다 융통성과 환경에 대한 개방성이 높다. 오늘날 불확실성이 높고 시장에 대한 빠른 대응이 중요한 환경하에서 유기적이고 유연성이 높은 벽없는 조직의 활용 가치가 높아지고 있다. 벽없는 조직은 수직적인 위계보다 수평적인 커뮤니케이션을 중시하며, 각자의 능력을 최대한 발휘한 결과를 정보지식으로 축적할 수 있다. 또한 핵심역량이 있는 기능만 유지하고, 경쟁력이 없는 기능을 외주화함으로써 경제성과 효율성을 높일 수 있다. 지역적인 한계를 넘어서 인재를 활용할 수 있다는 점 역시 장점이라고 할 수 있다.

단 점

벽없는 조직의 가장 큰 단점은 통제의 어려움이다. 분권화 정도가 높기 때문에 관리자의 직접적인 통제가 최소화된다. 구성원들의 정서적 몰입 역시 높지 않다. 일체감과 공유가치의 형성이 어렵기 때문에 응집력이 강한 조직문화를 만들기 어렵다. 그리고 계약과 협상을 통해서 업무가 조정되는 경우가 많기 때문에 업무 조정과 협상이 원활하게 이루어지지 않는다면 업무추진이 지연될 수 있으며, 업무협조를 위한 추가비용이 발생한다. 협력업체에서 문제가 발생하는 등 외생변수에 의해 사업성과가 달라질 수 있다는 점 역시 단점이라고 할 수 있다.

논의문제

1. 조직구조의 세 가지 구성요소인 공식화, 집권화, 복잡성이 중소기업과 대기업에서 어떻게 다르게 나타나는지 설명하시오.

2. 분업의 원리가 조직구조 설계에 어떻게 반영되고 있는지 설명하시오.

3. 최근 기업들은 과거에 비해 통제의 폭을 넓히는 경향이 있다. 그 이유는 무엇이고, 이로 인한 문제점은 무엇인지 제시하시오.

4. 기계적 조직구조와 유기적 조직구조의 특징을 비교 설명하시오.

5. 매트릭스 조직구조가 효과적인 업종이나 업무를 소개하시오.

6. 사업부제 조직구조의 유형을 제시하고, 특정조직(예 : 대학교)를 선정하여 사업부제 조직구조 형태로 설계하시오.

조직문화 제14장

혁신과 도전의 3M 조직문화

3M은 새로운 도전을 장려하는 문화, 인간의 존엄과 가치를 존중하는 문화, 실패를 용인하는 조직문화로 잘 알려져 있다. 3M은 1902년에 설립된 채광회사(Minesota Mining & Manufacturing Co.)이다. 회사 이름에 M이 세 개 들어가서 회사 이름을 3M으로 정했다고 한다. 3M이 지금의 혁신문화를 형성하게 된 것은 맥나이트 전회장의 공헌이 있었다. 맥나이트는 1907년에 입사하여 1929년에 사장, 그리고 1949년부터 1966년까지 이사회 의장을 지냈다. 맥나이트 전회장은 세상에 쓸모없는 아이디어는 하나도 없다고 생각하였다. 맥나이트의 평소 생각은 1948년에 쓴 글에서 엿볼 수 있다.

"많은 실수가 발생한다. 그러나 그 직원이 결국 옳았다면, 그가 행한 실수는 장기적으로 볼 때, 경영진이 모든 권한을 장악해서 그들에게 이렇게 해라 저렇게 해라 강요해서 발생하게 될 실수보다 미미한 수준일 것이다.", "직원들이 실수를 저질렀을 때 경영진이 파괴적인 권한을 행사한다면 독창성은 죽고 만다. 그리고 사업이 계속 성장하길 원한다면, 반드시 독창적인 직원들을 많이 거느리고 있어야 한다."

맥나이트 원칙(McKnight Principle)이라고 불리우는 맥나이트 전회장의 생각은 지금의 3M 조직문화 형성에 결정적인 영향을 주었다.

3M은 인간존중의 철학과 창의적 조직문화로 세계에서 가장 신제품을 많이 배출하는 기업 중의 하나가 되었다. 3M에는 10%. 15%, 30% 원칙 등 여러 숫자가 들어간 원칙이 있다. 10%의 원칙이란 최근 1년 이내에 개발된 신제품의 매출이 전체 매출의 10%가 되어야 하는 것을 말한다. 15%의 원칙은 근무시간의 15%를 자신의 연구를 위해 소비해도 괜찮다는 것이다. 즉, 직원들은 본인의 고유업무가 아니더라도 자신이 관심 있어 하는 분야에 근무시간의 15%를 쓸 수 있다. '포스트잇'의 개발자인 아더 프라이도 15% 규칙 덕분에 'Post-it'이라는 새로운 상품을 개발할 수 있었다. 30% 원칙은 총 매출의 30%를 최근 4년 이내에 출시한 신제품이 내야 하는 것을 말한다.

3M은 사업부가 연간 매출액 5천만 달러의 규모가 이르면 분할하는 것을 원칙으로 하고 있다. 사업부 저마다의 자주독립성을 존중하기 위하여 일정 규모 이상이 되면 독립적인 회사처럼 운영한다. 사업부제의 자율성을 강조하듯이 글로벌 경영에서도 자율성과 유연함을 중시한다. 즉, 다양한 나라에서 기업활동을 하고 있는 3M은 해당 국가의 문화적 다양성을 인정하고 자율적이고 융통성 있는 경영활동을 허용하고 있다.

학습목표

1. 조직문화의 개념을 파악한다.
2. 조직문화가 갖는 긍정적 역할과 부정적 역할을 이해한다.
3. 조직문화의 구성요소를 학습한다.
4. 조직문화와 성과의 관계를 파악한다.
5. 경쟁가치모형에 의한 조직문화 분석방법을 학습한다.

01 조직문화란 무엇인가?

1.1 조직문화 개념

문화란 해당 조직체를 구성하는 사람들이 서로 비슷하게 느끼고 생각하고 행동하는 양식이다. 문화는 대상에 따라 다양하게 구분되는데 국가문화나 사회문화, 기업문화, 군대문화, 학교문화 등이 있다. 조직문화는 특정조직의 구성원들이 공유하고 있는 가치체계를 의미한다. 특정조직의 문화는 조직 구성원의 사고와 행동에 영향을 주며, 조직내 의사결정과 환경 및 고객에 대한 대응방식을 결정한다. 즉, 조직문화란 한 조직 내의 구성원들 대다수가 공통적으로 가지고 있는 신념 · 가치관 · 인지(認知) · 행위규범 · 행동양식 등을 종합적으로 표현한 개념이다.

1.2 조직문화와 조직 분위기의 차이

조직 분위기에 대한 연구는 1960년대부터 시작되었으며, 이러한 연구결과를 기초로 하여 조직문화에 대한 연구가 1970년대말부터 시작되었다. 즉, 조직 분위기에 대한 연구들이 조직문화의 이론적 기초를 제공하였다고 할 수 있다.

일상생활에서 조직 분위기는 조직문화와 유사하게 사용된다. 실제로 조직문화가 지나치게 권위주의적이라는 이야기를 '조직 분위기가 너무 권위주의적이다'라고 표현하기도 한다. 조직문화와 조직 분위기가 유사하게 사용되고 있지만, 엄격하게 구분한다면 조직문화와 조직 분위기는 개념상 차이가 있다. 조직 분위기는 조직 구성원이 느끼는 조직체에 대한 인상이나 이미지에 초점을 둔 반면, 조직문화는 조직 구성원들이 공유하고 있는 기본가치와 전제를 중시한다. 조직 분위기는 조직의 현상에 초점을 두지만, 조직문화는 조직성과를 향상시키기 위해 구성원들의 사고와 행동의 변화 및 조직체 행동의 개발을 강조한다. 즉, 조직문화는 조직 분위기에 비해 보다 역동적인 개념이라고 할 수 있다. 1980년대 이후 벌어진 기업 문화운동 역시 조직문화의 역동성을 반영한 것이다.

1.3 조직문화의 역할

조직문화는 조직의 모습과 구성원들의 행동에 영향을 준다. 어떤 조직문화를 가지고 있느냐에 따라서 조직구조나 조직전략, 조직관리방식과 구성원의 행동이 달라진다. 예를 들어서 고객중시 조직문화가 강한 기업은 신속하고 정확한 고객서비스를 위하여 고객접점중시 조직구조와 전략을 수립할 것이며, 조직 구성원들은 고객만족을 극대화하기 위한 행동을 가치있게 여길 것이다. 조직문화의 역할은 긍정적 역할과 부정적 역할로 나뉘어진다.

(1) 긍정적 역할

조직행동 및 조직관리에 대한 조직문화의 긍정적인 역할은 크게 네 가지로 분류된다.

첫째, 문화는 조직 구성원에게 정체성을 부여한다. 조직문화를 통해서 구성원들은 조직 내에서 내가 어떤 존재이며, 어떻게 행동해야 하는지 알 수 있다. 개인이 처음 조직에 들어왔을 때에는 어떻게 행동해야 하는지 잘 모른다. 비록 규정과 절차 등을 공식적으로 소개받지만, 조직의 가치와 행동규범에 대해서는 시간이 지나면서 습득하게 된다. 이 과정에서 조직문화를 알게 되고 자신의 역할과 책임을 명확하게 인식한다.

둘째, 문화는 조직 구성원에게 조직의 메시지를 전달하는 수단이다. 조직이 구성원에게 하고 싶은 이야기는 공식적인 채널을 통해서도 이루어지지만 조직문화를 통해서 은연 중에 전달된다. 회사의 로고와 슬로건, 회의와 행사방식 등을 보면 조직이 가치있게 여기는 것이 무엇인지 드러난다. 개인은 조직문화를 습득함으로써 조직에서 벌어지는 여러 가지 사건들을 해석하는 방법을 알게 되며, 스스로 어떻게 행동해야 하는지 판단한다.

셋째, 문화는 구성원의 행동을 통제한다. 구성원들은 소속 조직의 조직문화에 어울리는 행동을 하도록 요구받는다. 조직문화에 반하는 행동을 하는 구성원은 조직으로부터 불이익을 받게 될 것이다. 만약 어떤 회사가 공동체 정신을 강조하는 문화를 가지고 있다면 구성원들은 타인을 배려하고 팀웍을 중시하는 행동을 해야 한다. 만약 누가 공동체 문화를 해치는 행동을 한다면 그는 부정적인 대가를 받게 될 것이다. 따라서 조직문화는 조직이 원하는 행동을 조장하고, 반대로 역기능적이고 비정상적인 행동을 줄이는 역할을 한다.

마지막으로 문화는 조직의 가치를 강화시킨다. 모든 조직은 나름대로 소중하게 여기는 가치가 있다. 이러한 가치는 조직환경에 대응하는 과정에서 형성되기도 하며, 창업자나 최고경영자에 의하여 제안되기도 한다. 조직의 가치를 유지 강화하기 위하여 다양한 조직문화 요소들이 활용된다. 예를 들어서 혁신이라는 조직가치를 유지 강화하기 위하여 직원들의 근무방식에 자율성을 부여하고, 직원들의 옷차림이나 호칭이 자유롭고, 토론과 의견제안에 격식을 배제하는 등의 문화적 요소들이 활용될 수 있다. 이처럼 조직문화는 역동적으로 조직가치를 강화하는 역할을 하기도 한다.

(2) 부정적 역할

조직문화가 항상 긍정적인 역할만 하는 것은 아니다. 조직문화의 부정적 역할 중 대표적인 것은 바람직하지 않은 조직문화가 강하게 형성된 경우 조직발전을 저해할 수 있다는 점이다. 어떤 회사에 부서 이기주의가 만연하여 부서의 이익만을 생각하며, 고객만족이나 업무개선을 위한 노력이 없다고 가정해 보자. 그 회사는 부서 이기주의라는 조직문화로 인하여 기업의 목표를 달성할 수 없다.

첫째, 강한 조직문화로 인해서 조직변화와 혁신이 어려울 수 있다. 기존의 사고방식과 행동양식에 대해 모든 구성원들이 강하게 몰입한 상황에서 새로운 조직가치를 받아들이는 것은 쉽지 않다. 조직문화가 형성되기 위해서는 많은 시간이 필요하듯이 기존의 조직문화를 바꾸는 것 역시 난기간에 이루어질 수 없다. 하지만 급변하는 환경 속에서 새로운 가치와 행동양식을 빠르게 받아들여야 하는 기업조직의 경우, 기존에 형성되어 있는 조직문화를 얼마나 빨리 새로운 조직문화로 변화시키느냐 하는 것이 무엇보다 중요하다.

둘째, 조직문화는 합병 이후 통합의 걸림돌로 작용한다. 두 개 이상의 조직이 하나의 조직으로 통합되었을 때 물리적인 통합은 단기간에 이루어지지만, 기존에 가지고 있던 조직문화를 어떻게 화학적으로 통합할 것인가 하는 것은 단기간에 해결하기 어려운 문제이다. 실제로 기업 합병 이후 문화통합에 실패하여 기업통합의 시너지 효과를 거두지 못하는 사례가 많이 발생하고 있다.

02 조직문화의 구성요소

조직문화를 구성하는 요소들은 다양하다. 건축물이나 서류와 같이 눈에 보이는 요소들도 있고, 규범이나 구성원들의 사고방식과 같이 눈에 보이지 않는 요소들도 있다. 학자들마다 조직문화의 구성요소에 대한 다양한 주장을 하고 있는데, 대표적인 구성요소에 대한 견해들을 살펴본다.

2.1 샤인의 견해

샤인(E.H. Schein)은 [그림 14-1]과 같이 조직문화 구성요소를 가공품과 창조물, 가치관, 기본전제 등 세 가지로 나누어 설명하였다.

(1) 가공품과 창조물

가공품과 창조물(artifacts and creations)은 문화가 조직내에서 구체적으로 표현되어 눈으로 확인할 수 있는 모든 것을 말한다. 여기에는 제품과 기술, 심볼과 로고, 건물 모양과 사무실 배치, 서류와 문서, 방침과 규정, 의례 · 의식과 행동패턴, 영웅과 이야기 등이 포함

그림 14-1 샤인의 조직문화 구성요소

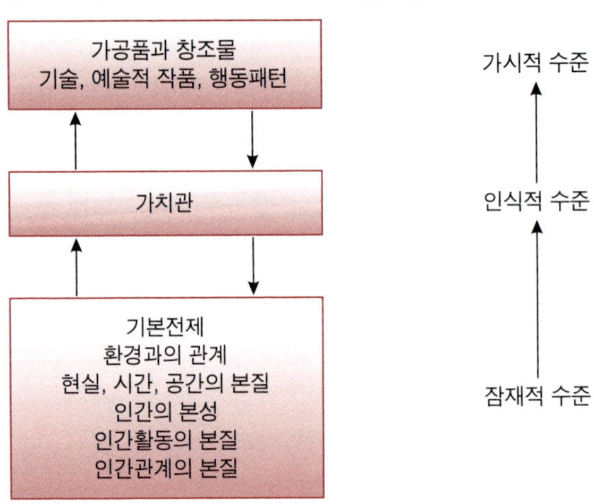

된다. 창의성과 복지를 중시하는 한 회사의 문화 가공품과 창조물은 독특하다. 회사 로비에는 피아노가 있고, 전세계에서 그 회사의 서비스가 이용되고 있는 현황을 보여주는 전광판이 있다. 현관에는 자전거와 운동기구 보관소가 있고, 사무실의 분위기는 느긋하고, 아침에 데리고 온 강아지가 한 자리를 차지하고 있다.

(2) 가치관

여기서의 가치관(values)은 개인의 가치관이 아니라 조직가치를 말한다. 조직가치는 대부분의 구성원들이 일반적으로 인식하고 있는 행동의 지침으로서 공유가치(shared value)라고 할 수 있다. 가치관은 가공품과 창조물을 결정한다.

(3) 기본전제

기본전제(basic assumption)는 조직 가치관과 밀접한 관계가 있지만, 구성원들의 인식과 사고에 영향을 주는 선의식적 가치(preconscious values)라고 할 수 있다. 국제봉사조직은 '우리 단체는 국제활동을 통해서 소외되거나 도움이 필요한 사람들을 도와야 한다'는 기본전제를 가지고 있으며, 기업체는 '이익을 많이 내야 한다'와 같은 당연하고도 엄연한 사실들을 말한다. 기본전제는 모든 구성원들이 너무나 자연스럽게 받아들이는 가정이기 때문에 구성원들간에 더 이상의 논의와 합의가 필요없다.

2.2 파스케일과 피터스의 견해

파스케일과 피터스(Pascale and Peters)는 조직문화의 구성요소를 7가지 제시하였다. 7가지는 공유가치(shared value), 구성원(staff), 기술(skill), 구조(structure), 전략(strategy), 시스템(system), 그리고 리더십 스타일(style) 등으로 이들 구성요소들은 모두 'S'로 시작하기 때문에 '7S모델'이라고 부르기도 한다.

(1) 공유가치

공유가치는 구성원들이 공통적으로 가지고 있는 사고와 신념으로서 조직에서 바람직하다고 여겨지는 사고방식과 행동양식을 말한다. 공유가치는 다른 조직문화 구성요소들에

그림 14-2 파스케일과 피터스의 7S 모델

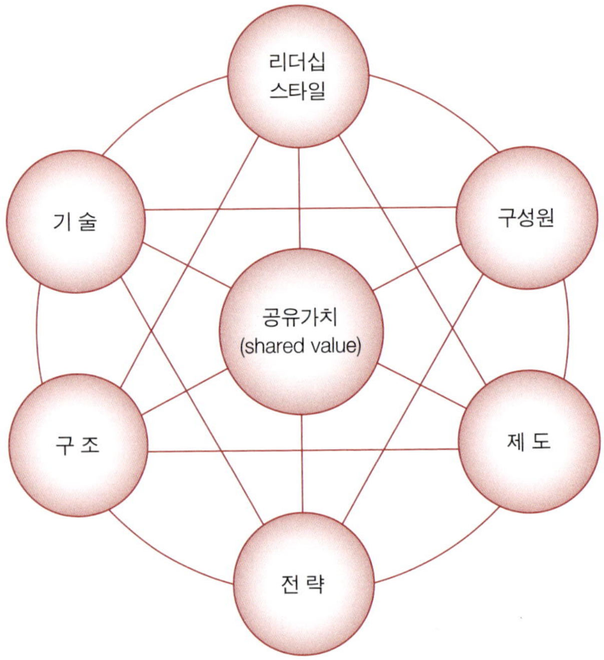

영향을 미치기 때문에 조직문화 형성에서 가장 중요한 구성요소라고 할 수 있다.

(2) 구성원

조직마다 구성원들의 능력과 가치관, 욕구와 동기, 지각과 태도, 인구통계적 특성이 다르다. 어떤 사람들이 조직을 구성하고 있느냐에 따라서 조직문화가 달라진다. 젊은 인력이 많은 조직과 고령인력이 많은 조직의 문화는 상이하다.

(3) 기 술

조직이 사용하고 있는 생산기술이나 경영관리기술이 무엇인가에 따라서 조직문화는 달라진다. 여러 사람이 함께 모여 생산하는 기술을 사용하는 조직은 상대적으로 팀웍을 중시하는 조직문화를 가진다. 구성원들의 갈등을 조정하고 관리하는 경영기술에 따라서도 조직문화는 달라진다. 조직문화를 구성하는 경영관리기술에는 갈등조정, 통제, 강화 등 구성원을 감독하고 동기부여하기 위한 방법들이 포함된다.

(4) 구 조

구조는 조직 내 권한관계, 역할과 책임, 방침과 규정을 보여주는 것으로, 조직구조를 보면 그 조직이 어떠한 가치를 소중하게 생각하는지 알 수 있다. 연구개발 부서 중심의 조직구조와 고객관리 중심의 조직구조는 서로 상이한 문화를 형성할 것이다. 또한 계층이 많고 권한규정이 엄격한 조직과 수평적이면서 권한규정이 적은 조직 역시 서로 다른 문화를 보일 것이다.

(5) 전 략

전략이란 조직의 목표달성을 위한 중장기 계획이다. 조직의 전략을 보면 그 조직이 무엇을 하고자 하는가를 알 수 있다. 조직전략은 구성원들의 사고와 행동에 영향을 준다. 예를 들어서 어떤 회사가 혁신을 추구하는 전략을 수립하였다면 구성원들은 새롭고 창의적인 사고와 행동을 하여야 한다. 오랜 기간동안 혁신지향의 전략이 유지되었다면 그 회사의 문화 역시 혁신지향적으로 바뀔 것이다.

(6) 시스템

시스템은 조직운영을 위한 다양한 제도와 프로세스를 의미하는데, 여기에는 보상제도, 평가제도, 의사결정과정, 커뮤니케이션 프로세스, 전산시스템 등이 포함된다. 제도와 운영방식을 보면 조직문화를 알 수 있다. 신속하게 의사결정이 이루어지는 시스템을 가진 조직과 결재라인이 길어 의사결정이 오래 걸리는 조직의 문화는 차이가 있다.

(7) 리더십 스타일

조직이 상위계층에 있는 리더들이 보여주는 리더십 스타일에 따라서 조직문화가 달라진다. 상사의 리더십 스타일이 과업중심이냐, 배려중심이냐에 따라서 조직문화와 조직분위기는 달라진다.

2.3 딜과 케네디의 견해

딜과 케네디(Deal and Kennedy)는 다섯 가지 조직문화 구성요소를 제시하였는데, 여기에는 기본가치, 중심인물, 의례와 의식, 환경, 문화의 네트워크 등이 포함된다. 이들 각 구성요소에 대해 간단히 설명하면 다음과 같다.

(1) 기본가치

기본가치(value)란 앞서 샤인(Schein)이나 파스케일과 피터스(Pascale and Peters)가 제시하였던 가치관 혹은 공유가치와 같은 개념이다. 딜과 케네디 역시 조직문화 구성요소의 핵심개념으로 기본가치를 제시하였는데, 이는 조직 구성원들이 공통적으로 가지고 있는 사고와 신념을 말한다. 조직이 소중하게 여기고 있는 가치를 구성원들이 공유하고 있다면 강한 조직문화를 형성한 것으로 볼 수 있다.

(2) 중심인물 혹은 영웅

조직문화는 하루 아침에 만들어지지 않는다. 오랜 기간에 걸쳐서 조직발전에 중요한 역할을 한 중심인물 혹은 영웅들(heroes)이 조직문화 형성에 영향을 준다. 이들은 주로 창업자나 전문경영자들인데, 조직 구성원들에게 본보기의 역할을 한다. 중심인물의 스토리나 영웅담은 사실보다 조금 더 극적인 형태로 구성원들에게 전달된다.

현대의 고(故) 정주영 회장이 선박을 건조할 자금이나 조선소도 없이 거의 빈손으로 선박을 수주받은 일에서 우리는 현대의 조직문화의 단면을 볼 수 있는 것이다. 제너럴 일렉트릭(GE)의 영웅으로 발명가 토마스 에디슨(T. Edison), IBM사의 와스트(T. Watson)부자, 마쓰시다의 창업주 마쓰시다 고노쓰게(松下幸之助) 등 중심인물의 일화와 영웅담을 통해서 해당 조직의 구성원들은 회사의 조직문화를 인식한다.

(3) 의례와 의식

의례와 의식(rite and rituals)은 조직 내에서 이루어지는 모임, 행사, 회의 등을 말한다. 의례와 의식의 유형은 매우 다양한데, 퇴직행사, 시상식, 체육행사, 워크숍, 고충처리와 단체협상 등이 여기에 해당한다. 조직마다 의례와 의식이 이루어지는 절차와 방식은 차이가 있다. 의례와 의식을 간소하고 효율적으로 하는 조직이 있는가 하면, 형식과 격식을 중시하면서 매우 공식화하여 의례와 의식을 진행하는 조직이 있다. 의례와 의식은 조직의 가치를 가시적으로 보여주는 단면이라는 점에서 의례와 의식을 보면 그 조직의 문화를 파악할 수 있다.

〈다양한 의례 의식〉

1. 통과의식(Rites of passage) : 개인 지위가 변화했음을 보여주며 퇴직만찬이 그 예이다.
2. 강화의식(Rites of enhancement) : 개인 공로에 대한 보상으로 판매실적이 우수한 직원에게 시상하는 것이 그 예이다.
3. 쇄신의식(Rites of renewal) : 조직의 변화와 학습과 성장에 대한 관심을 강조하는 것으로 새로운 교육센터의 개설이 그 예이다.
4. 통합의식(Rites of integration) : 조직내 다양한 집단과 팀을 결성하고 각 팀별로 회사 차원에서 해마다 직원 체육행사를 지원하는 것이 그 예이다.
5. 갈등 축소의식(Rites of conflict reduction) : 조직 내에서 자연적으로 발생하는 충돌이나 의견불일치를 조정하는데 초점을 맞춘 고충처리와 단체협상이 그 예이다.
6. 강등의식(Rites of degradation) : 조직의 행동기준이나 가치를 현저하게 위반한 사람에 대한 처벌을 위해 이용된다. 예를 들어 어떤 회사는 비윤리적 행위나 조직목표달성에 반하는 직원들의 행위를 공론화시키기도 한다.

(4) 조직환경

조직을 둘러싼 환경(environment)은 조직문화에 직접적인 영향을 준다. 변화하는 환경에 적응하는 과정에서 조직의 문화가 형성되고 변화한다. 안정적인 조직환경이냐, 아니면 경쟁이 심하고 불확실성이 높은 조직환경이냐에 따라서 조직문화는 달라진다. 경쟁이 심하고 불확실성이 높은 조직환경 하에 있는 기업조직의 경우, 변화하는 환경에 민첩하고 유연하게 대처할 수 있는 조직문화를 갖추어야 한다.

(5) 문화의 네트워크(cultural network)

문화의 네트워크는 조직 내에서 구성원들에게 조직의 핵심가치를 전달하는 체계를 말한다. 조직 내 영웅담이나 핵심가치를 전달하기 위하여 공식적, 비공식적 커뮤니케이션이 이루어진다. 특히 영웅을 추종하거나 핵심가치에 신념이 있는 구성원들로 구성된 네트워크를 효과적으로 이용할 때 조직문화의 형성과 확산이 용이할 것이다.

03 조직문화의 학습

문화는 여러 가지 형태로 직원들에게 전달된다. 가장 영향력 있는 형태는 물질적 상징, 이야기, 관행, 그리고 언어이다. 구성원들은 다양한 형태의 전달매체를 통해서 조직문화를 인식하고 자연스럽게 받아들인다.

(1) 물질적 상징

조직문화는 눈에 보이지 않지만, 조직 내 다양한 물질적 상징은 조직문화를 짐작하게 한다. 구성원들은 물질적 상징들을 보면서 소속조직의 가치를 이해한다. 기업건물의 생김새, 회사의 로고와 사무실의 형태, 임원이 지급받는 자동차의 종류, 회의실 배치 등은 눈에 보이는 조직문화의 흔적들이다. 어떤 회사는 임원실이 매우 크고 독립적인 공간에 있지만, 어떤 회사는 임원들이 직원들과 함께 사무실을 쓰고 책상의 크기 역시 직원과 같다. 후자의 경우 이 회사는 임원 사무실 배치를 통해서 직원들에게 개방성, 평등, 창의성, 유연성을 중요시 한다는 것을 말해준다. 회사 로고 역시 지속적으로 구성원들에게 조직의 가치를 보여준다. 회의실을 보더라도 상사에게 별도의 자리를 마련해 주는 경우도 있으나 회의탁자가 원형으로 되어 있어 회의참석시 앉는 자리만으로는 상사와 부하를 구분할 수 없는 경우도 있다. 전자의 경우 권위적인 문화를, 후자의 경우 평등한 문화를 지향하고 있음을 알 수 있다.

(2) 이야기

조직에는 많은 이야기가 있다. 그 중에서도 조직의 가치를 드러내는 영웅담이나 스토리들이 있다. 이야기의 소재는 대부분 조직의 창업자에 대한 이야기, 조직이 어려움에 어떻게 대처했는지에 관한 내용, 새로운 제품의 탄생 이야기, 과거 실수에 대한 반응, 규칙을 어긴 사건 등이다. 단순하고 일상적인 이야기라고 하더라도 좀 더 극적인 형태로 전달됨으로써 조직문화와 관련된 메시지가 강하게 전달된다. 나이키의 공동창업자인 빌 바우먼(Bill Bowman)이 더 좋은 운동화를 만들기 위해 녹인 고무를 와플기계에 부었다는 이야기는 나이키의 혁신문화를 말한다. 현대의 고(故) 정주영회장이 조선소를 지을 수 있는 부지 청사진과 거북선이 그려진 지폐를 들고 유럽으로 건너가 차관을 얻어 조선소를 지었다는 이야기는 강한 의지와 추진력을 중시하는 현대그룹의 문화를 대변한다. 이런 이야기들은 현재를 과거와 연결시켜주고 현재와 미래의 바람직한 조직행동을 유도하는 역할을 한다.

(3) 관 행

조직마다 서로 다른 관행들이 있다. 유사한 상황에서 서로 다른 관행이 정착된 이유는 조직마다 문화가 다르기 때문이다. 관행 중 대표적인 것이 의식(ritual)이다. 어느 조직은 행사를 시작할 때마다 구호를 외치거나 사가(社歌)를 제창하지만, 어느 조직은 형식적인 절차를 생각하고 비교적 자유로운 분위기 속에서 간소하게 행사를 한다. 월마트의 사가는 회사 창업자 샘 월튼에 의해 시작되었으며, 직원들에게 동기를 부여하고 그들을 단합시키기 위한 목적이다. 함께 노래를 부르는 의식은 직원들을 묶어주고 직원들이 회사에서 중요한 존재임을 강조한 샘 월튼의 믿음을 강화해 준다. 어느 조직이나 신입사원이 들어오면 통과의례를 하게 된다. 이러한 조직사회화(organization socialization) 과정을 통해서 신입사원은 조직의 핵심가치와 문화를 습득한다. 회사를 떠나는 은퇴식 역시 회사의 인력관리를 보여주는 통과의례로서 조직문화가 드러나는 의례의식이다.

관행 중 하나는 금기사항이다. 조직마다 터부시 되는 관행이 있기 마련이다. 예를 들어 회의 중에는 농담을 해서는 안되고, 화려한 색상의 옷을 입고 출근해서는 안되며, 사적인 인터넷 사용을 해서는 안 된다는 금기사항들이 있다. 이들 금기사항은 다른 회사에서는 금기사항이 아닐 수 있다. 터부시되고 금기사항이라고 알려진 행동들을 습득하는 과정에서 구성원은 소속조직의 문화를 학습하게 된다.

(4) 언 어

조직에서 사용되고 있는 언어를 통해서 조직문화가 유지, 강화된다. 조직은 오랜 시간을 거쳐서 조직의 문화가 반영된 언어들을 보유한다. 신입사원들은 6개월 혹은 1년동안 장비, 제품, 세노, 고객 등 독특한 용어들을 익히게 되며, 일정 기간이 지나면 약어와 특수용어에 동화된다. 조직 구성원들은 그런 전문용어를 알아듣고 말할 수 있을때 비로소 자신이 조직의 한 부분이라고 받아들인다. 조직 구성원 간 호칭 역시 그 조직의 특성을 반영한 언어라고 할 수 있다. 많은 조직들이 직책을 호칭으로 부르지만, 어떤 조직은 직책을 부르지 않고 모든 임직원을 '-님'으로 부르거나 영문이름을 부르기도 한다. 호칭의 변화를 가져오는 이유는 조직문화의 변화를 원하기 때문이다.

04 조직문화와 성과

조직문화가 직접적으로 조직성과를 가져오느냐 하는 것은 오랜 논쟁의 대상이다. 기업 실무자들은 조직문화가 조직성과를 좌우하는 결정적인 요인이라고 이야기 한다. 하지만 학문적으로 조직문화를 측정하고, 조직문화와 조직성과의 직접적인 인과관계를 입증하는 데에는 많은 어려움이 있는 것이 사실이다. 코터와 해스켓(Kotter and Heskett)은 조직문화와 조직성과 조직간 관계에 대한 세 가지 관점으로 강한 문화, 적합한 문화, 적응적 문화를 제시하였다.

4.1 강한 문화

강한 문화란 문화의 중심가치가 조직에 널리 스며들어 있어서 모든 구성원들이 조직가치를 공유한 상태를 말한다. 비슷한 문화를 가지고 있다고 하더라도 어느 조직이 다른 조직보다 강한 조직문화를 가질 수 있다. 조직문화가 강하면 핵심가치 중심으로 모든 구성원들이 비슷하게 생각하고 비슷하게 행동한다. 만약 조직의 성장에 도움이 되는 조직가치가 많은 사람들에게 강하게 인식되어 있다면 그 조직의 성장 가능성은 매우 높다. 이것이 강한 조직문화가 조직성과를 높이는 이유이다. 강한 문화 가설을 검증하기 위해 코터와 해스켓은 다양한 회사를 선정하고 설문조사하였다. 그들은 개별기업의 문화지수와 12년 간 기업성과 강한 문화간 관계를 분석하였다. 그 결과 강한 문화는 경제적 성과와 정(+)의 관련이 있다는 사실을 발견하였다.

강한 문화가 항상 조직성과를 높이는 것은 아니다. 조직환경의 변화로 인해 기존의 조직문화가 아닌 새로운 조직문화가 필요할 때 약한 문화를 가진 조직은 상대적으로 쉽게 변할 수 있다. 하지만 강한 조직문화가 고착화되어 새로운 조직문화로의 변화가 어려울 수 있다. 또한 다른 문화의 수용에 어려움을 겪는다. 예를 들어 기업합병을 한 경우, 다른 조직문화를 흡수하여 통합된 하나의 문화를 형성하여야 하는데, 기존 조직문화가 너무나 강하다면 문화통합이 쉽지 않다. 기존의 조직문화에 몰입되어 있는 구성원들은 새로운 조직문화와의 융합을 요구받을 때 기존의 것을 지키려고 저항할 것이다.

4.2 적합한 문화

적합한 문화란 조직전략과 문화 간의 적합성을 의미한다. 예를 들어 제품차별화와 혁신전략을 수립하였는데, 기존의 관료주의적 조직문화를 유지한다면 전략과 문화의 적합성은 낮다고 할 수 있다. 적합한 문화관점에서 볼 때 전략과 문화의 적합성이 낮으면 조직성과가 낮아진다. 반대로 조직전략의 방향성과 일치하는 조직문화를 가진 조직의 성과는 높을 것이다.

조직문화의 형성기간이 오래 걸리기 때문에 조직전략 변화에 따른 조직문화의 변화는 시간이 걸릴 수밖에 없다. 중장기 조직전략을 수립한 뒤 전략에 적합한 문화로 변화시키기 위해서는 다양하고 적극적인 조직적 노력이 필요하다. 단기간 내에 의도적으로 구성원들의 사고와 행동을 전략과 적합하게 변화시키는 것은 쉽지 않다. 따라서 전략과의 일치된 방향으로 구성원들의 의식과 행동을 바꾸기 위한 변화관리(change management)의 중요성이 부각되고 있다. 변화관리를 위하여 조직은 구성원들을 대상으로 정보전달과 홍보, 가치공유 행사 등을 가진다.

4.3 적응적 문화

조직문화가 조직성과에 직접적인 영향을 주는 상황 중 하나는 환경변화에 대한 조직문화의 적응성이다. 환경변화에 적응력이 있는 조직문화를 가진 조직이 성과가 높다. 문화는 고정될 수 없으며 시대상황과 조직상황에 따라서 바뀌기 마련이다. 즉, 환경의 변화에 따라서 변신해 가는 조직문화가 바람직하다. 적응적 관점을 검증하기 위해 코터와 헤스켓은 22개 회사의 문화에 대해 조사하였다. 그 결과 〈표 14-1〉에서 보는 바와 같이 적응적 문화와 비적응적 문화 간 차이가 있음을 발견하였다.

표 14-1 적응적 조직문화와 비적응적 조지문화

	적응적 조직문화	비적응적 조직문화
핵심 가치	관리자는 소비자와 주주, 종업원 등 주요 이해관계자에 집중한다. 그들은 사람과 프로세스에 큰 가치를 둠으로써 유용한 변화를 만들어낼 수 있다.	대부분의 관리자는 주로 자기자신과 자기부서 또는 자신이 관여하고 있는제품을 중시한다. 그들은 미래지향적인 리더십보다는 현재의 질서를 지키고, 위험을 감소할 수 있는 관리프로세스를 중요하게 생각한다.
공통 행동	관리자들은 특히 소비자에게 커다란 관심을 기울이며, 때로는 모험을 감수하더라도 필요하면 변화를 추구한다.	관리자들은 자신의 이익에 관심이 많으며, 관료주의적으로 행동하는 경향이 있다. 그 결과 사업환경에 맞도록 그들의 전략을 재빨리 변화시키지 못한다.

05 조직문화의 분석 – 경쟁가치 모형을 중심으로

개별 조직의 조직문화 유형을 파악하고 진단하기 위한 다양한 방법들이 존재한다. 그 중 대표적인 것이 경쟁가치 모형을 활용하여 조직문화를 분석하는 것이다.

5.1 경쟁가치 모형의 개념

경쟁가치 모형(competing values model)은 조직문화를 유형화하는데 사용하는 분석의 틀이다. 캐머런과 퀸(Cameron and Quinn)의 경쟁가치 모형은 일반적으로 조직이 추구하는 네 가지의 서로 다른 경쟁적인 가치를 기반으로 조직문화를 진단하는 기법이다.

경쟁가치 모형은 네 개의 모형으로 구성되는데, 내부과정 모형, 인간관계 모형, 합리적 목표 모형, 개방시스템 모형이 있다. 이 이론은 특정조직이 특정 유형의 문화만을 가지는 것이 아니라 하나의 조직이 서로 상반되는 가치를 동시에 추구할 수 있다는 점을 전제하고

그림 14-3 경쟁가치 모형에 의한 조직문화 유형

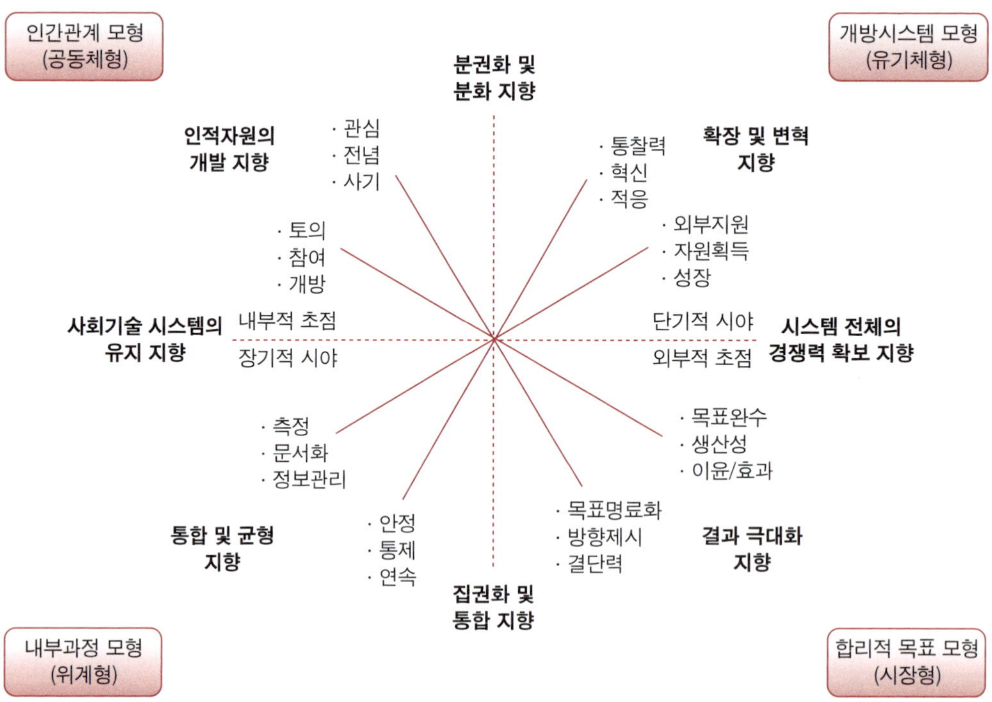

있다. 즉, 하나의 조직문화 속성이 높아진다고 해서 다른 조직문화 속성이 낮아지는 것이 아니라 다양한 속성을 동시에 보유하고, 균형있게 추구할수록 가장 바람직한 조직문화가 형성될 수 있다.

5.2 조직문화 유형의 개념 및 측정

(1) 유기체형 문화

혁신문화 또는 유기체형 문화로서 이 유형은 유연성(flexibility)과 개성을 강조하고 외부에 초점을 맞추는 문화이다. 도전과 창의성을 중시하는 조직문화 속에 있는 개인들은 기꺼이 위험을 감수하려고 한다. 경영자들은 구성원들로 하여금 혁신 마인드를 고취시키기 위해 노력한다. 유기체형 조직문화는 변화하는 환경에 적극적으로 대응하면서 성장하는데 유리한 측면이 있지만, 유기체형 조직문화가 이상적으로 비대해지면, 졸속주의, 방만한 실험문화의 장, 검증 부재로 인한 자원 낭비 등의 부정적 현상이 나타난다.

(2) 공동체형 문화

공동체형 조직문화 역시 유연성과 개성이 강조되지만 조직 내부에 초점을 맞추며, 이 문화에서는 조직 구성원들 간의 조화와 화합, 그리고 개별 구성원들의 만족이 가장 중요한 가치로 간주된다. 조직 구성원들 간의 응집력과 팀웍이 강한 조직으로서 상호신뢰를 바탕으로 참여와 토론이 활발하게 이루어진다. 직원들의 사기가 높고 조직에 대한 충성심이 높다는 점이 긍정적이지만, 공동체형 조직문화가 지나치면 부적절한 참여나 비효율적인 토론이 야기될 수 있다. 나아가 지나치게 형평성을 강조함으로써 획일적 평등주의나 평가를 기피하는 조직 분위기를 형성할 수 있다.

(3) 위계형 문화

조직 내부에 초점을 두고 안정성과 통제가 강조되는 문화이며, 이 문화에서는 효율성이 가장 중요한 덕목이다. 조직의 형식과 구조를 중시하고, 내부통제를 강조하기 때문에 규칙과 방침에 의한 조직 효율성을 중시한다. 소식의 안정적 유지가 무엇보다 중요하기 때문에 조직의 성공을 위해서는 비용절감이나 일정 준수가 중시된다. 위계형 조직문화는 체계적인 조직관리가 이루어지고 정보관리와 문서화가 잘 되어 있다는 장점을 가지고 있으나 위계형 조직문화가 지나치면 경직된 규정과 절차 준수로 인하여 변화하는 외부환경에 적절히 대응하지 못함으로써 신속하고 효과적인 환경적응이 어려워질 수 있다. 따라서 위계형 조직문화가 이상적으로 비대해지면 지나친 형식주의와 관료주의, 토론과 참여의 부재 등의 부작용을 낳게 된다.

(4) 시장형 문화

시장형 문화는 조직 외부에 초점을 맞추고 안정성과 통제가 강조되는 문화이다. 이 문화에서는 성과달성이 가장 중요한 가치이다. 구성원들은 성과 향상을 위해 추진력 있게 업무 추진하는 것을 가치있게 여긴다. 시장문화는 명확한 목표를 정하고, 생산성과 경쟁력 강화를 중시한다는 장점을 가지고 있다. 하지만 성과와 생산성을 지나치게 강조하다보면 성과와 결과 지상주의, 종업원 소외성 등의 단점이 부각될 수 있다.

그림 14-4 특정 문화의 이상비대화로 인한 문제점

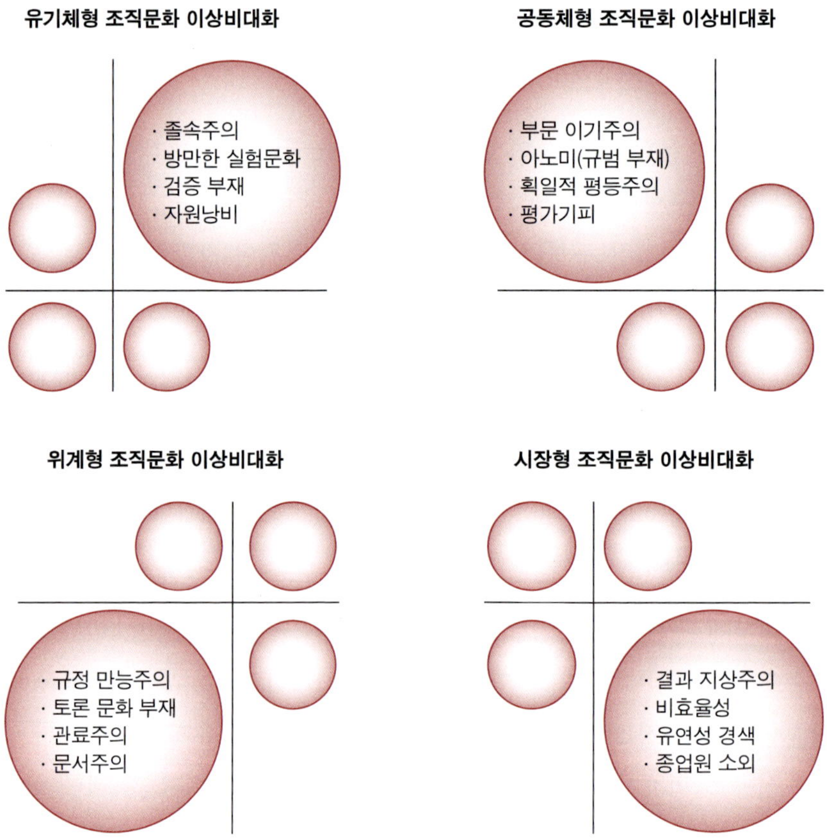

5.3 조직문화의 측정과 진단

경쟁가치 모형에 포함된 네 개의 조직문화 유형에 대한 측정을 통하여 조직문화를 진단할 수 있다. 즉, 우리 조직이 유기체형, 공동체형, 위계형, 시장형의 문화를 어느정도 보유하고 있는지를 측정하여야 한다. 이를 위한 측정항목은 〈표 14-2〉와 같다.

표 14-2 경쟁가치 모형에 따른 조직문화 측정항목

문화유형	측정항목
유기체형	구성원들이 창의적이고 참신한 아이디어를 활발히 냄으로써 상황변화에 신속히 적응하고 대응한다.
	상부, 유관부서, 외부로부터 필요한 자원과 지원을 적절히 확보하고 있다.
공동체형	구성원들이 부서의 업무에 매우 헌신하여 일하고 있다.
	가능한 한 많은 사람들이 합의하여 의사결정을 한다.
위계형	업무추진 과정 및 성과가 지속적으로 점검되며, 모든 업무활동이 잘 조정되고 효과적으로 통제되고 있다.
	업무활동이 잘 기록되고 이를 기초로 관리된다.
시장형	구성원들이 높은 목표에 도전하여 성취해낸다.
	구성원들이 부서가 나아가야 할 방향을 명확히 이해하고 있다.

06 홉스테드의 비교문화 연구

국가간 문화 차이에 대한 연구를 비교문화 연구라고 한다. 국가문화는 조직문화와 조직행동에 영향을 준다. 국가마다 문화의 차이가 있다는 사실이 많은 학자들에 의해 밝혀졌다. 그 중 대표적인 연구가 홉스테드(Hofstede)의 연구이다. 홉스테드는 국가 간 문화 차이를 비교하기 위하여 네 개의 차원을 사용하였다.

(1) 개인주의(individualism)-집단주의(collectivism)

개인이 개인과 집단 중 누구의 이해와 이익을 우선시하느냐에 따라서 개인주의와 집단주

의로 나뉜다. 개인주의 문화는 개인 간의 유대관계나 구속력이 느슨한 반면, 자기자신과 직계가족의 이해를 우선적으로 생각한다. 반면 집단주의 문화는 집단의 이익을 중시하며, 자신이 속한 집단과 그렇지 않은 집단을 엄격히 구분하고 자신이 속한 집단의 이익을 우선시한다. 집단주의 사회에서는 집단의 이익을 위해서 개인을 희생할 수 있다고 본다.

(2) 권력거리(power distance)

권력거리는 사회에 존재하는 권력 분포의 불평등성을 구성원들이 받아들이는 정도를 말한다. 권력을 적게 가진 사람과 권력을 많이 가진 사람 간의 차이가 큰 것을 어느정도 인정하는 사회가 있는가 하면, 그러한 불평등성에 대하여 인정하지 않는 사회가 있다. 전자를 긴 권력거리의 사회라고 하며, 후자를 짧은 권력거리의 사회라고 한다. 긴 권력거리의 사회에서는 권력의 독점이나 집중, 독재적 리더십에 대해 상대적으로 인정하는 문화가 형성되는 반면, 짧은 권력거리의 사회에서는 기회와 제도의 평등을 중시하는 문화가 형성된다.

(3) 불확실성 회피성향(uncertainty avoidance)

불확실성 회피성향은 불확실성에 대한 내성(耐性)의 정도로 구분된다. 불확실성 회피성향이 강한 사회는 미래에 대한 불안감이 높고 그러한 상황을 탈피하고 싶어하는 경향이 크다. 따라서 법률과 규정, 규칙과 절차를 사전에 정해 놓고 안정적 관행을 마련하는 대신 일탈행동에 대해서는 강하게 제재한다. 반대로 불확실성 회피성향이 낮은 사회는 미래의 불확실성이나 애매한 상황에 대한 두려움이 상대적으로 적다. 따라서 불확실성을 줄이기 위한 사전 통제를 선호하지 않으며, 다양한 가치관을 수용하는 모습을 보인다.

(4) 남성성(masculinity)-여성성(femininity)

이 차원은 사회의 가치가 남성적 요소에 의해 지배되느냐, 여성적 요소에 의해 지배되느냐를 의미한다. 또한 남성과 여성이 해야 하는 사회적 역할이 엄밀하게 구분되어 있는 정도를 말한다. 남성성의 사회는 남성다움을 강조하는 사회로 사회의 지배가치가 추진력, 결단력, 경쟁과 모험, 물질적 수단 등이며, 여성성의 사회는 배려와 사람들 간의 관계, 겸손과 부드러움 등이 지배가치이다. 또한 남성성의 사회는 남성과 여성의 역할이 엄격하게 구분되어 있는 사회이고, 여성성의 사회는 남성과 여성의 역할이 엄격하게 구분되지 않는 사회로서 여성의 사회진출이 상대적으로 더 활발한 사회이다.

홉스테드는 전세계 40여개국을 대상으로 IBM에 근무하는 116,000명의 종업원을 대상으로 한 연구결과를 발표하였다. 네 개의 차원별로 분석하여 국가간 서로 다른 문화 특성이 존재함을 밝혔다. 예를 들어서 멕시코는 권력격차가 매우 크고, 개인주의가 매우 낮으며, 불확실성 회피성향이 높고, 남성적 성향에 해당한다. 영국은 권력격차가 매우 낮고, 불확실성 회피성향 역시 매우 낮으며, 개인주의이고 남성성이 약간 높은 문화특성을 갖는다. 홉스테드의 연구가 이미 30여년 전이기 때문에 개별 국가의 문화에 대한 분석결과는 새롭게 조사될 필요가 있다. 하지만 중요한 것은 지금도 개별 국가마다 문화의 차이가 다르고, 그러한 차이는 네 개의 차원으로 분석될 수 있다는 점이다. 더 나아가서 국가 문화차이는 해당 국가에서 활동하는 다양한 조직의 문화와 조직행동의 차이를 가져온다는 사실이다.

논의문제

1. 조직문화가 갖는 긍정적인 역할과 부정적인 역할은 각각 무엇인가 설명하시오.

2. 내가 속한 조직(예: 학과, 대학, 기업 등)의 조직문화를 조직문화 구성요소 측면에서 분석하시오.

3. 강한 조직문화를 가지고 있는 조직에서 발생할 수 있는 문제점을 제시하시오.

4. 창업자와 최고경영자가 조직문화에 미치는 영향에 대해 설명하시오.

5. 기업조직에서 사용하고 있는 조직사회화 전략에는 어떠한 것들이 있는지 제시하시오.

6. 경쟁가치 모형을 이용한 조직문화 분석기법에서 제시하는 조직문화 유형은 무엇인지 설명하시오.

7. 특정기업을 선정하고, 그 기업의 조직문화에 대해 조사, 발표하시오.

조직변화 제15장

GE의 경영혁신과 변화관리

세계 초일류 기업인 GE는 오랜 기간 동안 '포춘(Fortune)'이 선정한 최고의 기업으로 자리매김하였다. GE는 1878년 발명왕 에디슨에 의해 "에디슨전기회사"로 출발하였다. 특히 잭 웰치가 회장으로 있었던 기간 중 GE는 끊임없는 경영혁신을 통해서 전 세계 기업들의 벤치마킹 대상이 되었다. GE가 경영혁신에서 성공을 거둔 것은 단지 일회적인 변화가 아니라 지속적으로 혁신과 변화관리를 시행하였기 때문이다. 특히 잭웰치는 GE의 경영혁신을 주도하였던 인물이다. 잭웰치는 직원들에게 신속함(Speed)을 강조하였는데, 융통성있고 민첩한 조직을 구현하고자 하였다. 그는 간결함(Simplicity)을 중시하였는데, 업무를 할 때 단순화시켜 종업원에게 이해시켜야 한다는 것이다. 그리고 부하에게 권한과 책임을 위양함으로써 직원들이 자신감(Self-Confidence)을 가지도록 하였다. 아울러 벽없는 조직(boundariless organization)을 주창하였는데, 부서별 · 계층별 장벽을 없애고 수평적인 조직을 만들고자 하였다.

1981년 회장으로 선임된 잭웰치는 당시의 GE를 거대한 관료적 공룡이라고 규정하였다. 그는 '고쳐라, 매각하라, 아니면 폐쇄하라'고 이야기하면서 GE의 경영혁신을 시도하였다. GE의 조직변화 핵심은 우선 글로벌 시장에서 1위 또는 2위의 위치에 있는 사업만을 운영한다는 원칙이다. 1위나 2위가 아닌 사업부는 과감히 폐쇄되거나 매각하는 전략을 사용하였다.

경영혁신이 조직 전체적으로 확산되기 위해서는 무엇보다 변화관리가 중요하다. GE는 사업재구조화와 성과중시 조직혁신이 조직 구성원들에게 스며들게 하기 위해서 혁신에 대한 철학과 실행을 임원 평가기준으로 설정하였다. 아울러 교육과 회의를 통해 지속적이고 반복적으로 강조하였다.

GE의 혁신은 크로톤빌 연수원에서 다양한 교육프로그램에 의해 뒷받침되었다. GE의 교육에는 성장가능성이 매우 높은 임원들을 대상으로 한 교육과 중간계층 관리자들을 대상으로 한 교육, 그리고 경력이 짧은 직원들 중에서 우수한 인재들을 대상으로 한 교육으로 구분된다. GE는 인재와 교육에 많은 관심과 투자를 한 회사로 알려져 있다. 실제로 잭웰치는 우수한 인력을 확보하고 유지하는 것을 가장 중요한 경쟁우위요소라고 생각하였다.

학습목표

1. 조직변화의 개념 및 조직변화 프로세스를 이해한다.
2. 조직변화에 영향을 주는 대내외 영향요인을 파악한다.
3. 조직개발의 다양한 기법을 살펴본다.
4. 조직변화에 대한 저항의 원인 및 대응전략을 학습한다.
5. 합병후 통합관리(PMI)의 중요성을 이해한다.

01 조직변화에 대한 기초 이해

1.1 조직변화 개념

조직변화(organization change)에 대한 정의는 매우 광범위하며 학문적으로 명확하게 일치하는 정의를 찾기 어려운 개념이다. 조직변화를 하나의 현상이라고 보면 기존의 조직과 다른 모습으로 바뀌는 것을 말한다. 하지만, 조직변화를 하나의 관리방식으로 본다면, 변화하는 대내외 환경에 대응하기 위하여 조직이 의도적이고 계획적으로 구성원의 행동을 변하게 만드는 과정이라고 할 수 있다.

그림 15-1 조직변화의 범위

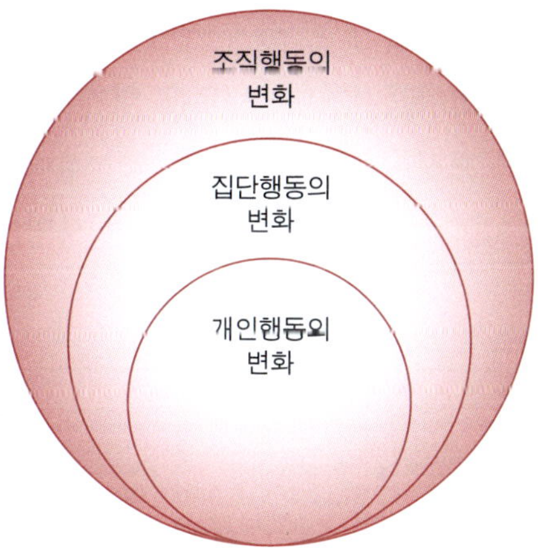

조직행동의 변화는 변화의 범위를 기준으로 볼 때 개인행동의 변화, 집단행동의 변화, 조직체행동의 변화로 구분된다. 개인행동의 변화는 우선 인식과 신념의 변화가 일어나고 이어서 태도의 변화, 그리고 행동의 변화로 나타난다. 개인행동의 변화는 집단행동의 변화로 이어지며, 집단행동의 변화는 조직전체의 변화로 이어진다. 결국 조직체행동의 변화를 위해서는 개인행동의 변화가 필수적이라고 할 수 있다.

1.2 조직변화 프로세스

조직변화의 과정을 설명하는 대표적인 이론은 레윈(Kurt Lewin)이 제시한 해빙-변화과정-재동결의 3단계 변화 프로세스이다.

레윈에 따르면 현재 상태는 일종의 균형상태이다. 현재의 균형상태는 새로운 균형상태로 이동하기 위하여 현재 상태의 해빙, 새로운 상태로의 변화과정, 재동결과정을 거친다. 해빙은 현재의 균형상태를 흔들어서 개인들이 오래도록 유지해 왔던 행동을 버리도록 권장하는 단계이다. 해빙에 의해 각 개인들은 변화의 필요성을 받아들인다. 즉, 개인들은 자신의 현재상태의 경계를 무너뜨림으로써 변화를 받아들일 준비를 한다. 해빙단계에서 조직은 현재의 행동이 더 이상 가치가 없다는 메시지를 전달하고, 현재의 행동에 대한 보상을 없앤다.

변화의 두 번째 단계는 변화과정이다. 이 단계에서 새로운 가치와 태도, 행동이 등장하고, 기존의 것들을 대체한다. 조직은 새로운 대안의 합리성을 설명하며, 변화에 필요한 기술과 지식, 태도를 교육한다. 구성원들은 변화의 내용을 이해하고, 그 속에서 자신이 어떠한 역할과 행동을 해야 하는지 알게 된다.

변화의 마지막 단계는 재동결이다. 이 단계에서는 새로운 가치와 태도, 행동이 구성원에게 자연스러운 것으로 받아들여지며, 새로운 현재 상태가 형성된다. 새로운 대안을 받아들인 구성원에 대해서 보상이 이루어진다는 확신을 주었을 때 구성원들의 행동변화가 지속된다. 미국 기업을 대상으로 한 연구에 의하면 사명기술서(misson statement)를 관리

그림 15-2 레윈의 3단계 변화 프로세스

자의 사무실에 걸어놓은 경우 결과적으로 2%의 관리자가 행동을 변화시켰다. 반면에 관리자에 대한 평가와 보상체계를 변화시키자 55%의 관리자가 거의 하루밤 사이에 행동을 바꾸었다.

재동결은 변화과정의 마지막 단계이다. 이 단계에서는 새로운 태도, 가치, 행동이 새로운 현재의 상태가 된다. 새로운 운영방식이 고착화되며 강화된다. 관리자는 조직문화와 공식적인 보상체계가 새로운 행동을 독려하고 과거의 운영방식을 택하지 않도록 만든다는 수단이라는 점을 잘 알아야 한다. 보상구조의 변화를 통해서 조직은 종업원들에게 과거 행동에는 보상하지 않고 오직 새로운 행동에만 보상할 것이라는 확신을 주어야 한다.

1.3 변화추진자

변화추진자(change agent)는 조직변화의 필요성을 깊이 인식하고, 주도적으로 변화를 추진하는 사람이다. 그는 변화과정을 관리할 책임을 지며, 조직 내 변화관리의 촉매제 역할을 한다. 변화추진자는 주로 조직 내 관리자가 그 역할을 맡지만 경우에 따라서는 외부 컨설턴트가 변화추진 주체가 될 수 있다.

외부 컨설턴트는 조직의 광범위한 변화를 체계적으로 제시하고 자문과 지원을 한다. 외부 컨설턴트를 활용할 경우, 내부 구성원들이 간과할 수 있는 객관적인 관점을 제시할 수 있으며, 그들이 가진 전문성을 활용할 수 있다는 장점이 있다. 반면에 외부 컨설턴트는 조직이 가지고 있는 특수한 상황이나 역사, 문화 등에 대한 이해가 부족하여 변화추진에 대한 내부 구성원의 수용성 확보에 어려움을 겪을 수 있다.

내부 변화추진자는 변화추진의 결과에 자기 자신도 영향을 받는다. 즉, 본인이 변화의 결과에 영향을 받는 이해관계 당사자이기 때문에 보다 신중하게 변화를 추진한다. 내부 변화추진자는 상대적으로 회사 내부의 상황에 대해 누구보다 잘 알기 때문에 변하에 따른 반발과 저항을 사전에 고려할 수 있다는 장점이 있다. 하지만 과감하고 커다란 조직변화를 주도하는데 부담감이 크다는 점과 새로운 경영혁신 기법을 추진하는데 제약이 있다는 단점이 있다.

02 조직변화 영향요인

조직은 생명체와 같아서 대내외 환경변화에 따라서 끊임없이 변화하고 적응함으로써 지속적인 생존과 성장이 가능하다. 다양한 외부요인과 내부요인들이 조직변화에 직접적인 영향을 주고 있다.

2.1 외부 영향요인

(1) 글로벌화

교통과 통신의 발달로 세계시장은 점차 단일화되고 있다. 자유무역협정(FTA)이나 유럽연합의 등장 역시 세계시장에 커다란 영향을 주었다. 글로벌화에 따라 기업들은 세계 곳곳에 있는 기업들과 경쟁하여야 하는 상황에 놓이고 있다. 조직을 글로벌화 한다는 것은 가장 효율적으로 자원을 이용하는 방법을 다시 생각하는 것을 의미한다. 이제 글로벌 경영조직은 여러 나라에서 연구개발, 생산, 판매하는 전략을 사용하고 있다. GE사의 전 CEO인 잭 웰치(Jack Welch)는 경계가 없는 회사를 원했다. 즉, 민족과 국가간 또는 관리자와 종업원 간에 어떠한 차별도 없는 조직을 지향하였다. 경계없는 회사를 추진하는 것은 사람들 간 업무를 공유하는데 있어 방해가 되는 장벽을 제거하는 것이다.

(2) 시장과 경제상황

대부분의 기업조직은 경제적 환경에 의해 영향을 받는다. 경기가 불황이냐, 호황이냐에 따라서 조직의사결정이 달라진다. 경기가 호황일 때는 보다 적극적인 사업확장이 일어나지만, 경기가 불황일 때는 위험을 감수하기보다 비용통제와 같이 안정적인 조직운영을 선호한다. 끊임없이 새로운 경쟁자가 시장에 등장함에 따라 조직은 새로운 변화와 혁신의 필요성을 느낀다. 과거 독점과 과점이 가능했던 시기에는 조직변화의 요구가 많지 않았지만, 글로벌 경쟁이 치열해지면서 조직변화의 요구는 점차 커지고 있다.

(3) 기 술

새로운 기술의 등장은 조직의 변화를 가져온다. 자동화 기술이 등장함으로써 기업의 생산방식이 변하였다. 컨베이어벨트에 의한 대량생산방식이 등장하였으며, 과거 인간의 손에 의해 이루어지던 작업들이 이제는 기계로봇에 의해 대체되고 있다. 또한 인터넷과 정보통신기술이 등장하면서, 조직이 고객과 소통하는 방식, 내부 직원을 관리하는 방식, 업무처리하는 방식 등에서 전반적인 변화가 일어났다. 예를 들어 과거에는 고객이 직접 매장에 와서 점원에게 주문을 하였지만, 인터넷의 발달로 인해 이제는 고객이 중개인을 거치지 않고 집에서 상품을 주문할 수 있다. 재택근무 역시 정보통신기술의 발달과 함께 생겨난 근무형태이다.

(4) 노동시장

시대가 흐름에 따라 노동시장이 달라진다. 노동시장의 변화는 곧 조직에서 일하는 구성원이 달라지는 것을 의미한다. 노동시장의 변화는 크게 두 가지로 구분되는데 하나는 노동력 구성의 변화이며, 다른 하나는 노동력 가치관의 변화이다. 노동력 구성의 변화 측면에서 볼 때 육체근로자보다 정신근로자가 많아졌으며, 여성인력의 사회진출이 확대되었다. 고령화에 따라 고령인력이 증가하였고, 고학력 근로자가 많아졌다. 노동력 구성의 변화로 인하여 과거와는 다른 조직관리방식이 필요하다.

노동시장 구조 뿐만 아니라 사람들의 가치관 역시 변하고 있다. 과거 일과 조직을 중시하던 가치관에서 점차 여가와 개인을 중시하는 사람들이 늘고 있다. 권위주의 대신 탈권위주의 의식이 확산되고 있으며, 집단주의 대신 개인주의적 사고를 가진 사람들이 많아지고 있다. 기존과 다른 가치관을 가진 사람들이 조직에 들어온다면 그들에 대한 관리방식 역시 바뀌어야 한다. 결국 노동시장의 변화는 조직의 구성원에 대한 관리시스템에 대한 전반적인 변화에 영향을 준다.

(5) 윤리의식의 강화

기업의 사회적 책임이 중요하게 부각되면서 기업들의 법 준수 및 사회공헌활동 등에 관심을 가지고 있다. 여기에서 더 나아가 조직구성원 개개인의 윤리의식이 중요하게 부각되고 있다. 특히 직장 동료간의 성희롱 문제나 고객이나 거래업체와의 접촉 및 커뮤니케이션에 있어서도 윤리적인 행동이 중요하게 부각되고 있다.

예를 들어서 영업사원이 대리점주에게 비윤리적 행동을 한 것이 사회에 알려지는 경우, 이는 영업사원 개인의 문제가 아니라 기업활동에 직접적으로 부정적인 영향을 줄 수 있다. 윤리의식과 윤리적 행동 강조의 사회적 요구에 따라서 기업은 성희롱 교육 및 직원 윤리교육을 강화하고, 윤리적인 조직문화 형성을 위한 변화의 노력을 기울이고 있다.

(6) 법적, 제도적 변화

조직변화를 가져오는 또 다른 요인으로 법적, 제도적 변화를 들 수 있다. 시대상과 사회적 요구를 반영하여 법과 제도는 지속적으로 변하고 있다. 예를 들어 정부정책의 변화로 인하여 대기업과 중소기업의 상생경영이 중시되면, 대기업은 중소기업에 대한 거래관행을 바꾸어야 할 뿐만 아니라 구성원들의 마인드와 행동을 바꾸어야 한다. 이를 위하여 교육이나 워크샵, 홍보와 규정 등을 통해서 조직이 가고자 하는 방향으로 구성원들을 이끌어간다.

2.2 내부 영향요인

(1) 조직전략과 리더십

새로운 조직전략이 수립되면 조직변화가 함께 이루어진다. 새로운 장비를 도입하거나 새로운 기술과 작업방식을 도입하면 조직구성원은 새로운 장비, 기술, 작업방식을 습득하여야 한다. 이를 위하여 교육훈련을 실시하거나 직무재설계가 필요하다. 대부분의 조직은 중장기 전략을 수립하는데, 이때 조직변화계획을 함께 수립하여야 한다. 조직전략의 성공적 수행을 위하여 변화관리는 불가피하다.

새로운 리더가 등장하면 조직비전과 전략적 방향성이 달라지곤 한다. 예를 들어 최고경영자가 새로 부임하면 얼마 안 되어 자신의 경영철학을 밝히고 이를 구현하기 위하여 조직변화를 추진한다.

(2) 조직 내 인력구성

앞서 외부 영향요인에서 살펴보았듯이 시대흐름에 따라 노동시장을 구성하는 노동력의 구조와 가치관이 달라지고 있다. 이러한 변화는 조직에 새로 공급되는 신입사원들에 대한 관리방식에 영향을 준다. 뿐만 아니라 기존 조직구성원들의 인력구성 역시 조직변화를 일으키는 요인이다. 예를 들어 조직내 특정계층의 사람들이 많아서 승진적체를 야기하고 있다면 직무재설계나 승진제도 개선을 통해서 문제를 해결하여야 한다. 고령인력이 많아지거나 신입사원이 많아지는 경우에도 조직문화와 관리방식의 변화가 이루어진다.

(3) 태 도

태도가 행동에 영향을 주는 것으로 알려져 있다. 직무불만족이나 낮은 조직몰입도와 같이 구성원의 부정적인 태도는 결근율의 상승, 퇴직률 상승, 파업 등 노사분쟁 가능성 증가, 낮은 생산성과 수익성으로 이어질 것이다. 조직성과에 부정적인 영향을 주는 부정적 태도가 확인된다면 이를 변화시켜야 할 것이다. 이 경우 조직은 새로운 정책과 방침을 마련하여 조직구성원들의 부정적 태도를 개선하고자 한다.

03 조직개발

3.1 조직개발 개념

조직개발(organizational development)은 조직개선을 위한 체계적인 접근방식으로 조직변화를 위한 계획을 세운 뒤 장기적이고 전사적인 조직변화를 추진하는 것을 말한다. 조직개발 과정에서 조직이 원하는 새로운 방향에 대하여 구성원들에게 알리고, 조직변화에 대해 긍정적인 태도와 가치를 가지도록 유도해야 한다. 조직개발은 몇 가지 특징을 가지고 있다.

첫째, 조직개발은 의도된 계획으로서 계획에 따라 체계적으로 추진하는 방식이다.
둘째, 조직개발은 조직과 개인의 상호작용을 중시한다. 즉, 조직의 변화를 위하여 개인의 변화를 중시하며, 개인의 가치와 태도의 변화를 지향한다.
셋째, 조직개발은 목표지향적이다. 조직개발은 지향하고자 하는 목표를 명확하게 설정하고, 목표달성을 위하여 조직과 개인의 변화를 추진한다.

3.2 조직개발 프로세스

조직개발이 이루어지기 위해서는 몇 가지 단계를 거치게 된다.

① **제1단계:** 기존 조직현상에 대한 문제점을 파악하는 것이다. 기존 조직문화와 조직관행 및 관리체계의 문제점을 파악하고 개선의 필요성이 부각될 때 조직개발 가능성이 존재한다.

② **제2단계:** 예비토의와 분석이 이루어진다. 이 단계에서 문제를 진단하고 변화의 방향성 및 대안을 마련한다. 이를 위해서는 변화를 계획하고 대안을 마련할 변화추진자와 핵심관계자간 관계 형성이 필요하다. 변화의 주요 이슈와 범위를 정하고, 어떻게 변화를 추진할 것인지 경영진을 포함한 핵심관계자의 동의와 협의가 필요하다.

③ **제3단계:** 문제진단 피드백을 실시한다. 구체적으로 조직 내 어떠한 문제가 있는지 파악하는 단계이다. 정보자료를 수립하고, 문제증상을 분석하여 구체적인 문제점을 분석한

그림 15-3 조직개발 프로세스

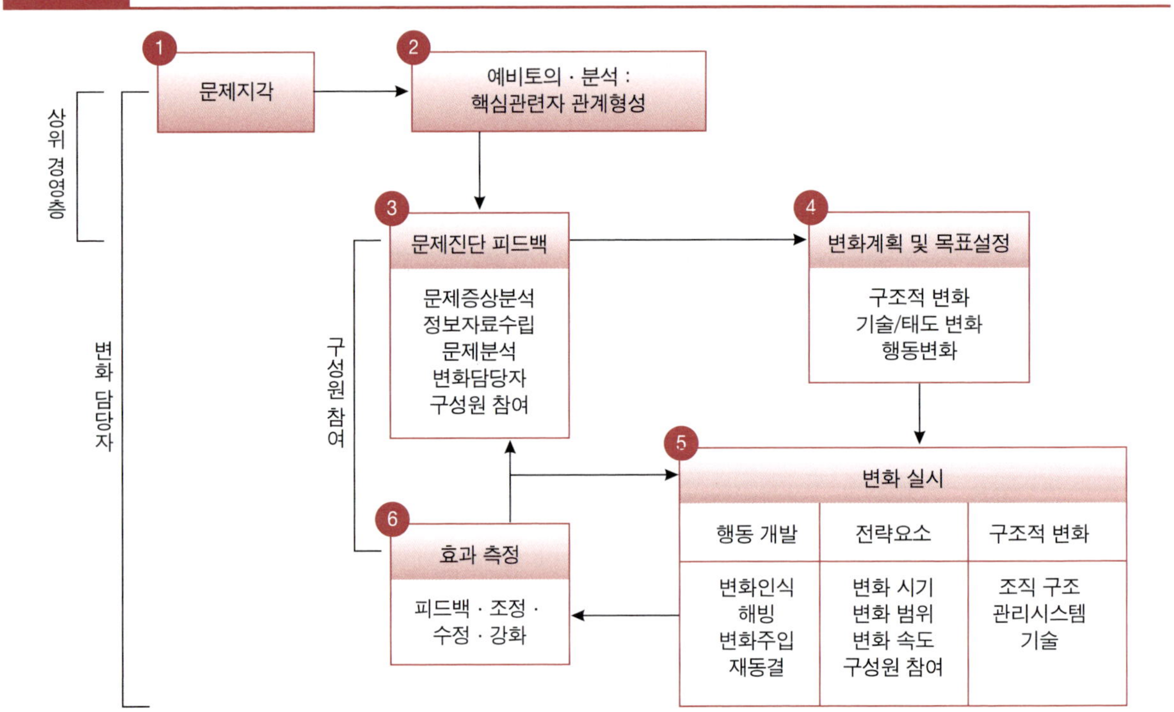

다. 이 과정에서 설문조사나 인터뷰 등의 방법을 사용한다.

④ **제4단계:** 변화계획과 목표를 설정한다. 발견된 문제점을 해결하기 위하여 조직구조의 변화 혹은 기술과 태도의 변화, 구성원 행동의 변화방향성과 목표수준을 설정한다.

⑤ **제5단계:** 조직변화를 실제로 실행에 옮기는 단계이다. 여기에서는 앞서 언급하였던 변화의 3단계 즉, 해빙과 변화과정, 재동결이 이루어짐으로써 구성원 행동을 변화시킨다. 구성원이 수용할 수 있도록 변화의 시기, 변화의 범위, 변화의 속도, 구성원 참여 정도 등을 고려하여 추진하는 것이 바람직하다. 아울러 가치 및 행동의 변화와 함께 보상제도와 같은 관리시스템 및 조직구조의 변화도 함께 이루어지는 경우가 일반적이다.

⑥ **제6단계:** 변화추진 효과를 측정하고 수정, 보완, 피드백하는 단계이다. 기대했던 변화계획이 제대로 실행되었는지 평가하고, 기존에 마련하였던 변화계획이나 목표수준이 적절했는지 피드백한다. 수정, 보완의 필요성이 있다면 어떠한 문제점이 있는지 문제진단 피드백을 재실시하고, 변화계획 및 재실행을 추진하는 것이 바람직하다.

3.3 조직개발 기법

계획된 변화를 실천하기 위하여 다양한 조직개발 기법을 활용한다.

(1) 설문 피드백

설문 피드백은 종업원들이 직면한 변화에 대해 어떠한 태도와 인식을 가지고 있는지 평가하기 위한 것이다. 일반적으로 의사결정, 리더십, 커뮤니케이션 효과성, 직무 · 동료 · 경영진에 대한 만족도 등을 종업원에게 질문한다. 변화추진자가 확보한 자료는 종업원의 생각을 이해하는 데 도움을 준다. 이러한 정보를 기초로 변화추진자는 문제를 해결하기 위한 행동을 취한다.

(2) 프로세스 자문

프로세스 자문은 주로 외부 컨설턴트에 의해 이루어진다. 외부 컨설턴트들은 해결해야 할 문제들을 빠른 시간에 파악하고, 본인들이 가진 능력과 경험, 방법론을 활용하여 조직개발을 돕는다. 컨설턴트는 조직문제를 해결하는 대안을 제시할 뿐만 아니라 어떻게 조직변화를 추진해야 하는지를 자문하는 역할을 한다. 따라서 문제해결 결과물만 던져주는 것이 아니라 관리자들이 스스로 개선할 수 있도록 돕는 코치역할을 한다.

(3) 팀 구축

조직개발을 위해서는 어떤 한 사람만의 변화로 이루어질 수 없으며, 다양한 사람들 간의 상호작용을 통해서 이루어진다. 팀 구축(team building)은 이러한 조직특성을 고려한 조직개발 기법으로서 변화의 당사자인 구성원들끼리 한 팀이 되도록 돕는 것이다. 팀 구축은 일반적으로 작업집단이 목표를 수립하고, 긍정적인 대인관계를 개발하고, 팀 구성원들의 역할과 책임을 규명한다. 팀 구축에서 가장 중요한 것은 구성원간 신뢰와 개방성의 증가이다.

(4) 조직재설계

조직개발을 위해 자주 사용하는 방법이 조직재설계(organization redesign)이다. 일반적으로 새로운 변화계획을 추진하기 위해서 기존의 조직구조를 그대로 유지하기보다 새로운 역할과 책임을 부여한 새로운 조직구조를 마련하는 경우가 많다. 예를 들어 기존에 없었던 새로운 기술이나 관행을 추진하고 정착시키기 위해서는 담당 부서를 새로 만들어야 한다.

04 변화에 대한 저항

변화에 대한 저항을 바라보는 전통적 시각은 변화에 대한 저항 자체를 나쁜 것으로 보았다. 이러한 관점은 저항을 줄이는 데에만 초점을 둘 뿐, 저항의 원인을 파악하고 구성원 개개인에 대한 저항관리를 하지 못한다. 현대적인 관점에서 변화에 대한 저항은 매우 자연스러운 현상이며, 이러한 과정은 일종의 피드백이라고 본다. 저항이 크다는 것은 변화에 대한 구성원들의 수용성이 낮다는 것이고 이는 보다 적극적인 변화관리(change management)가 필요하다는 신호라고 할 수 있다.

관성의 법칙이 물리학에만 존재하지 않는다. 사람은 누구나 자신에게 익숙한 상태를 선호하고 위험과 불확실성이 있는 새로운 변화에 대해 불안감을 가진다. 즉, 기존상태와 관행을 유지하고자 하는 관성의 법칙이 조직행동에도 존재한다. 변화와 혁신을 성공적으로 추진하기 위해서는 변화에 대한 저항의 원인을 파악하고 이를 극복하기 위한 전략적인 접근이 필요하다.

4.1 변화에 대한 저항의 원인

조직은 변화에 대한 저항을 최소화하려고 많은 노력을 하지만 어느 정도의 저항은 피할 수 없다. 왜냐하면 변화에 대한 저항은 기본적으로 미래에 대한 두려움과 현재 상태에 대한 익숙함 때문이라고 할 수 있다. 조직변화에 대한 저항의 원인을 분류해 보면 개인차원, 집단차원, 조직체 차원으로 나눌 수 있다.

첫째, 개인차원의 원인이다. 개인은 변화 자체보다 변화로 인해 자신이 겪게 될 영향에 대해 관심이 많다. 만약 변화로 인해 실직을 하거나 현재 상태보다 불리한 상황이 될 수 있다고 믿는다면 변화를 반대할 것이다. 또한 위험회피형 성격이거나 안정지향적인 성격인 개인은 그렇지 않은 사람보다 변화를 더 싫어한다. 근본적으로 개인차원의 저항 원인은 미래에 대한 불확실성을 받아들이지 못하기 때문이다. 이는 미지의 세계에 대한 두려움, 혹은 변화를 통해 얻고자 하는 결과를 얻지 못할 수 있다는 불확실성을 크게 생각하기 때문이다.

둘째, 집단차원의 원인이다. 구성원들이 기존 집단규범을 선호한다면 변화에 저항할 가능성이 더욱 커진다. 게다가 집단 구성원끼리 강한 응집력을 보인다면 더욱 변화가 쉽지 않을 것이다.

셋째, 조직체 차원의 원인이다. 조직문화가 지나치게 관료주의적이거나, 변화에 저항하는 조직문화를 가지고 있다면 원하는 변화를 지속적으로 추진하기 어려울 것이다. 또한 변화의 시점이 부적절한 경우이다. 예를 들어 바람직한 조직문화가 형성되려는 시점에 또 다른 변화를 추진하거나, 구성원들이 변화에 대한 피로감을 느끼고 있는 상황에서 조직변화를 실행한다면 구성원들은 변화에 저항할 것이다.

4.2 변화에 대한 저항행동의 유형과 대응전략

조직구성원들은 변화에 대해 기본적으로 네 가지 유형의 변화에 대한 저항행동을 보인다. 아래에 제시된 저항행동을 극복하기 위해서 조직은 적절한 대응전략을 수립하여야 한다.

첫째, 이탈이다. 이탈은 변화로부터 물리적으로 벗어나는 것을 말한다. 이탈행동을 보이는 구성원은 변화에 대해 저항의 표시로 변화에 참여하지 않는다. 변화는 자신과 상관없는 일로 여기고 방관자적 입장을 취한다. 이탈행동을 보이는 종업원들에게는 그들을 변화의 중심으로 끌어들여 스스로 변화의 필요성을 느끼도록 유도할 필요가 있다. 여러 사람과 생산적인 논의를 하는 과정에서 태도의 변화를 기대할 수 있다.

둘째, 정체성의 상실이다. 정체성 상실의 모습을 보이는 구성원들은 자신에게 익숙한 예전의 방식을 고수하려는 경향이 있다. 변화로 인한 정체성 위협에 대하여 방어기제로서 기존의 자기역할이나 관행을 지키려고 한다. 조직변화로 인한 자신의 역할 변화를 받아들이지 못하는 개인에게는 조직변화 이후에 자신에게 긍정적인 경험과 결과가 돌아갈 수 있음을 알려줄 필요가 있다.

셋째, 환멸이다. 환멸형태의 저항행동을 보이는 사람들은 분노를 표출한다. 그들은 변화를 추진하는 개인이나 집단을 공격하고 자신과 생각이 비슷한 사람들과 연합하여 저항하는 경향이 있다. 때로는 설비파괴나 폭력행위처럼 매우 공격적인 행동을 할 수도 있지만 비방이나 부정적 여론형성과 같이 상대적으로 소극적인 저항행동을 한다. 환멸행동을 하는 사람이 조직에 있으면, 그러한 부정적 에너지가 조직 전체로 확산될 수 있다. 이때 변화관리자는 그들의 감정을 이해하고, 그러한 감정이 발생하는 원인을 분명히 파악하여야 한다. 만약 환멸의 원인이 오해였거나 잘못된 정보에 의한 것이라면 바로 잡아야 할 것이다. 무엇보다 중요한 것은 그들이 중립적인 감정상태를 유지하도록 돕는 것이다. 일단 중립적인 감정상태가 되었다면 변화의 취지와 타당성을 적극적으로 설명해야 할 것이다.

마지막으로 방향감각의 상실이다. 일부 구성원들은 변화 이후에 자신이 어떠한 일을 어떻게 해야 하는지 알지 못한다. 그들은 혼란과 상실감 속에서 변화를 받아들인다. 변화에 대한 자신의 감정도 제대로 정리하지 못한다. 이들이 겪는 갈등은 주로 변화로 인한 역할 모호성이 원인이기 때문에 변화 이후 어떠한 일을 수행하게 될 지를 명확하게 제시할 필요가 있다. 변화에 따른 비전과 방향성을 보여주고, 구체적으로 개개인에게 요구되는 역할과 기대가 무엇인지 전달하여야 한다.

이상에서 본 바와 같이 변화에 대한 저항 유형별로 별개의 대응전략이 있지만, 이들 대응전략의 공통점은 바로 소통과 참여, 공감과 지지이다. 변화의 필요성을 적극적으로 설명하고, 구성원들을 변화과정에 직접 참여시키며, 구성원들이 우려하고 두려워하는 것이 무엇인지 저항의 원인을 파악하여 이를 줄이기 위해 노력하는 과정에서 구성원들은 변화에 공감하고 지지를 보낼 것이다. 결국 조직변화가 조직과 개인 발전에 어떠한 영향을 주는지 명확하게 알려주고, 변화의 긍정적 결과를 적극적으로 제시함으로써 구성원들의 저항을 줄일 수 있을 것이다.

05 합병후 통합관리(PMI)

5.1 합병후 통합관리의 중요성

기업 인수합병(M&A)을 통해서 조직변화를 실시하는 이유는 '1+1〉 2'의 효과를 기대하기 때문이다. 그러나 부실기업구제, 산업재편, 기업국제화 및 합리적 경영 등의 다양한 목적으로 행해지고 있는 이러한 M&A가 기대했던 시너지 효과 대신에 부정적 결과를 가져오는 경우가 더 많다는 주장이 제기되고 있다.

M&A가 실패하는 원인은 주로 대상기업의 선정문제, 시너지의 과대평가, 업무차이 방식, 인수프리미엄의 과다지출, 합병 후 통합과정에 대한 계획의 부재, 합병 후 통합의 수행과정실패 등으로 알려져 있다. 하지만 중장기적으로 볼 때 M&A가 궁극적으로 성공을 거두지 못하는 이유는 합병으로 인한 조직변화를 제대로 관리하지 못하기 때문이다. 합병후 통합관리(PMI: Post Merger and Integration)가 합병의 궁극적 성공여부를 결정하는 데 있어서 상당한 영향을 미치고 있다는 주장에도 불구하고 지금까지 내부분의 M&A에 대한 접근은 전략적, 재무적 측면 및 기업가치 측면에 초점이 맞추어져 왔고 통합조직 내부 구성원들에 대한 관리와 관련된 문제는 간과해 온 것이 사실이다.

M&A 이후 통합과정은 바로 커다란 조직변화를 관리하는 과정이다. 기업은 조직구성원들의 불안한 심리를 이해해야 하며, 합병기업과 피합병기업 조직구성원의 이질성을 줄일 수 있도록 기업문화의 차이를 줄여나가야 한다.

5.2 M&A 기업에서 피합병 직원의 조직사회화 전략

M&A라는 조직변화 상황은 직원들로 하여금 상당히 큰 충격적인 경험으로 인식된다. 특히 합병기업 직원에 비해 피합병 기업 직원에게 더욱 큰 영향을 미친다. 대부분의 피합병 직원들은 M&A 이후 스트레스, 불안, 분노 등의 감정상태를 경험하게 되어 이직이나 조직몰입 감소 등의 부정적 결과를 초래하게 된다. M&A과정을 통해 직장을 잃은 다수의 동료들을 보면서 생존자인 자신은 아직 불안정한 상황 속에서 새로운 환경과 사람들에 적응해 나가야 하기 때문이다. 이들의 적응문제는 M&A의 궁극적 성공을 위한 합병후 통합관리(PMI)의 핵심사항이라 해도 과언이 아닐 것이다. 피합병 직원에 대한 조직사회화 전략에는 다음과 같은 것들이 있다.

(1) 오리엔테이션과 교육훈련

신입사원에 대한 조직사회화의 일차적인 전략은 입사 초기 실시되는 오리엔테이션과 지속적인 교육훈련이다. 마찬가지로 피합병기업 직원들이 합병진행과정에서 가졌던 불안과 분노, 스트레스를 줄이고, 통합조직에 대한 태도를 개선하기 위해서는 합병 후 오리엔테이션과 지속적인 교육훈련 프로그램을 활용한 조직사회화 전략이 유용하다. 교육훈련의 내용에는 합병에 대한 태도 개선과 합병을 자연스러운 기업혁신 전략으로 받아들일 수 있도록 하는 내용이 포함되어야 할 것이다. 특히, 현 직장에서의 경력기회가 통합 전 직장에서의 경력기회보다 적지 않다는 정보의 제공은 피합병 직원들의 경력계획과 관련한 불확실성을 줄이는데 도움을 줄 것이다.

(2) 멘토시스템

피합병기업 직원의 통합기업에 대한 적응은 신입사원의 새로운 조직에 대한 적응과 비교할 때 그 문화충격의 정도가 작다고 볼 수 없다. 오히려 기존 조직에서 오랜 기간 근무한 직원의 경우 기존 조직에서의 경험이 하나의 전형(prototype)이 되어 새로운 직장 혹은 직무에서의 경험에 대해 낯설거나 혹은 부정적인 태도를 가질 수 있다. 피합병기업 직원이 통합기업에서의 관리관행과 조직문화에 적응하기 위해서는 멘토(mentor)가 멘티(mentee)의 심리적 측면을 지원해주고, 멘티의 행동기준을 제공해 주는 등의 역할을 수행하도록 멘토시스템을 운영할 필요가 있다.

합병후 조직통합을 위한 멘토시스템은 신입사원을 대상으로 한 멘토시스템과는 다르다. 신입사원들은 직장생활을 처음으로 하는 초보 직장인이지만, 피합병기업 직원들은 합병기업 직원들과 마찬가지로 직장생활 경험을 가지고 있는 사람들이다. 따라서 신입사원을 대상으로 하는 멘토역할, 예컨대 경력개발 지원기능이나 조직적 개입기능(멘티의 존재를 멘토가 회사에 알리는 역할)은 줄이되, 조직의 일반적 풍토와 관리관행 등 조직문화의 차이를 알려주고 조직적응에 필요한 정보를 제공하는 역할을 강화하는 것이 바람직하다.

(3) 상사의 지원

부하는 상사의 리더십스타일에 따라서 동기부여가 극대화되기도 하고, 상사의 행동을 자신의 긍정적인 모델(positive model) 혹은 부정적인 모델(negative model)로 삼기도 한다. 따라서 상사는 의식적으로든, 무의식적으로든 조직내에서 적절한 역할행위 모델을 제시할 필요가 있는데, 피합병기업 직원에게 상사는 단지 직무관련 역할모델로서 뿐만 아니라 합병스트레스 해소와 고용불안정성 해소를 위한 상담사의 역할을 수행해야 할 것이다.

일반적으로 상사와 부하가 같은 기업으로부터 온 경우, 예컨대 상사와 부하가 모두 합병기업으로부터 온 경우나 상사와 부하가 모두 피합병기업으로부터 온 경우에는 동료의식을 가질 가능성이 많은 반면 상사와 부하가 다른 기업으로부터 온 경우에는 합병 초기에 서로를 경계할 가능성이 많다. 따라서 기업은 상사와 부하간 관계에 대해 지속적인 관찰을 실시하여 기업성과에 부정적인 영향을 미칠 수 있는 상사의 행동에 대해 적절한 관리적 조치를 취해야 할 것이다.

(4) 동료의 지원

동료는 상사에 비해 수적으로 많기 때문에 특정직원에게 미치는 총체적인 힘은 상사에 비해 더 크다고 할 수 있다. 일반적으로 동료관계는 인간관계 형성에 있어서 가장 근본적인 요인으로서 업무수행시 기술적인 동반자일뿐만 아니라 감정적인 친밀감을 나눌 수 있는 친구로서의 의미를 갖는다.

통합기업에서 피합병기업 직원의 동료는 두 집단으로 분류될 수 있다. 한 집단은 같은 피합병 기업에서 살아남은 동료 직원들이며, 다른 한 집단은 합병기업의 직원이다. 피합병 직원끼리는 동료의식을 토대로 강력한 비공식집단을 형성할 가능성이 높으며, 이러한 비공식조직의 생성은 조직협력을 저해할 가능성이 강하지만 기업측에서 이러한 비공식조직을 강제로 해산하기는 어려울 것이다. 오히려 기업은 이와 같은 동료집단을 적극적으로 관리할 필요가 있으며, 경우에 따라서는 합병으로 인한 불안과 스트레스에 빠진 피합병기업 직원간 교류를 공식·비공식적으로 지원할 필요가 있다.

합병기업 직원과 피합병기업 직원간에는 각자 이전 직장이 다르다는 측면에서 귀속적인 요인에 의한 집단간 갈등의 여지가 있다. 두 집단간 상호교류를 적극적으로 유도함으로써 집단간 갈등을 줄여야 할 것이며, 갈등현상이 발견되면 갈등해소를 위한 워크숍, 공동직무수행, 교육프로그램 등을 활용하여 갈등해결을 위한 노력을 기울여야 할 것이다.

(5) 커뮤니케이션의 활성화

갑작스런 합병의 발표는 조직 구성원들이 경영자층에 대한 신뢰수준을 떨어뜨리고 직원들을 불안하게 만든다. 정서적 불안감과 미래에 대한 불확실성을 높게 인식한 직원들은 서로 정확한 정보보다 왜곡된 정보를 주고받곤 한다. 이러한 문제를 해결하기 위해서는 합병 진행과 관련하여 직원과 회사간 적극적인 커뮤니케이션이 이루어질 필요가 있다. 일차적으로 합병 진행과정에서 피합병 직원에게 합병의 불가피성과 합병으로 인한 기업성장 가능성에 대해 정보를 주어야 할 것이며, 이차적으로는 합병이 이루어진 후에 피합병 직원의 조직적응을 도울 수 있는 다양한 커뮤니케이션 활성화 방안이 강구되어야 할 것이다.

논의문제

1. 레윈의 3단계 변화 프로세스에 대해 설명하시오.

2. 내부와 외부 변화추진자가 가지고 있는 강점과 약점을 각각 제시하시오.

3. 조직변화에 영향을 주는 여섯 가지 외부 요인을 제시하고, 각각에 대해 설명하시오.

4. 효과적인 팀 구축 방법을 설명하시오.

5. 조직변화에 대한 저항행동의 유형을 설명하시오.

6. 합병후 통합관리기 중요한 이유를 설명하시오.

부 록

참고문헌

2장

- Asch. S. E. (1970). Studies of independence and conformity: A minority of one against a unanimous majority. *Psychological Monographs*, 70(9), 1~70.
- Côté, S., & Miners, C. T. H. (2006). Emotional intelligence, cognitive intelligence, and job performance. *Administrative Science Quarterly*, 51, 1~28
- Doering, M., Rhodes, S. R. & Schuster, M. (1983). The Aging Worker. Beverly Hills, CA: Sage
- Warr, P. B. (1992). Age and occupational well-being. *Psychology and Aging*, 7, 37~45.
- Judge, T. A. & D. M., & Cable (2004). The Effect of Physical Height on Workplace Success and Income: Preliminary Test of a Theoretical Model. *Journal of Applied Psychology*, 89(3), 428~441.
- Biddle, J. E., & Hamermesh, D. S. (1998). Beauty, productivity, and discrimination: Lawyers' looks and lucre. *Journal of Labor Economics*, 16, 172~201.
- Harper, B. (2000). Beauty, stature and the labour market: A British cohort study. *Oxford Bulletin of Economics and Statistics*, 62, 771~800.
- Dion, K., Berscheid, E., & Walster, E. (1972). What is beautiful is good. *Journal of Personality and Social Psychology*, 24(3), 285~290.
- Wilkins, W. E. (1976). The Concept of a Self-Fulfilling Prophecy. Sociology of Education, 49(2), 175~183.
- Adler, A. (1956). *The individual psychology of Alfred Adler*. New York:

- Smith, D. B., Hanges, P. J., & Dickson, M. W. (2001). Personnel selection and the Five-Factor Model: Reexamining the effects of applicants frame of reference. *Journal of Applied Psychology*, 86, 304~315.
- Geroge, J. M., & Zhou, J. (2001). When openness to experience and conscientiousness are related to creative behavior: An interactional approach. *Journal of Applied Psychology*, 86, 513~524.
- Barrick, M. R., Steward, G. L., Neubert, M. J., & Mount, M. K. (1998). Relating member ability and personality to work team processes and team effectiveness. *Journal of Applied Psychology*, 83, 377~391.
- Neisser U (1997). Rising Scores on Intelligence Tests. *American Scientist*, 85, 440~447
- Das, J. P., Kirby, J., & Jarman, R. F. (1975). Simultaneous and successive synthesis: An alternative model for cognitive abilities. *Psychological Bulletin* 82, 87~103.
- Mayer, J. D., Salovey, P., & Caruso, D. R. (2004). Emotional intelligence: Thoery, findings, and implications. *Psychological Inquiry*, 15(3), 197~215.
- Davies, M., Stankov, L., & Roberts, R. D. (1998). Emotional intelligence: In search of an elusive construct. *Journal of Personality and Social Psychology*, 75, 989~1015.
- Goleman, D., 2006. Social Intelligence; The new science of human relationships. New York: *Bantam Dell*.
- Gardner, H. (1993). Multiple intelligences: The theory in practice. New York: *Basic Books*.
- Kihlstrom, J. & Cantor, N. (2000). Social Intelligence. In R. J. Sternberg (Ed.), Handbook of intelligence (2nd ed.) (pp. 359~379). Cambridge, UK: *Cambridge University Press*.
- Riggio, R. E., Riggio, H. R., Salinas, C., & Cole, E. J. (2003). The role of social and emotional communication skills in leader emergence and effectiveness. Group Dynamics: *Theory, Research, and Practice*, 7, 83~103.

3장

- Ally, L. B. & Abramson, L, Y, (1979). Judgment of contingency in dpressed and nondepressed students: Sadder but wiser? *Journal of Experimental Psychology: General*, 108, 441~485.

- Capraro, R. M. & Capraro, M. M. (2002). Myers-Briggs Type Indicator Score Reliability Across: Studies a Meta-Analytic Reliability Generalization Study. *Educational and Psychological Measurement*. 62(4), 590~602.
- Cattell, H.E. (1996). The original big five: A historical perspective. *European Review of Applied Psychology*, 46, 5~14.
- Costa, P. T. & McCrae, R. R. (1992). Revised NEO Personality Inventory (NEO-PI-R) and NEO Five-Factor Inventory (NEO-FFI) manual. Odessa, *FL: Psychological Assessment Resources*.
- Hofstede, G. (2001). Culture's Consequences: comparing values, behaviors, institutions, and organizations across nations (2nd ed.). Thousand Oaks, *CA: SAGE Publications*.
- John, O. P., Robins, R. W., & Pervin, L. A. (2001). Handbook of personality: Theory and research (3rd ed.). *New York: Guilford*.
- Judge, T. A., Locke, E. A., Durham, C. C., & Kluger, A. N. (1998). Dispositional effects on job and life satisfaction: The role of core evaluations. *Journal of Applied Psychology*, 83, 17~34.
- Jung, Carl Gustav (1971). Psychological Types. Collected Works of C. G. Jung, Volume 6. *NJ: Princeton University Press*.
- Reimers, J. M. & Barbuto, J. E. (2002). A frame exploring the effects of Machiavallian disposition on the relationship between motivation and influence tactics. *Journal of Leadership & Organizational Studies*, 9(2), 29~41.
- Rokeach, M. (1973). The Nature of Human Values. *New York: Free Press*.
- Spencer, L. M. J. & McClelland, D. C., & Kelner, S. (1997). Competency Assessment methods: History and State of the Art. *Boston: Hay/McBer*.
- Swain, J. W. (2002). Machiavelli and modern management. *Management Decision*, 40 (3), 281~287.
- Taylor, R. N. & Dunnette, M. D. (1974). Influence of dogmatism, risk-taking propensity, and intelligence on decision-making strategies for a sample of industrial managers. *Journal of Applied Psychology*, 59(4), 420~423.

4장

- Bandura A. (2012). On the Functional Properties of Perceived Self-Efficacy Revisited. *Journal of Management*, 38, 9~44.
- Bandura, A. (1977). Social learning theory. Upper Saddle river, *NJ: Prentice Hall.*
- Bem, D. J. (1967). Self-Perception: An Alternative Interpretation of Cognitive Dissonance Phenomena. *Psychological Review*, 74(3), 183~200.
- Bitner, M. J., Booms, B. H., & Mohr, L. A. (1994). Critical service encounters: The employee's viewpoint. *Journal of Marketing*, 58(4), 95~106.
- Cooper, J (2007), Cognitive dissonance: Fifty years of a classic theory, *London: Sage publications.*
- Eagly, A. H., & Shelly, C. (1998). Attitude Structure and Function. In D.T. Gilbert, Susan T. Fiske, and G. Lindzey, Handbook of Social Psychology (pp. 269~322). *New York: McGraw-Hill.*
- Fishbein, M. & Ajzen, I. (1975). Belief, attitude, intention, and behavior: An introduction to theory and research. Reading, *MA: Addison-Wesley.*
- Griffeth, R. W., Hom, P. W., & Gaertner, S. (2000). A meta analysis of antecedents and correlates of employee turnover: Update, moderator tests, and research implications for the next millennium. *Journal of Management*, 26(3), 463~488.
- Griffith, J. (2001). Do satisfied employees satisfy customers? Support-services staff morale and satisfaction among public school administrators, students, and parents. *Journal of Applied Social Psychology*, 31(8), 1627~1658.
- Judge, T. A., Thoresen, C. J., Bono, J. E., & Patton G. K. (2001). The job satisfaction-job performance relationship: A qualitative and quantitative review. *Psychological Bulletin*, 127(3), 376~407.
- Leonard, David (2002). Learning theories, A to Z. Westport, *Conn: Oryx Press.*
- Meyer, J. P. and Allen, N. J. (2007). A three-component conceptualization of organizational commitment: Some methodological considerations, *Human Resource Management Review*, 1(1), 61~98.
- Mowday, R. T., Porter, L. W., & Steers, R. (1982). Organizational linkage: The psychology of commitment, absenteeism, and turnover. *New York: Academic press.*

- Myers, David G. (2008). Exploring Psychology. *New York, New York: Worth*.
- Olson, J. M. & Zanna, M. P. (1993). Attitudes and Attitude Change. *Annual Review of Psychology*, 44, 117~54.
- Organ, D. W., & Ryan, K. (1995). A meta-analytic review of attitudinal and dispositional predictors of organizational citizenship behavior. *Personnel Psychology*, 48(4), 775~802.
- Podsakoff, P. M., MacKenzie, S. B., Paine, J., & Bachrach, D. G. (2000), Organizational citizenship behaviors: A critical review of the theoretical and empirical literature and suggestions for future research. *Journal of Management*, 26(3), 513~563.
- Rhoades, L. & Eisenberger, R. (2002). Perceived organizational support: A review of the literature. *Journal of Applied Psychology*, 87(4), 698~714.
- Spencer, D. G. & Steers, R. M. (1981). Performance as a moderator of thejob satisfaction-turnover relationship. *Journal of Applied Psychology*, 66(4), 511~514.
- Van Maanen, John, Schein, Edgar H.(1979). Toward a theory of organizational socialization. In L. L. Cummings & B. M. Staw(Eds), Research in Organizational Behavior(Vol. 1, pp. 209~264). *Greenwich, CT: JAI Press*.

5장

- Hamilton, D. L. (1988). Causal attributions viewed from an information-processing perspective. In D. Bar-Tal & A.W. Kruglanski (Eds.) The social psychology of knowledge. (pp. 369~385). Cambridge, England: *Cambridge University Press*.
- Hamilton, D.L. (1998). Dispositional and attributional inferences in person perception. In J.M. Darley & J. Cooper (Eds.), Attribution and social interaction (pp. 99~114). Washington, DC: *American Psychological Association*.
- Lassiter, F. D., Geers, A. L., Munhall, P. J., Ploutz-Snyder, R. J., & Breitenbecher, D.L. (2002). Illusory causation: Why it occurs. *Psychological Sciences*, 13, 299~305.
- Ross, L. (1977). The intuitive psychologist and his shortcomings: Distortions in the attribution process. In Berkowitz, L. Advances in experimental social psychology (pp. 173~220). New York: *Academic Press*.
- Delamate, J. D., Michener, A. & Myers, D. J. (2003). Social Psychology (5th ed). Belmont,

CA: *Wadsworth Publishing*.

- Gilovich T., Kelner D., Nisbett R. E. (2005). Social psychology. New York: *Norton & Company*.
- Kelley, H. H. (1972). Causal schemata and the attribution process. New York: *General Learning Press*.
- Kelley, H. H., & Michela, J. L. (1980). Attribution theory and research. *Annual review of psychology*, 31, 457~501.
- Leary, M. R.; Tangney, J. P. (2003). Handbook of self and identity. New York:Guilford Press.
- Mead, George H. (1934). Mind, Self, and Society. Chicago: *University of Chicago Press*.
- Thorndike, E. L. A constant error in psychological ratings. *Journal of Applied Psychology* 4(1), 25~29.
- Weiner, B. (1979). A theory of motivation for some classroom experiences., *Journal of Educational Psychology*, 71(1), p.3~25.
- 한규석 (2009). 사회심리학의 이해. 학지사.

6장

- Adams, J. S. (1963). Towards an understanding of inequity. *Journal of Abnormal and Social Psychology*, 67, 422~436.
- Adams, J. S. (1965). Inequity in social exchange. In L. Berkowitz:(Ed.), *Advances in experimental social psychology* (Vol. 2, pp. 267~299). New York: Academic Press.
- Alderfer, C. P. (1972). Existence, Relatedness, and Growth; *Human Needs in Organizational Settings*, New York: Free Press.
- Colquitt, J. A. (2001). On the dimensionality of organizational justice: *A construct validation of a measure. Journal of Applied Psychology*, 86, 386~400.
- Deci, E. L. (1975). *Intrinsic motivation*. New York: Plenum.
- Deci, E. L., & Ryan, R. M. (1985). *Intrinsic Motivation and Self-Determination in Human Behavior*. New York: Plenum.
- Drucker, P. F. (1954). *The practice of management*. New York,: Harper.

- Drucker, P. F. (1983). *Concept of the corporation. New Brunswick*, N.J., U.S.A.: Transaction Publishers.
- Frankl, V. (2006). Man's Search for Meaning. *An Introduction to Logotherapy, Beacon Press, Boston*, MA.
- Greenberg, J. (1987). A taxonomy of organizational justice theories. *Academy of Management Review*, 12, 9~22.
- Hackman, J.R., & Oldham, G.R. (1980) *Work redesign. Readings*, MA: Addison-Wesley.
- Hackman, J., Lawler, E. and Oldham, G.R. (2000). *Job characteristics theory. In Miner, J (ed) Organizational Behavior: Essential theories of motivation and leadership*. M.E. Sharpe; Armonk, N.Y.
- Herzberg, F. (1966). *Work and the Nature of Man*. Cleveland: World Publishing.
- Herzberg, F. (1968). One more time: *How do you motivate employees*? Harvard Business Review, 46(1), 53~62.
- Locke, E.A., & Latham, G.P. (1990). *A theory of goal setting and task performance*. Englewood Cliffs, NJ: Prentice-Hall.
- McClelland, D. (1965). *Toward a theory of motive acquisition. American Psychologist*, 20, 321~33.
- Pinder, C. C.(2008). *Work motivation in organizational behavior* (2nd edition). New York: Psychology Press.
- Pinder, C. C. (1987). *Valence-instrumentality-expectancy theory*. In R. M. Steers & L.
- W. Porter (Eds.), *Motivation and work behavior* (4th ed.) (pp.69~89). New York, NY: McGraw-Hill.
- Vroom, V. H. (1964). *Work and motivation*. San Francisco, CA: Jossey-Bass
- Walster, E., Walster G. W. & Bershcheid, E. (1978). Equity: *Theory and Research*. Allyn and Bacon, Inc.

7장

- Bishop, J. W., & Dow Scott, K. (2000). An examination of organizational and team commitment in a self-directed team environment. Journal of Applied Psychology, 85(3),

439~450.

- Hirschhorn, L. (1990). The workplace within: Psychodynamics of organizational life. London: MIT Press.
- Johns, M. L. (2007). Creating, coaching and managing high-powered work teams. Lulu Press.
- Manz, C. C., & Sims, H. P. (1993). Business without bosses: How self-managing teams are building high-performing companies. New York: Wiley.
- Mohrman, S. A., Tenkaki, R. V., Lawler, E. E., & Ledford, G. E. (1995). Total quality management: Practice and outcomes in the largest US firms. Employee Relations, 17(3), 26~41.
- Stevens, M. J., & Campion, M. A. (1994). The knowledge, skill, and ability requirements for teamwork: Implications for human resource management. Journal of Managment, 20(2), 503~530.
- Walumbwa, F. O., Wang, P., Lawler, J. J., & Shi, K. (2004). The role of collective efficacy in the relations between transformational leadership and work outcomes. Journal of Occupational and Organizational Psychology, 77(4), 515~530.

8장

- Barnum, C., & Wolnianshky, N. (1989). Taking cues from body language. Management Review, 78(6), 59~60.
- Chen, K, Yen, D. C., Hung, S., & Huang, A. H. (2008). An exploratory study of the selection of communication media: The relationship between flow and communication outcomes. Decision Support Systems, 45(4), 822~832.
- Farace, R. V., Monge, P. R., & Russell, H. (1977). Communicating and organizing. New York: Random House.
- Lynch, J. J. (2000). The cry unheard. Baltimore, MD: Bancroft Press.
- Russ, G. S., Daft, R. L., & Lengel, R. H. (1990). Media selection and managerial characteristics in organizational communications. Management Communication Quarterly, 4(2), 151~175.

9장

- March, J. G., & Olsen, J. P. (1986). Garbage can models of decision making in organizations. In March, J. G., & Weissinger-Baylon, R. (Eds.), Ambiguity and command. Marchfield, MA: Pitman
- Nutt, P. C. (2004). Expanding the search for alternatives during strategic decision-making. Academy of Management Executive, 18(4), 13~28.
- Pfeffer, J., & Sutton, R. I. (2006). Evidence-based management. Harvard Business Review, 84(1), 2~13.
- Simon, H. A. (1960). The new science of management decision. New York: Harper & Brothers.
- Stanovich, K. E. (2009). Decision making and rationality in the modern world. New York: Oxford University Press.

10장

- Andrews, M. C., & Kacmar, K. M. (2001). Discriminating among organizational politics, justice, and support. Journal of Organizational Behavior, 22(4), 347-366.
- Ferris, G. R., Hochwarter, W. A., Buckley, M. R., Harrell-Cook, G., & Frink, D. D. (1999). Human resource management: Some new directions. Journal of Management, 25(3), 385~415.
- Stevens, C. K., & Kristof, A. L. (1995). Making the right impression: A field study of applicant impression management during job interviews. Journal of Applied Psychology, 80(5), 587~606.
- Pettigrew, A. M. (1972). Information control as a power distance. Sociology, 6(2), 187~204.
- Treadway, D. C., Ferris, G. R., Duke, A. B., Adams, G. L., & Thatcher, J. B. (2007). The moderating role of subordinate political skill on supervisors' impressions of subordinate ingratiation and ratings of subordinate interpersonal facilitation. Journal of Applied Psychology, 92(3), 848~855.
- Vigoda, E., & Cohen, A. (2002). Influence tactics and perceptions of organizational politics: A longitudinal study. Journal of Business Research, 55(4), 311~324.
- Yukl, G. (1989). Managerial leadership: A review of theory and research. Journal of

Management, 15(2), 251~289

11장

- Griffin, T. J., & Daggatt, W. R. (1992). The global negotiator: Building strong business relationships anywhere in the world. New York: Harper Business.
- Janis, I. (1982). Groupthink. Boston: Houghton Mifflin.
- Miles, R. H. (1976). Role requirements as sources of organizational stress. Journal of Applied Psychology, 61(2), 172~179.
- O' Reilly, C. A., Chatman, J., & Caldwell, D. F. (1991). People and organizational culture: A profile comparison approach to assessing person-organization fit. Academy of Management Journal, 34(3), 487~516.
- Simons, T. L., & Peterson, R. S. (2000). Task conflict and relationship conflict in top management teams: The pivotal role of intergroup trust. Journal of Applied Psychology, 85(1), 102~111.

13장

- Amis, J., Slance, T. & Hinings, C. R. (2004). The Pace, Sequence, and Linearity of Radical Change, Academy of Management Journal, 47, 15~39.
- Blake, R. R. and Mouton, J. S. (1985). The Managerial Grid III, The Key to Leadership Excellence, Glf.
- Burns T. & Stalker, G. (1961). The Management of Innovation, Tavistock.
- Burns, J. M. (1978). Leadership, Harper & Row.
- Conger, J. A. & Kanungo, R. N. (1987). Toward a Behavioral Theory of Charismatic Leadership in Organizational Settings, Academy of Management Review, 12, 637~647.
- Cummings, T. G., & Huse, E. F. (1989). Organizational Development and Change, West.
- Deal, T. E., & Kennedy, A. A. (1982). Corporate Cultures, Addison-Wesley.
- Denis, J. L., Lamothe, L. & Langley, A. (2001). The Dynamics of Collective Leadership and Strategic Change in Pluralistic Organizations, Academy of Management Journal, 44, 809~837.

- Feldman, D. C. (1981). The Multiple Socialization of Organization Members,Academy of Management Review, 6, 309~318.
- Fiedler, F. E. (1964). A Theory of leader Effectiveness, McGraw-Hill.
- Goldstein, I. L. (1993). Training in Organizations, 3rd ed., Brooks/Cole.
- Hersey P. & Blanchard, K. H. (1969). Life Cycle Theory of Leadership, Training and Development, 23, 26~34.
- House, R. J. (1971). A Path-Goal Theory of Leader Effectiveness, Administrative Science Quarterly, 16, 321~338.
- Kahn, R. & Katz, D. (1960). Leadership Practices in Relation to Productivity and Morale, in D. Cartwright and A. Zander, eds., Group Dynamics, Research and Theory, Paterson.
- Kotter, J. P. (1990). What Leaders Really Do, Harvard business Review, 68, 103~111.
- Kotter, J. P., A Force for Change: How Leadership Differs from Management, Free Press, 1990.
- Kotter, J. P., & Heskett, J. L. (1992). Corporate Culture and Performance, Free press.
- Lawrence, R., & Jorsch, J. (1967). Differentiation and Integration in complex Organizations, Administrative Science Quarterly, 12, 1~47.
- Lewin, K, R. Lippitt, & White, R. K. (1939). Patterns of Aggressive Behavior in Experimentally Created 'Social Climates,' Journal of Social psychology, 10, 271~299.
- Lewin, K. (1951). Field Theory in Social Science, edited by Dorin Cartwright, Harper.
- March, J. G. & Simon, H. A. (1958) Organizations, Wiley.
- Mintzberg, H. (1979). The Structuring of Organization, Englewood Cliffs, N.J.: Prentice-Hall.
- Nadler, D. (1988). Organizational Frame-Bending: Types of Change in the Complex Organization, in R. Kilmann & T. Covin, eds., Corporate Transformation, Jossey-Bass.
- Nelson, L. Nelson, J. Campbell, Q. (2010). Understanding Organizational Behavior, Cengage Learning.
- Nicholas, J. (1982). The Comparative Impact of Organization Development Interventions, Academy of Management Review, 7, 531~542.
- Ouchi, W. (1981). Theory Z, Addison-Wesley,
- Pascale, R. (1985). The Paradox of Corporate Culture: Reconciling Ourselves to

Socialization, California Management Review, 27, 26~41.

- Perrow, C., "A Framework for the Comparative Analysis of Organizations," American Sociological Review, Vol. 32, 1967, pp. 194~208.
- Peters, T. J., & Waterman, R. H. (1982). In Search of Excellence, Harper & Row.
- Stogdill, R. M. (1948). Personal Factors Associated with Leadership: A Survey of the Literature, Journal of Psychology, 25, 35~71.
- Taylor, F. W. (1911). The Principles of Scientific Management, Norton.
- Thompson, J. D. (1967)., Organizations in Action, McGraw-Hill.
- Thompson, K. R., & Luthans, F. (1990). Organizational Culture: A behavioral Perspective, in B. Schneider, ed., Organizational Climate and Culture, Jossey-Bass.
- Woodward, J. (1965). Industrial Organization: Theory and Practices, Oxford University Press.
- Zaleznik, A. (1992). HBR Classic-Managers and leaders: Are They Different? Harvard Business Review, 70, 126~135.

국문색인

ㅈ

영문색인

저 자 소 개

■ 임 효 창

- 현재 서울여자대학교 경영학과 교수
- 서강대학교 학사
- 대학원에서 석사 및 박사(경영학, 인사조직 전공)
- (사)한국경영컨설팅학회 회장
- (사)한국서비스경영학회 편집위원장,
- 인사조직학회 · 인사관리학회 · 서비스경영학회 · 한국경영학회 이사 역임

■ 김 정 식

- 현재 광운대학교 경영대학 교수
- 고려대학교 학사
- 하와이 주립대학교 박사
- City University of Hong Kong 조교수
- Western Washington University 조교수 및 부교수 역임
- (현) 삼성전자 인재개발센터 자문교수
- (현) Asian Journal of Social Psychology Consulting Editor
- (현) International Journal of Psychology 편집위원
- 인사조직학회 이사
- 워싱턴 주 교육혁신위원회 위원

■ 강 대 석

- 현재 인하대학교 경영학과 교수
- 인하대학교와 성균관대학교 대학원 경영학과 졸업
- 미국 미네소타대학교(Univ. of Minnesota) 박사(인적자원개발)
- 한국경영학회, 한국기업경영학회, 대한경영학회, 한국인적자원개발학회 등에서 편집위원으로 활동

조직행동

2014년 2월 20일 1쇄 인쇄
2014년 2월 25일 1쇄 발행

저 자 임 효 창 · 김 정 식
강 대 석
발행인 류 재 식 · 조 승 옥
발행처 도서출판 북 넷

서울시 용산구 효창동 5-3 대신빌딩 2층
등 록 2010년 6월 7일(제2010-000069호)
전 화 (02) 395-2341
팩 스 (02) 395-2303

정가 28,000원

ISBN 978-89-98581-11-4 e-mail : book2341@naver.com